Meine Jahre in Deutschland

# Martha Dodd

Meine Jahre in Deutschland 1933 bis 1937

# Nice to meet you, Mr. Hitler!

Übersetzt von Ursula Locke-Gross und Sabine Hübner
Mit einem Nachwort von Oliver Lubrich

Eichborn BERLIN

Die englische Ausgabe des Textes wurde in England bei Victor Gollancz in London, in Amerika bei Harcourt, Brace and Company in New York im Jahre 1939 veröffentlicht.

Dem Verlag ist es trotz gewissenhaften und intensiven Bemühens nicht gelungen, den Erben der Urheberrechte des vorliegenden Werkes ausfindig zu machen. Der Verlag hat sich dennoch entschlossen, dieses einzigartige Dokument der Zeitgeschichte zu veröffentlichen und bittet den Erben des Urheberrechtes an dieser Stelle, sich umgehend und vertrauensvoll mit dem Verlag in Verbindung zu setzen. Darüber hinaus nimmt der Verlag Hinweise, die zur Auffindung des Rechteinhabers dienen könnten, dankbar entgegen.

Kapitel I-VII wurden übersetzt von Ursula Locke-Gross,
Kapitel VIII-XIII von Sabine Hübner.

1 2 3 4 06 05


Umschlaggestaltung: Christina Hucke
Fotos: © dpa (2), The Illustrated London News (2)
Der Rechteinhaber für das Photo von Martha Dodd konnte nicht ermittelt werden.
Für entsprechende Hinweise sind wir dankbar.
Lektorat: Esther Kormann und Annette Steger
Layout: Cosima Schneider
Satz: Fuldaer Verlagsanstalt, Fulda
Druck und Bindung: GGP Media GmbH, Pößneck
(Eichborn Berlin)

ISBN 3-8218-0762-8



Verlagsverzeichnis schickt gern:
Eichborn Verlag, Kaiserstr. 66, D-60329 Frankfurt am Main
www.eichborn.de
www.eichborn-berlin.de

# Inhalt

I

# Vorweg

Vor 1933 war mein Leben in Amerika, in seiner Erde und seinen Städten, den Leuten dort und ihrem Leben verwurzelt. Außer einer kurzen Reise in den Fernen Osten und einem Jahr in Europa, was mich, wie die meisten Amerikaner, mit einer nie gestillten Sehnsucht erfüllte, mehr von den verschiedenen Ländern zu sehen und die nationalen Lebensweisen besser kennenzulernen, kreisten meine Erfahrungen um das Leben, das wir in Chicago und Virginia führten. Als ich ein Kind war, hatte mein Vater eine Farm in Virginia, dem Staat, in dem ich geboren wurde, gekauft, und wir verbrachten dort jeden Sommer, um uns von der anstrengenden Atmosphäre Chicagos zu erholen.

Diese auf Milchwirtschaft spezialisierte Farm, die einige hundert Morgen Land umfaßte, war ein schönes Fleckchen in den Ausläufern der Blue Ridge Mountains, nur fünfzig Meilen von der Hauptstadt der Nation entfernt, auf dem sich unter herrlichen alten Bäumen und hinter Strauchwerk ein einfaches altes Farmhaus versteckte. Wir verbrachten dort lange, ruhige Sommer, mit lauen Nächten voller Düfte und einer kühlen Brise von den Bergen, und Tagen, an denen wir lasen, uns entspannten und viel bewegten. Wir kamen uns in dieser Umgebung als Familie näher, da wir enger zusammenlebten, über unsere Pläne und Träume sprachen und das Leben mitten unter Schwarzen und armen weißen Arbeitern kennenlernten. Mein Vater war der Ansicht, daß wir Kinder in dieser Zeit körperliche Ertüchtigung mit produktiver Arbeit verbinden sollten. So pflückten wir Pfirsiche und Äpfel, sortierten sie für den Markt und kümmerten uns um den Garten, statt Tennis oder Golf zu spielen oder zu schwimmen. Oft pflügten mein Vater und mein Bruder das Feld, droschen den Weizen, und gewöhnlich arbeiteten sie dabei Seite an Seite mit den Farmarbeitern. Nach ein oder zwei Monaten hatten wir uns erholt und alle Anspannung hatte sich gelöst, so daß wir mit Eifer und Freude nach Chicago an die intellektuelle Arbeit zurückkehren konnten, und alle von dem Gefühl harmonischer Liebe und gemeinsamer Interessen erfüllt waren.

Als ich zwischen vierzehn und fünfzehn Jahre alt war, entdeckte ich in diesen Sommern die russischen Schriftsteller, deren Werke ich voller Begeisterung und Leidenschaft las, und die einen großen Einfluß auf mein frühes Leben hatten. In meiner Vorstellung war ich bereits eine angehende Schriftstellerin und Dichterin, ein Ehrgeiz, der mich während der High School und während meiner Universitätszeit begleitete. Um diese Zeit stieß ich auch auf Nietzsches *Anti-Christ*, und zwar auf die Ausgabe mit der Einleitung von H. L. Mencken, die mich beide außerordentlich beeindruckten. Kurz danach begann ich eine Korrespondenz mit Mencken, die mehrere Jahre andauerte. Es war eine anregende und hilfreiche Erfahrung, die mich ermutigte, einen kritischen Verstand zu entwickeln.

Damals bewunderte ich meinen Vater bedingungslos, und nur zwei seiner Angewohnheiten langweilten und ermüdeten mich. Die eine war sein leidenschaftliches Interesse für Geschichte und Ökonomie und die andere sein beharrliches, über mehrere Jahre anhaltendes Bemühen, meinen Bruder und mich in die literarischen Schönheiten der Bibel einzuführen. Immer wieder schlüpfte ich vom Tisch weg, wo sich die Familiengespräche nach dem Ende des Essens meist noch hinzogen, um diesen komplizierten Diskussionen und langen Lesungen zu entgehen. Ich vermute, daß meine Mutter für meine Einstellung zur Bibel Verständnis hatte, da sie selbst in ihrer Jugend streng religiös erzogen wurde. Mein fehlendes Interesse an Politik beklagte sie jedoch, da sie sich während dieser Zeit selbst brennend dafür interessierte.

Diese Unkenntnis in politischen und ökonomischen Fragen wie auch großen sozialen Problemen hielt während der dreieinhalb Jahre, die ich an der Universität von Chicago studierte, an.

Ich spezialisierte mich auf englische Literatur und schaffte es, an einer hervorragenden Universität zwar gute Noten zu erwerben, aber nicht das Wissen, das diese Noten gerechtfertigt hätte. Ich beschränkte meine Interessen auf Literatur und Kunst, und obwohl ich Wirtschaftswissenschaften, Philosophie und naturwissenschaftliche Kurse belegte, vergaß ich alles sofort, um mit einer kleinen Clique sogenannter Intellektueller ausführlich über literarische Ideen und Techniken, über Dichtung und Malerei zu diskutieren und zu debattieren.

Ich besuchte eine fortschrittliche High School, die ›U High‹ oder, von einigen rivalisierenden Schulen, ›Jew High‹ genannt wurde. Trotzdem hatte ich bis zu meinem Eintritt in die Universität nicht die geringste Ahnung von Antisemitismus, weder in seiner bösartigen noch in seiner gemilderten Form. Als Loeb und Leopold ihr tragisches Verbrechen begingen*, war mir weniger bewußt, daß beide Juden waren und einer von ihnen dieselbe High School besucht hatte wie ich, als daß es sich um gelangweilte, höchst brillante und blasierte Söhne reicher Väter handelte.

Die subtile und unterschwellige Propaganda unter den Studenten, sowohl den gesellschaftlich und finanziell besser gestellten als auch bei einigen der aufgeklärteren Intellektuellen, machte mir zum ersten Mal bewußt, daß es eine solche Feindseligkeit gegenüber Juden überhaupt gab. Als ich mich für einen jungen Juden interessierte, begann mir das Ausmaß dieser kleinlichen, aber weitreichenden Ächtung klarzuwerden. Allerdings verfiel ich der Propaganda nur soweit, daß ich dachte, die meisten Juden seien reich und geizig, brillant und streberisch. Bevor ich nach Deutschland kam, war ich keiner raffinierteren Propaganda ausgesetzt. In folgendem Sinn war ich leicht antisemitisch: Ich übernahm die Ansicht, daß Juden körperlich nicht so attraktiv und gesellschaftlich nicht so angesehen seien wie Nichtjuden. Das

* A.d.Ü.: Die Entführung und Ermordung von Bobby Frank durch Richard Loeb und Nathan Leopold im Mai 1924 führte in der ersten Hälfte des 20. Jahrhunderts zu einem der spektakulärsten Prozesse in Amerika.

Argument, das ich einige Jahre später in Deutschland zu hören bekam, wonach Juden das gesamte kulturelle und wirtschaftliche Leben bestimmten und die Weltherrschaft anstrebten, war zu absurd, als daß es irgend jemand in diesen Jahren und in dieser Umgebung ernstlich vorgebracht hätte. Aber ich erinnere mich, daß sich sogar viele der College-Professoren über die Brillanz ihrer jüdischen Kollegen und Studenten ärgerten.

Robert Morss Lovett, der Englische Literatur und Dichtung an der Universität lehrte, kannte ich bereits seit einigen Jahren. In meinem letzten Jahr in Amerika sah ich ihn häufiger als meine gleichaltrigen Freunde. Wir verbrachten zusammen lange Abende, an denen er mir einen ersten Eindruck davon vermittelte, daß es eine Welt außerhalb der geschlossenen und ziemlich arroganten literarischen Welt gab, in der ich lebte. Seine provozierenden Fragen und seine treffenden Analysen von Büchern und Ereignissen begannen mich für ein Denken zu öffnen, das mir bis dahin verschlossen geblieben war. Er erzählte mir vom Krieg und von Arbeitsbedingungen, von Ungleichheit und Ungerechtigkeit, von ökonomischem Druck und der Unmöglichkeit, unberührt von diesen Dingen leben oder arbeiten zu können; all das streifte mich damals nur an der Oberfläche. Dumm, wie ich war, versuchte ich, ihn zu widerlegen. Was ginge das alles Schriftsteller und Künstler an, argumentierte ich, was ginge es mich an, die ich Bücher bespreche und Liebesgeschichten schreibe? Er antwortete mir ruhig, überzeugend und geduldig, mit der warmen Sympathie einer beherrschten, aber äußerst emotionalen Natur und der kühlen Klarheit seines Verstands. Mit Ausnahme meines Vaters und eines anderen älteren Lehrers und Freundes besaß er für mich in diesem Abschnitt meiner Entwicklung mehr Bedeutung als irgend jemand sonst. Ich liebte ihn als Freund, ich war ihm dankbar als Lehrer, denn er war der erste, der mich ernsthaft in meinem Schreiben ermunterte. Erst später, als voll in die Gesellschaft integrierter Mensch, begriff ich seine Bedeutung und seinen Mut, und der Samen, den er gesät hatte, sollte in der Atmosphäre des nationalsozialistischen Deutschlands aufgehen.

Zwei weitere Erfahrungen in diesem letzten Jahr machten einen tiefen Eindruck auf mich; unbewußt müssen sie mir sehr viel mehr bedeutet haben, als mir zu dieser Zeit klar war, denn jetzt, da ich die wichtigen Details meines Lebens vor der Nazizeit zusammensuche, stehen sie mir ganz lebendig vor Augen. Vom Fenster meines Büros in der Chicagoer *Tribune* sah ich eine Demonstration, bei der mehrere berittene Polizisten in die friedlich marschierende, mit harmlosen Transparenten versehene Gruppe hineinpreschten und viele Männer brutal zu Boden schlugen. Als Schüsse fielen, wußte ich, daß die Polizei dafür verantwortlich war. Irgend jemand sagte, daß die abgedeckten Objekte in der Eingangshalle der *Tribune* Maschinengewehre seien. Selbst wenn es nicht wahr gewesen wäre, hätte ich gern gewußt, wie er zu der Behauptung kommen konnte, sie seien zu dem Zeitpunkt dagewesen, und wenn ja, wofür man sie eingesetzt hätte. An diesem Abend ging ich nach Hause, aß mit meiner Familie in einem Klub der Fakultät und beschrieb verärgert, was ich gesehen hatte. Jemand aus der Gruppe drehte sich lachend zu mir um und sagte: »Nun, nun, Sie scheinen sich ja in eine Bolschewistin verwandelt zu haben, so eifrig, wie Sie diese Streikenden verteidigen.« Ich begriff nicht, was das eine mit dem anderen zu tun haben sollte, und ärgerte mich, daß man mich als Bolschewistin bezeichnete; die Streikenden waren Menschen gewesen, die ihre Ideen mutig zum Ausdruck brachten, lediglich deshalb besaßen sie meine Sympathie.

Das andere Ereignis betraf ein Buch, das ich für die *Tribune* besprechen sollte. Ich hatte nach dreieinhalb Jahren die Universität verlassen, um die Stelle einer Redaktionsassistentin im Literaturressort dieser Zeitung anzutreten. Eines Morgens erhielt ich Ella Winters *Red Virtue*. Vielleicht ist es kein bedeutendes Buch. Ich habe es seither nicht mehr wiedergelesen, aber es machte damals einen lebhaften Eindruck auf mich. Es besaß Frische und

Lebendigkeit und vertrat anregende Ansichten, von denen ich nie zuvor gehört hatte. Ich schrieb eine äußerst positive Rezension und diskutierte mit meinem Vater darüber. Rußland war für mich nur ein Name gewesen und Bolschewist ein Ausdruck, in dem eine heftige, wenn auch etwas vage Schmähung lag. Mein Vater hörte meiner Beschreibung des Buches verständnisvoll zu und sagte dann ruhig: »Wahrscheinlich gibt es einige gute Züge in dem System, das du erwähnst, und wie es aussieht, denkt das auch die Autorin; aber ich kann nicht glauben, daß irgendeine Regierungsform, die die Freiheit und Initiative des Einzelnen unterdrückt, auf lange Sicht nicht die Seele des Menschen gefährdet.« Später sollte ich das selbst erfahren und begreifen. Bis dahin hing ich an einem Buch, das von der ökonomischen und moralischen Emanzipation der Frauen berichtete und das nicht bedachte oder dem es gleichgültig war, in welchem Land oder unter welchem System sie stattfand.

In den letzten anderthalb Jahren, in denen ich noch in Amerika war, entwickelte sich eine weitere wichtige Freundschaft. In gewisser Weise ergänzte und verstärkte sie den Einfluß von Robert Morss Lovett. Ich kannte Carl Sandburg seit ich fünfzehn war, er war schon immer ein lieber Freund meiner Eltern gewesen, aber erst als ich dreiundzwanzig wurde, fing ich an, seine geniale und unverwechselbare Persönlichkeit zu erkennen. Wieder war es ein sehr viel älterer, unendlich weiser und warmherziger Mann, der versuchte, all meine kreative Energie freizusetzen und mein kaum vorhandenes soziales Bewußtsein zu erweitern und zu vertiefen. Er riet mir, alles so niederzuschreiben, wie ich es fühlte, alles aus mir herausströmen zu lassen, ganz egal, ob ich mich später für den übertriebenen Lyrizismus, die Überladenheit und Sentimentalität schämen würde. Er sagte, ich müsse das Leben erfahren, mich allen neuen Abenteuern von Gefühl und Verstand öffnen, gleichzeitig verwegen und zurückhaltend sein und mich mit den Kämpfen und Emotionen um mich herum identifizieren. Abgehobene Objektivität verachtete er zutiefst.

Teils als Reaktion darauf, aber auch, weil ich tief im Innersten wußte, daß er recht hatte, wenn er mich auf Dinge hinwies, vor denen ich mein Leben verschloß, bekämpfte ich seine Ideen, verunglimpfte Radikale und ihre Anhänger und ärgerte mich über die Bedeutung, die er dem einfachen Mann beimaß. Etwas rührte sich aber trotzdem schwach in mir, und obwohl ich abstritt, jemals die Empörung über die Gesellschaft zu fühlen, die – wie er sagte – alle Männer und Frauen, die überhaupt etwas wert waren, irgendwann einmal erfaßt und zu entsprechenden Handlungen drängt, reagierte ich auf die Herausforderung und merkte, wie meine kleine, begrenzte Welt durch seinen großen Zorn und seine starken Überzeugungen erschüttert wurde.

Mit diesen beiden Freundschaften begann vor meinem Umzug nach Deutschland in meinem letzten Jahr in Amerika eine Entwicklung, die mein Herz und meinen Verstand auf eine Weise öffnete, die sowohl das Muster meines Lebens als auch dessen Ausrichtung änderte.

II

# Eine unkonventionelle Ernennung

Kurz nachdem Franklin Delano Roosevelt zum Präsidenten gewählt worden war, machte mein Vater Urlaub in seinen geliebten Bergen von Virginia. Er kam nach Chicago zurück mit Berichten von der Aufregung und Begeisterung über den neuen Präsidenten, den er viele Jahre zuvor in Wilsons Kabinett persönlich kennengelernt hatte. Wir waren alle eifrige Roosevelt-Anhänger gewesen, und ich hatte 1932 zum ersten Mal gewählt. Mein Vater war äußerst zufrieden mit der Wahl von Roosevelt, dem ersten demokratischen und fortschrittlichen Präsidenten seit Wilson.

Bald jedoch, als sich die Anspannung und das Siegesgefühl legten, kehrten wir wieder zu unserem normalen Leben zurück, waren uns aber deutlich bewußt, daß sich in Washington neue Dinge ereigneten und noch kommen sollten.

Meine Arbeit bei der *Tribune* war inzwischen zur Routine geworden und machte mir zwar keinen Spaß mehr, befriedigte mich aber in gewissem Sinne, da ich meinen Lebensunterhalt selbst verdiente. In der Zeit, die mir blieb – normalerweise in den Nachtstunden zwischen acht und eins –, schrieb ich Kurzgeschichten und hoffte, in ein paar Monaten oder Jahren meinen Job aufgeben und nur noch schreiben zu können. Es gefiel mir nicht, daß ich vier bis sechs Bücher in einer Kolumne zu rezensieren hatte. Der Herausgeber schränkte den literarischen Teil der Zeitung immer mehr ein, und ich wußte genau, daß ich wichtige Bücher auf so kleinem Raum nicht so darstellen konnte, wie sie es verdienten.

Im Juni rief mich meine Mutter eines Morgens im Büro an und teilte mir aufgeregt und ohne jegliche Vorwarnung mit: »Dein Vater hat gerade einen Anruf von Präsident Roosevelt erhalten. Er bittet ihn, die Stelle des Botschafters in Deutschland anzunehmen!« Sie warnte mich davor, es irgend jemandem zu erzählen, da mein Vater sich noch nicht entschieden hatte.

Es war schwer, diesen Tag durchzustehen. Ich mußte meine übliche Routine abspulen, als ob nichts geschehen wäre. Für mich war das besonders schwierig, da ich Aufregungen und Probleme gern mit Freunden teile. An diesem Tag erzählte ich keinem auch nur ein Wort davon und dachte nicht eine Sekunde daran, mit meinen Eltern nach Deutschland zu gehen. Ich wußte, daß ich alt genug war, ein eigenständiges Leben zu führen; ich hatte einen Job und stand am Beginn einer Schriftstellerkarriere; ich wollte in diesem Abschnitt meines Lebens meine Wurzeln nicht verlieren. Aber die Vorstellung, mich von meinen Eltern zu trennen, von denen ich mich noch nie getrennt hatte, machte mir Angst.

Ich versuchte, mir das Deutschland vorzustellen, in dem meine Eltern leben würden, mir alles in Erinnerung zu rufen, was ich wußte und was ich über die neuen Entwicklungen gehört hatte. Ich erinnerte mich an Hitler als Clown, der wie Charlie Chaplin aussah, Bücher verbrennen ließ und entgegen der Voraussagen weiser und erfahrener Leute eine Diktatur errichtet hatte. Aber weiter ging meine Einsicht in die internationale Politik zu dieser Zeit nicht. Ich konnte mir meinen Vater in einer solchen Atmosphäre nicht vorstellen. Trotzdem wußte ich, daß das Angebot eine große Ehre war, die selten abgelehnt wurde, und daß es ein krönender Abschluß eines Lebens sein würde, das mein Vater in selbstloser Aufopferung der Geschichte und der demokratischen Tradition seines Landes gewidmet hatte.

Ich spürte, wie ungemein schwer die Entscheidung für meinen Vater und meine Mutter sein mußte und daß sie genauso hin- und hergerissen waren wie ich. Allerdings wußte ich auch, daß mein Vater alle Folgen für sein persönliches Leben auf sich nehmen würde, wenn er überzeugt wäre, seinem Land damit einen Dienst zu erweisen. Er hatte vorgehabt, seine Geschichte des Alten Südens zu Ende zu schreiben, und war in seinem ruhigen und produktiven Leben als Gelehrter und Dozent verwurzelt.

Die Erregung und Anspannung dieses Tages ging schließlich dem Ende zu. Meine Hände waren kalt, meine Wangen hektisch gerötet, und das Geheimnis lag mir schwer auf der Seele. Um fünf Uhr stürzte ich nach Hause, begierig, zu erfahren, was sich im Lauf des Tages ergeben hatte.

Präsident Roosevelt hatte meinen Vater angerufen und ihn gedrängt, die Position anzunehmen, er sagte ihm, daß er damit seiner Regierung einen großen Dienst erweisen könne. Nachdem er sich mit meiner Mutter beraten und sorgfältig erwogen hatte, was das für seine Zukunft und seine eigenen Hoffnungen bedeutete, rief mein Vater schließlich das Weiße Haus zurück und nahm die Ernennung unter der Bedingung an, daß er seine Lebenshaltungskosten von seinem Gehalt bestreiten könne. Der Präsident pflichtete ihm aus ganzem Herzen bei und gab zu verstehen, daß er persönlich viel von bescheidener Lebensführung und ebensolchen Ausgaben halte.

Die Ernennung war so erstaunlich, daß wir den ganzen Abend damit verbrachten, über die möglichen Motive zu diskutieren. Es waren viele Namen für die Position im Spiel gewesen, Namen, hinter denen Reichtum und politische Aktivitäten standen. Obwohl mein Vater während der Regierungszeit Wilsons jahrelang hinter den Kulissen begrenzt aktiv gewesen war, hatte er der Partei keine größere Summe gespendet und keinen offiziellen Posten innegehabt. Wir schlossen daraus, daß er wegen seiner Kenntnisse der deutschen Geschichte, Sprache und Kultur ernannt worden war – er hatte als junger Mann drei Jahre in Deutschland verbracht und besaß einen Doktortitel der Universität Leipzig. Wir vermuteten auch, daß einer unserer Freunde, Außenhandelsminister Daniel C. Roper, die Ernennung betrieben und unterstützt hatte. Im privaten Kreis fragten wir uns, ob Präsident Roosevelt womöglich seinem Demokratieverständnis hatte Ausdruck verleihen wollen, indem er einen Repräsentanten schickte, der mit dem Faschismus so wenig zu schaffen hatte, wie ein Mensch es nur irgend konnte – einen Mann, der loyal und unbeirrt hinter demokratischen Idealen stand, der bescheiden, gelehrt und politisch wie finanziell nicht korrumpierbar war, einen Studenten des alten Deutschland, in dem das Wort Freiheit noch keine leere Phrase gewesen war?

Auf jeden Fall bemerkten wir, daß mein Vater sich die folgenden Tage, in denen man mich bedrängte, doch zumindest für ein Jahr mitzukommen, in Hochstimmung befand und eine Begeisterung zeigte, die er trotz aller Zurückhaltung vor seiner Familie nicht verbergen konnte. Er gestand uns verschämt, daß er als junger Student davon geträumt habe, in das geliebte Deutschland zurückzukehren und sein eigenes Land als Konsul oder im niederen diplomatischen Dienst zu vertreten. Er war überzeugt, daß das deutsche Volk trotz Monarchie und der selbstherrlichen Regierung des Kaisers, die so lange in Deutschland geherrscht hatte, im Grunde eine demokratisch gesinnte, hoch gebildete und freiheitsliebende Nation sei. Er hatte Deutschland nach dem Krieg verteidigt, in einer Zeit, als es in unserem Land an Verrat grenzte. Er hatte den Versailler Vertrag bedauert und schließlich in der Republik und der Weimarer Verfassung ein gewisses Aufblühen seiner eigenen politischen Ideale gesehen. Und mehr noch: Er hegte eine fast sentimentale Sehnsucht nach dem Deutschland seiner Jugend, nach dem Land, das ihm ungeheure kulturelle Horizonte erschlossen und sein Herz durch die Freundlichkeit und Großzügigkeit seiner Bewohner, ob einfach oder gebildet, berührt hatte.

In diesen Tagen kamen die Erinnerungen zurück. Lehrte dieser Professor noch, war dieser Freund noch am Leben? Würde er die eigenartig schöne und brutale Sprache wieder so beherrschen wie früher? Kannten wir diese oder jene Oper, die er in Berlin oder in irgendeiner anderen Stadt gehört hatte? Erinnerten wir uns an die Dichtung von Schiller und Goethe? Hätten wir Lust, etwas über die Landschaft und die Philosophen zu hören? Wußten wir, daß ein deutsches Mädchen ihm damals jeden Tag Veilchen aufs Zimmer gestellt hatte? – das entlockte ihm meine Mutter, die die scherzhafte Fröhlichkeit eines jungen Mädchens besaß.

Ich erinnere mich an verschiedene, uns zu Ehren gegebene Abschiedsessen, bei denen mein Vater im Beisein deutscher Freunde oder Deutschprofessoren stockend sein Deutsch ausprobierte. Er versuchte, seine Erinnerung an alle deutschen Dinge aufzufrischen. Er las Bücher, sprach lebhaft über Freunde, Landschaften, Geschichte, bis meine Mutter und ich den Zauber und die Kraft des fernen Landes, dem er sich so nahe fühlte, zu spüren begannen.

Ich führte verschiedene lange Gespräche mit meinen Eltern darüber, ob es ratsam wäre, Amerika zu verlassen. Sie antworteten klug und verständnisvoll auf all meine Einwände. Immer wieder sagte ich: »Was geschieht, wenn ich jetzt, wo ich ernsthaft arbeite, meine Stelle aufgebe und im nächsten Jahr nichts Neues finde? Angenommen, ich kann dort drüben nicht schreiben?« Ihre Antwort war, daß eine Erfahrung dieser Art all solche Bedenken hinfällig mache. Und sie sagten mir, daß ich selbstverständlich zurückkehren und meine Arbeit wieder aufnehmen könne – vielleicht sogar bei der gleichen Zeitung und vermutlich sogar mit besseren Aussichten –, wenn ich das dringende Bedürfnis danach verspüre. Besonders meiner Mutter lag es am Herzen, mich dabeizuhaben, denn intuitiv spürte sie, daß diese Erfahrung schwierig für sie werden könnte. Sie warfen ein, daß ich erleben könne, wie Geschichte gemacht wird, daß ich mich durch den Kontakt mit einem anderen Volk und einer anderen Tradition als Schriftsteller und als Mensch weiterentwickeln würde. Mir war klar, daß sie recht hatten und daß sie sehr viel glücklicher wären, wenn ihre beiden Kinder diese neue Erfahrung mit ihnen teilten. Mein Vater wies auch darauf hin, daß das Studium und die Beherrschung einer neuen Sprache und Literatur für jede intellektuell neugierige und ehrgeizige Person nur von Vorteil sei.

Mein Bruder, zu dem ich ein sehr enges Verhältnis hatte, war zur Zeit der Ernennung Dozent in Washington, D.C. Seit seinem

Collegeabschluß bereitete er sich auf seine Master-Prüfung vor und lehrte an verschiedenen Universitäten – zunächst am Rutgers College der University of North Carolina und inzwischen an der American University der Hauptstadt.

Er war dreieinhalb Jahre älter als ich, obwohl die meisten Leute dachten, er sei jünger. Er war voll jugendlichem Schwung, eifrig, naiv und talentiert, und seine Interessen, Hoffnungen und Aktivitäten waren fast identisch mit den meinen. Deshalb standen wir uns näher als die meisten Geschwister. Wir träumten davon, eines Tages ein Apartment zu teilen und ein sinnvolles, produktives Leben zu führen. Keiner von uns hatte den Wunsch zu heiraten – vor allem ich nicht, da ich für kurze Zeit unglücklich verheiratet gewesen war. Der Familienzusammenhalt war ungewöhnlich eng und herzlich. Zudem hatten wir schlicht das Gefühl, daß wir noch nicht erwachsen genug waren, um ohne die anregende, zärtliche und konstruktive Bindung an unsere Familie zu leben.

Für Bill, dem wir telegraphierten, schien es eine Selbstverständlichkeit zu sein, daß wir gemeinsam gingen. Es lag ihm viel daran, seinen Doktorgrad zu erlangen, und es gefiel ihm, einen deutschen Universitätsabschluß wie sein Vater zu haben. Auch ihm war offensichtlich nicht klar, was es bedeutete, in Nazideutschland zu leben. Trotzdem sah er dem Aufenthalt nicht leichtfertig entgegen – eher als unschätzbare Erfahrung im Strom lebender Geschichte. Er drängte mich, mitzugehen. Wir beschlossen, ihn in zwei Wochen in Virginia zu treffen.

Wir waren gute Freunde und Vertraute, und so war es ein Glück für uns beide, daß wir Nazideutschland gemeinsam erlebten. Sein kritischer Verstand und seine Möglichkeiten, vieles zu sehen, was mir verwehrt war, halfen mir sehr, das Ganze zu verstehen. Und wir waren in der Lage, Aufzeichnungen zu vergleichen, unsere Ansichten, Reaktionen und Gefühle sowohl miteinander als auch mit unseren Eltern auszutauschen.

Also beschlossen wir, daß ich ein Jahr lang mitgehen würde. Einige Tage später teilte ich meinen Entschluß der Herausgeberin mit. Sie hatte Verständnis dafür und war selbst ganz aufgeregt über die Neuigkeiten, die inzwischen in allen Zeitungen standen. Ich erinnere mich, daß wir uns eines Tages darüber unterhielten, was ich mir für meinen Aufenthalt dort kaufen sollte, Kleider und ähnliches. Sie meinte: »Nun, Sie werden nicht viele Kleider brauchen, und sicher nichts Formelles, denn seit es das Leben am Hofe nicht mehr gibt und die Nazis an die Macht gekommen sind, existiert vermutlich kein gesellschaftliches Leben mehr.« Ihre Vorstellungen von der Primitivität und dem Rückfall in ein einfaches Leben ohne jede gesellschaftlichen Verpflichtungen deckten sich mit den meinen – und waren genauso falsch.

Bevor wir zwei oder drei Wochen später nach Virginia fuhren, wurden wir mit Anrufen, Telegrammen, Reportern, Photographen und Einladungen überschwemmt. Es war alles sehr verwirrend, eine ungewohnte Aufdringlichkeit und ein eigenartiges Eindringen in unser bis dahin absolut privates Leben. Wir wußten nicht, wie wir mit der Presse umzugehen hatten und was wir mit ihren Wünschen nach Exklusivmeldungen und Geschichten aus unserem Leben anfangen sollten. Wir wollten die Ernennung nicht bestätigen, bevor sie uns nicht vom Senat mitgeteilt worden war. Und ich bin sicher, daß uns in den folgenden Monaten zu unserer eigenen und zur Erheiterung unserer Freunde so mancher Fauxpas unterlief. Aber trotzdem war es für uns alle sehr aufregend.

Wie wenig mir bewußt war, welche politischen Konsequenzen und welche politische Bedeutung das Naziregime hatte, zeigt, daß ich mich nicht erinnere, ob auch nur einer von uns sich besonders viele Gedanken darüber gemacht hat, daß wir in einer Diktatur leben würden. Inzwischen ist mir allerdings klar, daß mein Vater viele angstvolle Momente durchlebt haben muß, wenn er daran dachte und sich vorstellte, wie unwohl er sich in einer solchen Atmosphäre fühlen würde. Er sagte des öfteren, er könne sich nicht vorstellen, daß die jetzigen Deutschen sein Buch über Wilson und seine politisch liberale Einstellung akzeptieren würden. Später fanden wir heraus, daß die offiziellen Stellen zu dem Zeitpunkt, als sein Name ins Spiel kam, kaum wußten, um wen es sich handelte, und dann, als sie es herausgefunden hatten, nicht allzu begeistert waren. Sie konnten ihn allerdings nicht ablehnen, ohne einen fremden Staat zu brüskieren.

Daß er andauernd wiederholte und immer wieder betonte, wie vorübergehend unser Aufenthalt dort sei, hätte mir zu denken geben sollen. Er wies uns an: »Nehmt keine Haushaltsgegenstände mit. Laßt die Möbel und was uns sonst noch gehört, da, wir sind in einem Jahr wieder hier.« Heute, nachdem ich ihn vier Jahre im diplomatischen Dienst erlebt habe, bin ich überzeugt, daß er damals hoffte, er könne einen gewissen Einfluß auf die innen- und außenpolitischen Entscheidungen des Naziregimes ausüben und auf eine Mäßigung hinwirken. Vielleicht dachte er, es gäbe eine Chance, sie wieder zu Verstand zu bringen, wenn er sie nachdrücklich an ihre erst kurz zurückliegende demokratische Vergangenheit erinnere. Er konnte nicht wissen – wie hätte irgend jemand es wissen können? –, wie unerbittlich entschlossen sie waren, ihrem Volk und sogar der Welt ihr System aufzuzwingen oder unterzugehen. Er war vermutlich, wie viele Leute in dieser Zeit, der Meinung, daß die Naziherrschaft nicht von langer Dauer sein könne; oder daß, sollte es anders kommen, die Exzesse der Machtergreifung aufhören würden, sobald man bei der Regierungsführung größere Erfahrungen gesammelt hätte. Jedenfalls zeigte die immer wiederholte Einschränkung auf ein Jahr, daß mein Vater erwog, nach Amerika zurückzukehren, wenn eine erfolgreiche oder konstruktive Arbeit als Diplomat und Idealist sich als unmöglich erweisen sollte.

Bei dem Abschiedsessen, das uns von den deutschen Gesellschaften, den Deutsch-Amerikanischen Klubs und dem Deutschen Konsulat gegeben wurde, saß ich zwischen Carl Sandburg und Thornton Wilder. All meine anderen Freunde hatten mir schnoddrige Ratschläge gegeben, wie man sich unter Diplomaten bewege, mir witzige Sprüche eingetrichtert, die ich Adolf Hitler gegenüber anbringen solle, und meine Mutter und mich mit dem Hinweis auf die anspruchsvollen, großen Empfänge und die Kosten, die es mit sich bringe, wenn wir unser Land erfolgreich repräsentieren wollten, zu Tode erschreckt. Aber Thornton Wilder, freundlich, wißbegierig und charmant wie immer, und Harriet Monroe gaben mir den vernünftigen Rat, die Sprache zu lernen und eher Kontakt zu den Deutschen zu pflegen als zu den Ausländern.

Carl Sandburg war in Höchstform – auf seine unnachahmliche und charakteristische Art sagte er: »Finde heraus, wie dieser Hitler tickt, was in seinem Kopf vorgeht, wie er gestrickt ist. Du wirst den größten Zug von Gaunern und Gangstern, Idealisten, Staatsmännern, Kriminellen, Diplomaten und Genies an dir vorbeidefilieren sehen. Du wirst jede Nationalität der Welt kennenlernen. Beobachte sie, studiere sie, seziere sie. Hab keine Angst, sei nicht schüchtern und gestatte nicht, daß diese Leute oder daß deine Erfahrungen dich zerstören oder dir die Freude am Leben nehmen. Sei mutig und ehrlich, erhalte dir deine Fähigkeit zu dichten und bewahre dir deine Integrität.«

Wir verließen Chicago in einem Meer von Blumen und Freunden, und zugleich in einer für uns unerträglichen nervösen Anspannung, die aber nur der Anfang und nicht zu vergleichen war mit dem, was uns an Gereiztheit, bloßliegenden Nerven, Überempfindlichkeit und Schmerz noch bevorstand. Wir nahmen den Zug nach Virginia und hofften, uns dort einige Tage von all den Packern, Gratulanten, plötzlich auftauchenden Snobs und Emporkömmlingen, die aus heiterem Himmel heraus behaupteten, uns alle schon ›seit Jahren gekannt, geliebt und respektiert‹ zu haben, von all der Verwirrung und den ständig auf uns einströmenden Warnungen zu erholen.

Wir verbrachten eine Woche auf der Farm, in der duftenden südlichen Hitze des Tages und den kühlen, klaren Bergnächten, dem Geruch und der Schönheit der Erde und ihrer Ruhe, und erlangten so unseren Sinn für die Wirklichkeit und den richtigen

Blick auf die Dinge zurück. Mein Vater besprach sich mit Präsident Roosevelt und dem State Department, brütete tagelang schwitzend und erschöpft über geheimen Papieren und Dokumenten, lernte die Situation in Deutschland besser kennen und erfuhr, was man von ihm als Repräsentant Amerikas erwartete.

In unserem Chevrolet, den wir mitnehmen wollten, fuhren wir nach New York, trafen dort an einem heißen Sommertag ein und wurden erneut mit Telephonaten, Telegrammen, Einladungen und Anfragen aller Art überhäuft. Wir entzogen uns so höflich wie möglich und legten schließlich mit mehr Blumen, Geschenken und guten Wünschen, als wir bewältigen konnten, ungewöhnlich traurig und voller Vorahnungen auf der *Washington* ab.

Die ersten ein bis zwei Tage weinte ich viel und voller Sentimentalität wegen der Dinge und Menschen, die ich – wie ich dachte, für nur ein Jahr – zurückließ. Amerika und mein dortiges Leben kamen mir unendlich kostbar vor, als ich mich schließlich der Realität stellte, daß ich in einem fremden Land leben und Erfahrungen machen würde, die mir bis jetzt völlig unbekannt waren.

Das Meer war ruhig und wunderschön, und wir hatten Zeit und Muße, über die neue Ära zu sprechen, die vor uns lag. Mein Vater war sehr ernst und hinter seiner üblichen Zurückhaltung ziemlich nervös. Bevor das Schiff ablegte, hatten die Presseleute ihn und meine Mutter gedrängt, ihre Arme in einem Abschiedsgruß an Amerika hochzurecken. Beide gingen darauf ein, und später wurde die Geste von der Presse als faschistischer Gruß interpretiert – ein Gruß, den wir damals kaum kannten.

Im ganzen gesehen war es sowohl eine nachdenkliche als auch eine fröhliche Reise. Mein Vater empfahl uns Kindern eindringlich, die Sprache zu lernen und zu versuchen, die Kultur des Volkes zu verstehen. Er bestand darauf, daß wir alle eine Stunde am Tag in seiner Kabine verbrachten und ihm zuhörten, wie er uns Deutsch vorlas, um uns mit dem Klang der Sprache vertraut zu machen – wenn ich mich recht erinnere, las er aus einem Geschichtsbuch vor. Er lehrte uns die Grundbegriffe der Aussprache und deutsche Redewendungen. Mir war die Aussprache in keiner Sprache je schwergefallen, und so hatte ich anfangs keine Schwierigkeiten damit. Er las E. A. Mowrers Buch *Germany Puts the Clock Back*, das ihm jemand aufs Schiff geschickt hatte.

Der zweitjüngste Sohn des Präsidenten war an Bord, ein charmanter, intelligenter, schlaksiger Junge, der nach seinem Universitätsabschluß Urlaub machte. Wir hatten Spaß miteinander, tanzten und tranken Champagner. Ich erinnere mich, daß wir unsere Pässe verglichen und uns darüber amüsierten, wie relativ einfach der seine war, in dem nur stand: »Franklin Roosevelt jr. ist der Sohn des Präsidenten der Vereinigten Staaten von Amerika.« Meiner, ein Diplomatenpaß, war sehr viel hochtrabender: »... Tochter von William E. Dodd, Außerordentlicher und Bevollmächtigter Botschafter der Vereinigten Staaten von Amerika in Deutschland.«

Wir streiften Irland, zumindest fuhren wir sehr nahe daran vorbei, ein Anblick, für den wir die ganze Nacht über aufgeblieben waren; eine wunderschöne, verzaubernde Vision leuchtend grüner Hügel, weich und wild im Licht des anbrechenden Tages. Ich bin sieben oder acht Mal an dieser Insel vorbeigefahren, aber immer noch berührt mich ihr erstaunlicher Zauber – sogar aus der Ferne eines Schiffs in der Irischen See; und jedesmal versprach ich mir, diesen Ort zu erkunden, bevor meine Reisetage zu Ende gingen. Wir blieben einige Zeit in Le Havre, und ich ging von Bord, um den jungen Roosevelt und seine Freunde am Zug nach Paris zu verabschieden. Ich war so begierig, französischen Boden, den ich von früher her kannte und liebte, zu betreten, daß ich mich überall nach einem Stückchen Erde umschaute, auf das ich meinen Fuß setzen könnte. Zu guter Letzt kratzte ich zwischen den Eisenbahnschwellen ein wenig Splitt weg, um mit den Zehenspitzen die Erde darunter zu berühren. Dann war ich zufrieden.

Die restliche Reise nach Hamburg verlief im Vergleich zu der Lebendigkeit der letzten Tage an Bord sehr langweilig. Die meisten Passagiere waren entweder in Southampton oder in Le Havre von Bord gegangen. Wir fuhren langsam die Elbe hinauf und legten schließlich in Hamburg an. Deutschland lag endlich vor uns, mit allem, was damit zusammenhing: der neuen Zukunft, die hier begann, eine Zukunft, über die wir nur Vermutungen anstellen konnten, der mein Vater aber den ganzen Idealismus seines tief emotionalen und disziplinierten Lebens widmete, in der Hoffnung und der Erwartung, daß eine Zusammenarbeit mit den Nazis möglich sei und er sein Bestes dazu beitragen könne. Ich war bewegt von seiner unbewußt-rührenden Begierde, in einer der höchsten Positionen, die unser Staat seinen Bürgern zu bieten hat, in das Land zurückzukehren, das er so geliebt, verstanden und verteidigt hatte. Wir, seine Kinder, standen als junge Erwachsene vor einem neuen Abenteuer, das wir nicht gesucht hatten und das wir im Grunde nicht richtig einschätzten; es war weder ein Ende noch ein Anfang für uns – zumindest dachten wir das –, sondern eine Episode, abgesichert durch Formalitäten und familiäre Liebe. Wir gingen das alles nicht leichtfertig an; es war eine Erfahrung, die uns unsere Eltern schenkten, der wir uns öffnen oder der wir uns verschließen konnten und die in unserem Leben vielleicht gar keine Rolle spielen würde. Wir begrüßten Deutschland voller Aufregung, gingen die Zukunft mit der unbesiegbaren Unbekümmertheit der Jugend an und waren für alles oder für nichts bereit.

## 2

Unsere Ankunft muß einer der verblüffendsten Anblicke in der Geschichte diplomatischer Ankünfte gewesen sein, obwohl wir zu der Zeit natürlich keine Ahnung davon hatten. Mein Vater hatte ein Telegramm, das ihm der Botschaftsrat schickte, falsch verstanden. Er dachte, daß für die Fahrkarten nach Berlin, den Privatwagen etc. gesorgt sei, wir kümmerten uns demzufolge auf dem Schiff nicht darum und vergaßen in der Konfusion, die entstand, als wir von Bord gingen, die notwendigen Unterlagen zu besorgen. Bis zum letzten Augenblick war mein Vater mit Interviews und Presseleuten beschäftigt. Einer der Journalisten war Korrespondent einer jüdischen Zeitung in Hamburg. Er schrieb einen Artikel, in dem stand, daß mein Vater nach Deutschland geschickt worden sei, um das jüdische Problem zu lösen. Wir hörten später davon und realisierten, wie verfälscht der Bericht war. Die deutsche Presse behandelte uns sehr höflich, nutzte aber die Gelegenheit, um darauf hinzuweisen, daß dies die Art der Juden sei.

Mein Bruder plante, den Chevrolet nach Berlin zu fahren, hatte sich aber nicht um den Papierkrieg – Führerschein, Autopapiere und so weiter – gekümmert, die erforderlich waren, um den Wagen vom Schiff zu bekommen.

Der Botschaftsrat, Berater des Botschafters und der nächste in der Hierarchie, ein extremer Verfechter des Protokolls* (wir hatten dieses Wort bis jetzt noch nie gehört) mit grauweißem, gelocktem Haar und Schnurrbart, einem eleganten Anzug, Handschuhen, Spazierstock und passendem Hut, flammend rotem Gesicht, knapper, höflicher und unendlich herablassender Sprechweise, war so entsetzt über unser informelles Auftreten, daß seine Wut fast – nicht ganz – die Grenzen sprengte, die ihm seine rigide Auslegung des Verhaltenskodexes vorschrieb. Wir hatten keinen anspruchsvollen Wagen, wir hatten keinen Chauffeur; Kammerdiener, Sekretäre und Kammerzofen fehlten auf ominöse Weise – wir sahen im Grunde wie ganz normale, einfache Leute aus, also Menschen, mit denen er sich in seinem ganzen Leben vermutlich noch nie abgegeben hatte.

Schließlich war alles geregelt, mein Bruder fuhr den bescheidenen Wagen nach Berlin, und wir anderen bestiegen einen

* Ein Wort, das in den meisten Sprachen eine Zusammenstellung von rigiden sozialen und diplomatischen Regeln der Etikette und des Verhaltens bezeichnet.

regulären Zug (wir hätten zumindest den ›Fliegenden Hamburger‹, den schnellsten und teuersten Sonderzug, nehmen sollen). Mein Vater saß in einem Abteil zusammen mit dem Botschaftsrat und sprach mit ihm über die politischen Entwicklungen in Deutschland, während dieser, so höflich er konnte, versuchte, meinem Vater klarzumachen, daß er nicht länger ein einfacher Professor, sondern ein wichtiger Diplomat sei und seinen Lebensstil demzufolge ändern müsse. Aber dieser ehrliche, feinfühlige, freundliche und leicht nervöse Gelehrte sollte seinen integren Charakter so unverändert beibehalten, als ob sich in seiner Umgebung und seiner Position nicht das geringste verändert hätte. Es war mir nicht bewußt, wie vergeblich all diese Ermahnungen waren, und ich bin sicher, daß mein Vater ihnen gegenüber damals absolut gleichgültig war, genauso wie später, als man von allen Seiten her großen Druck ausübte, um ihn wunschgemäß zu ändern.

Meine Mutter und ich befanden uns in einem anderen Abteil, in dem sie schweren Herzens und voller Unbehagen an die Pflichten und Veränderungen dachte, die vor ihr lagen; ich lehnte tief schlafend an ihrer Schulter, und wir beide versanken in teuren Blumen.

Der Zug hielt plötzlich an, und ich hatte gerade noch Zeit, mir meinen Hut auf den Kopf zu stülpen und ein wenig verschlafen und verlegen auf den Bahnsteig hinauszutreten. Vor mir befand sich eine große Menge aufgeregter Menschen; Journalisten scharten sich um uns, die der immer wachsame Botschaftsrat auf Distanz zu halten versuchte; Repräsentanten des Außenministeriums, andere Diplomaten und viele Amerikaner, die gekommen waren, sich den eigenartigen Botschafter und seine Familie anzusehen. Die Blitzlichter blendeten mich in einem stetigen Strom, und irgendwie schaffte ich es, eingedeckt bis über beide Ohren von all den Orchideen- und anderen Blumensträußen, dümmlich in die Kamera zu grinsen. Mein Vater nahm die Presseleute beiseite und begrüßte sie mit einer vorbereiteten Rede, dann wurden wir eilig fortgebracht.

Ankunft in Deutschland, Juli 1933

Mich setzte man mit einem jungen Mann, der, wie ich bald erfuhr, unser Protokollchef war, zusammen in einen Wagen. Ich begriff endlich, was ein Protokollchef war. Er wies mich auf die Sehenswürdigkeiten Berlins hin. Wir fuhren um das Reichstagsgebäude herum, auf das er mich pflichtschuldigst aufmerksam machte. Ich rief aus: »Oh, ich dachte, es sei niedergebrannt! Es sieht eigentlich aus, als sei es ganz in Ordnung. Erzählen Sie mir, was geschehen ist.« Nach einigen Fragen dieser Art, die ganz natürlich, aber indiskret sind, beugte er sich zu mir herüber und sagte: »Pst! Junge Dame, Sie müssen lernen, gesehen und nicht gehört zu werden. Sie sollten nicht so viel reden und nicht so viele Fragen stellen. Dies ist nicht Amerika, Sie können nicht alles sagen, was Sie denken.« Ich war erstaunt, aber für den Augenblick hatte man mir einen Dämpfer verpaßt. Dies war mein erster Kontakt mit der deutschen Wirklichkeit unter einer Diktatur, und es brauchte eine lange Zeit, bis ich mir seinen Rat zu Herzen nahm. Alte Lebensgewohnheiten ändern sich schwerlich über Nacht.

Wir kamen im Hotel Esplanade an und wurden in die Königs-Suite geführt. Ihre Pracht und der Gedanke, was das kosten mußte, verschlugen uns den Atem. Wieder waren die Räume so mit Blumen angefüllt, daß man sich kaum zwischen ihnen bewegen konnte – Orchideen und seltene, duftende Lilien, Blumen in allen Farben und Arten. Wir hatten zwei riesige, hohe Empfangsräume zu unserer Verfügung, die mit Seidenbrokat ausgeschlagen und mit gobelinbezogenen, vergoldeten Sesseln und Marmortischen eingerichtet waren. Unsere Freunde, die uns willkommen geheißen hatten, zogen sich schließlich zurück, wir waren uns selbst überlassen, und mein Vater legte sich etwas hin und las. Mutter und ich saßen da, klein und eingeschüchtert von dem Glanz, der die Familie des Botschafters umgab, nahmen die Karten, die eintrafen, und noch mehr Blumenkörbe in Empfang und überlegten verzweifelt, wie wir das alles bezahlen sollten, ohne uns haushoch zu verschulden. Wir wußten damals nicht, daß das Hotel spezielle Preise für besondere Gäste, sogenannte ›Potentaten‹, hatte, und in unserem Fall sogar noch kulanter war. Der Manager des Adlon hatte uns telegraphiert und uns kostenlos oder zu einem so niedrigen Preis eine Suite in seinem Hotel angeboten, daß wir fast nichts dafür bezahlt hätten, aber Botschafter waren schon immer im Esplanade abgestiegen, und man erlaubte uns nicht, einen Präzedenzfall zu schaffen.

Beim Abendessen war mein Vater glänzender Laune. Wir gingen alle in den Speisesaal des Hotels hinunter, um uns etwas zu bestellen. Mein Vater schwelgte in seinem Deutsch, neckte die Kellner und stellte ihnen Fragen – ein höchst unwürdiges Benehmen für einen Botschafter. Ich habe in meinem ganzen Leben noch nie so viele ›Dankeschöns‹ und ›Bitteschöns‹ an einem einzigen Abend gehört, und es war mein erster Eindruck von der fast unterwürfigen Höflichkeit deutscher Kellner. Wir bekamen gutes, wenn auch etwas schweres deutsches Essen, und ich kostete mein erstes deutsches Bier.

Nachdem wir gegessen hatten, beschlossen wir, vor dem Schlafen noch ein wenig in der Nähe des Hotels spazieren zu gehen. Wir schlenderten die ganze Siegesallee hinunter, die auf beiden Seiten mit ziemlich häßlichen und prätentiösen Statuen ehemaliger deutscher Herrscher gesäumt war. Mein Vater hielt vor jeder Statue an und gab uns eine kurze, historische Einführung in die Zeit und den Charakter des Dargestellten. Er war in seinem Element, er kannte die deutsche Geschichte fast auswendig, und wenn ihm etwas nicht einfiel, notierte er es sich für weitere Studien. Es war sicher einer der glücklichsten Abende, die wir in Deutschland verbrachten. Wir alle waren voller Freude und von Frieden erfüllt. Wir mochten Deutschland, und ich war verzaubert von der Freundlichkeit und Schlichtheit der Menschen, die ich bis dahin kennengelernt hatte. Die Straßen waren nicht besonders hell erleuchtet, es war fast wie in einer kleinen amerikanischen Stadt spät in der Nacht; es gab keine Soldaten auf den Straßen; alles war friedlich, romantisch, fremdartig, nostalgisch. Ich hatte das Gefühl, daß die Presse dem Land großes Unrecht angetan hatte, und ich wünschte mir, von der Warmherzigkeit und Freundlichkeit der Menschen zu erzählen, die sanfte Sommernacht, in der die Bäume und Blumen dufteten, und die Heiterkeit der Straßen zu beschreiben.

Die nächsten paar Tage verbrachte ich mit einer schlimmen Erkältung im Bett. Sigrid Schultz kam, um mich zu sehen. Sie war die Korrespondentin der Chicagoer *Tribune* und lebte seit über zehn Jahren in Deutschland. Sie war klein, ein wenig untersetzt, hatte blaue Augen und volles, blondes Haar, sie war sehr freundlich und intelligent, besaß einen schnellen, allerdings nicht immer ganz akkuraten Verstand, und war immer auf der Jagd nach Neuigkeiten. Sie kannte Deutschland von früher, und die jetzige Situation brach ihr das Herz. Sie erzählte mir viele Geschichten über die Nazis und ihre Brutalitäten, über die Geheime Staatspolizei, die sie ihrer kritischen Reportagen wegen regelmäßig vorlud. Ich glaubte ihr nicht alles. Ich dachte, sie übertreibe und sei ein wenig hysterisch, aber ich mochte sie persönlich und war daran interessiert, etwas über die Leute zu erfahren, mit denen ich es zu tun bekommen würde – die Diplomaten und Journalisten.

Von Alexander Woollcott hatte ich einen Brief für den damals bereits ziemlich bekannten amerikanischen Journalisten H. R. Knickerbocker, den ich bald auf die Post gab. Er rief mich an und lud mich zum Tee ein. Er war ein kleiner, schlanker Mann mit rotem Haar, warmen, hellbraunen Augen und einem ausdrucksvollen Mund. Wir tanzten – was er wunderbar konnte –, und er fragte mich, ob ich die Deutschen oder Deutschland kenne oder etwas über die Nazis wisse. Nachdem ich irgend etwas sagte, was ihm meine schreckliche Ignoranz enthüllen mußte, sprach er ein wenig über die Funktionäre der Nazis und wechselte dann das Thema. Ich war an Politik oder Wirtschaft nicht interessiert und beschäftigte mich hauptsächlich damit, ein ›Gefühl‹ für die Menschen zu entwickeln. Sie gefielen mir, und ich erinnere mich immer noch an den vergnüglichen Nachmittag im Hotel Eden, wo ich ihren lustigen, steifen Tanzstil beobachtete, ihrer unverständlichen, gutturalen Sprache lauschte, ihren einfachen Gesten, ihrem natürlichen Verhalten und ihrer kindlichen Lebensfreude zusah.

In diesem ersten Monat erhielten wir Anrufe von Deutschen und Amerikanern und hörten uns die verschiedensten Ansichten an, die bei mir allerdings keinen tieferen Eindruck hinterließen, da ich vollständig damit beschäftigt war, das Wesen und die Gefühle eines fremden Volkes zu verstehen. Während wir durch die preisgünstigeren oder billigen Lokale zogen – was sich für Diplomaten nicht gerade gehörte –, fing ich unbewußt an, sie mit den Franzosen zu vergleichen. Die Deutschen schienen so viel echter und ehrlicher zu sein, das galt sogar für die Kaufleute. Es gefiel mir, daß sie nicht versuchten, uns übers Ohr zu hauen, obwohl wir doch so offensichtlich Ausländer waren, daß sie uns sehr ernst und verständnisvoll zuhörten, wenn wir in unserem kläglichen Deutsch zu sprechen begannen. Sie waren keine Diebe, sie waren nicht eigennützig, sie waren nicht ungeduldig, kalt oder hart; Qualitäten, die in meinen Augen charakteristisch für die Franzosen waren. Wir rissen viele Witze, und ich glaube, daß nur mein Vater die Warnungen ernst nahm, daß die Bediensteten Spione sein könnten und wir vermutlich von Abhörgeräten und Spitzeln umgeben waren.

Unter den verschiedenen Presseleuten, die ich in dieser Zeit traf, befand sich Quentin Reynolds, Deutschlandkorrespondent von *Hearst*. Er war ein Koloß von einem Mann, mit lockigen Haaren, lustigen Augen und einem breiten, strahlenden Gesicht. Er war scharfsinnig, zäh und unsentimental, und ich hielt ihn für einen ausgezeichneten Journalisten. Er war seit ein paar Monaten in Deutschland und lernte die Sprache unglaublich schnell. Er kannte so legendäre Figuren wie Ernst (›Putzi‹) Hanfstaengl persönlich sehr gut und arrangierte es, daß wir uns auf einer Party, die von einem englischen Journalisten gegeben wurde, kennenlernten. Es war eine verschwenderische und ziemlich betrunkene Angelegenheit mit einer interessanten Mischung von Deutschen und Ausländern. Putzi traf spät ein, und sein Auftritt war sensationell; er war ein riesiger Mann, sowohl was seine Größe als auch was seinen Umfang anbelangte, er überragte alle Anwesenden. Sein Gesicht war grob und dunkel, hohlwangig, mit herabhängenden Zügen. Er hatte eine sanfte, gewinnende Art, eine schöne Stimme, die er bewußt und kunstvoll einsetzte, indem er zeitweise leise und sanft flüsterte und im nächsten Augenblick markerschütternd durch den Raum brüllte. Er galt als der Künstler unter den Nazis, unberechenbar und interessant, Hitlers persönlicher Clown und Musiker. Normalerweise dominierte er jede Gruppe durch seine alles beherrschende, mächtige körperliche Präsenz, durch die nie ermüdende, unbezähmbare Energie und die Tatsache, daß er pausenlos redete. Er konnte jedermann erschöpfen und, durch schiere Ausdauer, auch noch den Stärksten in Berlin niederschreien oder niederflüstern. Ich war fasziniert von meinem ersten Kontakt mit einem hochrangigen Nazi, der so offenkundig seinen Charme und seine Begabung zeigte. Bayrisches und amerikanisches Blut hatten diese eigenartige Erscheinung hervorgebracht. Er hätte nie ein Preuße sein können, und er war stolz darauf.

III

# Erste Eindrücke von Deutschland

Quentin Reynolds schlug meinem Bruder und mir vor, in unserem Chevrolet eine Reise durch Süddeutschland und Österreich mit ihm zu machen. Es kostete uns ein wenig Überredung, aber schließlich schlossen sich meine Eltern unserer Meinung an, daß es ein guter Weg sei, Deutschland kennenzulernen.

Also machten wir uns im August, ungefähr einen Monat nach unserer Ankunft, zu dritt in Richtung Süden auf. Es war eine aufregende Reise, und unsere fehlenden Deutschkenntnisse sorgten für lustige Momente, wenn wir nach dem Weg fragten oder Essen bestellten. Wir hielten in Wittenberg, sahen die fünfundneunzig Thesen Luthers, die in Bronze an der Kirchenpforte angeschlagen waren, und fuhren weiter nach Leipzig, der alten Universitätsstadt meines Vaters. Dort tranken wir zu Ehren der Begegnung von Faust und Mephisto natürlich viele Krüge Bier in Auerbachs Keller. Überall entlang der Straßen und in den Städten sahen wir die Nazifahne mit ihrem roten Hintergrund und dem weißen Kreis in der Mitte, den das geheimnisvolle Hakenkreuz zierte. An den Ein- und Ausfahrten der Städte hingen riesige Transparente über den Straßen, auf denen ich das Wort ›Jude‹ entziffern konnte. Es war uns klar, daß es sich um antisemitische Propaganda handelte, aber wir – zumindest ich – nahmen das nicht besonders ernst. Zudem konnte ich nicht gut genug Deutsch lesen, um das, was dort stand, wirklich zu verstehen, und ich muß zugeben, daß mir der nationalsozialistische Geist der Intoleranz in seiner vollen Bedeutung noch nicht klar geworden war.

Die Begeisterung war groß – zumindest oberflächlich schien sie es zu sein. Sobald die Leute sich unseren Wagen ansahen und die niedrige Nummer entdeckten, schallte uns ein nachdrückliches »Heil Hitler« entgegen – vermutlich hielten sie uns für offizielle Besucher aus der großen Hauptstadt. Wir sahen eine Menge marschierender Männer in braunen Uniformen, die sangen, schrien und ihre Fahnen schwenkten. Das waren die inzwischen berühmten Braunhemden, die Sturmtruppen, durch deren Loyalität und terroristische Methoden Hitler an die Macht gekommen war. Die Erregung der Leute war ansteckend, und ich schrie so kräftig »Heil Hitler« wie nur irgend ein Nazi. Quentin und mein Bruder runzelten die Stirn und machten sarkastische Bemerkungen über meine Jugend, aber ich genoß es in vollen Zügen, und es war schwer für mich, meine natürliche Sympathie, die ich für die Deutschen empfand, zurückzuhalten. Ich fühlte mich wie ein Kind, überschwenglich und sorglos, das Berauschende des neuen Regimes wirkte auf mich wie Wein.

Wir hielten in Nürnberg, wo wir die Nacht verbringen wollten, und nachdem wir hübsche und preiswerte Zimmer reserviert hatten, gingen wir hinaus, um durch die Stadt zu bummeln und etwas zu essen. Als wir aus dem Hotel traten, sahen wir, wie sich mitten auf der Straße eine Gruppe versammelte und gestikulierte. Wir blieben stehen, um herauszufinden, was vor sich ging. In der Mitte der Straße stand eine Straßenbahn, aus der ein junges Mädchen auf brutale Weise hinausgedrängt und hinausgestoßen wurde. Wir näherten uns und sahen das tragische und zerquälte Gesicht, das die Farbe von verdünntem Absinth hatte. Sie sah schrecklich aus. Man hatte ihr den Kopf kahlgeschoren und auf der Brust trug sie ein Plakat. Wir folgten ihr eine Weile und sahen, wie die Menge sie beleidigte, verhöhnte und vor sich her trieb. Quentin und mein Bruder fragten mehrere Umstehende, was los sei. Aus dem, was sie sagten, entnahmen wir, daß sie eine Nichtjüdin war, die sich mit einem Juden eingelassen hatte. Auf dem Plakat stand: »Ich habe mich einem Juden hingegeben«. Ich wollte ihnen folgen, aber meine Begleiter waren so abgestoßen, daß sie mich wegzogen. Ich erinnere mich, daß Quentin, den ich eigentlich für gefühllos und hartgesotten hielt, von dem Geschehen so erschüttert war, daß er meinte, ihm bleibe nichts anderes übrig, als sich zu betrinken, wenn er es vergessen wolle – was wir alle mit rotem Champagner taten.

Ich war nervös und mir war kalt, die ausgelassene Stimmung war völlig verflogen. Unsicher versuchte ich, die Aktion der Nazis zu rechtfertigen und darauf zu bestehen, daß wir sie nicht verdammen sollten, ohne die ganze Geschichte zu kennen. Aber etwas verdunkelte mein Bild vom glücklichen, sorglosen Deutschland. Ich nahm an, daß die häßliche, unverhüllte Brutalität nur einen oberflächlichen Eindruck hinterlassen würde, aber als die Zeit verstrich, dachte ich immer öfter an die mitleiderregende, gebrochene Kreatur, die ein Opfer des Massenwahns geworden war.

Ich drängte Quentin, nichts darüber zu schreiben. Es werde wegen unserer Anwesenheit zur Sensation werden – die Kinder des neuen Botschafters. Es sei ein Einzelfall. Es sei nicht wirklich wichtig, würde einen schlechten Eindruck machen, enthülle im Grunde nicht, was in Deutschland vorgehe, es überschatte die konstruktive Arbeit, die geleistet werde. Ich brachte viele dumme und widersprüchliche Argumente vor. Er entschloß sich, die Geschichte nicht durchzugeben, aber, wie er sagte, nur deshalb, weil man in letzter Zeit so viele Geschichten über Greueltaten veröffentlicht habe, daß sich die Leute nicht mehr dafür interessierten; er werde es, sobald wir zurück seien, im Nachrichtenteil bringen. Als wir aber wieder in Berlin eintrafen, entdeckten wir, daß ein anderer Journalist in der Stadt gewesen war und die Geschichte sofort durchgegeben hatte, daß sie als Aufmacher in allen Zeitungen gestanden hatte und unsere Anwesenheit als Zeugen kommentiert wurde.

Am nächsten Morgen fuhren wir Richtung Süden weiter. Mein Bruder wollte es bis Innsbruck schaffen, um eine Freundin zu treffen, also rasten wir durch das Land und hielten nur lang genug, um zu essen, zu tanken und ein- oder zweimal etwas zu trinken. Wir fuhren nach Bayreuth, trafen aber zu spät ein, um die

Oper zu besuchen, also schauten wir uns nur kurz im Dunkeln das Opernhaus an und eilten weiter. Quentin setzte sich ans Steuer, und wir fuhren in einem irren Tempo über Berge, Hügel und durch Kurven. Kleine süddeutsche Dörfer, wunderschöne, solide, weiße Häuser flogen rechts und links an uns vorbei und wirkten altehrwürdig und gespenstisch, wenn sie für einen Augenblick im Scheinwerferlicht auftauchten.

Schließlich erreichten wir Innsbruck, müde aber wunderbarerweise noch am Leben, und gingen bald zu Bett. Am nächsten Morgen besichtigten wir die Stadt – eine der schönsten Europas. Die Landschaft war herrlich, und die Leute waren sogar noch hilfsbereiter und freundlicher als in anderen Orten – aber es war natürlich keine Nazistadt.

Von dort aus fuhren wir weiter nach Österreich hinein: Wien und Salzburg. Wir blieben ein paar Tage, besuchten eine Oper und eine in geschlossenen Räumen stattfindende Aufführung des *Jedermann*, schlenderten durch die hübschen alten Straßen, sahen uns die Festung an, fuhren zu den Seen, schöne, blaue Bassins inmitten hoher Berge im Umkreis der Stadt, spazierten durch die Vorstädte oder fuhren mit dem Auto darin herum und waren uns einig, daß dies der vollkommenste Ort war, den wir bisher gesehen hatten. Salzburg ist eine Stadt der Musik. Es herrscht eine lebendige, aber weiche Atmosphäre, die Menschen sprechen in gedämpftem und doch lebhaftem Ton, Musik strahlt aus ihren Gesichtern und Bewegungen. Sie gehen anmutiger, denken, sprechen und handeln, als ob das Leben durch ihre Erfahrungen voller und tiefer geworden sei. Eines Abends bestellten wir in einem berühmten Weinkeller einige Flaschen des süßen, frischen, berauschenden lokalen Weins. Der Weinkeller lag eingebettet am Fuß der erhabenen steilen Felswand, auf deren Höhe die Feste aufragte. Die Glocken des Doms begannen in vollen, kehligen und reinen Schlägen zu singen, der Klang brach sich an dem kalten, steilen Felsen über uns und stieg in den dunklen Himmel hinauf. Die Leute verstummten ehrfürchtig und lauschten in die klingende

Luft hinaus, in der rhythmische Weisen durch die Nacht schwangen, sanfte Tonwellen in den kühlen, sternerfüllten Raum darüber drangen und mit ihm verschmolzen. Wir traten ein wenig benommen und trunken von Klang und Musik aus dem Lokal. Auf dem Platz schlenderten zwanglos Leute umher, unterhielten sich gedämpft, aber mit einer eigenartig überbordenden Fröhlichkeit, als ob ihre Stimmung sich dem magischen und ekstatischen Flug der Domglocken anschließen wolle. Da unsere Ohren noch so erfüllt waren, hörten wir erst kurze Zeit danach das Echo einer anderen Musik, einer anderen Symphonie – ein Orchester spielte in einem Gebäude an der entfernten Seite des Platzes, und die Töne drangen flüssig und klar durch das Dröhnen der riesigen, vibrierenden, verhallenden Glocken.

Ich habe in Salzburg nie einen Betrunkenen gesehen. Irgend etwas an der Atmosphäre der Stadt verbietet es. Man kann beschwipst, ruhig und leichten Herzens zugleich sein, aber niemals betrunken.

Schließlich verließen wir Österreich mit seiner Anmut, seinem Zauber und seiner weichen, unbekümmerten Sprache und fuhren nach Deutschland zurück, und nur in der Nähe der Grenze wurden wir einmal mit dem Nazigruß bedacht. Es war eigenartig, nach Deutschland zurückzukehren, die Musik und die Poesie, die uns erfüllt hatten, schienen auf ominöse Weise zu fehlen. Als wir Richtung Norden den Rhein entlangfuhren, sahen wir wieder die Fahnen, die marschierenden Männer und die braunen Uniformen, und der martialische Charakter der Nation fing an, sich aufzudrängen. Im Rheinland kam uns das alles nicht so spontan vor wie in anderen Teilen des Landes, und während wir auf unserer Fahrt mit den Leuten ins Gespräch kamen, interessierte es uns zu erfahren, welche Vorbehalte sie hatten. Die Naziembleme und ihr Symbolgehalt schienen diesen dunklen und lebhaften Menschen aufgepfropft zu sein.

Wir starrten wie alle anderen Touristen auf den berühmten Loreleifelsen, der sich dunkel und geheimnisvoll über dem trüben, langsam fließenden Rhein erhob, schauten bewundernd zu den alten Ruinen hoch, die beschwörend und schön, einsam und majestätisch auf den Gipfeln der wilden Berge thronten. Wir tranken mehr als die übliche Menge des goldenen Weins, der wie eingefangenes flüssiges Sonnenlicht in den Gläsern leuchtete. Schließlich war unsere Zeit abgelaufen, und wir fuhren durch den dunklen Harz mit seinen tiefen Wäldern, seinen Mythen, Legenden und Märchen schnell nach Berlin zurück.

Zurück in Berlin, in dem wir uns bereits zu Hause fühlten, ausgeruht und erfrischt von der Ausgelassenheit des Reisens, begannen sich unsere Augen für das zu öffnen, was um uns herum geschah, und wir fingen an, das Deutschland, das wir durchreist hatten, mit Preußen zu vergleichen, wo wir lebten.

Quentin rief an und erzählte, daß seine Zentrale verärgert gewesen sei, weil er die Nürnberg-Geschichte versäumt hatte. Das Außenministerium rief scheinbar äußerst beunruhigt bei uns an, bedauerte den Vorfall, entschuldigte sich für eine keineswegs übliche Brutalität und versicherte mir, daß so etwas nur selten vorkomme und bestraft werde.

## 2

Schon Wochen vor meiner Reise hatten sich meine Mutter und ich nach einem geeigneten Haus umgesehen. Ich war erstaunt, wie prächtig einige von ihnen waren, und wie wenig Miete dafür verlangt wurde. Ich erfuhr, daß sie Juden gehörten, die vorhatten, Deutschland zu verlassen oder den Schutz von Mietern suchten, die zum Diplomatischen Korps gehörten. Damals fing ich an zu begreifen, wie tragisch die Maßnahmen Hitlers gegen die Juden, sogar gegen die Klasse der wohlhabenden Juden, waren. Trotz der Pracht dieser Häuser kamen uns die meisten mit ihren protzigen, aber wertvollen Möbeln, ihren gobelingeschmückten Wänden, ihren altmodischen sanitären Installationen und ihren Dienstbotenzimmern ziemlich veraltet vor. Da wir unsere eigenen Möbel nicht mitgebracht hatten und die angemessene Möblierung einer Botschaft unsere Mittel weit überstieg, mußten wir etwas Möbliertes finden.

Die Suche zog sich lange hin und bereitete uns großes Kopfzerbrechen, aber schließlich fanden wir ein schönes Anwesen an der Tiergartenstraße, das abseits von der Hauptstraße lag und hinter dem Haus einen großen Garten besaß.

Amerikanische Botschafter in Deutschland hatten schon immer Schwierigkeiten bei der Haussuche gehabt. Vor einigen Jahren hatte unsere Regierung ein riesiges Palais am Pariser Platz nahe des Brandenburger Tors gekauft, es aufwendig möblieren lassen und für Kauf und Renovierung einige Millionen Dollar ausgegeben. An dem Abend, an dem der Botschafter einziehen wollte, brach ein schlimmes Feuer aus und zerstörte fast die gesamte Einrichtung des Gebäudes. Seit dieser Zeit war von unserer Regierung aus nichts unternommen worden, um das Palais wieder bewohnbar zu machen, es zu verkaufen oder etwas Neues zu kaufen. Eine amerikanische Firma erwarb es vor einigen Jahren für den lächerlichen Preis von 150.000 Dollar und verkaufte es für 1.700.000 Dollar an die amerikanische Regierung zurück – ein Profit von 1.550.000 Dollar und mehr als zehnmal soviel, wie es die Firma ursprünglich gekostet hatte. Diese Firma löste sich dann vollständig auf, so daß bis zum heutigen Tag keiner die ursprünglichen Firmengründer kennt – zumindest nicht in Berlin. Anderswo mag es Leute geben, die nicht nur die Direktoren der Firma, sondern die Firmenstruktur kennen. Aber vielleicht sitzen sie in zu wichtigen Positionen, um ihre Kenntnisse preiszugeben.

Die Situation war eine nicht enden wollende Peinlichkeit, die mein Vater entschlossen und wiederholt zu bessern suchte. Immer wieder schrieb er ans State Department, um es davon zu überzeugen, daß es, so oder so, etwas tun müsse. Das prächtige Gebäude stand leer und verfiel, während jährlich sehr große Summen für die Miete all der Regierungsbeamten ausgegeben wurden, die die Vereinigten Staaten in Berlin vertraten. Untersuchungskomitees, Schätzer usw. trafen Jahr für Jahr scheinbar zu dem einzigen Zweck ein, das Palais-Rätsel in den Griff zu bekommen. Mein Vater, der sich über die Handlungsunfähigkeit – wenn nicht mehr dahintersteckte – bestimmter offizieller Stellen empörte, schlug vor, es gegen ein anderes Gebäude zu tauschen. Der Kongreß, hieß es, wolle die erforderlichen Mittel nicht genehmigen, und das Hausproblem blieb bestehen.

Es wäre wichtig und, meiner Ansicht nach, aufschlußreich, wenn der Kongreß diese ganze Palais-Blücher-Sache untersuchen würde. Welche Firma hat es gekauft, welche Leute machten Profit, warum führten die offenen und ehrlichen Anfragen meines Vaters zu keinem Resultat? Vielleicht war es wirklich so, daß die amerikanische Regierung es sich nicht ›leisten‹ konnte, die Gebäude zu renovieren, obwohl sie zur gleichen Zeit anderswo viele Botschaften bauen und renovieren ließ. Vielleicht gibt es andererseits mehr Komplikationen, als uns zur Zeit bekannt sind.*

Uns allerdings gefiel das Haus, das wir gefunden hatten, sehr gut, und besonders mein Vater war hocherfreut, daß es in einem so ruhigen Viertel lag, einen Garten und Bäume hatte und sich nah genug an der Botschaft befand, daß morgens ein flotter Spaziergang genügte, sie zu erreichen. Im unteren Stockwerk lagen die Zimmer der Dienstboten und Pförtner, die Eingangshalle mit den Garderoben und die Küche, die allein ungefähr doppelt so groß war wie ein durchschnittliches New Yorker Apartment. Eine Treppe höher hatten wir eine große Empfangshalle, einen wunderschönen, ovalen Ballsaal mit herrlichem Parkett und herrlicher Vertäfelung, eine Bibliothek mit roten, damastbezogenen Wänden und Hunderten von Büchern von unschätzbarem Wert, Nippes, einem Kamin und Vertäfelung in gotischem oder frührenais-

* Inzwischen stimmte die amerikanische Regierung zu, das Palais Blücher restaurieren zu lassen. Die Restaurierung soll im Frühjahr 1939 beendet sein – und zirka 1.000.000 Dollar kosten.

sancehaftem Stil; zwei weitere Empfangsräume, deren Wände mit dunkelgrünem bzw. mit rosa Damast überzogen waren; ein mit roten Gobelins geschmücktes Eßzimmer, dessen Stühle fünfundzwanzig Gästen Platz bot; ein zauberhaftes, helles Balkonzimmer und Steinterrassen, deren geschwungene Steintreppe in den perfekt angelegten Garten führte. Es war ein luxuriöses Haus, zu anspruchsvoll für unseren Geschmack, aber bestens geeignet für eine Botschaft mit ihren Empfängen und großen Partys, da all diese Räume in einem großzügigen Halbkreis ineinander übergingen. Die Möbel kamen uns zu schwer vor, die Nippes zu überladen, aber dies unterschied sich von keiner der vergleichbaren deutschen Villen. Es war der Geschmack der Leute, der unweigerlich überall herrschte. Der Raum, in dem wir uns am meisten aufhielten und den ich am liebsten hatte, war die Bibliothek, die voller Bücher stand und die eine gemütliche, warme und freundliche Ecke besaß, in der ein Kaminfeuer brannte.

Wie in den meisten deutschen Häusern üblich, waren die Schlaf- und Wohnräume im darüberliegenden Stockwerk eine ziemlich grausige Angelegenheit. Es gab ein nettes Wohnzimmer und ein eigenartiges, protziges Schlafzimmer mit einem Badezimmer, das so groß wie eine Empfangshalle und vollständig mit goldenem und farbigem Mosaik ausgestattet war und dessen Badewanne auf einer Art Podest stand. Noch wochenlang konnte ich vor Lachen kaum an mich halten, sobald ich das Badezimmer sah, und ab und zu, wenn mein Vater nicht da war, nahm ich zum Spaß meine Freunde mit nach oben, um es ihnen zu zeigen. Die restlichen Räume mußten wir selbst möblieren.

Das sollte also die Heimstatt der amerikanischen Botschaft werden. Nachdem wir die Plakette mit dem amerikanischen Adler an der äußeren eisernen Umzäunung angebracht hatten, versuchten wir, ein normales Leben als Diplomaten und als Familie zu führen.

Meine Mutter, mein Bruder und ich hatten gleich von Anfang an einen Deutschlehrer. Er war ein komischer, schnurrbärtiger kleiner Herr, dem einige Zähne fehlten und dessen Verhalten von eigenartig überkommenen Klassenvorstellungen geprägt war. Wir versuchten, ihn dazu zu bewegen, über die Nazis zu reden, aber er weigerte sich entschieden. Er unterrichtete nach der Berlitz-Methode, besaß eine unendliche Geduld und eine leicht dramatische Ader. Wir zogen ihn unbarmherzig auf, sagten die absonderlichsten Dinge, die uns einfielen, aber während der ganzen Zeit, in der er uns unterrichtete, gelang es uns nur ein- oder höchstens zweimal, ihn zum Lachen zu bringen. Er hatte, wie es schien, eine fast übermenschliche Kontrolle über seine Gesichtsmuskeln, und sobald er befürchtete, daß einer davon zucken könnte, starrte er konzentriert zur Decke hinauf, als ob er dort eine ungemein wichtige Botschaft lese.

Mit der Zeit wuchsen er und seine exzentrische Art uns ans Herz. Wenn er den Raum betrat, pflegte er unsere Hand zu ergreifen, sie mit ausgestrecktem Arm zu halten, eine tiefe Verbeugung zu machen, so daß wir seinen Rücken hinuntersehen konnten, sich abrupt wieder aufzurichten und »Guten Morgen, Exzellenz, wie geht es Ihnen?« zu sagen. Nachdem er dies mehrmals wiederholt hatte, wandte er sich anderen Dingen zu. Er setzte sich nie, es war ihm unendlich peinlich und er errötete unweigerlich, wenn wir ihm einen Stuhl anboten. Am Ende der Stunde pflegte er freundlich darauf hinzuweisen, daß er jetzt aufbrechen werde, wiederholte denselben Begrüßungs-Hokuspokus und verließ rückwärts das Zimmer. Für ihn waren wir unverrückbar die ›Exzellenzen und ihre Familie‹, egal welche Fehler wir machten; wir gehörten einer so unberührbaren Klasse an, daß er sogar eigenartige, stammelnde Entschuldigungen hervorstieß, wenn wir ihn bezahlten.

Mein Bruder schrieb sich an der Universität ein, und ich besuchte Kurse über englische Dichtung und über Philosophie, und zwar in Deutsch, damit ich den Rhythmus der Sprache lernte. Meine Mutter war damit beschäftigt, die riesige Aufgabe zu meistern, ein Haus mit sechs bis sieben Bediensteten zu führen, was sie unendlich viel schwieriger fand, als mit einem dienstbaren Geist auszukommen; dazu kam das Protokoll, die untadeligen Manieren und unantastbaren Gepflogenheiten des Diplomatischen Korps, die beherrscht werden wollten. Wir würden erst im Oktober anfangen, Empfänge zu geben; somit hatte sie Gelegenheit, sich mit allem bekanntzumachen, unzählige Anrufe zu erledigen, die man von ihr erwartete, und für jeden Abend Einladungen anzunehmen.

Mein Vater präsentierte Hindenburg sein Empfehlungsschreiben, sobald dieser von seinem Gut Neudeck in Ostpreußen zurückkehrte – ein Gut, das ihm von der Regierung geschenkt worden war und das er auf seinen Sohn hatte eintragen lassen, um Erbschafts- und andere Steuern zu vermeiden. Aber mein Vater war von dem alten Herrn beeindruckt und verließ ihn in dem Gefühl, daß er Hitler gegenüber feindlich eingestellt und ein einigermaßen gebildeter und liberaler Mensch sei.

Diese ganze Zeit über war mein Vater in der unangenehmen Position, alle paar Tage gegen die schlechte Behandlung von Amerikanern protestieren zu müssen. Er kam zum Lunch nach Hause und war deprimiert und alarmiert wegen der nicht enden wollenden Brutalitäten der Sturmtruppen, die jeden zusammenschlugen, der nicht vor der Nazifahne salutierte. Es gab schreckliche, mörderische Zwischenfälle, bei denen Juden – sowohl ausländische als auch deutsche – zusammengeschlagen wurden, weil sie die Fahne nicht gesehen hatten oder einfach nur deshalb, weil sie jüdisch aussahen. Ich war natürlich schockiert, aber noch immer verschloß ich die Augen vor dem, was wirklich vor sich ging, und das ganz offensichtlich deshalb, weil ich von sozialen, ökonomischen und rassischen Verhältnissen und Motiven auch jetzt noch zu wenig verstand. Ich versuchte, ihre Exzesse zu entschuldigen, und mein Vater blickte mich mit etwas versteinerter, wenn auch toleranter Miene an und bezeichnete mich sowohl privat als auch öffentlich als einen jungen Nazi. Das versetzte mich zeitweise in die Defensive, und vorübergehend war ich eine glühende Verteidigerin all dessen, was geschah. Ich wiederholte die alten Argumente vom Enthusiasmus der Jugend, ihrem glühenden und inspirierenden Glauben an Hitler, ich sprach davon, was alles für die Arbeitslosen getan wurde. Meinem Gefühl nach strahlten die frischen, energischen, starken jungen Gesichter, die ich überall sah, etwas Edles aus, und das sagte ich kämpferisch, wann immer sich die Gelegenheit bot. Ich erinnere mich, wie ich nach Hause schrieb und Besuchern erzählte, daß meiner Meinung nach eine Wiedergeburt in Deutschland stattfinde, die das Aufregendste sei, was ich jemals erlebt habe, und daß die Presseberichte und die Geschichten über Greueltaten Einzelfälle seien, die von verbitterten und engstirnigen Leuten übertrieben dargestellt würden.

Eines Tages rief mich eine junge Amerikanerin an, die ich kennengelernt hatte und die die sozialen Verhältnisse in Deutschland untersuchte, und fragte mich, ob ich daran interessiert sei, ein Arbeits- und ein Konzentrationslager zu besichtigen. Ich war begierig, beides kennenzulernen. Sie arrangierte es sofort. Zwei Männer und meine Bekannte holten mich eines Morgens ab und wir fuhren zu einem Arbeitsdienstlager, das sich einige Stunden Fahrt entfernt von Berlin befand. Sie saß vorne mit einem Repräsentanten des Propagandaministeriums, und ich saß hinten mit einem jungen Attaché des Außenministeriums. Der Mann vorne unterhielt sich lebhaft mit meiner Bekannten, die das Gespräch übersetzte. Sein Enthusiasmus war kaum zu bändigen. Als ich dem Mann, der neben mir saß, meine völlige Zustimmung zu verstehen gab, runzelte er die Stirn und versuchte, die propagandistischen Äußerungen des anderen zu dämpfen. Ich ärgerte mich über seine Versuche, mir meine Illusionen zu nehmen, und war einfach glücklich, daß sich eine weniger zynische Person unter uns befand.

Wir betraten die Baracken, die auf Sumpfland standen, und man zeigte uns die Schlafquartiere, die Bücherei, den Aufenthaltsraum und den Speiseraum des Arbeitslagers. Die junge Frau interviewte und photografierte eifrig jeden, den sie sah. Der

Lagerleiter forderte uns auf, das Essen zu kosten. Wir setzten uns hin und aßen einen scheußlichen, kalten Brei mit Pflaumen, aber nicht einmal das konnte mein Hochgefühl dämpfen. Wir wanderten stundenlang unter der heißen Sonne und beobachteten die Männer, deren Aufgabe es war, Gräben zu ziehen, um die Sümpfe zu entwässern. Alles machte einen sehr netten und ordentlichen Eindruck, und es gab keine Paraden oder militärischen Übungen, wie es mir meine ›gehässigen‹ Freunde erzählt hatten. Ich konnte es kaum erwarten, davon zu erzählen und ihnen ein: »Ich hab es euch ja gesagt!« entgegenzuschleudern. Meine weißen Sommerschuhe waren ruiniert, ich war müde und, ehrlich gesagt, ziemlich gelangweilt. Ich fragte, ob wir zurückfahren könnten, und schützte eine Verpflichtung vor. Auf unserem Rückweg, als wir bereits einige Meilen vom Lager entfernt waren, entdeckte meine Freundin eine Gruppe von Männern, die in einer eigenartigen Stellung auf dem offenen Feld lagen. Sie bestand darauf, daß wir anhielten, und eilte mit ihrer Kamera hinüber. Ich konnte sehen, daß die Männer militärische Übungen absolvierten, sie lagen flach auf dem Bauch, sprangen dann hoch und rannten über das Feld. Sie exerzierten auch mit dem Gewehr. Sie nahm mich sehr vorsichtig einen Augenblick beiseite und sagte: »Jetzt siehst du, was sie wirklich tun. Das Lager, das wir gerade besucht haben, war über unser Kommen informiert, also sahen wir nichts, nur ein paar unschuldige, konstruktive Aktivitäten. Auf das hier sind wir zufällig gestoßen, und siehst du den Unterschied!« Ich tat ihre hysterische Einschätzung des Vorfalls geringschätzig ab: Sie war natürlich ein Feind, der versuchte, die schlimmsten Dinge über eine Nation auszugraben. Aber ich war einen Moment lang betroffen, als ich den eigenartigen und irritierten Ausdruck auf dem Gesicht des Repräsentanten vom Propagandaministerium bemerkte.

Die Einladung, ein Konzentrationslager zu besichtigen, traf nie ein, und als ich eins ohne größere Schwierigkeiten hätte sehen können – als ich nämlich die Bekanntschaft von Diels, dem Chef der Geheimen Staatspolizei, gemacht hatte –, war ich zu deprimiert, um meine Besichtigung deutscher Vorzeigelager, seien es nun Arbeitslager oder Lager anderer Art, fortzusetzen.

Die Übergriffe auf Amerikaner wurden mit der Zeit so brutal und zahlreich, daß mein Vater sich schließlich gezwungen sah, seinen Protest bei Hitler selbst vorzubringen. Er war bereits beim Außenministerium vorstellig geworden, und jedes Mal hatte man ihm feierlich versichert, daß so etwas nie mehr passieren werde. Nach seinem Gespräch versuchten wir, ihm ein genaues Bild Hitlers zu entlocken. Aber er war sehr zurückhaltend, eigenartig schweigsam und sagte wenig, außer, daß er so aussehe wie auf seinen Photos, liebenswürdig sein könne, leicht erregbar sei und versprochen habe, die Übergriffe zu beenden. Tatsächlich hörten die Vorkommnisse kurz nach dem Gespräch auf.

Edgar Ansel Mowrer hatte zu dieser Zeit ernsthafte Schwierigkeiten mit den Nazigrößen. Er war Präsident des amerikanischen Presseverbands und verbarg seine ablehnende Haltung der Regierung gegenüber nicht. Eines Tages wurde ihm mitgeteilt, daß die Regierung für das Verhalten ihrer ungebärdigen Sturmtruppen nicht verantwortlich gemacht werden könne, und man legte ihm nahe, das Land sofort zu verlassen. Er weigerte sich. Kurz danach teilte man ihm mit, daß man für seine Sicherheit keine Garantie übernehmen könne und er innerhalb von drei Tagen verschwinden müsse. Er suchte meinen Vater eines frühen Abends auf, um ihn um Rat zu fragen. Mein Vater hatte sich hingelegt, deshalb wurde Mowrer ins ›Herrenschlafzimmer‹ geleitet. Er war schmächtig, hatte hängende Schultern, ein dunkles, hageres, an einen frühen christlichen Märtyrer erinnerndes Gesicht und eine schöne Stimme, und er strahlte eine Intensität und Leidenschaft aus, die ich in Deutschland noch nie erlebt hatte. Er schilderte seinen Fall kühl und klar, und mein Vater riet ihm, das Land zu verlassen, nachdem er alle Fakten abgewogen und seine Schlüsse gezogen hatte, die vermutlich auf der Erfahrung anderer Amerikaner basierten, die von der Feindschaft der Nazis betroffen waren. Mowrer verzieh meinem Vater diesen Rat nie wirklich. Ich habe ihn seither oft getroffen, und er meint immer noch, daß man mit Hilfe der Botschaft aus diesem Ultimatum einen Präzedenzfall hätte machen sollen. Sein unbeugsamer Geist machte ihn zwangsläufig zu einem Gegner des Faschismus, und seine Sensibilität, sein sanftes Wesen wurden in unverzeihlicher Weise verletzt. Er liebte die Menschheit mit einer kühlen, brennenden Leidenschaft, und er hatte das Gefühl, daß jeder Art von Anstand in Deutschland Gewalt angetan, die Seele verkrüppelt und zerstört wurde. Ich dachte, er sei Jude – später fand ich heraus, daß dem nicht so war –, und nahm an, daß seine Feindseligkeit von seinem rassischen Selbstbewußtsein herrühre. In wenigen Tagen hatten er und seine Frau in aller Eile ihre Koffer gepackt und das Land verlassen.

Zu einem unserer ersten diplomatischen Essen wurden wir vom Stab des Botschaftsrats in dessen wunderschönes Haus geladen. Es war alles sehr formell und, meiner Meinung nach, ungemein dämlich. Wir betraten den Speiseraum höchst feierlich, jeder der Stabsangehörigen hatte eine Dame am Arm zu führen und sie nach einem strengen Protokoll an ihren Sitz zu geleiten. Die Unterhaltung war in keiner Weise interessant, sie bestand ausschließlich aus Geplänkel, Oberflächlichkeiten und Platitüden – nichts von dem, was wir gewohnt waren. Mein Vater versuchte, einen etwas ernsteren Ton anzuschlagen, hörte aber natürlich damit auf, als er merkte, daß niemand darauf einging. Bald verlegte er sich darauf, mit dem Fuß zu wippen und ins Weite zu blicken, eine alte und eindeutig unbewußte Angewohnheit von ihm.

Ein weiteres Essen wurde vom belgischen Gesandten und seiner Frau, Graf und Gräfin de Kerkove, für uns gegeben. Beide waren sehr groß und sehr beeindruckend, und beide hatten diesen eigenartig leeren und angestrengten Blick, der bei Diplomaten, die schon lange im Amt sind, üblich ist. Als wir eintrafen und die aufgereihten livrierten Bediensteten passiert hatten, standen die weiteren Gäste in einer Reihe, um uns zu begrüßen. Alle Frauen waren mit Diamanten oder anderen wertvollen Edelsteinen behängt – ich hatte noch nie eine so üppige Präsentation von Reichtum gesehen. Mein Vater ließ meine Mutter und mich in seiner üblichen Höflichkeit vorgehen und stellte uns auf informelle Weise vor. Ich schenkte dieser Art von Verhalten so wenig Aufmerksamkeit, daß es fast ein Jahr dauerte, bis mir klar wurde, daß man von den Töchtern der Diplomaten nicht erwartete, sich längere Zeit in der Nähe ihrer Eltern aufzuhalten, sie hatten sich unauffällig zwischen die Männer und Frauen niedereren Ranges zu mischen. Ich dagegen blieb die meiste Zeit an der Seite meiner Mutter und meines Vaters und beteiligte mich an den Unterhaltungen, die sie mit den Leuten um sich herum führten. Ich war es gewohnt, wie eine Erwachsene behandelt zu werden, deren Ansichten man zumindest zuhörte. Und da ich nicht auf der Suche nach einer Romanze war, interessierte mich das, was die Älteren zu sagen hatten, sehr viel mehr als die höflichen Annäherungsversuche meiner Altersgenossen.

Es war ein sehr üppiges Diner; die meisten Speisen waren mir kaum bekannt, entweder waren sie mir noch nie vorgesetzt worden oder ich war so überwältigt von der Art und Weise, wie sie serviert wurden, daß ich nicht wußte, wie ich damit umzugehen hatte und meiner Mutter, die am Mittelteil des riesigen Tisches saß und scheinbar keine Schwierigkeiten hatte, verzweifelte Blicke zuwarf. Danach gingen wir zu Kaffee und Drinks in einen weiteren eleganten Empfangsraum. Nachdem wir ein oder zwei Stunden herumgestanden, viel geredet und nichts gesagt hatten, machte mein Vater um halb elf Anstalten, aufzubrechen. Viele Augenbrauen wurden vornehm hochgezogen, aber wir stellten uns dem Sturm und gingen nach Hause. Man erwartet von Diplomaten, daß sie frühestens um elf Uhr aufbrechen.

Bei einem dieser Essen – und sie waren zahlreich und immer im gleichen Stil – lernte ich einen jungen französischen Botschaftssekretär kennen. Er begann, mich anzurufen und mich, nachdem er meine Eltern um ihre Erlaubnis gebeten hatte, ins

Kino und anderswohin einzuladen. Ich vermute, daß ich das Diplomatische Korps ganz schön hinterging, indem ich nicht zu erkennen gab, daß ich zu dieser Zeit noch eine verheiratete Frau war. Aber ich muß zugeben, daß ich es einfach genoß, wie eine Achtzehnjährige behandelt zu werden, während ich gleichzeitig um mein dunkles Geheimnis wußte. Ich machte mir keine Gedanken darüber, daß ich nichts dagegen unternahm, und ich vertraute darauf, daß auch von ihrer Seite aus nichts unternommen würde. Zudem hatte ich das Gefühl, daß die Tatsache, nicht geschieden zu sein, mich in gewisser Weise vor Unbesonnenheiten diesen ›unwiderstehlichen‹ Ausländern gegenüber schützte!

Der Franzose war ein charmanter junger Mann von ungefähr dreißig Jahren. Er war ein enger Freund von François-Poncet (der ihn wie einen geliebten Pflegesohn behandelte) und in jeder Beziehung ein brillanter und ungewöhnlicher Diplomat. Er war ehrlich, fast schonungslos, und leicht erregbar. Die Deutschen fingen an, mir zu erzählen, daß er ein Spion Poncets sei, Kopf des französischen Geheimdienstes in Berlin. Ich wiederholte ihm im Scherz alles, was mir über ihn zu Ohren gekommen war. Ich wußte nicht, ob es der Wahrheit entsprach oder nicht – ich weiß es bis heute nicht –, aber ich bemerkte bald, daß er ein Freund des Botschafters war und dessen Vertrauen genoß und deshalb innerhalb seiner eigenen Botschaft und auch anderswo viele Feinde hatte. Die Deutschen, die ich traf, waren äußerst unfreundlich zu ihm und machten keine Anstalten, es zu verbergen. Sie fürchteten, daß ich unter den Einfluß antinazistischer Propaganda geraten könne. Aber er wurde während der viereinhalb Jahre meines Aufenthalts in Berlin zu einem meiner loyalsten und interessantesten Freunde.

Als ich ihn damals kennenlernte, war ich auf dem Höhepunkt meiner Pro-Nazi-Phase. Ich akzeptierte Ideen und, meiner Ansicht nach, notwendige Aktionen, die selbst viele Nazis nicht guthießen. Konsequenterweise war ich gegen alles Französische. Nichts Französisches gefiel mir. Ich verunglimpfte sogar die

Sprache und behauptete, sie sei kalt, nasal und häßlich. Ich verglich die warme, offenherzige Freundlichkeit des deutschen Volkes mit dem ausbeuterischen, manierierten Charakter des oberflächlichen Franzosen.

Trotzdem fühlte ich mich von dem großen Jungen angezogen, von seiner Romantik und seinem perfekten Aussehen, von seinem klaren, logischen Verstand. Wir fuhren stundenlang durch die schöne, hügelige Seenlandschaft rund um Berlin und führten ausführliche Gespräche. Er begann, mir den Militarismus zu erklären und die Art und Weise, wie die Deutschen ihn benutzt hatten, um die wirtschaftliche Krise eine Zeitlang zu meistern. Er zeigte mir die Militärstützpunkte und Flugplätze, die überall im Land aus dem Boden schossen; wir fuhren mit dem Wagen an Konzentrationslagern vorbei; riesige Lastwagen, beladen mit Kriegsmaterial, blieben wegen der ungezählten Militärparaden im Verkehr stecken. Obwohl ich dagegen ankämpfte und ihn aufzog, indem ich mich über seine höchst ernstzunehmenden Beobachtungen lustig machte, fing ich langsam, aber sicher an, meinen Verstand zu benützen. Ich machte mir immer noch keine größeren Sorgen wegen der Aufrüstung, die sich vor unseren Augen abspielte und die den Versailler Vertrag verletzte. Ich wurde lediglich etwas kritischer und war endlich bereit, meine Ohren etwas anderem gegenüber zu öffnen als dem, was die Nationalsozialisten verkündeten.

Ein junger Franzose, den ich fünf Jahre zuvor kennengelernt hatte, als ich in Paris war, kam für ein paar Tage nach Berlin. Armand und ich zeigten ihm die Stadt, und es lag mir viel daran, ihm zu beweisen, daß die Deutschen nicht so gefährlich waren, wie man in Frankreich annahm. Ich strengte mich an, sie von ihrer besten Seite zu präsentieren, aber der Junge suchte mich auf, nachdem er mit anderen Freunden in Berlin gesprochen hatte, und erzählte mir die haarsträubendsten Geschichten über Grausamkeiten und militärische Aktivitäten. Ich sagte ihm, daß sein Denken infiltriert sei, und ermahnte ihn, daß der einzige Friede, der es wert sei, diesen Namen zu tragen, auf einer deutsch-französischen Verständigung basiere. »Jedem Franzosen, der hierher kommt, sollten die besten Qualitäten des deutschen Volkes gezeigt werden«, sagte ich. Ich muß meinem neuen französischen Freund sehr vorlaut und dumm vorgekommen sein, denn er hatte sieben Jahre in Deutschland gelebt und dort studiert; und unsere Freundschaft zerbrach einige Male fast an meinem anmaßenden Verhalten.

Im Oktober, drei Monate nach unserer Ankunft, als ich den Eindruck hatte, genug zu wissen, um ein solches gesellschaftliches Ereignis eigenständig in den Griff zu bekommen, gab ich eine Geburtstagsparty. Meine Mutter und mein Vater erschienen nicht, was die meisten Gäste schockierte, da es innerhalb dieser Kreise nicht üblich ist, daß junge Mädchen als selbständige Gastgeberinnen auftreten. Ich hatte einige der Leute, die ich kennengelernt hatte und attraktiv fand, eingeladen. Der junge Prinz Friedrich, jüngster Sohn des Kronprinzen, kam auf die Minute pünktlich, hielt einen korrekten kleinen Strauß Nelken in der Hand und verbeugte sich höflich. Ich fand ihn charmant mit seinem ›Arrow-Collar-Man-Gesicht‹*, seinem blonden Haar und seiner scheuen, unschuldigen und arglosen Art. Während der ganzen Zeit unserer Bekanntschaft sagte er bestimmt kein einziges unschickliches Wort und tat nichts, was nicht den Konventionen entsprach. Wenn er überhaupt irgendeinen selbständigen oder interessanten Gedanken im Kopf hatte, genoß ich nicht das Privileg, ihn kennenzulernen – und ich vermute, daß meine Erfahrung mit ihm nicht ungewöhnlich war. Aber ich hatte noch

* A.d.Ü.: Nach dem Ersten Weltkrieg verlangten die zurückkehrenden amerikanischen Soldaten Hemden mit weichen Kragen und lehnten den traditionellen steifen Kragen ab. Das ›Arrow-Shirt‹ wurde von Troy's Cluett-Peabody & Sons erfunden, um diesem Bedürfnis entgegenzukommen. 1915 plante Frederick Peabody eine Werbekampagne und stellte den bekannten Illustrator J. D. Leyendecker ein, der den ›Arrow-Collar-Man‹ erfand, der berühmt werden sollte: Er wurde zum Symbol des perfekten amerikanischen Mannes.
Leyendeckers Anzeigen, die in amerikanischen und kanadischen Magazinen geschaltet wurden, waren ein überwältigender Erfolg. Der ›Arrow-Collar-Man‹ erhielt in den frühen Zwanziger Jahren, obwohl er eine fiktive Figur war, in einem Monat 17.000 Fan-Briefe, Geschenke, Heiratsanträge etc. Es gab sogar ein Stück am Broadway.

nie zuvor einen Prinzen kennengelernt, und sicherlich keinen, der so gut aussah und noch dazu manchmal errötete.

Einer meiner weiteren Gäste war eine allseits bekannte Prinzessin – zumindest war sie das durch ihre Heirat geworden –, aber damals wußte ich nichts über sie. Sie langweilte sich zu Tode, und das einzige, was sie am Gehen hinderte, war das Versprechen, daß Hanfstaengl sein Erscheinen zugesagt hatte. Ein paar Offiziere der Reichswehr, jung, die Hacken zusammenschlagend, höflich bis zur Absurdität; ein Mitglied der SA und noch einige andere. Es war wirklich eine sehr gemischte Gesellschaft, und ich erinnere mich, daß ich nur Bier und Punsch anbot, während Whisky und Champagner üblich waren. Eine junge Griechin, die Tochter eines Diplomaten, die ich häufig und bei den seltsamsten Anlässen traf, unterhielt die Gesellschaft mit ihrem scharfen, beißenden und riskanten Witz und ihrer schweren, dunklen Schönheit. Sie absolvierte eine Schauspielausbildung, und ihre Äußerungen wären von der Berliner Gesellschaft nie und nimmer geduldet worden, wenn sie nicht die Tochter eines Diplomaten gewesen wäre. Da das aber so war, duldete man sie als eine Art Freak. Sie war und bleibt die einzige ausgesprochen intelligente Frau, die ich im Diplomatischen Korps kennenlernte, trotz ihres seltsamen Selbstbewußtseins, ihrer mystischen Nazivorlieben und ihrer leicht psychopathischen Neigung, die Leute zu schockieren.

Hanfstaengl kam lärmend nach Mitternacht an, traf die gelangweilte Prinzessin, die am Aufbrechen war, und lockte sie für einen Augenblick zurück. Er nahm einen Drink, man überredete ihn, sich ans Klavier zu setzen, wo er einige aufregende und flammende Lieder schmetterte. Er ließ das Klavier immer gebrochen und erschöpft zurück, ganz zu schweigen von sich selbst und seinen Zuhörern, und die Räume der Botschaft hallten noch tagelang wider. Nachdem er diese Schau nicht ganz wirklicher dynamischer Energie abgezogen hatte, verließ er uns unter wildem Gestikulieren und schrie seine Verehrung für jeden und alles im Haus heraus, eingeschlossen ›Papa‹ Dodd, wie er ihn nannte; das war

Martha Dodd beim Tanz mit ›Putzi‹ Hanfstaengl

also die beruhigende Persönlichkeit, die Hitler in Momenten und langen Abenden voll Stress und Anspannung so bedacht bei sich wünschte. Was immer man im Innersten seines Herzens von ihm halten mochte, Hanfstaengl war zumindest jemand, an den man sich während der endlosen schalen Tage voller langweiliger Diplomaten und deren Partys erinnerte. So jedenfalls dachte ich, und denke es noch immer, obwohl man gegen das verrückte gesellschaftliche Leben mit der Zeit immun wird und unverhältnismäßig dankbar für jedes bißchen, jeden Strahl von Originalität ist, egal wie trüb er in einem anderen Milieu leuchtet.

IV

# Wachsende Vertrautheit

Unser Haus war immer voller Leute: junge Deutsche, Studenten, Attachés des Außenministeriums und Offiziere der SA, der SS oder der Reichswehr.* Die Pro-Nazi- und die Anti-Nazigefühle hielten sich die Waage. Die Studenten und Intellektuellen, die Künstler und Akademiker, die Aristokratie – alle gaben sie auf verschiedene, leidenschaftliche oder vorsichtige Art ihrem Mißtrauen Hitler und dem neuen Regime gegenüber Ausdruck, obwohl sie gleichzeitig glühende Patrioten waren und ihre typisch deutsche mystische Haltung gegenüber dem Vaterland deutlich zeigten. Viele der Aristokraten, vor allem die, die dem Hof nahestanden, waren aus Gründen ihrer Geburt und Herkunft gegen Hitler. Sie hofften Tag für Tag, Monat für Monat, Jahr für Jahr, daß Hitler sein Versprechen einlösen und die Monarchie und damit ihre Klasse wieder einsetzen würde. Es ist erstaunlich, wie hartnäckig sie sich an diese phantastische Idee klammerten. Sogar noch im Herbst 1937 unterstützten sie, da sie ihre Hoffnungen nicht aufgeben wollten, zögerlich und halbherzig das Regime. Die meisten Geschäftsleute und Industriellen wußten genau, daß Hitlers sozialistische Parolen nur Schlagworte waren und in keiner Weise ihre Herrschaft über das wirtschaftliche Leben gefährden konnten. Ihre Fabriken waren wieder voll ausgelastet und sie brauchten sich keine Gedanken über Streiks, Gewerkschaften und unabhängige Arbeiterbewegungen machen.

* Die SA ist unter dem Namen Sturmabteilung bekannt – die riesige Armee von Braunhemden, die den Kern der Nazis darstellt, die Hitler an die Macht verhalfen. Ihre Reihen wurden später durch die Säuberung stark dezimiert. Die SS war Hitlers Elite-Truppe – ihre Aufgabe war es, als spezielle Leibgarde den Führer zu beschützen –, vollendet in ihrer Meisterschaft von Propaganda und Geheimdienstarbeit, ihrer Loyalität gegenüber den Prinzipien der Nazis, und als groß und gutaussehend bekannt. Die Reichswehr ist die offizielle deutsche Armee.

Die meisten Leute, die viel im Ausland gereist waren oder in fremden Ländern gelebt hatten, dachten, ob sie nun Nazis waren oder nicht, daß Hitlers Vorgehen gefährlich sei und bei internationalen Verhandlungen Deutschlands Prestige und die Sympathie für Deutschland gefährde.

Beim *Stahlhelm*, dem Bund der Frontsoldaten, einer Armee unbeugsamer, stolzer Kriegsveteranen, gab es viele hartgesottene Männer, die Hitler haßten und ihn in einer Weise verachteten, wie ich es sonst nirgends in Deutschland erlebt hatte. Ein Jahr nach seiner Machtübernahme wurde der *Stahlhelm* aufgelöst.

Ich kannte einen jungen SA-Mann, der der Hitlerbewegung bereits seit einigen Jahren angehörte. Er hatte einen eigenartigen Namen, der auf seine slawische Herkunft hindeutete (im Gebiet des Spreewalds in Norddeutschland gibt es noch immer eine große Bevölkerungsgruppe, die direkte Nachkommen der frühen slawischen Invasoren Deutschlands sind und die ihre eigene Sprache, eigene Bräuche und Trachten, ihre eigene Religion und ihr eigene Folklore hat). Er besaß ein hübsches, breites, kindlich anmutendes Gesicht und war von durchschnittlicher Intelligenz. Als glühender Anhänger Hitlers glaubte er, daß hinter Hitlers sozialistischen Parolen wirklich etwas stecke. Die Kommunisten haßte er wie der Teufel das Weihwasser, obwohl er früher Kontakt zu einigen hatte und mit ihnen sympathisierte. Sein Haß wurde durch die Propaganda, der er ausgesetzt war, vorsätzlich geschürt und vertieft. Wie Millionen anderer dachte er, daß es innerhalb eines Gerüsts von Recht und Ordnung und allgemeiner kapitalistischer Prinzipien möglich wäre, der Menschheit Gerechtigkeit widerfahren zu lassen. Und wie Millionen anderer glaubte er, daß das Vaterland durch den Vertrag mit den Alliierten tödlich getroffen worden war, und so setzte er sein Vertrauen in Hitler und dessen Fähigkeit, Deutschland wieder aufzubauen und dem einfachen Mann zu Wohlstand zu verhelfen.

Wir führten lange Diskussionen über die Dominanz der Juden auf kulturellem, wissenschaftlichem, kaufmännischem und wirtschaftlichem Gebiet. Er unterstrich seine Ansichten damit, daß er mir unzählige Pamphlete mit Statistiken schickte, die das Monopol der Juden in Deutschland belegen sollten. Mit leidenschaftlichen Argumenten, flammenden Augen und dramatischen Gesten versuchte er, mich zu überzeugen. Das Haus wurde von Beweisen für seine Argumente überschwemmt, und ich verbrachte viele unnütze Stunden damit, seinen heftigen Haßtiraden auf Juden und Kommunisten zuzuhören. Das einzig Sinnvolle, was bei dieser Freundschaft herauskam, war, daß sie mir ermöglichte, Deutschland besser zu begreifen, und mich dazu brachte, meinen eigenen Standpunkt, der sich zu dieser Zeit zu formen begann, klar zu überdenken. Ich fuhr mit ihm aufs Land hinaus, wir machten, wie es in Deutschland üblich ist, lange Sonntagsspaziergänge, schwammen, gingen ins Kino und besuchten Nachtklubs, ich genoß die zuvorkommende Höflichkeit, mit der er mir Blumen und Kärtchen schickte, und machte mich mehr und mehr mit deutschen Gewohnheiten und Überzeugungen bekannt. Er verkörperte und verkörpert bis heute die deutsche Norm – den Mittelstand, der ein wenig Schönheit und Glauben zu finden suchte, mit denen er die zerbröckelnden Verhaltensstrukturen ersetzen konnte. Ich spürte das Pathos, das hinter seiner Anhänglichkeit an Hitler stand, obwohl er dessen Methoden instinktiv verachtete, und noch deutlicher spürte ich die Tragik seiner persönlichen Situation im Juni dieses Jahres.

Die jungen Reichswehroffiziere, die ich zu dieser Zeit kannte, waren etwas gemäßigter in ihren Ansichten über das neue Regime. Sie mißtrauten dem Führer zwar und lehnten das, was sie in seinem Programm für ›Sozialismus‹ hielten, ab. Allerdings waren sie sehr vorsichtig in dem, was sie sagten, und deuteten an, daß sie mit Hitler einverstanden wären, solange der Diktator ihre Armee als selbständige Einheit innerhalb der deutschen Nation in Ruhe lasse und ihnen, wirtschaftlich und auch anderweitig, die Chance gebe, sich weiterzuentwickeln und effizienter zu werden. Sie legten Wert auf ihre Eigenständigkeit, ihre eigenen Führer, sie wollten nicht in die Politik einbezogen werden. Viele von ihnen waren Monarchisten, viele waren schlicht und einfach Soldaten, die mit ihrem Beruf und der finanziellen Sicherheit, die damit einherging, zufrieden waren. Aber sie wollten die einzigartige und ›aristokratische‹ Clique bleiben, die sie schon immer in Deutschland gewesen waren. Diese jungen Soldaten waren äußerst angenehm, gut aussehend, höflich und uninteressant – sie waren so viel weniger typisch für das neue Deutschland als ihre Brüder bei der SA und der SS. In fast jeder Zeit und fast jedem System hätten sie die gleichen Ansichten vertreten.

Im allgemeinen herrschte keine übergroße Vorsicht, wenn man eine Ansicht äußerte, die mit der Hitlers nicht übereinstimmte. Das konnte aber auch daran liegen, daß man sogar in diesem frühen Stadium versuchte, die Familie des Botschafters zu bespitzeln. Jedenfalls lernte ich mehrere junge Leute vom Außenministerium kennen, die vorgaben, dem nazistischen Deutschland gegenüber kritisch eingestellt zu sein. Viele schickten mir Blumen und Aufmerksamkeiten, Argumente und Erklärungen wurden beigefügt. »Natürlich ist dies, vom intellektuellen Standpunkt her gesehen, nicht haltbar.« – »Diese Vorgehensweise ist unglaublich und unvernünftig.« – »Wie kann man so viel mangelnde Voraussicht dulden?« Aber immer wiesen sie, obwohl sie an die Vernunft der Zuhörer appellierten, sehr subtil darauf hin, daß Hitler immerhin dies und das tue, die Arbeitslosigkeit beende und den Deutschen wieder ein Gefühl von nationalem Stolz schenke. Das waren Einstellungen, gegen die man nur sehr schwer ankam, besonders dann, wenn man eine instinktive Sympathie für die Deutschen hegte und entrüstet darüber war, wie man sie nach dem Krieg behandelt hatte.

Einer der jungen Männer, von dem ich später erfuhr, daß er zu dieser Zeit bei der Geheimen Staatspolizei in Propagandamethoden ausgebildet und in Disziplin unterwiesen wurde, offiziell aber dem Amt des Außenministeriums angehörte, war besonders beharrlich, was seine Aufmerksamkeiten und subtilen Argumente anging. Wie immer war er gutaussehend, blond, unschuldig und enthusiastisch, aber er war auch etwas verschlagener und besser ausgebildet als der durchschnittliche SA-Mann. Ein anderer Mann des Außenministeriums hatte in eine außerordentlich reiche Familie eingeheiratet, die, familiär oder anderweitig, eng mit Goebbels und Hitler liiert war. Beide gehörten der SS an, eine Tatsache, die mir wenig sagte, bevor ich sie kennenlernte. Der deutsche, für Washington zuständige Diplomat war einer der glattesten und, in vieler Hinsicht, unattraktivsten Männer, die ich bisher kennengelernt hatte. Zuerst fand ich, daß er gut aussah – es schien da einen gewissen blonden, arischen, gesunden Einfluß zu geben. Aber auf den zweiten Blick fiel mir sein breites, schlaues, brutales Gesicht auf, und ich fand heraus, daß er ein Mann war, der sich sehr leicht gewisse Manierismen angeeignet hatte – er beherrschte den Slang und den amerikanischen Akzent fast perfekt, wußte aber gleichzeitig sehr wenig über Amerika. Er besaß einen oberflächlichen und, man könnte sagen, sondierenden Verstand, eine eigentümlich aufdringliche und gleichzeitig vermittelnde Art zu sprechen und sich zu verhalten.

Er war ein Mann mit einer Begabung für häßlichen Fanatismus und geschliffene Durchtriebenheit, dem ich nicht trauen konnte, und es auch nicht tat. Ehrgeizig, unverfroren und frech, war er einer der ersten, der mich, was das offizielle deutsche Leben anbelangte, desillusionierte. Allein die Tatsache, daß er eine bestimmte Ansicht vertrat, brachte eine sensible Person fast instinktiv dazu, das Gegenteil zu vertreten, ganz gleich, um was es sich handelte.

Ich ging einige Male mit ihm aus, und er war immer sehr neugierig darauf, was mein Vater von dieser oder jener Entwicklung hielt. Zu dieser Zeit wußte ich bereits, daß alles, was ich solchen Männern über die Ansichten meines Vaters berichtete, sofort beim Propagandaministerium oder der Geheimen Staatspolizei landete und von beiden sehr schnell an höhere Kreise, ins Außenministerium oder an die Regierung, weitergeleitet wurde.

Ein junger Londoner Korrespondent der *Deutschen Allgemeinen Zeitung* wurde nach Berlin berufen, um die Herausgeberschaft der Zeitung zu übernehmen. Ich lernte ihn kurz darauf auf einer Party, die von Presseleuten gegeben wurde, kennen. Man munkelte, daß er Jude sei, was er natürlich lautstark bestritt. Er gehörte zu einem anderen Typ Deutschen, den ich nicht besonders mochte. Er war eindeutig opportunistisch und ein wenig servil, und er und seine englische Frau besuchten uns einige Monate lang öfter als sonst irgend jemand.

Während meiner viereinhalb Jahre in Deutschland fand ich für die unendlich lange gesellschaftliche Saison (in der die meisten Leute während der Wintermonate pro Tag an zwei bis vier Einladungen zum Tee, einem Lunch und einem Abendessen teilnahmen – die über alle Maßen langweilig waren und den abgeschmackten, falschen Glanz der Gehobenen Gesellschaft hatten) nur eine Entschuldigung, und das war die Möglichkeit, interessante Leute zu treffen, mit denen man sich zu einem späteren Gespräch unter weniger formellen und angenehmeren Umständen verabredete.

Bei einem dieser Essen oder Empfänge lernte ich Rolf Diels*, den Chef der Geheimen Staatspolizei unter Göring, kennen. Während der Republik war er Severing, einem sozialdemokratischen preußischen Innenminister, unterstellt gewesen, und man sagte, er habe seinen Dienstherrn verraten. Obwohl seine Karriere in sozialdemokratischen Bahnen verlaufen war, stellte er wegen seines Ehrgeizes und seiner Skrupellosigkeit für die Nazis eine leichte Beute dar. Damals wußte ich von all dem natürlich nichts; ich erfuhr davon erst ein oder zwei Jahre später. Das Beste, was ich über Diels sagen kann, sollte ich an den Anfang stellen. Während seiner Amtszeit versuchte er immer, den Ärger und die Entrüstung der Amerikaner zu besänftigen. Er kooperierte fast ausnahmslos mit unserem Konsulat und der Botschaft. Er ließ

* A.d.Ü.: Rudolf Diels.

mehrere Amerikaner frei, und obwohl er ein gewisses Risiko einging, die Verärgerung der Nazis auf sich zu ziehen, versuchte er des öfteren, unseren Forderungen, die unsere unrechtmäßig attackierten, verhafteten oder eingesperrten Landsleute betrafen, entgegenzukommen oder sie durchzusetzen. Natürlich tat er dies nur, weil er Wert auf die öffentliche Meinung in Amerika legte, er kümmerte sich mehr um derartige Dinge als einige der offiziellen Größen seiner Zeit. Ich wußte wohl, daß kein mitfühlendes Herz dahintersteckte, sondern die Tatsache, daß er außergewöhnlich intelligent und ein politischer Opportunist war. Er strebte eindeutig eine freundliche Haltung der Botschaft an – sie sollte nicht nur dem Nationalsozialismus, sondern auch ihm gegenüber wohlgesonnen sein. Darüber hinaus bin ich überzeugt, daß er nicht mehr oder weniger ein Nazi war wie viele andere, die ihnen aus den verschiedensten persönlichen oder politischen Gründen nach dem Mund redeten. Ich habe mit mehreren Männern und Frauen gesprochen, die die Konzentrationslager überlebten und mir sagten, daß mindestens zwölf Menschen pro Tag getötet wurden, während Diels Chef der Geheimen Staatspolizei war. Das berüchtigte Columbia-Haus in Berlin, eines der schrecklichsten Gefängnisse für politische Häftlinge in Deutschland, unterstand seiner Leitung. Wenn er einen Raum betrat, oder besser, wenn er katzengleich hereinschlich, verursachte er, selbst wenn die Leute nicht wußten, wer er war, eine Nervosität und Spannung, wie kein anderer es vermochte. Er war groß und schlank, hatte rabenschwarzes, volles Haar und das düsterste, narbenübersäteste Gesicht, das ich je gesehen habe. Sein Mund war von früheren Floretthieben verzerrt, und über seine Wangen zogen sich Streifen bläulichen Narbengewebes. Seine Augen waren schwarz, grausam und durchdringend. Er stammte aus dem sanften und fröhlichen Rheinland.

Er hatte eine boshafte Freude an seiner mephistophelischen Aura und wünschte sich immer, daß bei seinem melodramatischen Auftritt Schweigen eintrete. Er war häufig in unserem

Haus, oft bei rein formalen Anlässen, und hinterließ einen bleibenden Eindruck, da er als einziger an unserem tüchtigen Butler vorbeikam, ohne sich anzumelden. Die Partys waren in vollem Gang, die Leute unterhielten sich, tranken, tanzten oder aßen. Dann spürte man plötzlich, wenn der Abend schon fortgeschritten war (er kam immer spät), eine gewisse Kälte im Raum, und Diels tauchte in seinem ganzen dunklen und schrecklichen Glanz neben einem auf! Dieser Eindruck beruhte nicht auf einer einzelnen Erfahrung, und er beschränkte sich auch nicht auf mich allein – ich überprüfte ihn bei vielen Freunden, von denen einige allerdings sagten, daß er bei näherem Kennenlernen ziemlich fröhlich, ungezwungen und charmant sei, aber alle bestätigten, daß jedes Treffen mit ihm eine sinistre Seite habe.

Er gehörte der SS an, behauptete aber, daß man ihn dort hasse und er seine wirkliche Unterstützung von der SA erfahre. Das bezweifle ich ernsthaft. Häufig beschrieb er mir die Intrigen, die innerparteilichen Kämpfe und den Haß. Er mochte niemanden und traute keinem (obwohl er scheinbar Göring gegenüber loyal war), und keiner mochte ihn oder traute ihm. Wie gut oder unschuldig der Charakter eines Menschen auch ursprünglich sein mochte – und der seine war es mit Sicherheit nicht immer –, so bringt es doch ein solcher Job unweigerlich mit sich, daß sich der Charakter zersetzt. Gegen Ende seiner Karriere auf dieser Stelle wurde er neurotischer und zwanghafter als irgendein Mensch, den ich in Deutschland kennengelernt hatte – und das schließt die, die er verfolgte, ein. Aber diese Geschichte muß noch warten.

Ich bin sicher, daß selbst Göring ihm mißtraute, und wenn ich die beiden zusammen beobachtete oder Diels zuhörte, hatte ich sogar das Gefühl, daß Göring sich vor ihm fürchtete. Ich fühlte mich von diesem menschlichen Monster mit seinem empfindsamen Gesicht und seiner grausamen, gebrochenen Schönheit angezogen und war fasziniert von ihm. Wir gingen häufig aus, tanzten oder unternahmen Ausflüge mit dem Auto. Einmal besuchte ich ihn in seinem Büro und bemerkte in einem unscheinbaren, großen und irgendwie kahlen Raum Abhörgeräte auf dem Schreibtisch. Er gab mir den ersten Hinweis darauf, daß nicht nur die Geheime Staatspolizei, sondern jede andere Behörde abhörte. Er deutete an, daß Goebbels Göring bespitzelte und Göring Goebbels, beide die Geheime Staatspolizei bespitzelten und die Geheime Staatspolizei sie. Vor meinen romantischen Augen – aber im Grunde war mein Blick nicht so romantisch, denn hier handelte es sich um bewiesene Fakten – tat sich ein riesiges und kompliziertes Netz von Spionage, Terror, Sadismus und Haß auf, dem keiner, privat oder offiziell, entkommen konnte.

Mir wurde klar, daß selbst die Diplomatischen Korps keine Immunität genossen, daß über alle Diplomaten Akten angelegt wurden, die man analysierte und die ständig wuchsen, daß ihre Aktivitäten beobachtet und ihre Ansichten registriert wurden und man darüber berichtete. Indirekt überzeugte er mich, daß unsere Botschaft und unser Haus mit Abhörgeräten verkabelt waren, und zwar über die Wände oder über die Telephone. Bald lernte ich, am Telephon nichts zu sagen, von dem ich nicht wünschte, daß es an irgendeinem der unzähligen Orte, die dafür zuständig waren, aufgezeichnet würde. Mörderische Geschichten machten die Runde, denen ich immer größere Aufmerksamkeit schenkte, je mehr ich über die Vorgehensweisen und Methoden einer Diktatur erfuhr. Autos waren mitten in der Nacht vorgefahren, SS-Männer herausgesprungen und einen Augenblick später mit einem Mann oder einer Frau aus dem jeweiligen Haus oder der jeweiligen Wohnung herausgekommen, Menschen, die man nie mehr zu Gesicht bekam. Solche Fälle kamen tatsächlich tausendfach vor, die Realität rückte mir immer näher, und als Freunde von Freunden zu den Opfern zählten, wurde mein Blick nüchterner und ich verstummte.

Im Laufe des Jahres, in dem meine Beziehung zu Diels relativ eng war, wurde ich so nervös, daß es fast an Hysterie grenzte. Wenn ich mit Leuten zusammengetroffen war, die mutig oder leichtsinnig genug gewesen waren, etwas gegen Hitler zu sagen, verbrachte ich schlaflose Nächte, in denen ich mich fragte, ob ein Abhörgerät oder ein Telephon die Unterhaltung aufgenommen, oder ob uns jemand gefolgt war, der uns belauscht hatte. Ich litt unter schrecklichen Alpträumen. Mein Zimmer lag im ersten Stock der Botschaft und war ein großer Raum mit vielen Fenstern, von denen man über die kiesbestreute Auffahrt hinaus auf die Straße blicken konnte. Man hätte leicht die Wand hochklettern können. Während der Herbst- und frühen Winternächte glaubte ich, Schritte, denen sich eine lange Stille anschloß, Schüsse oder flüsternde Stimmen zu hören; ich meinte Schatten hinter den riesigen Steinsäulen des Eingangs zu sehen, die sich bewegten, was natürlich alles darauf zurückzuführen war, daß sich meine Phantasie etwas einbildete: das Platzen eines Rohrs (oder vielleicht wirklich ein entfernter Schuß), das Geraschel des Herbstlaubs auf dem Boden, das Knirschen der losen Kiesel, wenn der Wind darüberfegte oder die Schatten der sich im Wind wiegenden Zweige, durch die das Mondlicht fiel. Oftmals war ich so verängstigt, daß ich meine Mutter weckte und sie bat, bei mir im Zimmer zu schlafen.

Die ganze Zeit befürchtete ich, daß Diels mich auf irgendeine raffinierte Weise über meine deutschen Freunde aushorche und ich damit ihren Tod verursachen könne. Diels Verstand war brillant, komplex und auf gefährliche Weise präzise. Für den Job, den er ausübte, war er der perfekte Mann, obwohl das ein bißchen zu offensichtlich war. Als ich mehr und mehr über die Techniken des Terrors und des Faschismus erfuhr, mir immer klarer bewußt wurde, was um mich herum geschah, und ich das Vertrauen offizieller deutscher Persönlichkeiten und Diplomaten gewann, beklagte ich verzweifelt, daß mein Gedächtnis nicht gelöscht werden konnte. In den psychologischen Fängen dieses Erzkonspiranten traute ich mir nicht über den Weg, und das war vermutlich richtig. Natürlich sah ich ihn in den folgenden drei Jahren seltener, aber wenn ich mit ihm ausging, hatte ich Angst wie vor dem Teufel persönlich, und meine nervösen Anfälle wiederholten sich zwangsläufig, obwohl ich inzwischen einen gewissen Zynismus und mehr Selbstbewußtsein entwickelt hatte.

Eines Abends kehrten wir spät vom Tanzen zurück, und er wollte mit mir auf einen Drink nach oben in die Bibliothek kommen, bevor er sich verabschiedete. In diesem speziellen Moment war er selbst etwas unsicher – vielleicht hatte eine seiner Intrigen fehlgeschlagen oder der Partei nicht gefallen. Jedenfalls wollte er offen mit mir reden. Ich schnappte mir ein Kissen vom Sofa und ging Richtung Telephon. Er fragte mich, was ich vorhabe. Ich sagte es ihm. Da huschte ein finsteres Lächeln über seine Lippen, und er nickte schweigend.

Von da an bedeckte ich das Telephon immer mit dem schwersten, weichen Gegenstand, der mir in die Hände kam, bevor ich irgend jemandem erlaubte, frei zu sprechen. Ich erzählte meinem Vater von dem Vorfall, und er war beeindruckt genug, um sich ein kleines Gerät zu bauen, eine schmale, dicht mit Watte gefüllte Pappschachtel, die er über das Telephon stülpte, wenn jemand in seinem Büro vertrauliche Dinge äußerte. Ob das irgend etwas nützte, kann ich nicht sagen. Auf jeden Fall bestand die reelle Chance, wie der Chef der Geheimen Staatspolizei angedeutet hatte, daß der Ton, sofern er aufgenommen wurde, zumindest gedämpft ankam. Zudem war es eine halb komische, halb ernst gemeinte Art und Weise, die Deutschen wissen zu lassen, daß der Botschafter zumindest von ihren Tricks gehört hatte! Nun weiß ich natürlich, daß solche Geräte bei Telephonen dauernd zum Einsatz kommen, und daß man darüber hinaus ein Abhörgerät, das vermutlich auch noch von einer amerikanischen Firma gebaut wurde, kaufen, es gegen die Wand halten und das Gespräch im angrenzenden Zimmer abhören kann. Wann immer wir für eine Woche oder sogar nur für ein paar Tage verreisten, hatten wir das Gefühl, daß mit Wissen unserer Dienerschaft, der wir nach den ersten paar Monaten nicht mehr trauten, entweder noch mehr Abhörgeräte installiert oder die alten überprüft worden waren.

Ich bin sicher, daß ein Teil dieser Atmosphäre von Diels ganz bewußt herbeigeführt wurde. Um sein persönliches Machtgefühl zu befriedigen, hatte er das Bedürfnis, selbst die Diplomaten in Angst zu versetzen. Wenn er darüber hinaus noch etwas im Sinn hatte, zum Beispiel, uns oder unsere Freunde auszuspionieren oder uns einen Begriff von der Effektivität der Nazimethoden zu geben, hat er jämmerlich versagt. Zum einen wußten wir bereits, daß man sich an unseren Briefen zu schaffen machte, und hatten den Verdacht, daß man vertrauliche Telegramme, die in einem Code versandt wurden (der von den Nazis zweifellos regelmäßig entziffert wurde), las, ja, daß sogar unsere diplomatischen Kuriertaschen geöffnet wurden. Zum anderen hatten wir gelernt, nicht einmal unsere eigene Meinung zu äußern. Diels hatte in unseren Köpfen und Seelen über bestimmte unanfechtbare Tatsachen eine Einstellung gegen die Diktatur der Nazis etabliert, die uns zu einer vollständigen und kompromißlosen Analyse führten. Aber es kann nicht bestritten werden, daß im Hinblick auf die Umstände, die sich später ergaben, Diels selbst das Gefühl haben mußte, daß er jederzeit erschossen werden könne. Wann immer er das Bedürfnis hatte, offen zu sprechen oder er selbst zu sein, fuhr er aufs Land hinaus und redete, wenn wir im Wald spazierengingen oder in irgendeinem obskuren Restaurant einen Kaffee tranken. Es war die alte Geschichte von Frankenstein, der sich gegen seinen Schöpfer wandte und ihn zerstörte. Und das war sogar noch vor den blutigen Tagen des Juni 1934.

## 2

Eines Tages rief Diels an und fragte mich, ob ich bei einigen der Verhandlungen des Reichstagsbrandprozesses dabeisein wolle. Zu dieser Zeit verstand ich noch sehr wenig Deutsch, aber ich dachte, daß ich dieses Ereignis nicht versäumen sollte, auch wenn ich nur die verschiedenen Persönlichkeiten, die Dramatik und die

Atmosphäre der Gerichtsszenen mitbekommen würde. Ich wußte nicht viel über den Reichstagsbrand. Natürlich hatte ich das Gerücht gehört, daß er von den Nazis gelegt worden sei, die ihn dann den Kommunisten anlasteten.

Durch diese Taktik präsentierten sich die Nationalsozialisten bei den bevorstehenden Reichstagswahlen als Verteidiger des kostbaren nationalen Monuments und einer Regierungsform, die sie konstant verteufelt und abgelehnt hatten. Das erschien mir ziemlich paradox, aber ich hatte weder die Entwicklungen noch die Kommentare in der ausländischen Presse genauer verfolgt. In Berlin hatten die Verhandlungen eingesetzt, nachdem die von Leipzig abgeschlossen waren. Ich hatte zudem von meinen Freunden bei der Presse gehört, daß neben den tatsächlichen Teilnehmern zwei Persönlichkeiten, die ich gut kannte, über alle Details des Verrats und der Konspiration berichten könnten: Diels und Hanfstaengl. Natürlich nahm ich die Einladung Diels bereitwillig an.

Mein Bruder und ich fuhren im offiziellen Wagen meines Vaters vor und betraten das riesige Gebäude, das gerade repariert wurde (es war kein ernsthaftes Feuer gewesen). Wir fanden den Weg zu dem kleinen Raum, in dem der Prozeß stattfand, bei dem nur die Presse und einige wenige Beobachter zugelassen waren. Wir saßen bei einer Gruppe von ungefähr fünfundsiebzig Leuten, unter denen sich die gesamte Presse und die Tochter des Polizeipräsidenten von Berlin befanden. Sie machte unaufhörlich abfällige Bemerkungen über das Verhalten der Nazis. Zu dieser Zeit waren wir den Motiven der Leute gegenüber so skeptisch eingestellt, daß wir ihre Kritik unkommentiert ließen, da wir fürchteten, sie sei allein darauf aus, daß wir uns eine Blöße geben und damit halboffiziell unseren Vater in Schwierigkeiten bringen würden.

Auf der Anklagebank saßen Torgler, van der Lubbe, Popoff, Taneff und Dimitroff. Torgler sah gespenstisch aus, sein Gesicht hatte eine grünlich-graue Gefängnisfarbe – man konnte sich vorstellen, daß sein Körper und seine Kleider nach Gefängnis rochen. Er war angespannt, verängstigt, nervlich am Ende. Die

Presseleute waren überzeugt davon, daß ein Abhörgerät unter seinem Stuhl angebracht war und er auf schreckliche Weise gefoltert worden sei. Ich glaubte weder das eine noch das andere. Die Bulgaren wirkten zäh, hart und gleichgültig. Van der Lubbe bot einen so schrecklichen Anblick, wie ich ihn nie zuvor bei einem Menschen gesehen hatte. Groß, mit einem massigen, unmenschlichen Gesicht und einem unmenschlichen Körper – er sah so abstoßend und degeneriert aus, daß ich ihn kaum ansehen konnte. Er saß bewegungslos da, sein Kopf und seine Hände hingen zwischen seinen Knien, entweder war er in Trance oder mit Drogen vollgestopft. Speichel schien ihm aus dem Mund zu tropfen und seine einzige Bewegung bestand darin, daß er, als eine der Wachen versuchte, seinen Kopf anzuheben, diesen wieder schwer nach unten fallen ließ.

Torgler stand auf, um sich zu verteidigen. Er hinterließ einen guten Eindruck. Obwohl man ihn immer als etwas schwach einschätzte, schien er in diesem Moment eine kühle, geistige Selbstbeherrschung zu besitzen und einen klar erkennbaren, zupackenden Mut. In seinem Verhalten und seiner Art lag eine gewisse zurückhaltende Vornehmheit. Später mußte er im Gefängnis bleiben, kam danach in ein Konzentrationslager, und schließlich sagte man, er habe widerrufen. Er akzeptierte die Nazis, wurde unter einem neuen Namen entlassen und lebt inzwischen unauffällig in einer kleinen Stadt in der Nähe von Berlin. Was vor seiner Bekehrung im Konzentrationslager und im Gefängnis mit ihm geschehen ist, wird man wohl nie erfahren. Aber in dem Augenblick, in dem ich ihn erlebte, hätte ich niemals geglaubt, daß seine intellektuelle Integrität es ihm erlauben würde, seine Häscher als die Retter der deutschen Rasse zu akzeptieren. Und wie Tausende anderer würde auch ich gerne im Detail erfahren, welche Druckmittel es brauchte, die Charakterstärke zu brechen, die er zu erkennen gab.

Natürlich wollten Diels und Hanfstaengl wissen, welchen Eindruck der Prozeß auf uns gemacht habe. Ich sagte beiden, daß er für mich sehr fesselnd gewesen sei, obwohl ich die Leute nicht verstanden hatte. Ich sagte auch, daß Torgler sehr anziehend, selbstbeherrscht und intelligent gewirkt und bei den Zuhörern im Gerichtssaal einen guten Eindruck hinterlassen habe. Hanfstaengl geiferte und schäumte vor Wut, sagte, daß ich verrückt, gegen die Nazis eingestellt, emotional und uninformiert sei. Diels war sehr schweigsam und sagte nichts dazu. In der ganzen Zeit, in der ich ihn kannte, gab er niemals, weder in Worten noch in Taten, zu erkennen, daß er die Kommunisten für schuldig hielt. Er sprach einfach nicht darüber, ausgenommen das eine Mal, bevor die Juni-Säuberungen begannen.

Ich versuchte, von Hanfstaengl zu erfahren, was er über das Feuer wußte. Er sagte, daß er zu der Zeit des Feuers an einem offiziellen Essen teilgenommen und nach einem angenehmen Abend früh nach Hause gegangen sei. Um zwölf Uhr habe ihn Göring höchst aufgeregt angerufen und ihm mitgeteilt, daß das Gebäude brenne. Er sei zu Görings Haus geeilt, und sie hätten beraten, was zu tun sei. An diesem Punkt brach der Bericht regelmäßig ab, wurde konfus oder unzusammenhängend. Wir wußten alle, daß der einzige Geheimgang vom Gebäude direkt in Görings Haus führte. Auch Diels wußte das, aber Diels war zu klug, um zu dieser Zeit darüber zu sprechen.

Diels sagte mir, daß Göring in einigen Tagen vor Gericht erscheinen werde, daß alles vorbereitet sei und ich seinen Auftritt um keinen Preis versäumen solle; es werde der dramatischste Augenblick des ganzen Prozesses sein. Diesmal hatte ich eine Karte fürs ›Parkett‹ des Gerichtssaals und saß nicht mit der Presse und den Zuhörern im Hintergrund. Meine Mutter und mein Vater waren sehr aufgeregt und gespannt, wie diese Sitzung verlaufen würde. Mein Bruder war aus irgendeinem Grund verhindert. Ich trat ein, und das Herz klopfte mir bis zum Hals, als ich meinen Sitz viel zu weit vorne angewiesen bekam. Göring und Diels standen an der Seite, nur ein paar Meter von mir entfernt, und berieten sich.

Ich vermute, daß es eine ganze Menge von Einleitungszeremonien gab, aber ich war so fasziniert von diesen beiden Männern, daß ich die Augen nicht von ihnen abwenden konnte, bis Göring nach vorne ging, um seine Zeugenaussage zu machen. Er stand Dimitroff direkt gegenüber, einem brillanten, attraktiven dunklen Mann, der eine derartige Lebenskraft und Courage ausstrahlte, wie ich sie noch nie bei einem Menschen unter Streß erlebt hatte. Er war lebendig, ein Feuer innerer Überzeugung brannte in ihm und Empörung und Haß flammten aus seiner Haltung, seiner wunderbaren Stimme und in seinem wunderbaren Gesicht. Das Gesicht mancher Leute wird nie lebendig, sie sehen immer tot, blaß oder passiv aus oder sind geprägt von einem zurückhaltenden Intellektualismus wie Torgler. Aber Dimitroff war nicht nur ein scharfsinniger Dialektiker und Logiker, sondern auch ein Mann, eine überragende, dynamische Persönlichkeit.

Ich werde nie das beredte Schweigen vergessen, mit dem er vor Göring stand und ihm zuhörte, nie sein Gesicht, auf dem lodernde Verachtung stand. Es war ein echter Kampf, ein wahrhaftes Ringen. Göring betrat den Zeugenstand, riesig, dick, mit vorquellendem Bauch und herabhängenden Wangen; pompös und doch etwas nervös. Er hatte seine Stimme nicht unter Kontrolle und seine Gesten waren melodramatisch.

Dimitroff unterbrach ihn mehrere Male, was bei Göring einen Wutanfall auslöste. Er fuhr in seiner Zeugenaussage fort und Dimitroff stand auf, um zu antworten. Was sie einander sagten, ist aufgezeichnet, aber wie sie aussahen, vermutlich nicht. Dimitroff wies, rhetorisch hervorragend, leidenschaftlich, aber beherrscht, auf die Fehler und gefährlich widersprüchlichen Aussagen in Görings Rede hin. Er legte so triftige Gründe vor, begann mit tödlichem Sarkasmus so viel zu enthüllen, daß Göring ihn anschrie, aufzuhören. Er brüllte ihn rauh und verängstigt an, sein Gesicht verfärbte sich so purpurn, daß es aussah, als ob das Blut herausströmen könnte; mit erstickter Stimme versuchte er die anklagende, überzeugende, ihn verurteilende Stimme des anderen zu übertönen. Schließlich schrie er: »Sie wissen, was mit Ihnen passiert, wenn Sie jemals hier herauskommen! Ich werde mich darum kümmern, daß Ihnen die Gerechtigkeit widerfährt, die Sie verdienen!« Indem er dies sagte, befreite Göring Dimitroff von dem lebenden Tod in einem Konzentrationslager der Nazis. Dimitroff ließ ihn weitersprechen und machte dann eine beleidigende Bemerkung, für die ihn Göring wegen Mißachtung des Gerichts verurteilen ließ. Es war ein knapper Sieg für die Nazis.

Die ganze Zeit, in der Göring sprach, stand Diels hinter ihm, stützte sich auf der Richterbank auf, beobachtete jede Bewegung und lauschte jedem Ton und jedem Wort, das Göring von den Lippen kam. Wieder fühlte man eine finstere und teuflische Präsenz. Er war angespannt, wirkte wie ein böses Omen und hatte bei dieser Sitzung einen geradezu hypnotisierenden Einfluß auf Göring. Wenn Göring seine Gesten, seine Haltung oder den Ton seiner Stimme änderte, deutete er ab und zu mit einer leichten Drehung des Körpers in Richtung Diels an, wie genau er sich seiner Anwesenheit bewußt war. Hin und wieder wechselte Diels von der Richterbank zu anderen Plätzen, von wo aus er Göring besser sehen, sein Profil oder sein abgewandtes Gesicht beobachten konnte.

Ich bin fest davon überzeugt, daß Diels an der Rede Görings mitgearbeitet hat, wenn er sie nicht überhaupt entworfen hatte; daß er alles geplant und zeitlich abgestimmt hatte, daß Göring sich über die gerissene Meisterschaft Diels', mit der er die Fakten und die Szene beherrschte, im klaren war und daß er es ihm verübelte. Ich bin ebenfalls davon überzeugt, daß sie den Wutanfall Görings geplant hatten, sobald Dimitroff der Wahrheit zu nahe kommen oder seine unerschütterliche Logik zu viel enthüllen würde. Göring kannte seinen Gegner, seinen Mut und seine Empörung. Er wußte, daß er, wenn er einen Wutanfall vortäuschte und im rechten Augenblick Beleidigungen und Verleumdungen ausstieß, Dimitroff, der ein menschliches Wesen war und ihn haßte – und sowieso ein leidenschaftliches Temperament besaß –, dazu bringen konnte, noch heftigere und bösartigere Beleidigungen auszustoßen. Darauf würde seine rechtzeitige Entfernung aus dem Gerichtssaal folgen, und der Tag wäre gerettet. Der einzige Fehler war, daß sich Göring von seinem Zorn hinreißen ließ und den fatalen Satz sagte, daß er persönlich Dimitroff verfolgen würde, falls dieser entlassen werden sollte. Aus der Tatsache, daß er einen Freispruch für möglich hielt, folgte logischerweise, daß er nicht glaubte, daß man Dimitroff zwangsläufig für all die Dinge, die er ihm ins Gesicht schleuderte, schuldig sprechen würde. Dimitroff wurde von zwei Wachen aus dem Gerichtssaal entfernt. Görings Drohung, Dimitroff umzubringen, hat ihm persönlich, öffentlich und rechtlich außerordentlich geschadet.

Da ich Diels kannte, selbst dabeigewesen war, die dämonische Atmosphäre gespürt und die Kraft des haßerfüllten Zusammenstoßes zwischen Dimitroff und Göring mitbekommen hatte, da ich zudem über die Methoden der Nazis ein wenig Bescheid wußte, hätte es vieler konkreter Beweise bedurft, um mich davon zu überzeugen, daß Diels mit seiner unfehlbaren Gerissenheit nicht dieses ganze Komplott geschmiedet und ausgeführt hatte. Tatsächlich leugnete er auch nicht, daß er an der Aufsetzung der Schriftstücke und den Diskussionen über das, was Göring sagen würde, beteiligt war. Und es war ihm sehr wichtig, daß ich an diesem Tag anwesend war, fast so, als wolle er sein Können demonstrieren.

Wie jeder weiß, wurde Dimitroff später freigesprochen und ins Ausland abgeschoben. Es kursierten Gerüchte, daß er beim Passieren der sowjetischen Grenze erschossen werden sollte. Wäre er umgebracht worden, hätte das gesamte Ausland es Göring zur Last gelegt. Zu dieser Zeit, und vor allem nach dem Aufsehen, den der Prozeß im Ausland erregt hatte, waren die Funktionäre der Nazis noch nicht so zynisch und arrogant in der Proklamation ihrer Macht. Meiner Ansicht nach zwangen der Schnitzer Görings und die Sorge um ihr Ansehen im Ausland die Nazis dazu, die Angeklagten zu entlassen.

Van der Lubbe wurde natürlich hingerichtet, aber kein Arzt

durfte eine Autopsie vornehmen, und die Nazis lehnten es ab, seine Leiche zur Bestattung freizugeben. Der Holländer war eindeutig von schlauen und zum Äußersten entschlossenen Männern betrogen worden, die die Macht in Deutschland ergreifen wollten. Ob er daneben ein Perverser oder ein Psychopath war, der sich selbst hypnotisierte, oder unter dem Einfluß von Betäubungsmitteln stand, weiß niemand; es gibt wenige, die noch am Leben sind und das ganze Komplott kennen. Die meisten fielen den Säuberungen zum Opfer. Aber Diels könnte die ganze Geschichte erzählen.

## 3

Hanfstaengl hatte angerufen und wollte ein Treffen zwischen Hitler und mir arrangieren. Hanfstaengl sprudelte vor Eifer und schwadronierte in großem Stil: »Hitler braucht eine Frau. Hitler sollte eine Amerikanerin haben – eine schöne Frau könnte das Schicksal von ganz Europa verändern. Martha, Sie sind die Frau!«

Obwohl dies wie aufgeblasener Blödsinn klang – wie übrigens das meiste, was Putzi plante –, bin ich überzeugt, daß er die Gewalttätigkeit und Gefahr, die in Hitlers Persönlichkeit und seinen Ambitionen lag, kannte, sich zwar etwas vormachte, aber verzweifelt wünschte, daß etwas dagegen getan werden könnte.

Und so versuchte er, wenn er nicht gerade den versammelten Gästen erzählte, daß er am liebsten eine Handgranate in die Wohnung des kleinen Doktors werfen würde, der unter ihm wohnte, einige Monate lang eine Frau für Hitler zu finden. Wie dem auch sei, ich war ziemlich angetan von der Rolle, die man mir so großzügig zugeteilt hatte, und sehr aufgeregt, daß sich die Möglichkeit bot, diesen eigenartigen Führer kennenzulernen. Tatsächlich war ich zu dieser Zeit, obwohl ich den Männern um Hitler, ihren Methoden und vielleicht dem System selbst gegenüber kri-

Martha Dodd

tischer wurde, immer noch überzeugt, daß Hitler eine strahlende und überragende Persönlichkeit war, ein Mann, der große Macht und viel Charme besaß. Ich freute mich auf das Treffen, das Putzi arrangiert hatte.

Da man mich dazu berufen hatte, die Geschichte Europas zu verändern, beschloß ich, mich so zurückhaltend und faszinierend zu kleiden wie nur möglich – was den Deutschen immer gefällt: Sie wollen, daß man ihre Frauen sieht, aber nicht hört, und sehen soll man sie nur als Anhängsel des glanzvollen Mannes, den sie begleiten – mit einem Schleier und einer Blume und sehr kalten Händen. Wir gingen zum Kaiserhof und trafen den jungen polnischen Sänger Jan Kiepura. Eine Weile saßen wir drei herum, unterhielten uns und tranken Tee. Hitler kam mit einigen Männern, Leibwächtern und seinem geliebten Chauffeur herein (dem man fast ein Staatsbegräbnis bereitete, als er neulich starb). Er setzte sich unauffällig an den Nebentisch. Nach einigen Minuten holte man Jan Kiepura an den Tisch Hitlers, der mit ihm über Musik sprach, und dann verließ mich Putzi für einen Augenblick, bückte sich zu Hitlers Ohr hinunter und kehrte höchst aufgeregt zu mir zurück. Er hatte zugestimmt, mir vorgestellt zu werden. Ich ging hinüber und blieb stehen, während er aufstand und meine Hand nahm. Er küßte sie sehr höflich und murmelte ein paar Worte. Wie ich schon angedeutet habe, konnte ich damals kaum Deutsch, also blieb ich nicht lange. Ich reichte ihm erneut die Hand, er küßte sie, und ich ging mit Putzi zum Nebentisch zurück, blieb noch eine Weile, hörte der Unterhaltung der beiden Musikliebhaber zu und wurde vom Führer ab und zu neugierig und verlegen angestarrt.

Dieser erste Eindruck hinterließ bei mir das Bild eines schwachen, weichen Gesichts mit Tränensäcken unter den Augen, vollen Lippen und einer kaum vorhandenen Knochenstruktur. Das Bärtchen wirkte nicht so lächerlich wie auf den Bildern – tatsächlich bemerkte ich es kaum; aber vermutlich war ich zu dieser Zeit an solche Dinge bereits gewöhnt. Wie oft gesagt wurde, waren

Hitlers Augen verblüffend und unvergeßlich – sie schienen von einem hellen Blau zu sein, waren intensiv, ließen einen nicht los und hatten eine hypnotische Kraft.

Auf jeden Fall waren die Augen das einzig Hervorstechende an ihm. Sie konnten Zorn, Fanatismus und Grausamkeit spiegeln; sie konnten geheimnisvoll, voller Tränen und herausfordernd sein. An diesem speziellen Nachmittag war er außerordentlich freundlich und bescheiden in seinem Auftreten. Unaufdringlich, kommunikativ und informell, besaß er einen gewissen zurückhaltenden Charme, in seiner Stimme und in seinem Blick lag fast so etwas wie Zartheit. Er unterhielt sich sachlich mit Kiepura und schien sich auf das Treffen mit uns voller Interesse zu konzentrieren. Die eigenartige Verlegenheit, die er mir gegenüber an den Tag legte, seine irgendwie apologetische nervöse Art zeigt er immer, wie mein Vater – und auch andere Diplomaten – mir versicherten, wenn er *en masse* mit dem Diplomatischen Korps zusammentrifft. Diese Befangenheit führte zu einer Scheu und einer Abneigung, mit Leuten zu tun zu haben, die ihm, was Herkunft und Stand anbelangten, überlegen waren. Im Laufe der Zeit veränderten sich Hitlers Gesicht und sein Auftreten erheblich – er fing an, mehr und mehr wie Mussolini auszusehen und zu gehen. Aber dieser eigenartige, scheue Charakterzug blieb ihm bis zum heutigen Tag.

Als ich mit dem ekstatischen und hoch aufragenden Nervenbündel Putzi den Kaiserhof verließ, konnte ich seinem extravaganten, sinnlosen Geschwätz nur mit halbem Ohr zuhören. Ich dachte über das Treffen mit Hitler nach. Es war kaum zu glauben, daß dieser Mann einer der mächtigsten Männer Europas war – sogar zu dieser Zeit fürchteten andere Nationen ihn und sein wachsendes ›Neues Deutschland‹. Er schien bescheiden, kleinbürgerlich, ziemlich langweilig und befangen zu sein – trotzdem besaß er diese eigenartige Zartheit und die ansprechende Hilflosigkeit. Nur in den verrückten, brennenden Augen konnte man die schreckliche Zukunft Deutschlands sehen.

Als ich zum Abendessen nach Hause kam, beschrieb ich meinem Vater den Eindruck, den der ›große Führer‹ auf mich gemacht hatte. Er war natürlich sehr amüsiert über meine Empfänglichkeit, gab aber völlig unparteiisch zu, daß Hitler an sich kein unattraktiver Mann war. Er zog mich auf und drängte mich, meine Hände für ein paar Wochen nicht zu waschen – ich wolle doch sicher die Segnung von Hitlers Handkuß so lange, wie es hygienisch vertretbar sei, behalten. Er sagte, ich solle mir die Stelle genau einprägen und vielleicht, wenn ich meine Hände waschen *müsse*, vorsichtig darum herum waschen. Ich ärgerte mich ein wenig und reagierte etwas beleidigt auf seine ironischen Bemerkungen, versuchte aber, kein Spielverderber zu sein.

An diesem Abend gab ich eine kleine Party. Der junge Stresemann, der musikalisch begabte älteste Sohn des berühmten Staatsmannes, den ich kurz nachdem ich in Deutschland eingetroffen war kennengelernt hatte, kam, zudem der Franzose, den ich trotz unserer verschiedenen politischen Einstellungen sehr gern mochte, und ein Mann namens Hans Thomsen, der zur Kanzlei des Führers gehörte und ihm offensichtlich sehr nahe stand. Seine Vorfahren waren Dänen, und er besaß die zuvorkommendsten und liebenswürdigsten Manieren, die ich je bei einem Deutschen angetroffen habe, war sowohl charmant als auch interessant. Mit der Zeit kamen er und seine Freundin, Fräulein Rangabe, mit zuverlässiger Regelmäßigkeit in unser Haus – und versäumten während der nächsten ein oder zwei Jahre keine Party, die ich oder meine Eltern gaben. Er schien ein glühender Nazi zu sein, der, meiner Meinung nach, das ganze Problem von einem reservierten und intellektuellen Standpunkt aus anging. Er zeigte sehr wenig Hysterie; wie viele, die ihn kennenlernten, dachte auch ich, daß er private und persönliche Vorbehalte haben könnte, daß er aber im großen und ganzen gesehen einer der besten Repräsentanten sei, den sie sich wünschen konnten. Er war beim gesamten Diplomatischen Korps sehr beliebt, und seine sanfte, zurückhaltende Art brachte seiner Partei mehr Freunde ein als jeder andere Mann in unserem Kreis. Diplomaten, mein Vater eingeschlossen, nahmen ihn beiseite und sprachen ziemlich vertraulich mit ihm, indem sie ihm beschrieben, was ihrer Ansicht nach schreckliche Fehler in der Innen- und Außenpolitik seien; sie freundeten sich mit dem blonden, gewinnenden, feinfühligen und erfahrenen Diplomaten an, und so hatte Thomsen einen ›Draht‹ zum Korps, der ihm freiwillig und offen gewährt wurde und von dem die Deutschen vermutlich genauso freimütig Gebrauch machten.

Hanfstaengl kam an diesem Abend spät wie immer und war in überschäumender Stimmung. Er unterhielt sich angeregt mit dem jungen Stresemann über Musik, und beide waren sich einig, daß Schuberts *Unvollendete* eines der herrlichsten Musikstücke sei, die je geschrieben wurden. Beurteile einen Deutschen nach seinem Musikgeschmack und du hast einen ziemlich genauen Hinweis auf seinen allgemeinen intellektuellen Standort. Ich ging zum Grammophon und legte das *Horst-Wessel-Lied* auf, das mir jemand geschenkt hatte. Es ist ganz gute Marschmusik, und wenn es von einer großen Menge gesungen wird, kann es ziemlich mitreißend sein – zudem ist es die zweite Nationalhymne der Deutschen. Hanfstaengl genoß es, nicht ohne einen gewissen Humor. Thomsen dagegen stand plötzlich auf, ging zum Grammophon und stellte es abrupt ab. Sein Gesicht war eigenartig angespannt.

Ich fragte ihn nichtsahnend, warum es ihm nicht gefalle. Er antwortete sehr streng: »Das ist keine Musik, die man bei solchen Veranstaltungen und in respektloser Art spielen sollte. Ich will nicht, daß Sie unsere Hymne, die so bedeutungsvoll ist, bei einer Party spielen.« Ich war erschrocken und verärgert.

Hanfstaengl sah Thomsen mit einem Blick an, in dem sich Amüsiertheit und Verachtung mischten, und zuckte mit den Schultern. Später sagte er zu mir: »Na ja, es gibt ein paar solcher Leute bei uns. Leute, die einen blinden Fleck und keinen Humor haben – man muß vorsichtig sein, wenn man ihre sensiblen Seelen nicht verletzen will.«

Irgendwie war der Abend verdorben. Die Gäste fuhren fort, sich lebhaft zu unterhalten und zu diskutieren, aber die meisten, die keine fanatischen Nazis oder sogar gegen die Nazis waren, wußten jetzt, daß Thomsen kein heiterer, intelligenter, leichtherziger oder vernünftiger Freund war, sondern ein leidenschaftlicher Parteigänger. Sie reagierten ganz verschieden auf den Zwischenfall, waren aber in seiner Gegenwart alle ein wenig befangen.

Unbewußt war dies vielleicht der Wendepunkt meines naiven, eher emotionalen Umgangs mit der Diktatur der Nazis. Da ich mein ganzes Leben an einen freien Austausch von Meinungen gewöhnt war, schockierte mich die Atmosphäre dieses Abends und traf mich, weil die Grenzen des Anstands, der innerhalb menschlicher Beziehungen herrschen sollte, so wenig beachtet wurden.

## 4

Ein weiterer junger Prinz aus dem Hause Hohenzollern stieß ungefähr um diese Zeit zu meinem Freundeskreis. (Seinem jüngeren Bruder war ich einige Monate früher von George Sylvester Viereck, dem unattraktiven Amerikaner und Nazipropagandisten, vorgestellt worden). Louis Ferdinand war gerade aus Amerika zurückgekehrt, wo er in den Fordwerken als ›Dr. Ferdinand‹ bekannt war. Er hatte vier Jahre lang im Norden und Süden Amerikas gearbeitet, anfangs als einfacher Arbeiter bei den Fordwerken, und hatte sich auf erstaunliche Weise die amerikanische Kultur und ihre Verhaltensweisen zu eigen gemacht. Er liebte das Land leidenschaftlich, wurde aber von seinem Großvater, dem Kaiser, zurückgerufen, vermutlich in der Hoffnung, daß Hitler sein Versprechen dem Königshaus gegenüber halten und ein Mitglied der Familie wieder einsetzen würde.

Ich traf ihn zum ersten Mal bei einer großen, von den Diplomaten gegebenen Teegesellschaft. Er wirkte eigenartig verlegen und so, als ob er am falschen Platz sei – nicht so sehr seiner hohen Geburt wegen, sondern eher aus seinen demokratischen, natürlichen Instinkten heraus. Seither hat er gelernt, sich wie ein echter Diplomat zu verhalten, verbindlich, neutral und angenehm. Aber zuerst war er amerikanischer als die Amerikaner – was ihn bei den Nazis höchst unpopulär machte. Er war großzügig, offen bis fast hin zur Grobheit, herzlich und informell. Er trank, tanzte, dachte und verhielt sich wie viele Amerikaner, die ich kannte. Großgewachsen, schlank, mit einer wunderbaren Figur, hatte er von seiner Mutter und der russischen Seite der Familie das dunkle Haar und das Temperament geerbt. Sein Gesicht war interessant, obwohl es im herkömmlichen Sinn nicht hübsch genannt werden konnte. Es war scharf geschnitten, besaß die lange, dünne Nase seiner Familie, einen entspannten, ausdrucksvollen Mund, der sich manchmal streng verkniff und zu anderen Zeiten weich und voll war, kluge und ausdrucksvolle braune Augen, wunderschöne Hände, eine schöne, hohe Stirn und dichtes, dunkles Haar. Er sah eher so aus, wie man sich normalerweise einen Künstler vorstellt, unstet und sensibel, und nicht wie ein Anwärter auf den deutschen Thron.

Ich merkte bald, daß seine wirkliche Leidenschaft die Musik war. Er spielte sehr gut Klavier, allerdings nicht so laut und wild wie sein Freund Hanfstaengl und natürlich völlig ohne dessen Vulgarität. Die Tasten berührte er sanft, zart, fast so, als ob die Ehrfurcht vor dem Instrument ihn davon abhalte, es zu mißbrauchen. Er liebte Chopin – ich habe noch nie jemanden kennengelernt, der die Werke dieses Meisters so verehrte wie der junge Prinz. Er nahm auch seine Musikstunden und das Studium der geliebten russischen Sprache wieder auf.

Obwohl er nie etwas dergleichen andeutete, hatte ich das Gefühl, daß er keinerlei Bezug zum Deutschland der Nazis hatte und ein Außenseiter innerhalb der Gesellschaft war, die ihn dazu zwang, sie zu akzeptieren und in ihr zu leben. Tatsächlich war seine ganze Persönlichkeit in Deutschland verloren, wäre unter jedem starren System verloren gewesen. Er verkörperte eine eigenartige Kombination von romanischen und slawischen Tugenden und Fehlern. Seine Stimmungen schwankten blitzschnell von tiefen Depressionen mit Selbstmordgedanken hin zu überschäumender Fröhlichkeit und äußerstem Überschwang. Er war zugleich romantisch und realistisch, voll Freude und verdrießlich, er war einer der interessantesten Männer, die ich in Deutschland kennenlernen sollte, und während der viereinhalb Jahre meines Aufenthalts einer meiner liebsten Freunde. Sein Temperament, seine Erziehung, seine Erfahrungen und seine Vorlieben schufen eine Natur, deren Elemente in stetigem Konflikt miteinander lagen und liegen werden, egal wohin er geht oder was auch immer mit ihm geschieht. In einer freien, demokratischen Gesellschaft wäre er ein verhältnismäßig glücklicher Mann gewesen.

Wir gingen häufig in Konzerte, wo er seine Umgebung völlig vergaß und sich von der Musik davontragen ließ – und fuhren in seinem Ford herum, auf den er sehr stolz war. Wir liehen einander Bücher, diskutierten über Kunst, Philosophie und über Amerika und fühlten uns mehr zueinander hingezogen als zu unseren anderen Freunden – wir waren gewissermaßen beide im Exil, und das brachte uns einander näher. Ich wurde zu den jährlichen Bällen, den Geburtstagspartys und den Familienfeiern ins Schloß seiner Eltern nach Potsdam eingeladen. Als er einmal einen formellen Ball dort mit mir eröffnete, war ich so aufgeregt wie ein Schulmädchen – und geschmeichelt wie ein Kind über die Blicke und die Aufmerksamkeit, die wir überall erregten.

Louis liebte amerikanische Zigaretten so sehr, daß ich ihm viele Stangen schenkte, die wir sehr billig, ohne Steuern oder Zoll bekamen, und er war sehr stolz, wenn er sie lässig aus seiner Tasche zog und Freunden anbot. Da er sehr mißtrauisch war, vertraute er nach einigen Monaten im Deutschland der Nazis nur drei Personen. Es muß für eine von Natur aus offenherzige und großzügige Person eine qualvolle Erfahrung gewesen sein, zwangsweise in eine Haltung gepreßt und einer Atmosphäre ausgesetzt zu sein, die von Mißtrauen geprägt war und nicht einmal vor seiner Familie haltmachte.

Als mein Bruder und ich das erste Mal zum Diner mit seiner Familie eingeladen waren, wurden wir an der Brücke außerhalb Potsdams von Fritz, seinem jüngeren Bruder, abgeholt und zum Schloß begleitet. Das Haus glich eher einem riesigen, verschachtelten, mit Sparren versehenen zweigeschossigen englischen Landhaus als einem Königssitz. Es lag auf einem wunderschönen Gelände zwischen herrlichen Rasenflächen, die terrassenförmig zum See abfielen.

Das Innere des Hauses war pompöser. Unzählige große Räume gingen ineinander über, der Hauptraum umspannte unter einer riesigen Decke zwei Stockwerke und besaß einen mächtigen steinernen offenen Kamin. Aber der Gesamteindruck war eher gemütlich als abschreckend, und an Weihnachten, wenn der riesige, überreich dekorierte Weihnachtsbaum, der fast die Decke berührte, dastand, und um ihn herum all die Blumen, Büsche und Geschenke, wirkte der Raum wie ein typisch deutsches Wohnzimmer, nur festlicher.

Mein Bruder und ich gingen nervös durch die langen Hallen, bevor wir endlich in diesen Hauptraum geleitet wurden. Der Kronprinz, eine großer, dünner Mann mit blondem, graumeliertem Haar, der jünger aussah, als er war, besaß die gleiche lange, feingeschnittene Hohenzollernnase wie sein Sohn, hellblaue, ziemlich engstehende Augen und einen schmalen, unaufhörlich lächelnden Mund, der inmitten einer grotesken Grimasse herablassender Höflichkeit saß. Er trug das demokratische Verhalten zur Schau, das bei herrschenden Häuptern inzwischen so populär ist. Er küßte mir die Hand – später, als ich ihn besser kannte, küßte er mich auch auf die Stirn – und machte eine vertrauliche, witzige Bemerkung, die vermutlich zu meiner Entspannung beitragen sollte.

Die Kronprinzessin war eine große, dunkle Frau, in königlichem Violett gekleidet, mit blitzenden Augen, einer Stupsnase und vollem, braunem Haar. Sie schien sehr demokratisch und informell zu sein, aber in ihrem Charakter spürte ich eine sehr viel dominantere und ehrgeizigere Persönlichkeit als bei ihrem Gatten. Ihre Freundlichkeit konnte sehr schwülstig sein, ihr Verstand war schärfer, und sie war zäher, wenn sie etwas verfolgte. Sie war die treibende Kraft bei allem, was er unternahm.

Wir gaben uns die Hand, und als sie mich aufforderte, mich aufs Sofa zu setzen, tat ich das. Später wurde mir klar, daß ich mich hätte verbeugen und darauf warten sollen, bis sie sich setzte. Aber ich sah weder damals noch später einen Grund, mich vor ihr zu verbeugen. Meine Instinkte, die mich gegen diese Tradition aufbrachten, waren vermutlich rein amerikanisch. Ich hatte niemals irgendwelche Könige oder zukünftige Könige kennengelernt, aber wenn dem so gewesen wäre, hätte ich sie vermutlich, wie die meisten Amerikaner, nur mit angehaltenem Atem angestarrt und nichts weiter herausgebracht. Später, als man uns sagte, daß wir die einzigen innerhalb des Diplomatischen Korps und innerhalb der Deutschen, sogar der Nazis, seien, die keinen Hofknicks vor Ihrer Kaiserlichen Hoheit machten, diskutierten wir im Familienkreis des öfteren darüber. Vor mir selbst rechtfertigte ich mich damit, daß ich mich vor niemandem verbeugen würde, wenn ich nicht den Eindruck hätte, vor einem großen Menschen zu stehen, unabhängig von seinem Rang oder seinem Namen. Da ich diesen Eindruck von dem Kronprinzen und der Kronprinzessin nicht hatte, machte ich während der ganzen Zeit unserer Bekanntschaft keinen Hofknicks. Diese Unabhängigkeit kam bei ihnen nicht gut an, wie ich später erfuhr; auch meine Mutter weigerte sich, einen Hofknicks zu machen, sogar nachdem sie gesehen hatte, wie Madame François-Poncet, die Frau des Repräsentanten einer großen Demokratie, der zudem der gesellschaftliche und offizielle Führer des Diplomatischen Korps war, ihren konventionellen Knicks machte.

Ich vermute, daß es am Anfang eine instinktive Haltung war, die wir später vor uns rechtfertigten und an der wir – vielleicht etwas zu zäh und starrköpfig – festhielten. Wann immer ich schwach zu werden drohte, erinnerte ich mich an den sarkastischen Kommentar meines Vaters während unserer Diskussionen: »Ihr wißt, daß Thomas Carlyle ein Gespräch mit Königin Victoria, einer der größten regierenden Monarchinnen, hatte. Er verbeugte sich nicht, und als das Gespräch vorüber war, verließ er den Raum nicht rückwärts, wie es die ungebrochene Regel war, sondern verabschiedete sich, drehte sich auf dem Absatz um und ging mit dem Rücken zur Königin hinaus.« Mein Eigensinn war auch daran schuld, daß ich nicht darum bat, der Königin von England vorgestellt zu werden, als alle anderen Diplomatentöchter in Scharen nach London strömten. In der Gesellschaft, in der ich vier Jahre lebte, war dies natürlich ein unerhörter Affront – aber ich folgte den Traditionen und Prinzipien meines wirklichen Lebens, nicht des Lebens, das ich für ein paar Jahre angenommen hatte.

An diesem Abend im Schloß saßen mein Bruder und ich rauchend und Bier trinkend ruhig da, ohne daß wir wußten, daß wir Regeln brachen. Nach dem Diner, während dessen der Kronprinz und seine Frau, die gehört hatten, daß mein Bruder eine Menge von amerikanischer Geschichte verstand, ihn schmeichelhafterweise mit Fragen überhäuften, die er natürlich und manchmal etwas undiplomatisch beantwortete, gingen wir wieder in den Hauptraum. Die Konversation wurde fortgesetzt, und die Gastgeber waren scheinbar sehr interessiert an dem, was mein Bruder sagte, und daran, daß es sehr wenige wirkliche Aristokraten innerhalb der amerikanischen Geschichte gab, die Nachkommen hatten. Sie wirkten sehr überrascht, als er erzählte, daß viele der großen Familien Amerikas keinen weit zurückreichenden Stammbaum vorweisen konnten, und auch ihr Vermögen meist nicht auf alt ererbtem Geld beruhte.

Um halb elf erhob sich die Kronprinzessin – ich vermutete, daß sie uns verlassen und zu Bett gehen wollte, wie es bei den meisten

Eltern Brauch ist, wenn junge Leute anwesend sind. Wir wußten nicht recht, was wir tun sollten, also standen wir auf und warteten darauf, daß sie uns verabschiedete. Nach einiger Zeit, nachdem wir alle herumgestanden, uns befangen unterhalten, Plänkeleien ausgetauscht und uns vorsichtig beobachtet hatten, bemerkte ich endlich, daß sie uns ein Zeichen gab, daß wir gehen sollten. Wir verabschiedeten uns und waren bald auf dem Weg zurück in die Stadt, völlig verwirrt und ziemlich zufrieden mit dem Abend, an dem Politik überhaupt nicht zur Sprache gekommen war. Später sagte man uns, daß jeder Gast aufzubrechen hatte, wenn die Kronprinzessin aufstand und Anstalten machte, sich zurückzuziehen, daß man die Party aber vorher nicht verlassen dürfe!

Wie viele Male sehnte ich mich, wenn ich in ihrem Haus eingeladen war, nach dem Augenblick, an dem sie einen Kreis Ergebener um sich versammelte und anfing, sich zu verabschieden. Es war ein langes Ritual, das fast eine Stunde dauerte, da jeder zu ihr kommen, sich tief verbeugen, ein paar Worte sagen und sich erneut verbeugen mußte, bevor er ging. Einmal, bei einer sehr langweiligen Tanzveranstaltung, war es fast zwei Uhr, bevor ich gehen konnte. Ein- oder zweimal brach ich die Etikette und schlüpfte hinaus, bevor die Kronprinzessin entschieden hatte, daß es Zeit wurde.

Ich erinnere mich an das eine Mal, als wir alle zu einem Bankett eingeladen waren, bei dem das Kronprinzenpaar anwesend sein sollte, und mein Vater und meine Mutter später, nach einem vorangehenden Diner, eintrafen. Um halb elf sah ich, wie mein Vater auf den Gastgeber zuging, offensichtlich, um sich zu verabschieden. Ich stürzte auf ihn zu und sagte ihm, was von den Gästen erwartet werde, und er sagte schlicht und einfach: »Ich bin sehr müde und erschöpft. Ich gehe trotzdem.« Er trat auf die Kronprinzessin zu und erklärte ihr, daß er das Bankett verlassen müsse – vermutlich war es eines der wenigen Male in ihrem Leben, daß sie das erlebte –, und sie stimmte seiner Bitte gnädig zu (obwohl er auf jeden Fall gegangen wäre). Alle diese Fauxpas von Seiten unserer Familie brachten die Kaiserliche Familie, wie ich aus guten Gründen annehme, dazu, uns für ziemlich unerfahrene und unverschämte Amerikaner zu halten.

Mehrere Male traf ich mich mit dem Kronprinzen in seinem Palast in Berlin Unter den Linden zum Lunch. Er wollte, daß ich einige von Louis' offensichtlichen Amerikanismen dämpfe. Er hatte das Gefühl, daß sein Sohn unter den Nazideutschen niemals populär werden könne, wenn er seine natürlich ungeschliffene, offene amerikanische Art beibehalte. Aus irgendeinem Grund, vermutlich, weil ich zu den besten Freunden seines Sohnes gehörte, dachte er, ich hätte Einfluß auf ihn. Bei diesen privaten Lunches erkannte ich, daß er seinen Sohn nicht wirklich schätzte, daß er ihm persönlich sogar etwas feindselig gegenüberstand. Louis hatte sich von Kindesbeinen an nie für militärische Aktivitäten begeistert, sich nicht für eine militärische Ausbildung interessiert und auch nicht in die Fanfare monarchischer Ansprüche gestoßen. Ich bemerkte bald, daß der Kronprinz die ziemlich pathetische Schau eines frustrierten, bitteren und eifersüchtigen Mannes darbot.

Insgesamt ist und war der Kronprinz in Deutschland immer sehr unpopulär und wird inzwischen, außer von einer kleinen Gruppe monarchistischer Anhänger in und außerhalb der Armee, von den Nazis und den meisten anderen Leuten mit einer Art amüsierter Toleranz und Verachtung behandelt. Die Nazis erinnern sich mit Abscheu an die persönlichen Freundschaften und die königliche Patronage, die die Hohenzollern mit liberalen Juden und jüdischen Künstlern pflegten und die sie ihnen angedeihen ließen.

Das einzige aktive SA-Mitglied unter den Hohenzollern ist Prinz August Wilhelm, der Bruder des Kronprinzen. Während meiner Zeit in Berlin ging beständig das Gerücht um, daß der Kaiser ›Auwi‹ nicht nur riet, den Nazireihen beizutreten, sondern ihm auch große Summen an Geld gegeben hatte, um die Kampagnen Hitlers zu unterstützen. Die wenigen Äußerungen des Kaisers und sein vielsagendes Schweigen deuten ziemlich klar darauf hin, daß er Hitler gutheißt und sein einziger Einwand darin besteht, daß er es nicht selbst geschafft hat, das zu erreichen, was der Führer erreicht hat, und dieser es nicht für angebracht hält, ein Mitglied seiner Familie wieder auf den Thron zu setzen. Sollte er sich irgendwann mit der Tatsache abfinden, daß Hitler nicht im entferntesten daran denkt, seinen Ruhm mit einem Hohenzollern zu teilen, kann seine Taktik nur darin bestehen, wachsam zu sein und zu warten – in der Hoffnung, daß die Nazis einen Fehler begehen, über den man eine militärische Diktatur etablieren könnte, an deren Spitze ein Hohenzollern stände; oder daß, im Falle von Hitlers Tod, das Chaos und der Streit so groß wären, daß sich eine Wiedereinsetzung seiner Familie noch als einfachste Lösung anböte.

Es ist kein Geheimnis, daß sowohl die Nazis als auch die Monarchisten hoffen, daß sich die Sowjetunion auflöst. Viele Mitglieder des inneren Kerns der monarchistischen Gruppe sagten mir wiederholt: »Nun, wenn Tuchatschewski in Rußland immer noch so mächtig sein kann, wie es scheint, ist es doch nicht ausgeschlossen, daß die deutsche Reichswehr und die Rote Armee auf die eine oder andere Weise wieder einen Weg der Übereinstimmung finden; ein guter Aristokrat wie er kann kein wilder Bolschewik sein und wäre demzufolge nicht abgeneigt, ein vernünftigeres Regime zu favorisieren, unter dem sich Deutschland und Rußland wieder näherkommen könnten.« Diese etwas naive Version hatte durchaus ihre Tücken. Was sie wirklich meinten, war etwas völlig anderes. Die Monarchisten hofften, daß sich Tuchatschewski entweder an Deutschland verkaufen würde oder daß, als sich dies durch einen Pistolenschuß endgültig erledigt hatte, das Chaos, das seine Exekution hervorrief, zum inneren Zusammenbruch Rußlands beitragen könnte, der – zumindest in ihrer Vorstellung – in der Wiedereinsetzung der Romanows gipfeln würde. Die Nazis hatten natürlich einen viel weitreichenderen Plan, obwohl ich sicher bin, daß sie die Pläne der Monarchisten eine Zeitlang geduldet hätten, da sie natürlich wußten, daß es im heutigen Europa so etwas wie eine effektive und funktionierende Königliche Familie nicht gibt und die Könige nur Schachfiguren in den Händen der deutschen Diktatoren sein würden.

Auf jeden Fall scheiterte sowohl die eine als auch die andere der gigantischen Phantasien elendiglich. Trotzdem gibt der Kaiser die Hoffnung nicht auf und spinnt von seinem Exil in Doorn aus seine aussichtslosen und pathetischen Komplotts. Und die Nazis organisieren, wie jeder weiß, ihre Komplotts und Spionagegruppen in jedem Land der Welt, die Sowjetunion nicht ausgenommen.

Was die Problematik einer Restauration der Monarchie in Deutschland betrifft, habe ich nie einen vernünftigen Menschen, schon gar keinen Nazi, kennengelernt, der sich das tatsächlich hätte vorstellen können. Selbst wenn man die Zustimmung der Nazis, die Hohenzollern wieder einzusetzen, voraussetzt, was sich ebenfalls niemand, der bei Verstand ist, vorstellen kann, wäre der Kaiser immer noch sehr unpopulär, zu alt, und käme, gesetzlich gesehen, nicht in Frage; auch den Kronprinzen mag die große Mehrheit der Deutschen nicht; und seine Söhne sind zu jung, zu unberechenbar oder zu inkompetent, um ernsthaft in Erwägung gezogen zu werden.

General Beck, der ehemalige Generalstabschef, und von Fritsch von der Reichswehr, ersterer ein glühender Monarchist und der zweite ein Konservativer der alten Hohenzollernschule, sind ihres Amtes enthoben worden; ganz zu schweigen von von Blomberg, einem aristokratischen Traditionalisten, der, sollte er jemals mutige Ansichten gehabt und Unabhängigkeit bewiesen haben, sie anscheinend hinter sich ließ, als er das Schlachtfeld räumte. Es ist wahr, daß diese Generäle und ihre Clique nicht nur deshalb ihrer Ämter enthoben wurden, weil sie einen konservativen, monarchistischen Block bildeten, sondern auch, weil sie der Verwegenheit Hitlers Einhalt bieten wollten – so waren sie zum

Beispiel gegen das gewagte Unternehmen in Spanien und gegen den Putsch in Österreich. Obwohl sie den Krieg lieben und sich unablässig darauf vorbereiten, wünschen sie nicht, daß der fanatische Adolf irgendwelche Risiken eingeht, bevor sie sich eines Sieges nicht absolut sicher sind, zudem befürchten sie, daß sich die demokratischen Kräfte eines Tages gegen die Aggressionspolitik Hitlers erheben könnten.

Ohne große Unterstützung von der Reichswehr, ohne die geringste Unterstützung von den Nazis, von den meisten Deutschen als überlebte Angelegenheit abgetan, geben die Hohenzollern dennoch nicht auf und träumen von ihrem vormaligen Glanz, ihren Imperien und ihrer zukünftigen Wiedereinsetzung. Es ist eine Tragikomödie, die sich in einer Art pathetischer, majestätischer Trivialität abspielt.

Ihre Hoffnung, sich eine Situation, die durch den Tod Hitlers geschaffen werden könnte, zunutze zu machen – etwa einen von einer starken und effektiven Opposition bewirkten inneren Zusammenbruch oder die Nachwirkungen eines verlorenen Krieges –, sind so unrealistisch und weit hergeholt wie ihre ursprünglichen Hoffnungen, Hitler werde seine vagen Versprechen halten und sie nach seiner Machtergreifung wieder einsetzen, wenn sie ihn in der Zwischenzeit unterstützen würden. Es liegt kaum im Bereich des Möglichen, daß die Masse der unzufriedenen und fürchterlich unterdrückten Deutschen in einem solchen Fall die Wiederkehr einer Monarchie, die auf Imperialismus und Ausbeutung basierte, wollen oder zulassen würde – obwohl sie, verglichen mit Hitlers Absolutismus, noch relativ demokratisch war. Die kaiserliche Art der Regierungsführung war eine bittere Erfahrung, die sie noch lebhaft und frisch in Erinnerung haben.

Um die Hohenzollern scharte sich eine seltsame Gruppe von Leuten, die sie unterstützten, sie jedoch von einem Augenblick auf den nächsten fallen lassen würden. Sie waren über einen eigenartig deutschen, traditionsverhafteten Instinkt von der Monarchie angezogen und hielten daran fest. Obwohl sie dem persönlichen Charakter und der Bildung des Kronprinzen selbst nichts abgewinnen konnten, verehrten sie doch irgendwie das, wofür er stand. Diese Gruppe von Leuten umschloß die, von denen der Kaiser Notiz genommen oder denen er Vergünstigungen hatte zukommen lassen, die Intellektuellen und Künstler, deren Gönner er gewesen war. So gab es zum Beispiel einen alten Professor der Archäologie oder Altertumswissenschaft, den der Kaiser aus irgendeiner Schrulle heraus in den alten Tagen mit seiner Freundschaft beehrt hatte. Er war noch immer einer der glühendsten Anhänger der kaiserlichen Familie – obwohl er das Leben und die Oberflächlichkeit des ältesten Sohns des Monarchen kannte –, und seine Kinder gehörten zum Gefolge der Kronprinzessin. Eine der Töchter, im Grunde eine intelligente Frau um die dreißig, die sich unter anderen Umständen ganz normal und menschlich verhielt, war in Gegenwart ihrer Herrin, der Prinzessin, ein Nichts, eine kriecherische Speichelleckerin. Es gab noch andere von dieser Sorte, Mitglieder aus alten intellektuellen Familien, Künstler, Maler und Musiker, die aus Gewohnheit oder Loyalität ihrem früheren Gönner gegenüber noch immer der Gruppe um die Hohenzollern anhingen. Unter den jüngeren Künstlern und Schriftstellern fand sich ab und zu einer, der, hauptsächlich aus opportunistischen Gründen, an den Palastzeremonien teilnahm. Sie hofften, dort jemanden kennenzulernen, der ihnen bei ihrer Karriere half. Natürlich schätzten einige von ihnen das eine oder andere Mitglied der kaiserlichen Familie persönlich, aber insgesamt herrschte wenig Loyalität unter ihnen, und auch keine Hoffnung auf eine Wiedereinsetzung.

In Potsdam selbst sitzt der Kern einer promonarchistischen Gruppe – pensionierte Generäle, ehemalige Hofdamen und ihre Töchter, Verwandten oder Anhänger – die leidenschaftliche und antiquierte Anhänger der Hohenzollern sind. Bei jedem Ball der Hohenzollern sind diese verarmten alten Frauen von hoher Geburt, die ihre mottenzerfressenen Ballkleider und wertvollen

Juwelen ein- oder zweimal pro Jahr zu den Palastbanketten aus dem Schrank holen, ihre uniformierten Ehegatten, behängt mit den Orden, die ihnen der Kaiser vor Jahren verliehen hat, und ihre behüteten Töchter ein pathetisches Element. Das Wort ›Potsdam‹ war in der Berliner Gesellschaft eine leichte Schmähung, und mit dem Ausdruck ›Sei nicht so Potsdam‹ rügte man jemand, der sich plötzlich blasiert und scheinheilig gab oder hoffnungslos den intellektuellen oder sozialen Ideen hinterherhinkte. Viele dieser Leute erkannten nach einigen Jahren, wo wirklich etwas zu holen war, und schlugen sich, etwas schuldbewußt, auf die Seite der Nazis.

Bis vor einigen Jahren gab es viele monarchistische Gesellschaften, die am Geburtstag des Kaisers oder irgendwelchen anderen Terminen, die mit Feierlichkeiten der kaiserlichen Familie verbunden waren, Treffen veranstalteten. Sie wurden von der Nazipresse in bösartiger Weise angegriffen und schließlich von Hitler aufgelöst. Auch der ehemalige *Stahlhelm*, der Verein der Kriegsveteranen, der offen nazifeindlich und für die Hohenzollern war, wurde, wie ich bereits erwähnt habe, weniger als ein Jahr nach unserer Ankunft aufgelöst.

Während der Säuberungen im Juni 1934 war der Kronprinz, wie man annahm, in Gefahr, und ›Auwie‹ wurde verhaftet. Man erzählte sich, daß Göring ›Auwie‹ zu sich bestellte und ihn zu seiner Rolle und seinem Aufenthaltsort in diesen wirren Zeiten befragte. Er antwortete ausführlich. Nachdem Göring mit ihm fertig war, soll er sarkastisch zu seinem Adjutanten gesagt haben: »Führen Sie ›Auwie‹ ab – er ist eindeutig zu dumm, um irgend etwas damit zu tun zu haben.« Trotzdem glaube ich, daß man sie zeitweise verdächtigt und überwacht hat, wenn sie auch vermutlich nicht wirklich in Gefahr waren. Hitler geht kein Risiko ein. Wenn es irgendwo ehrgeizige Leute mit irgendeiner, sei es auch nur der kleinsten, Anhängerschaft gab, hätte er sie in diesen unsicheren Zeiten ganz sicher rein automatisch bewacht und unterdrückt.

Was die starke Unterstützung durch die Reichswehr anbelangte, habe ich immer meine Vorbehalte gehabt. Es gibt viele Offiziere, die das einstmals gekrönte Haupt traditionell respektieren und ihm gegenüber loyal sind, aber nur wenige würden aktiv etwas unternehmen, um es wieder einzusetzen. Sie trinken gern mit den Angehörigen der Familie, nehmen ihre gesellschaftlichen Einladungen wahr, unterhalten sich mit ihnen und amüsieren sich, aber ich habe sehr wenige kennengelernt, die sich auch nur irgendwie darüber Gedanken machten oder daran interessiert waren, sie zurück auf dem Thron zu haben.

## 5

Als ich in Deutschland ankam, dachte ich, ich hätte die Möglichkeit, einige der großen deutschen Schriftsteller und Künstler kennenzulernen. Um zu zeigen, wie wenig ich von der Bücherverbrennung und der Verfolgung der Intellektuellen mitbekommen und wie nachlässig ich die amerikanische Presse gelesen hatte, genügt es zu sagen, daß ich damals noch hoffte, einige der hervorragenden Männer der Schriftstellerzunft wie etwa Leonhard Frank, Döblin, Zweig, Remarque, Mann, Feuchtwanger, Ludwig, Wassermann und Hauptmann zu treffen. Von dieser Gruppe war allein Gerhart Hauptmann, Autor des großartigen Schauspiels *Die Weber*, in Deutschland geblieben, den ich niemals traf, und den ich später auch nicht mehr treffen wollte. Er war ein guter Nazi geworden, und man überhäufte ihn mit Ehren, die in keinem Verhältnis zu seinem Ruhm standen. Allerdings war auch er der einzige deutsche Schriftsteller von Bedeutung, der die Lehren der Nazis akzeptiert und sich entschieden hatte, unter ihnen zu leben. Natürlich ist er ein sehr alter Mann.

Es ist interessant, daß außer Hauptmann kein einziger bedeutender Schriftsteller vor dem Nationalsozialismus kapitulierte. Die deutschen Schriftsteller waren schon immer die Vorhut fortschrittlichen Denkens und hatten eine bemerkenswerte soziale und politische Entwicklung hinter sich. Feuchtwanger, den ich einige Jahre später in Paris traf, erzählte mir, daß am Abend vor der Machtergreifung Hitlers in der deutschen Botschaft in Washington ein Diner gegeben wurde, bei dem der damalige deutsche Botschafter, von Prittwitz, Feuchtwanger als das beste Beispiel der zeitgenössischen, blühenden deutschen Kultur lobte. Am nächsten Tag ergriff Hitler die Macht, und nach einigen Wochen wurde Feuchtwanger als das schlimmste Beispiel jüdisch-marxistischer Dekadenz bezeichnet, und seine Bücher wurden öffentlich verbrannt. Sein Besitz wurde eingezogen, sein Haus, sein Vermögen, selbst seine Bibliothek wurden konfisziert, sogar die Einkünfte, die aus den Übersetzungen seiner Bücher im Ausland an seinen deutschen Verlag flossen! Dies ist natürlich nur ein Beispiel des üblichen Vorgehens, dem alle Feinde des Nationalsozialismus, nicht nur Autoren, unterzogen wurden.

Ich begann, Freunde zu fragen, was den Schriftstellern zugestoßen war, die ich bewunderte. Sogar unter den Nazis bemerkte ich echte Trauer, wenn sie über das Schicksal der Literatur sprachen, egal welche Begründungen sie meinetwegen erfanden. Sie versuchten beispielsweise, die Situation zu rechtfertigen, indem sie sagten: »Während einer Revolution kann man natürlich nicht erwarten, daß die Kunst sofort zu blühen beginnt, und diese Männer hätten nicht in Deutschland bleiben können, da sie Liberale, Anarchisten, Marxisten oder Juden waren. Es ist zu schade; aber geben Sie uns Zeit, unsere Literatur wird sich wieder erholen.«

Viele weniger berühmte Schriftsteller und Dichter wurden ins Gefängnis oder ins Konzentrationslager geworfen, manche getötet. Der Dichter Erich Mühsam starb zum Beispiel nach unendlichen Leiden und Erniedrigungen den grausamsten Tod. Einer meiner Freunde, der zur gleichen Zeit in diesem Lager war, beschrieb mir, was geschehen war. Diese unbekannteren Schriftsteller konnten häufig nicht rechtzeitig fliehen, weil sie nicht das Geld dazu hatten.

Ich wußte von diesen Dingen schon früh, kurz nachdem ich in Deutschland angekommen war, da ich viele Leute, sowohl Deutsche als auch Ausländer, traf, die sich große Sorgen machten, was das intellektuelle Leben in Deutschland betraf. Ich war natürlich schockiert, da meine Kritikfähigkeit über die stetige, einlullende Propaganda aber gelähmt war, brachte ich während der ersten Monate dieselben eingetrichterten Argumente über die ›Revolution‹ vor. Zudem wollte ich den Nazis gegenüber so gerecht und fair wie irgend möglich sein.

Allerdings beschloß ich, die Schriftsteller, die in Deutschland geblieben waren, zu treffen und mit ihnen zu reden. Einige meiner Freunde hatten Beziehungen zu Zeitschriften und Verlagen, und ich war bekannt genug, um meinen seltsamen Wunsch vorzubringen. Also wurde ich einem der vielseitigsten und aktivsten Verleger vorgestellt, den Deutschland je gesehen hat. Vor Hitler verlegte Ernst Rowohlt die meisten der wichtigen und talentierten Schriftsteller Deutschlands – von denen viele Radikale, einige Kommunisten, andere Liberale und Pazifisten waren. Er publizierte auch einige der besten zeitgenössischen amerikanischen Schriftsteller, darunter Wolfe, Hemingway und Faulkner. Er war ein reizender Mann, ein Riese, blond, von arischer Statur und Aussehen. Er hatte eindeutig das Gesicht eines Cherubims, mit unschuldigen blauen Augen, runden roten Pausbacken und einem nicht zu unterdrückenden sprudelnden Humor. Als ich ihn das erste Mal traf, lernte er gerade Englisch und sprach es sehr schlecht und mit starkem Akzent, aber so amüsant und mit einer so sichtbaren Freude an seinen Fehlern und seinen Versuchen, sie zu verbessern, daß es eine reine Freude war, seinem sprudelnden, strauchelnden, stotternden Jargon zuzuhören. Rowohlt trank unmäßig viel, war darüber hinaus aber ein sehr ernster und vitaler Mann. Er liebte das Leben und die Freiheit leidenschaftlich, war ungemein stolz auf das, was er geleistet hatte, und sprach mit schonungsloser Offenheit und Ehrlichkeit über jedes aufkommende Thema. Nach unserer Begegnung wurde sein Verlag von den Nazis übernommen; Rowohlt wurde in eine mehr oder weniger unbedeutende Position gezwungen und ist seither eine gebrochene und tragische Figur. Er war ein Mensch, der von seinen Angestellten mit Verehrung und unbedingter Loyalität behandelt wurde und der jeden durch seine unglaubliche Energie und Intelligenz anzog. In diesen frühen Tagen konnte man in seinem Verlag die letzten Reste unabhängigen literarischen Denkens erleben, das sich in Berlin versammelt hatte. Jetzt sieht es anders aus.

Auf einer Party, bei der sehr viel getrunken wurde, auf der es aber, wie immer, sehr amüsant und fröhlich zuging, traf ich Hanns Heinz Ewers, einen ehemaligen Schreiber degenerierter, billiger, unheimlicher Sex-Geschichten, deren bekannteste *Der Vampir* war. Sobald Hitler an die Macht kam, begriff er, wo der Hase lang lief, und sprang mit einem Buch über Horst Wessel auf den Zug auf, eine Biographie, die inzwischen die offizielle Nazibiographie des angeblich von den Kommunisten umgebrachten Führers der SA ist, der den Text der nach ihm benannte Nazihymne verfaßt hat.

Ewers wird von offiziellen deutschen Stellen, sogar von Diplomaten, eingeladen und umworben, obwohl ich stolz bin, sagen zu können, daß er nie in unser Haus kam. Er ist ein alter Mann mit einem Monokel, der verzweifelt versucht, jünger auszusehen, und für mich ist er eine der abstoßendsten Figuren, die ich je kennengelernt habe. Als er meine Hand nahm und sie küßte, schauderte es mich bei seiner Berührung. Die Haut an seinen Händen schuppte sich, war mit roten, trockenen Wunden bedeckt, seine Hände waren hart und abstoßend. Ich wollte die meinen nach der Begrüßung so schnell wie möglich waschen. Es war, als hätte man eine Kröte oder ein besonders abstoßendes Reptil angefaßt, das sich gerade häutet. Auch sein Gesicht war eigenartig fleckig und aufgedunsen, das Gesicht eines Trinkers, eines Degenerierten. Sein Verhalten war sanft, einschmeichelnd, formell höflich, aber von zotiger Anzüglichkeit. Ich erinnere mich, daß ich außerordentlich empört war, als er mir erzählte, daß er mit einer Amerikanerin verheiratet war. Ich ging so schnell wie möglich in den anderen Raum, um dieser widerlichen Kreatur und seiner Lobpreisung des Nazismus zu entgehen.

Einige Tage später fragten mich ein paar Freunde, ob ich Hans Fallada, den Autor von *Kleiner Mann, was nun?*, treffen wolle, der, kurz bevor ich Amerika verließ, für Aufsehen gesorgt hatte. Man hielt ihn allgemein für einen zwar weniger bedeutenden, aber begabten Autor, und ich war sehr interessiert, ihn kennenzulernen. Er lebte mit seiner Frau und seiner Familie auf einem kleinen Bauernhof in der Nähe eines mecklenburgischen Dorfes, gut zwei bis drei Autostunden von Berlin entfernt.

Wir fuhren an einem wunderschönen Frühlingstag los, das junge, zarte Grün zeigte sich schon sanft und blühend auf den Hügeln, Bäumen und in den Gärten. Die eigenartigen, kerzengerade aufragenden Blüten der Kastanienbäume entlang der Straßen leuchteten strahlend, und der weinsüße Duft der Akazien wehte schwach durch die Luft.

Als wir die Hälfte des Wegs hinter uns hatten, überraschte uns ein gewaltiger Frühlingssturm. Heftiger Regen fiel in langen, starken Böen, der Wind fegte durch die Straßen. Kleine, scharfe Blitze erleuchteten den Himmel, und die Landschaft war in wilde und gewaltige Farben, ein intensives elektrisches Grün, Lila, Lavendel und Grau getaucht.

Wir fuhren sehr schnell in einem offenen Sportwagen, genossen den Regen auf unseren Gesichter und wollten das Verdeck nicht schließen. Nach einigen Minuten wurde es wieder warm und feucht, die Erde dampfte und duftete, die Sonne lag mild und strahlend auf den fließenden Hügeln und den schönen Seen. Mecklenburg ist einer der lieblichsten Landstriche in Norddeutschland, sicherlich der schönste, den ich je besucht habe. Die hügelige Landschaft mit ihren grünen Erhebungen und strahlenden Seen hat etwas Sanftes an sich, etwas Lyrisches und Poetisches liegt in der Weichheit der Umrisse von Land und Wasser.

Heinrich-Maria Ledig-Rowohlt, Martha Dodd, Mildred Harnack und Hans Fallada

Schließlich fanden wir das Dorf und schafften es, uns durch die schlechten Straßen zu kämpfen und bei dem bescheidenen Häuschen anzukommen, das am See liegt und von ein paar Morgen bewirtschaftetem Land umgeben ist.

Hans Fallada kam mit seiner einfachen, fülligen Frau heraus, um uns zu begrüßen. Wir gingen ein wenig umher, er beschrieb, was er so als Landwirt machte, und seine Frau zeigte uns voller Stolz den Garten, den sie versorgte. Er war ein untersetzter Mann mit aschblondem Haar und charmantem, freundlichem Gesicht; seine Frau war mollig, blond, heiter, mit sympathischen Zügen. Sie hatten zwei Kinder, einen kleinen Vierjährigen mit gescheitem Gesicht und ein Baby. Ihr Dasein schien sich um die Familie und den Hof zu drehen. Er war vom gesellschaftlichen Leben abgeschnitten und fühlte sich in seiner Isolation anscheinend wohl. Wir diskutierten ein wenig, und obwohl ich den Eindruck bekam, daß er kein Nazi war, gar keiner sein konnte – welcher Künstler kann das? –, spürte ich eine gewisse Resignation in ihm.

Nach einem gesunden, ländlichen Essen unternahmen wir einen langen Spaziergang auf den Gipfel des höchsten Hügels. Der Blick war herrlich, eine behäbige Hitze lag über der Erde, die Seen und Hügel schienen sich auszuruhen und das Leben friedlich zu sein. Wir photografierten viel, wie es, wohin man auch kommt, deutscher Brauch ist; gingen, von seinem Hund gefolgt, zum Haus zurück; sahen uns seine Bücher an, die ausländischen Editionen, und er sprach von seinem zukünftigen Werk, bis wir uns schließlich verabschiedeten und versprachen, wiederzukommen.

Aber wir kamen nie wieder. Dieser Rückzug vom Leben war Hans Falladas tragische Lösung der Probleme, die seinen Frieden hätten stören können. Es war eine Versuchung, der er vollständig erlegen war. Und der Eindruck des Defätismus, den er vermittelte, machte einen traurig. Später hörte ich, daß er auf einem seiner seltenen Besuche in Berlin in Schwierigkeiten kam, er wurde von einigen Mitgliedern der Sturmtruppen zusammengeschlagen und lag ein oder zwei Wochen im Krankenhaus. Aber er scheint sein Leben in der einfachen und alltäglichen Art, die wir auf seinem Hof sahen, in den Griff zu bekommen, schreibt noch immer keine wahrhaft bedeutenden Bücher und hat sich zur Zeit in einen tieferen Kampf mit dem Leben verstrickt. Auf jeden Fall ist er der einzige verbleibende Autor von beträchtlichem Talent, der in Deutschland noch schreibt, und man wird mit der Zeit ja sehen, was diese intellektuelle und emotionale Passivität seinem Talent antut.

Im Laufe der viereinhalb Jahre startete ich einige schwache Versuche, literarische Empfänge zu veranstalten. Einmal, als ein amerikanischer Verleger Berlin für ein paar Tage besuchte, bat ich eine gute Freundin, eine sehr sensible und gebildete Deutsche, die mit einem Amerikaner in Berlin verheiratet war, das frühere literarische Leben in Berlin kannte und noch immer Kontakte zu dem hatte, was davon übriggeblieben war, einen solchen Empfang für mich zu arrangieren. Sie brachte ungefähr vierzig Leute zusammen, Schriftsteller, Dichter, Verleger und Herausgeber von Zeitschriften. Es war ein langweiliger, gleichzeitig aber angespannter Nachmittag. Einer der Dichter wurde ein Jahr später in ein Konzentrationslager gesteckt. Damals entdeckte ich ihn, wie er mit einer Gruppe von drei oder vier Leuten hinten in der Bibliothek saß. Sie sprachen ruhig und vorsichtig miteinander, eine Art Zentrum von Überlebenden auf dem Empfang. Er war so um die vierzig, hatte ein starkes, leidendes Gesicht und eine tiefe, angenehme Stimme. Seine Frau war vor einigen Monaten verhaftet worden, aber ich spürte keine Furcht in ihm, eher eine gezähmte Kraft, die sich nach innen gewandt hatte, eine geistige und charakterliche Haltung, die einen Mut verriet, der schon des öfteren auf die Probe gestellt worden war, eine heroische Standhaftigkeit.

Der Rest der Gäste stand herum, trank heftig und verschlang plattenweise das Essen. Vermutlich waren die meisten von ihnen arm und wirklich unterernährt, und die anderen versuchten, nervös und ängstlich, es zu verbergen. Viele von ihnen scharten sich voll pathetischem Eifer um den amerikanischen Verleger und versuchten zu erfahren, was in Amerika geschah. Sie enthüllten die Gier der geistig Verhungernden. Einige jüdische Schriftsteller und Kritiker schienen sich unwohl und unsicher zu fühlen. Einer von ihnen ist inzwischen in die Vereinigten Staaten emigriert, aber sein Verfolgungswahn war bereits so ausgeprägt, daß er, wie ich befürchte, seine gesamte Zukunft nachteilig beeinflussen wird.

Das war also der Empfang, bei dem ich auf amüsante Unterhaltung, einen Austausch anregender Ansichten oder zumindest eine Konversation hoffte, die sich auf einer höheren Ebene bewegte als die, die man innerhalb diplomatischer Kreise zu erwarten hatte. Aber er war geprägt von Frustration und Elend; von dem Druck, der von den Spürhunden der Geheimen Staatspolizei auf die letzten Überreste freier geistiger Meinungsäußerung ausgeübt wurde; von der Anspannung, dem gebrochenen Geist, der dem Untergang geweihten Courage oder der tragischen und verhaßten Feigheit – jedenfalls schwor ich mir, niemals mehr eine derartige Gruppe in meinem Haus zu empfangen. Natürlich wäre es später für eine jede dieser armen Seelen gefährlich gewesen, mit einer ausländischen Botschaft in Kontakt gebracht zu werden, besonders mit der amerikanischen. Ich wurde allerdings noch einmal schwach, als der amerikanische Schriftsteller Thomas Wolfe nach Berlin kam.

Es gab einen weiteren Schriftsteller in Berlin, den ich bei verschiedenen Veranstaltungen traf. Er war ein russischer Emigrant, dessen Vater einst – wie man sich unterderhand erzählte – die meisten sibirischen Goldminen gehörten. Seine Mäzenin war eine schillernde Persönlichkeit innerhalb der Berliner Gesellschaft, eine Baroneß von Nostitz, die Jahre zuvor in Paris Rodin Modell gesessen hatte und deren Vater damals deutscher Botschafter in Frankreich war. Sie war eine sehr große Frau mit einem klassisch schönen, aber verwelkten Gesicht und hellem Haar. Sie stammte aus einer alten, aristokratischen Familie und war die stolze Besitzerin des einzigen Salons in Berlin. Zu denen, die sie unterstützte, gehörten viele mittelmäßige Schriftsteller, Musiker und Künstler, die dachten, der Weg zum Ruhm führe über solche Baronessen und gesellschaftliche Entrees.

Alle Diplomaten, eine ganze Reihe von Mitgliedern des kaiserlichen Hauses und deren Anhänger, aber nur sehr wenige Nationalsozialisten besuchten ihre Empfänge. Gesellschaftlich und intellektuell gesehen war sie ein Snob, der sich von anderen durch die Patronage der nicht existierenden Kunst innerhalb Nazideutschlands absetzen wollte. ›L'art pour l'art‹ war ihr Motto, und die Qualität dessen, was dabei herauskam, sowohl bei ihren Empfängen als auch bei ihrer Tätigkeit als Mäzenin, war ein klarer Beweis für die Oberflächlichkeit dieses Wahlspruchs in einer so wechselvollen Zeit. Ihr Salon und die Leute, die ihn frequentierten, waren überholt und nicht mehr zeitgemäß, schäbige Imitationen einer alten Tradition, deren Wert und Glanz nur noch auf taube Ohren stieß. Daß die Diplomaten ihre Empfänge mit fast religiöser Anhänglichkeit besuchten, war für mich ein weiterer Beweis für die Bankrotterklärung ihres Lebens. Aus Gewohnheit – ein Diplomat, der während der Saison nicht mindestens ein oder zwei solcher Termine pro Tag auf seinem Kalender stehen hatte, fühlte sich nicht mehr *au courant* –, aus Mattigkeit und Snobismus erschien das Diplomatische Korps regelmäßig und legte genauso regelmäßig eine tödliche Langeweile an den Tag. Ich ging ein- oder zweimal hin und beobachtete amüsiert die unbeweglichen Gesichter, die glitzernden Augen der Damen mit ihren Pelzen und Ansprüchen, ängstlich darauf bedacht, zu sehen und gesehen zu werden, hinter ihren Händen hervorlinsend, ein Gähnen höflich versteckend, eine Zigarette oder ein zerbrechliches Cocktailglas haltend, während sie einander den immer gleichen unwichtigen Klatsch zutrugen, aufrecht und wie gelähmt dasaßen, sichtlich an etwas anderes oder an gar nichts dachten, während der Mann oder die Frau der Stunde etwas vorsang oder am Klavier spielte.

Der russische Schriftsteller, auf den die Baroneß große Hoffnungen setzte, veröffentlichte in den paar Jahren, in denen ich da war, einige Bücher, die alle von der Nazipresse enthusiastisch gepriesen wurden. Es waren belanglose Sachen, denen er mit jener russischen Morbidität Farbe zu geben versuchte, die von zweitklassigen Schriftstellern so oft und so schlecht imitiert wird. Häufig besuchte er Fräulein Rangabe, die dunkle, schöne Tochter des griechischen Gesandten, und ein- oder zweimal rief er mich an und behauptete, eine Art außerirdischer Inspiration von uns zu empfangen. Er war sehr mystisch und auf sich selbst bezogen, eine sowohl geistig als auch körperlich außerordentlich unattraktive Person.

Vielleicht gibt es auf dem kreativen Sektor in Deutschland inzwischen eine gewisse Gesundung. Ich weiß, daß es einige wenige linksgerichtete Schriftsteller und Schriftsteller mit Vitalität und konstruktiven Ideologien gibt, die noch immer schreiben. Einer, den ich kenne, hat ein Buch vollendet, an dem er drei Jahre schrieb. Für den, der es zu lesen versteht, ist es eine vollkommene und schreckliche Denunziation des Nationalsozialismus, und es ist so sorgfältig und brillant geschrieben, daß die Nazipresse und die Nazikritiker bis zum heutigen Tag nicht ahnen, daß er ein Revolutionär ist. Aber die, die es bemerkt haben, bewahren das Geheimnis sorgfältig, und der Mut und das Genie des Autors ist ihnen lieb und teuer.

Ab und zu taucht auch in den Zeitschriften etwas auf, das in dieser subtilen Art geschrieben ist. Einmal erschien in einer bekannten deutschen Zeitschrift ein Artikel über die Zustände in der Ukraine. Nach wenigen Tagen wußte jeder einigermaßen intelligente Mensch, daß der Artikel in Wahrheit die Zustände in Deutschland beschrieb, und die Gerüchteküche begann zu brodeln. Es war ein wenig zu offensichtlich, und der Herausgeber der Zeitschrift ist, wie ich mich erinnere, inzwischen wegen einer fingierten Anklage, seine angebliche Homosexualität betreffend, im Gefängnis. Andere Artikel allerdings gehen durch, und es ist nicht immer die schwierigste Sache der Welt, die dummen Nazizensoren hinters Licht zu führen. Die Tatsache, daß solche Dinge in

Büchern und Magazinen manchmal möglich sind, ermutigt die kreativen Künstler ungemein und verschafft ihnen das Gefühl von ein wenig Solidarität mit ihren Kollegen.

## 6

Zwei Jahre nach unserer Ankunft besuchte Thomas Wolfe Deutschland. Der Nationalsozialismus hatte sich bereits mit seinem Muster von Unterdrückung und Ausbeutung etabliert. Niemand machte sich noch irgendwelche Illusionen über eine bevorstehende Revolution und über Hitlers Versprechen gegenüber dem Ausland oder seinen Anhängern. Nach zwei Jahren war eine zynische, grausame, unbarmherzige Vergewaltigung des deutschen Volks über regelmäßige Verordnungen erreicht.

Aber Wolfe kam eigenartigerweise voller Enthusiasmus nach Deutschland – viele Amerikaner sind politisch naiv, bis sie eine gewisse persönliche Erfahrung mit dem Faschismus und mit Unterdrückung haben. Er hatte sich mit den großen deutschen Schriftstellern und Künstlern beschäftigt, liebte sie und fühlte sich dem germanischen Geist näher als jedem anderen. Er brauchte eine gewisse Zeit, bis er begriff, was vor sich ging, so wie es vielen Leuten geht, die sich nicht speziell für die politischen und ökonomischen Entwicklungen in Europa interessieren. Was seinen Illusionen über Deutschland aber den endgültigen Todesstoß versetzte, waren seine Beobachtungen und Erfahrungen anhand von Männern und Frauen, deren Leben und Geist durch den Terror zerstört worden war. Im nächsten Jahr kam er erneut, sah sich die Olympischen Spiele an und erhielt seine endgültige Lektion.

Noch am Tag seiner Ankunft gab ich einen Empfang für Tom. Wieder versuchten wir, einige interessante Schriftsteller und Kritiker zusammenzubringen. Aber diesmal war es hoffnungslos. Natürlich kamen sein deutscher Verleger Rowohlt und noch ein paar andere; aber ich mußte die Runde mit amerikanischen Freunden und den Leuten aus der Botschaft ergänzen, die vage gehört hatten, daß Tom ein bekannter Schriftsteller war, und herbeiströmten, um einen Blick auf den Freak zu werfen. Ein Teil des Problems war, daß die amerikanische Botschaft dafür bekannt war, daß sie dem Deutschland der Nazis gegenüber extrem kritisch war, und wir Bedenken hatten, Intellektuelle und freiheitlich denkende Leute einzuladen, aus Angst, daß die offiziellen deutschen Stellen die Gelegenheit nutzen würden, sie zu observieren, ihnen zu folgen oder sie auf andere Weise einzuschüchtern. Tatsächlich waren in den letzten anderthalb Jahren nicht mehr als ein halbes Dutzend Gegner des nationalsozialistischen Regimes in unserem Haus gewesen. Wenn ich diese Freunde sehen wollte, arrangierte ich es so, daß ihre Sicherheit nicht gefährdet war.

Die Deutschen, sogar die Nazis, liebten Thomas Wolfe. Es wurden ausführliche Artikel über ihn geschrieben, die ihn mit einem sehr beliebten bayrischen Volksdichter verglichen. Sein Roman *Schau heimwärts, Engel!* war im Deutschland vor Hitler mit Beifall begrüßt worden, und seine Persönlichkeit und seine späteren Werke fanden auch Anklang bei Kritikern nach Hitler. Er schrieb mehrere Artikel über seine Eindrücke von Deutschland, und einige davon erschienen in Zeitungen oder Zeitschriften. Die fanatischen Hitleranhänger akzeptierten und lobten ihn, die Feinde Hitlers schätzten seine Persönlichkeit und hatten Respekt vor der Kraft und der Poesie seiner Prosa. Tatsächlich schien ihm etwas Germanisches anzuhaften, das sie alle für sich in Anspruch nehmen konnten. Ich bezweifle, daß er, wenn er noch am Leben wäre, in dieses Land zurückkehren könnte. Auf jeden Fall ist die offizielle Haltung der Nazis ihm gegenüber feindselig. Nachdem er sich damit beschäftigt und Beobachtungen gemacht hatte, die seinen Verstand und sein Gefühl berührten, hat er Dinge über Deutschland geschrieben, die dort nie veröffentlicht werden könnten. Es sollte mich nicht wundern, wenn sowohl seine früheren als auch seine zukünftigen Bücher konfisziert würden.

Während der kurzen ein oder zwei Monate seines ersten Aufenthalts wurde er in Berlin zur Legende. Zum ersten Mal seit Hitlers Machtergreifung belebte sich das Romanische Café, früher das Zentrum literarischer Größen, Künstler und Intellektueller. Er schien die Straßen und das Café wieder mit Leben zu erfüllen. Die Leute begannen scheu, das fast ausgestorbene Café zu betreten. Mit dem Gesicht eines bedeutenden Dichters stapfte Tom, ein riesiger, fast zwei Meter großer Mann, völlig blind gegen das Aufsehen, das er erregte, mit weiten, kräftigen Schritten, hocherhobenen Hauptes, frei und in schwerfälligem Rhythmus durch die Straßen.

Für das verwüstete intellektuelle Leben in Deutschland war Thomas Wolfe wie ein Symbol der Vergangenheit, in der große Schriftsteller noch große Männer waren. Wie einer seiner besten Freunde mir einmal erzählte, gab er etwas von dem Engel und dem Dämon in sich an die intellektuellen und kreativen Menschen in Berlin zurück – ein Gefühl für ihre Vergangenheit, für die Würde, Kraft und Freiheit eines Geistes, der nicht unterdrückt wird. Auf jeden Fall war er das lebendigste Erlebnis, das das literarische Berlin während der Hitlerjahre hatte, und noch Monate danach versammelten sich die Leute, um über ihn zu reden. Aber als er gegangen war, lag das berühmte Café, das nicht länger von seiner dröhnenden Stimme, seinen unbekümmerten Bewegungen, seinem Kreis von Freunden und Bewunderern, die sich um ihn scharten, erfüllt war, wieder still und verlassen da. Ich hörte, daß er Menschen in das Café zog, die solch öffentliche Orte nicht mehr besucht hatten, seit Hitler an der Macht war; und daß die Geheime Staatspolizei, die davon wußte, noch Wochen danach Spitzel im Café einsetzte, um auf irgendwelche freimütigen Äußerungen zu stoßen, zu denen sich die Leute im Gefühl der Sicherheit, das ihnen die Gegenwart Wolfes gegeben hatte und in dessen Schutz sie den Terror vergaßen, womöglich unvorsichtigerweise hinreißen ließen.

Die unkritische Haltung Wolfes gegenüber dem Nationalsozialismus kann man, zumindest teilweise, mit seiner damaligen

Gemütsverfassung erklären, die ans Delirium grenzte. Er hatte gerade seinen Roman *Von Zeit und Strom* herausgebracht, an dem er fünf Jahre geschrieben hatte. In dieser Zeit prophezeiten ihm die meisten Kritiker, daß er ausgebrannt sei, sich mit seinem ersten Buch leergeschrieben habe und einen solchen Erfolg niemals wiederholen könne. Er war noch vor Erscheinen des Buchs aus Amerika nach Paris geflohen. Der Roman wurde sofort ein überwältigender Erfolg, stand bereits nach wenigen Tagen auf der Bestsellerliste, und Wolfe wurde von der Kritik als einer der größten Schriftsteller seiner Zeit gefeiert. Er war in einem Zustand höchster Nervenanspannung, in dem alles die Ausmaße eines gigantischen und unendlich schönen Traums annahm. Er liebte alles und jeden, sein Hochgefühl floß über in das, was er tat, dachte, sah oder fühlte. Und seine Anwandlungen von Verzweiflung waren in ihrer Intensität genauso beängstigend. Wie im Wahn hörte er nichts als die Musik seiner eigenen Persönlichkeit und seiner eigenen Kraft, er war nicht mehr er selbst, und keiner konnte ihm nahekommen, ohne die aufgeladene Atmosphäre seiner gewaltigen Erregung zu spüren.

Einige von uns nahmen Tom auf eine Reise nach Weimar, der Heimat Goethes als Erwachsener und in seinen späten Jahren, und auf die Wartburg mit. Wir versuchten vergebens, ihm klarzumachen, daß nicht alles in Deutschland unbedingt wunderbar war; er mußte es selbst erfahren; in der Zwischenzeit war er in Aufruhr, nahm alles auf und wartete, daß sich die Leidenschaft des Augenblicks legen würde.

Er war fasziniert von dem kleinen Gartenhaus Goethes, verglich seine eigene Körpergröße mit der des großen Dichters und fand heraus, daß er, Tom, größer war; und stand fast wie hypnotisiert vor dem berühmten Stuhl, auf dem Goethe saß, wenn er dichtete. Das kleine Haus gefiel uns irgendwie besser als das prätentiöse Stadthaus, das wir später besichtigten. Wir gingen auf dem Gelände herum und bewunderten den weichen, grünen Rasen und die prächtigen Bäume. Ein Sturm erhob sich, und wir hielten einen Moment inne, um dem Wind in den Bäumen zuzuhören, der wild und voll wie Orgelmusik, wie ein großes Gedicht klang. Der Himmel verfinsterte sich, die Bäume bogen sich und tobten in einer gespenstischen und wunderschönen Symphonie von Lauten. Wir dachten an die *Walpurgisnacht*.

Wir besuchten das Stadthaus, in dem Goethe in allem Pomp lebte, nachdem er ein hochangesehener Bürger und ein Diener des Staates geworden war. Die Atmosphäre hier war muffig; man konnte innerhalb der Mauern dieses Orts spüren, daß Goethes Seele geschrumpft war. Es gab keine Sympathie mehr für den jugendlichen Goethe, den Träumer, den Suchenden, das aufgewühlte Genie, leidenschaftlich und verwirrt in seinem Versuch, einen Sinn hinter dem Schicksal der Menschheit zu entdecken. Er war zum Bürger geworden, selbstgefällig, blasiert, sich seiner Rolle in der Welt und in der Literatur durchaus bewußt, und schloß sich von den Menschen, selbst von der treuen Christiane, die seinen Teil des Hauses nicht betreten durfte, und den Kämpfen des menschlichen Herzens ab. Im Garten wuchsen ein oder zwei Blutbuchen, die sich flammend vor dem blauen Himmel erhoben.

Schließlich gingen wir zu seinem und Schillers Grab. Es lagen sehr wenige Blumen auf Goethes Grab, aber Schillers Grab war überschüttet, fast verdeckt von Blumengebinden seiner Bewunderer, unter denen sich auch nationalsozialistische Vereinigungen befanden. Daneben stand eine weitere Blutbuche mit herrlich reichem, rotem Laub, als ob sie brennend dem Herz des Dichters entsprungen wäre.

Wir fuhren weiter durch die weiche Luft und die sanfte, frühsommerliche Landschaft, durch üppige Felder, manche mit Senf bewachsen, der sich wie eine riesige goldene Welle auf der Erde wiegte. In Eisenach stießen wir auf den Geist Luthers, zumindest in uns selbst, wenn schon nicht um uns herum. Wir freuten uns, unsere Erinnerung an den größten und einfachsten Deutschen aufzufrischen. In einem Hotel auf dem Gipfel des Berges, auf dem die Wartburg liegt, um die sich viele Legenden ranken und auf der das Drama des Venusbergs spielt, tranken wir kühlen Moselwein und gingen dann um das Schloß herum. Draußen war es dunkel, aber man konnte zwischen den schnell dahinziehenden Sturmwolken das zerklüftete Profil des Berges sehen. Unter uns blinkten die kleinen, gelben Lichter von Eisenach. Die Landschaft hier war schauerlich und romantisch und hatte etwas von der fremdartigen Barbarei Wagners, die mit den dunklen Helden und Legenden der neuen Nazireligion bevölkert war. Obwohl mir die Gegend um mich herum irgendwie gefiel, konnte ich doch ein Gefühl von Abscheu nicht unterdrücken, wenn ich daran dachte, wie Wagners grandioser Zauber und die heroischen deutschen Sagen im Symbolismus und der Ideologie der Nazis wiederbelebt und pervertiert worden waren.

Am nächsten Morgen, der neblig und kalt war, besichtigten wir die Burg, in die Luther sich zurückgezogen hatte, um die Bibel zu übersetzen. Der Tintenfleck an der Wand ist amüsanterweise erhalten, um die Besucher daran zu erinnern, daß Luther auf sehr menschliche Weise auf den Teufel reagierte.

Auf dem Rückweg nach Berlin fuhren wir wieder durch den Harz, der mit schwarzen Wäldern bedeckt ist, die die Brüder Grimm und manchen alten Deutschen dazu inspirierten, Märchen voller Schönheit und Phantasie an die folgenden Generationen weiterzugeben.

Die Reise war eine Freude und eine Offenbarung. Die Vergangenheit Deutschlands wurde uns wieder bewußt; große, tiefe, mutige Kapitel in der Geschichte der Literatur und des Fortschritts wurden aufgeschlagen. Ich glaube, daß ich zu dieser Zeit ein und für alle Mal lernte, den wirklichen deutschen Charakter und das wirkliche deutsche Volk nicht mit seinen jetzigen Unterdrückern zu verwechseln. Hitler wird ohne Zweifel eine Rolle innerhalb der Geschichte spielen, aber es wird eine schreckliche sein, an die sich die Heroen der großen literarischen, künstlerischen, philosophischen Traditionen mit Abscheu erinnern werden.

Tom reiste kurz danach ab, viele seiner Illusionen waren noch unzerstört, obwohl einige zu wanken begannen. Im nächsten Jahr kehrte er sehr viel nüchterner zurück und wünschte diesmal zu erfahren, was unter der Oberfläche des Erfolgs und der Effizienz der Nazis lag. Er traf mit mehr Deutschen zusammen als im ersten Jahr, erfuhr, was an wahren Motiven sowohl bei den Anhängern als auch bei den Feinden des Regimes dahintersteckte. Er trank noch immer in geselliger Runde mit Rowohlt die Nächte durch, und sie diskutierten – da beide äußerst emotional waren – heftig miteinander. Was er über die Auswirkungen des Nationalsozialismus auf die menschliche Gesellschaft und die Freiheit dachte, hatte er bereits beschrieben, und obwohl er – wie die meisten von uns, die Deutschland und sein Volk, seine Vergangenheit und Gegenwart ein wenig kennen – immer eine warme Zuneigung und Verehrung, die sie in so großem Maße verdienen, beibehielt, ließ ihm sein Mitgefühl für ihr tragisches Leid keine andere Wahl, als dem jetzigen Deutschland fernzubleiben.

Tom starb an einer Hirnhautentzündung in einem Krankenhaus in Baltimore. Sein Tod ist einer der größten Verluste für die amerikanische Literatur. Obwohl sein Werk Höhen und Tiefen aufwies und er manchmal schlampig etwas Unwichtiges zu Papier brachte, war hier ein Talent am Werk, dessen Größe und Verheißung meiner Ansicht nach von keinem anderen zeitgenössischen Schriftsteller erreicht oder eingelöst wird. Sein poetischer Stil trägt den Stempel echter, lebendiger Dichtung, seine Charaktere werden uns noch im Gedächtnis bleiben, wenn seine Knochen schon längst zu Staub verfallen sind. Tom war bereits zum Zeitpunkt seines Todes ein großer Schriftsteller, und er war ein typisch amerikanischer Schriftsteller. Sein Gefühl für die amerikanische Szene, seine Intuition, seine Brillanz und Poesie schufen einige der besten literarischen Interpretationen Amerikas. Seine Lebenslust, das Format und die Größe seiner Seele, die brüllende Wut und Freude des dämonischen Engels, der er war, der Streit zwischen Gut und Böse, der sich in seinem Inneren abspielte, sind, was ihre körperliche Präsenz anbelangt, inzwischen unwiderruflich verloren. Aber seine Schriften bleiben lebendig, und zwar nicht nur für die, die ihn geliebt und verehrt haben, sondern auch für zukünftige Generationen. Er war eine Legende, eine Hoffnung, ein strahlendes Versprechen, und seine Generation scheint ohne ihn eigenartig gelähmt, steril und trivial zu sein. Es wird viele Leute geben, die ihn jetzt, da er tot ist, kritisieren – viele, die schon früher sagten, daß seine Größe auf seinem Wahnsinn gründete. Tom war nicht wahnsinnig, außer man definiert Wahnsinn als die unerträglich sensible Reaktion eines Mannes auf die Kämpfe und Träume, die Konflikte und den Schrecken, die Gemeinheit und den Glanz des Lebens. Vielleicht begriff er zu viel, vielleicht waren seine Visionen zu intensiv, um sie auszuhalten, aber er hat als Lektion für all die kleinlichen Verächter in wunderbarer Prosa ein Gefühl für Amerika festgehalten – seine glitzernden Städte und Ebenen und seine Menschen –, ein Gefühl für das geheime, tiefe, dunkle Herz des Lebens, die Sterblichkeit des menschlichen Körpers, die Unsterblichkeit, die die Träume vorantreibt, und die ruhelose, verwirrte und hoffnungsvolle Welt, in der diese Träume umherwandern und erblühen.

V

# Das Pressekorps

Die amerikanischen und englischen Presseleute, die sich in diesen Jahren in Berlin aufhielten, besaßen ein ziemlich hohes Niveau, und was mich betraf waren sie auf jeden Fall eine nie versiegende Quelle des Amüsements, der Aufgeklärtheit und des zynischen Realismus. Sie bildeten ganz eindeutig die intelligenteste Gruppe in Berlin; mit ihnen traf ich mich am häufigsten. Darüber hinaus waren es Leute, die wir in keiner Weise gefährdeten, somit konnten sie zu dauerhaften Freunden und Begleitern werden, ohne daß Druck auf einen von uns ausgeübt wurde.

Als wir in Berlin ankamen, war der ziemlich beschränkte Botschaftsrat für das Protokoll zuständig, und er stellte sehr strenge Verhaltensregeln auf. Er versuchte, meinen Vater einzuschüchtern und eine völlige gesellschaftliche und offizielle Kontaktsperre zu allen Presseleuten zu errichten. Es ärgerte ihn, daß sie die Frechheit besaßen, um Interviews und Stellungnahmen zu ersuchen. Uns kam das sehr eigenartig vor, vor allem, wenn wir daran dachten, wie Präsident Roosevelt die amerikanische Presse behandelt hatte. Später kamen wir zu dem Schluß, daß der Botschaftsrat vielleicht deshalb diesen geradezu krankhaften Haß auf die Presse empfand, weil sie, seiner Ansicht nach, gesellschaftlich unter seiner Würde war, oder weil sie ihn unhöflich und verächtlich behandelt hatte. Einige Tage folgten wir seinem Rat, da wir annahmen, daß er begründet und gerechtfertigt sei. Später erfuhren wir, daß derselbe Mann in derselben anmaßenden Weise versucht hatte, den vorhergehenden Botschafter dazu zu bringen, seinen Vorstellungen zuzustimmen. Der frühere Botschafter hatte die Einmischung des Botschaftsrats so übelgenommen, daß er nicht nur all seine Ratschläge nicht befolgte, sondern tatsächlich des öfteren versuchte, ihn von seiner Berliner Stelle versetzen zu lassen.

Der Botschaftsrat dehnte seine Vorurteile auch auf die Angestellten des Konsulats aus – tatsächlich waren sie, was die amerikanische Botschaft anbelangte, Außenseiter –, es traf also nicht nur die Journalisten. Auch das kam uns merkwürdig vor, da die Leute vom Konsulat, ebenso wie wir, der amerikanischen Regierung unterstanden und oft effizienter und gewissenhafter waren als die Diplomaten. Der Botschaftsrat hatte Erfolg mit seinem Plan, solange wir die üblichen Vorgehensweisen und seine Akte noch nicht kannten. Das führte zu einem peinlichen Zwischenfall, als mein Vater den Forderungen des Botschaftsrats nachkam (der behauptete, dies sei das übliche Protokoll, dem unsere Botschaft und auch andere Botschaften folgten) und den Generalkonsul und dessen Mitarbeiter nicht zu unserem ersten diplomatischen Empfang einlud. Wir hielten die gesellschaftliche Trennung zweier Dienste der amerikanischen Regierung für lächerlich und snobistisch. Der Generalkonsul verließ an diesem Tag die Stadt, vermutlich, um sich eine so gekünstelte Situation zu ersparen.

Als wir allerdings das nächste Mal einen Empfang gaben, luden wir sowohl die Presse als auch die Mitarbeiter des Konsulats ein. Und mein Vater war der erste Botschafter, der den Präzedenzfall einer sowohl professionell als auch auf gesellschaftlicher Ebene funktionierenden Zusammenarbeit zwischen diesen ehemals rivalisierenden Institutionen schuf. Im nachhinein erscheint das alles unerheblich, aber man kann sich den Sturm im Wasserglas, den der Vorgang damals, als wir es wagten, gegen Regeln und Traditionen zu verstoßen, auslöste, kaum vorstellen. Aber, wie gesagt, nach einigen Monaten, als wir uns hinlänglich orientiert hatten, wählten wir unsere Freunde aus allen Kreisen, die uns offenstanden, und sowohl die Presseleute als auch die Mitarbeiter der Konsulate hatten freien Zugang zu unserem Haus – bei offiziellen und auch bei eher privaten Anlässen.

Als wir eintrafen, gab es viele interessante Presseleute, darunter Knickerbocker, Edgar Ansel Mowrer, Junius Wood, Victor

Bodker (ein Repräsentant der englischen Agentur *Reuters*), Norman Ebbutt und Sigrid Schultz. Alle, außer der letzteren, wurden versetzt oder aus Deutschland abgezogen, aber eine Gruppe jüngerer Männer kam an ihrer Stelle. Einige Jahre nach unserer Ankunft kam Ralph Barnes aus Rußland hierher, und die *New York Times* hielt an ihrer allgemeinen Politik fest, Ausländer an die Spitze ihres Redaktionsstabs zu stellen – zwei ehrwürdige Herren mit eigenartigen und schwierigen Namen: Otto Tolischus und Guido Enderis. *Hearst* wurde von Karl von Wiegand als Leiter des europäischen Büros vertreten – einer alten, charmanten, naiven und loyalen Seele, der ein ergebener Anhänger der Kaiserlichen Familie war –, zudem von einem jungen Mann namens Shirer und dessen Assistenten Huss. Die *Associated Press* hatte Louis Lochner geschickt, einen Mann mittleren Alters, unglaublich talentiert, Sozialdemokrat aus der Zeit vor Hitler und zugleich glühender Monarchist, den das Pressekorps vielleicht wegen seiner Exklusivmeldungen und vielleicht auch seiner leichten Wichtigtuerei nicht besonders mochte. Die *United Press* fand in Fred Oechsner einen intelligenten, vernünftigen, konservativen Reporter, der völlige Objektivität anstrebte und eine ganze Theorie darüber entwickelte. Jedenfalls war er eine freundliche, loyale und warmherzige Persönlichkeit.

Diese, und noch eine Reihe anderer, ein Litauer, ein Franzose und ein Russe, besonders einige loyale britische Zeitungsleute, die man aus Deutschland hinauswarf und die ich nicht besonders gut kannte, bildeten die Gruppe von Leuten, mit denen ich in Deutschland am häufigsten verkehrte und die ich am liebsten mochte. Sie hatten, was außenpolitische Entwicklungen betraf, meines Wissens nach die realistischsten und ehrlichsten Ansichten – die Diplomaten waren zu verschlossen, zu konservativ, zu vorsichtig oder zu konventionell, um im Lauf eines Jahres auch nur ein halbes Dutzend Meinungen offen zu äußern. Ihre Informationsquellen waren fast so wertvoll und verläßlich wie die der Diplomaten – tatsächlich respektierten und benutzten eine ganze

Reihe von Diplomaten in unserem Stab und in anderen Stäben ihre Informationen durchgehend. Entweder beschäftigten sie Informanten oder Informanten, die aus fast allen Ministerien und aktiven Kreisen Deutschlands stammten, kamen freiwillig zu ihnen. Und sie schützten diese Leute so effektiv, daß ich während unseres gesamten Aufenthalts nur von zwei Kontakten erfuhr, die aufgedeckt und verloren gegangen waren.

Manchmal ließen sich die Journalisten auf fruchtlose Unterfangen ein, und einige Berichte waren eindeutig unglaubwürdig, aber im großen und ganzen zeichneten diese Leute ein ziemlich genaues Bild von dem, was in Deutschland vor sich ging. Wenn ich in Amerika höre, wie grotesk übertrieben die Berichte über das nazistische Deutschland doch seien, bin ich erstaunt über die Naivität oder die profaschistische Einstellung der Sprecher. Denn die Presseleute, die ich kannte, waren erstaunlich gewissenhaft, hatten sowohl exzellente deutsche als auch ausländische oder diplomatische Quellen und kannten Deutschland und die Entwicklungen dort besser als die meisten Leute. Ebbutt von der *London Times* hatte zum Beispiel zwölf Jahre in Deutschland gelebt – Sigrid Schultz zehn Jahre, und die Korrespondenten der *New York Times* ungefähr die gleiche Zeit. Karl von Wiegand hat sich fast zwanzig Jahre lang mit der europäischen Szene beschäftigt. Diese Männer kannten häufig beides, die Zeit unter Hitler und die Zeit vor Hitler; wenn das nicht der Fall war, machten sie sich sofort an die Arbeit, lernten die Sprache, nutzten die von ihren Vorgängern übernommenen Kontakte, lasen die einschlägigen Bücher, bereisten das Land und machten sich mit den Deutschen vertraut.

Es war allgemein bekannt, daß in jeder Redaktion Spione saßen. Deutsche wurden unter dem einen oder anderen Vorwand als Übersetzer, Sekretärinnen, Informanten oder was auch immer in den Außen- oder Innendienst eingeschleust. Ihre Funktion war so offensichtlich, daß man Witze darüber riß, obwohl es natürlich auch zu heftigen Ressentiments und Empörung kam. Ein Journalist bemerkte mir gegenüber einmal: »Es ist eine gottverdammte

Plage. Hans taucht die ganze Zeit neben mir auf, macht ein so unschuldiges Gesicht wie ein neugeborenes Kind, und ich vergeude die meiste Zeit damit, mir Mittel und Wege auszudenken, um ihn auszutricksen.« Diese Bespitzelung war nicht nur in den Redaktionen üblich und wurde heftig diskutiert – auch nach Büroschluß wurde man beschattet und verfolgt. Sowohl Mowrer als auch Ebbutt überwachte man regelmäßig, ihre Wohnungen wurden observiert und abgehört. Geheime Kontakte konnten sie dort nicht wahrnehmen; sie mußten in etwa dieselben konspirativen Methoden anwenden wie alle oppositionellen Gruppen.

Natürlich wurden die Taktiken, die ich hier beschrieben habe, von den Nazis hauptsächlich den Presseleuten gegenüber angewandt, die über die meisten Informationen und die besten Kontakte verfügten. Oft wurden die Journalisten von der Geheimen Staatspolizei vorgeladen, um sich zu einer bestimmten kritischen Berichterstattung zu äußern, und diese Vorladungen waren immer mit zusätzlichen Drohungen und Warnungen verbunden.

Die Taverne, ein interessantes italienisches Restaurant, war der zentrale Treffpunkt der Presse. Jede Nacht von zehn bis zwei – manchmal wurde es auch später – versammelte man sich dort bei Bier, Scotch und Sodas und diskutierte über die Neuigkeiten des Tages, die die meisten bereits an ihre Zeitungen durchgegeben hatten. Freunde von mir, die in ausländischen Botschaften arbeiteten und zu den bestinformierten Leuten in Berlin gehörten, legten großen Wert darauf, alle paar Abende vorbeizuschauen und den Diskussionen zuzuhören. Es gab eine Art freundschaftlichen Nachrichtenaustausch zwischen den Journalisten, und das bezog oft auch die Diplomaten mit ein. Am Stammtisch, der für acht bis zehn Leute reserviert war, sah ich häufig, wie sich achtzehn bis zwanzig Leute zusammenquetschten und heftig diskutierten. Nur wer sehr bekannt war oder den Pressekreisen nahestand, durfte an diesem Tisch Platz nehmen. Anfangs besuchten eine Menge von Nazis und SA-Leuten aus Neugier und Interesse an Neuigkeiten den Ort. Später wurden sie vermutlich sorgfältig ausgewählt und gezielt eingesetzt, um so viel Informationen wie möglich zu sammeln. Sogar Dietrich, Reichspressechef der Nazis, Hanfstaengl und Diels wurden dort gesichtet und schienen auf vertrautem Fuß mit den Journalisten zu stehen. Schließlich erhielten die Nazis den Befehl, nicht mehr in die Taverne zu gehen. Wir vermuteten, daß man ihnen, obwohl sie anfangs gerne gekommen waren und später gezielt eingesetzt wurden, schließlich die Erlaubnis entzog, weil die Neuigkeiten und Informationen der Journalisten für einen Nazi zu gefährlich und zu demoralisierend wurden!

## 2

Norman Ebbutt, ein mürrischer, dunkelhaariger kleiner Engländer, und seine Freundin, Mrs. Holmes, regierten an diesem Tisch. Fast immer saß er schweigend da, eine Pfeife zwischen die Zähne geklemmt, den rechten Arm, der über der Brust lag, auf den linken gestützt, und beobachtete mit ruhigem, finsterem, scharfem Blick die Leute um sich herum. Er war mit Sicherheit einer der brillantesten Zeitungsleute in Berlin, wenn nicht in ganz Europa. Da er bekannterweise zu den eingeschworenen Gegnern Hitlers gehörte, war er ein spitzer und wirkungsvoller Dorn im Fleisch der Nazis. Er sprach nie, wenn er es nicht für nötig hielt, und verachtete jeden zutiefst, der sich nicht durch intellektuelle Integrität und Bildung auswies. Seine schlechte Laune, über die sich viele beklagten, diente im Grunde dazu, seine Energie zu bewahren und sich gegen eitles Geschwätz zu schützen. Er besaß einen trockenen Sinn für Humor, tiefe Loyalität und eindeutig größere Kenntnisse, umfassenderes Verständnis und mehr Informationen über Nazideutschland als irgend jemand sonst.

Tatsächlich kursierte das nicht enden wollende Gerücht, daß er nicht nur eine der wichtigsten Informationsquellen der ausländischen Redaktionsvertretungen der *London Times*, sondern auch des britischen Foreign Office sei. Seine Berichte sollten angeblich sowohl an den Premierminister als auch an seine Zeitung gehen, und er war ein Vertrauter des britischen Botschafters Phipps, der sich stillschweigend auf ihn verließ. Man sagt, daß sich zu der Zeit, als Ribbentrop als Botschafter nach England geschickt wurde, zwei Aufträge in seinem Portfolio befanden, die er ohne Verzug zu erledigen hatte: Phipps zu entfernen und Ebbutt aus Deutschland auszuweisen. Andernfalls könne, laut Ansicht der Nazis und des faschistischen Klüngels um Chamberlain, England sich mit Deutschland nie einigen. Es ist ein Zufall – vielleicht auch mehr als ein Zufall –, daß beide Männer aus Deutschland hinausmanövriert wurden, Ebbutt auf skandalöse und herzlose Weise, Phipps weniger offensichtlich und ehrenhafter, und, nebenbei bemerkt, auch zur größten Erleichterung seiner Frau und seiner selbst.

Ebbutt war alles andere als ein Sozialist, obwohl ihm seine Feinde das und noch anderes vorwarfen, um ihn zu diskreditieren. Er war ein militanter und fortschrittlicher Demokrat, der Deutschland aus besseren Tagen kannte und über das deutsche Wesen und dessen Hintergründe so gründlich wie kaum ein Historiker Bescheid wußte und es verstand. Er war entsetzt und persönlich tief betroffen über die Erfolge und Pläne der Nationalsozialisten. Darüber hinaus brachten ihn seine wirtschaftlichen und politischen Kenntnisse dazu, die Naziideologie vollständig zu verwerfen.

Da die *London Times* schon immer ein sehr gerissenes profaschistisches Spiel gespielt hatte, mußte Norman, was seine Berichte betraf, besonders vorsichtig sein. Des öfteren erschienen sie nicht, waren irgendwo versteckt oder so entstellt, daß sie fast harmlos wirkten. Um sich dagegen zu wehren, entwickelte er einen höchst kunstvollen und raffinierten Stil, mit dessen Hilfe er sagte, was er wollte, und darüber hinaus mehr andeuten konnte, ohne daß man es bemerkte. In Berlin wurde dies als ›Ebbutt-Stil‹ bekannt und erregte den Neid jedes Journalisten. Durch diese

Vorsicht und diese Brillanz erhielten seine Berichte, egal, was mit ihnen geschah, ob sie verstümmelt, gekürzt oder an falscher Stelle erschienen, eine Schlagkraft, die jeder bemerkte, der auch nur einen Funken Verstand besaß. Ich bin sicher, daß man ihn bei der *Times* so lange hielt, weil er seine Aversion gleichzeitig so geschickt verhüllte und enthüllte, und darüber hinaus Eden und Vansittart, solange sie im Foreign Office waren, seine Arbeit sehr schätzten und seine Berichte nutzbringend einsetzten. Bewundert und respektiert zu sein und als Doyen (nicht im verstaubten Sinn) des journalistischen Korps zu gelten, ist unter zynischen Presseleuten keine leichte Position. Aber ungeachtet dessen, was an persönlichen Vorlieben oder Ablehnungen in die Beurteilung von Ebbutt und seiner Menage einging, habe ich weder von einem Journalisten noch von irgendeinem informierten Deutschen oder Diplomaten je eine Äußerung gehört, die Normans Intelligenz in Frage gestellt hätte. Für viele Jahre diente er dem, was vom fortschrittlichen England noch übriggeblieben war. Als die Kräfte, die sich gegen den Fortschritt wandten, übermächtig wurden, opferte man Ebbutt. Ein weiterer Hinweis auf die Position, die er in Berlin innehatte, ist die tiefe und bittere Empörung, die jedermann teilte, als er von den Nazis und dem profaschistischen Block innerhalb der britischen Regierung praktisch aus Deutschland ›hinausgekickt‹ wurde.

Die Empfänge der Ebbutts gehörten immer zu den interessantesten in Berlin – sie waren jedenfalls nicht vergleichbar mit den prätentiösen und langweiligen diplomatischen Angelegenheiten, bei denen man den Abend nur überstand, wenn eine kleine Gruppe Gleichgesinnter eine Ecke ausmachte, in die man sich, zumindest für eine Weile, zu einem kleinen Plausch zurückziehen konnte. In dem schlichten, aber geräumigen Apartment, das Norman mit seiner Frau bewohnte, luden sie zu kleinen Essen, Buffets, Bierabenden und Cocktailpartys ein, bei denen man fast alle Leute in Berlin antraf, mit denen es sich zu sprechen lohnte. Bis auf die letzten sechs Monate ihres Aufenthalts, ja, sogar noch darüber hinaus, befanden sich unter den Gästen eine ganze Anzahl Deutscher, darunter sogar einige Nazis, die von den Ebbutts gezielt eingeladen wurden, und wenn diese nicht anwesend waren, fanden sich ehemalige deutsche Amtsinhaber ein, adlig, deutsch-jüdisch, intellektuell, künstlerisch, und weitere Leute, die in der Zeit vor Hitler bekannt und respektiert waren, immer noch etwas zu sagen hatten und erfrischende Ansichten vertraten.

Manchmal entwickelten sich diese Abende zu ausgelassenen Saufgelagen, wie es auf den meisten Pressepartys gegen Ende der Fall ist, die engsten Freunde blieben noch, tranken weiter und sprachen aus, was sie wirklich über die Ausländerpolitik im allgemeinen und die Nazipolitik im besonderen dachten. Diese Grüppchen versammelten sich in einem anderen, gemütlicheren Raum um den Kamin, wurden nur ab und zu von einem schrillen Telephonläuten unterbrochen – eine Nachricht aus der Redaktion oder irgendeine heiße Geschichte –, und wir fingen an, den faszinierenden Insiderberichten der Anwesenden zuzuhören. Mrs. Holmes, eine gutaussehende, redegewandte und unglaublich couragierte Frau, sprach mit ihrer sanften Stimme leise in einer Ecke des Raums, Norman hörte zu oder analysierte in brillanten und weitsichtigen Ausführungen einige neue Züge der Nazis oder Großbritanniens. Er und Mrs. Holmes schienen hervorragend zusammenzuarbeiten; sie steuerte die Intuition und die Kühnheit eines erstaunlich gewandten Verstandes bei, und Norman fügte zusammen, paßte an, koordinierte alles, was er hörte, in seinem Kopf und ließ es in ihre Schlußfolgerungen einfließen. Während der letzten beiden Jahre meines Aufenthalts in Deutschland gehörten diese Empfänge zu den Höhepunkten in meinem Leben.

Als in England bekannt wurde, daß verschiedene Nazijournalisten wegen Spionage verurteilt worden waren, daß es ungefähr dreimal mehr deutsche Journalisten in London gab als Zeitungen, die sie vertraten, und sie ausgewiesen werden sollten, dachte jeder sofort daran, daß die Nazis es als Vergeltungsmaßnahme irgendwie schaffen würden, Norman Ebbutt aus Deutschland zu entfernen, vor allem, da sie seine Fähigkeiten und seine kompromißlos kritische Haltung ihnen gegenüber kannten. Wenige Tage später baten die Nazis tatsächlich, wie wir alle befürchteten, um seine Abberufung.

Was sich in Wirklichkeit zwischen Ribbentrop und dem britischen Foreign Office oder zwischen letzterem und dem deutschen Außenministerium abspielte, könnten vermutlich nur die Beteiligten selbst aufklären. Es liegt auf der Hand, daß die *Times* vom britischen Foreign Office entweder unter Druck gesetzt wurde oder froh war, daß sie mit Norman Ebbutt einen Störenfried los war. Auf jeden Fall verbrachte Norman Ebbutt an einem unvergeßlichen Nachmittag einige Stunden mit meiner Mutter, Mrs. Holmes und mir, und erzählte uns vertraulich die Manöver, die gegen ihn gestartet worden waren. Die *Times* lehnte es ab, ihn in seinem Protest zu unterstützen – die Nazis hatten ihn, neben anderen lächerlichen Anklagen, beschuldigt, militärische Informationen zu besitzen, und ihm wurde befohlen, das Land innerhalb von zwei oder drei Tagen zu verlassen. Normans Gefühle der *Times* und ihrem Verhalten während der ganzen Affäre gegenüber waren sehr bitter, und er war überzeugt, daß es sowohl in Deutschland als auch in England von höherer Stelle angeordnet worden war, ihn auszuweisen.

Die Menge, die sich bei seiner Abfahrt mit ihren kleinen Geschenken und Blumenbuketts, ihren traurigen Worten und ihren guten Wünschen für seine Zukunft einfand – alle Journalisten in Berlin, sogar Birchell von der *New York Times*, ein paar mutige Deutsche und einige Ausländer –, bewies gefühlvoll und anrührend, was Loyalität in Deutschland bedeuten kann, selbst wenn die persönliche Sicherheit auf dem Spiel steht. Ebbutt stand tief gerührt da, er hatte fast Tränen in den Augen, und unterhielt sich mit seinen Freunden, bis der Zug abfuhr – verbittert und traurig darüber, zwölf Jahre seines Lebens, seine Studien und seine Freunde hinter sich zu lassen. All seine Eigenarten, seine

Brillanz, sein Humor und seine Integrität wurden uns allen doppelt lieb, als unsere Bewunderung für seine Aufrichtigkeit und seine Ideale auf dem Prüfstein stand – sogar denen, die ihm über die Jahre nicht so nahe gestanden hatten oder ihm nicht besonders freundlich gesinnt waren. Berlin, das war sicher, würde ohne ihn und seine Frau nicht mehr dasselbe sein.

Ebbutt wurde nach England zurückbeordert und erhielt eine relativ unbedeutende Position bei der *Times*. Er bereitete ein Buch über Deutschland vor und hatte mit dem Schreiben begonnen, als ihn ein Schlaganfall traf, der eine Lähmung zur Folge hatte. Sollte er sich nicht so weit erholen, daß er sein Buch beenden kann, wird die Welt sicher eine der besten Einschätzungen und Analysen der Hintergründe des Nationalsozialismus und der Zeit davor verlieren. Und ohne Frage ist auch er intellektuell, beruflich und körperlich ein weiteres Opfer der Naziverfolgung.

Die einzige weitere Journalistin in Berlin, deren Empfänge denen der Ebbutts an gleichbleibend hohem Niveau, Interessantheit und ungewöhnlichen Gästen gleichkamen, war Sigrid Schultz von der *Chicago Tribune*. Viele Jahre lang bewohnte sie ein ansprechendes Apartment in der Dornberger Straße, zu dem ein kleiner Garten und ein riesiges Studio mit einem Kamin gehörten. Sie und ihre Mutter schafften es mit Hilfe einer Köchin, gleichzeitig große Empfänge zu geben, zu servieren, sich zu unterhalten und sogar manchmal ein wenig zu kochen. Obwohl sie viele kritische Berichte verfaßt hatte und dafür bekannt war, im großen und ganzen nicht mit dem Regime zu sympathisieren, besuchten viele Nazis ihre Zusammenkünfte, wobei es sich in einigen Fällen um ziemlich hohe Funktionäre handelte. Auch sie hatte, wie die Ebbutts, ihren Kreis von Intellektuellen, Künstlern, Sängern, Schauspielern, Musikern und Schriftstellern. Es gab natürlich keine Rivalität zwischen den beiden, Sigrid war eine ergebene Freundin von Mrs. Holmes.

Sigrid Schultz wurde von ihren männlichen Kollegen oft ein wenig gönnerhaft behandelt, hauptsächlich wohl deswegen, weil sie eine Frau war, obwohl man sich, wenn man sie lächelnd abtat, damit entschuldigte, daß ihre Berichte hysterisch seien. Allerdings schleppte Sigrid mehr oder weniger die gleiche Anzahl unglaubwürdiger Geschichten an wie der Rest – und ein Großteil ihrer vertraulichen Informationen, die sie teilweise in ihren Berichten verwandte, teilweise für sich behielt oder nur vertrauenswürdigen Freunden erzählte – erwies sich als richtig und äußerst genau. Ich vermute, daß einige ihrer männlichen Kollegen ein wenig neidisch waren, daß eine Frau herumjagte und auf so viel guten Stoff stieß. Obwohl ich sie anfangs nicht besonders mochte, merkte ich, als ich sie näher kennenlernte, daß sie eine wirklich warmherzige, aufrichtige und talentierte Frau war. Sie war jedenfalls einer der freundlichsten und loyalsten Menschen, die ich dort drüben traf. Sie unterstützte, soweit es ihre spärlichen Mittel erlaubten, mehrere Menschen, die aus dem einen oder anderen Grund aus der Gesellschaft ausgestoßen waren, und wenn sie sich einmal mit jemandem angefreundet hatte, gab es nichts, was sie von ihrer unbeugsamen Loyalität abbrachte. Manchmal war sie etwas zu voreilig oder zu leidenschaftlich in ihrer Beurteilung von Menschen und Ereignissen, aber der Charme und die Wärme, der Eifer und der Mut, die sie auszeichneten, machten sie in Berlin sehr beliebt.

Sie empfing regelmäßig Diplomaten, Deutsche, Ausländer ganz allgemein, Feinde und Freunde des Regimes und auch begeisterte Nazis bei sich zu Hause, zu Bierabenden und informellen Lunches, ihrer Spezialität. Bei einem dieser Essen saß einer der höchstrangigen Assistenten Hitlers an ihrem Tisch, ein jüngerer Mann, der noch gewisse menschliche Eigenschaften besaß, an die sie zweifellos appellierte. Neben ihm saßen Diplomaten, von denen bekannt war, daß sie dem Regime gegenüber Abstand hielten. Diese Essen waren fast immer interessant, obwohl die Atmosphäre von Vorsicht und Angst geprägt war, sobald Deutsche anwesend waren, die man nicht richtig einordnen konnte. Meine Mutter und mein Vater besuchten sie oft und genossen die Einfachheit und die intelligente Atmosphäre. Meine Mutter mochte Sigrid besonders gern, und ich erinnere mich, daß sie Geschenke wie Schweinefleisch mit Bohnen oder Zigaretten, die man in Deutschland nur zu einem horrenden Preis erhielt, gegen Gelee und Eingemachtes tauschten, das Sigrid und ihre Mutter selbst herstellten.

Eine weitere Journalistenfamilie, die ich persönlich sehr mochte, waren Bill und Tess Shirer, die *Hearst*-Repräsentanten in Berlin. Obwohl sie beide zu jung und zu arm waren, um große Empfänge zu geben, besuchte ich sie oft mit einer Gruppe von fünf bis sechs Leuten und lud sie immer zu meinen Partys ein. Bill war in meinen Augen innerhalb der Berliner Gruppe der bei weitem beste und klarste Denker, was die wirtschaftlichen Implikationen des Faschismus angingen. Zudem war er ein kultivierter Mann, der in Wien neue Schreibstile erprobt und mit anderen Verlegern zusammen neue Wege beschritten hatte (so zum Beispiel mit Whit Burnett und Martha Foleys *Story*). Er las sehr viel, wobei sich seine Interessen auf fast alle Bereiche erstreckten. Diese Interessen und Kenntnisse waren es, die mich anfänglich zu ihm hinzogen. Als ich später merkte, daß das, was er wußte und was in seine Berichte über die Geschehnisse in Berlin einging, nicht eine rein journalistische und konkrete Berichterstattung im Blick hatte, sondern eine sorgfältige und wohlformulierte Analyse und eine intensive Beschäftigung mit dem Faschismus dahintersteckte, bestärkte das unsere Freundschaft. Seine Frau Tess war eine schöne, zurückhaltende und leidenschaftliche Wienerin mit einer hohen intellektuellen Integrität, Festigkeit und Urteilskraft. Während meines letzten Jahres in Berlin waren die beiden meine liebsten und engsten Freunde.

Im ganzen gesehen waren sie innerhalb des Presseklüngels die Ungeselligsten. Sie genügten sich selbst, lasen und arbeiteten zusammen, und ihre Auffassungen, was das Leben und den sozialen Fortschritt anbelangte, stimmten mit dem Umfeld, in dem sie sich befanden, nicht überein. Sie mochten keine unnatürlichen oder dummen Leute – es verband sie eindeutig nichts mit den deutschen Nazis, und es fiel ihnen sogar schwer, innerhalb ihrer eigenen Gruppe Freundschaft zu schließen. Trotzdem hatten sie einen kleinen Kreis um sich, in dem sie sich wohlfühlten und mit dem sie produktiv zusammenarbeiteten. Bill ist inzwischen der europäische Leiter von *Columbia Broadcasting*, deren Hauptquartier sich in der Schweiz befindet.

Dorothy und Fred Oechsner von der *United Press* gehörten ebenfalls zu dieser jüngeren und lebendigeren Gruppe innerhalb der Presseleute. Dorothy war eine redselige Blondine, manchmal schön, immer eindrucksvoll, die sich, obwohl sie Humor besaß, sehr ernst nahm. Sie hatte etwas Wunderliches, Naives und gleichzeitig Ehrliches an sich, das mich sofort für sie einnahm, außerdem gefiel mir ihre offenkundige, leidenschaftliche Liebe zu ihrem Mann (die sich besonders zeigte, wenn sie ein paar Drinks zu sich genommen hatte), der sie übrigens hervorragend im Griff hatte. Sie trug als erste in der Berliner Gesellschaft künstliche Fingernägel (sie war unglaublich nervös und biß sich die Nägel bis zum Nagelbett ab), besaß einen wunderschönen Drahthaarterrier, mit dem mein Bruder begeistert spielte, ein Dartspiel und ein todschickes Silberbesteck von Jensen.

Ihr Mann war sehr nett, gewissenhaft und genau, aber etwas phantasielos und nicht sehr aufregend. Fred selbst regte sich überhaupt sehr selten auf – wenn er es aber tat, konnte man sicher sein, daß es sich um eine wichtige Neuigkeit handelte. Die meisten anderen Korrespondenten waren, wie ich vermutlich erwähnt habe, fast immer aus dem einen oder anderen Grund völlig aus dem Häuschen, und häufig lagen sie richtig. Fred war ebenso loyal, zuvorkommend und freundlich wie seine Frau, und in den Jahren unserer Bekanntschaft zögerten sie nie auch nur für einen Augenblick, in einem Notfall zu helfen oder einzuspringen. Sie stellten ihr Heim und ihre Zeit fast zu frei- und großzügig ausländischen Besuchern und Presseleuten zur Verfügung. Viele Leute in Berlin vermuteten, daß Freds Einstellung zu den Nazis ziemlich positiv sei, aber ich wußte, daß beide, obwohl sie das relativ bequeme und interessante Leben, das sie führten, genossen und ausnützten, dem Faschismus gegenüber kritisch waren – obwohl Dorothy nicht wirklich begriff, um was es ging, wenn es sie nicht persönlich oder die Führung ihres Haushalts betraf. Viele von Freds Kollegen kritisierten an ihm indirekt eine gewisse, wie sie es nannten, Aufgeblasenheit, aber ich war eigentlich überzeugt, daß diese Steifheit in seinem Verhalten eher auf eine lebenslange Gewohnheit zurückging und nicht als Verstellung gewertet werden sollte.

Ich ging immer gerne zu ihren Empfängen und stieß dort unweigerlich auf interessante Leute. Besonders erinnere ich mich an den Abend, an dem sie Robert La Follette und seine Frau eingeladen hatten, die im Sommer 1937 in Deutschland waren. La Follette hatte Zugang zu allen Informationen, was den Faschismus betraf, und machte sich zu der Zeit nicht die geringsten Illusionen über dessen destruktiven und militanten Charakter. Aber für gewöhnlich vermied er das Thema. Eines Nachmittags, als wir bei Dorothy waren, dozierte er gestikulierend vor einer Gruppe von drei bis sechs Leuten in bester Senatorenart, mit voller Stimme, rhetorischen Wendungen und verbalem Feuerwerk über einen Erlaß des Supreme Court. Man konnte sich gut vorstellen, auf der Galerie des Senats zu sitzen, und Dorothys kleines Apartment und die wenigen Gäste verwandelten sich durch Bobs große Gesten und seine eindrucksvolle Stimme schnell in diesen erhabenen Ort und seine erlauchte Versammlung. Bobs dickliches Jungengesicht und die ernste, aber gleichzeitig respektlose Aufmerksamkeit seiner Frau schmälerten den Effekt nicht.

Ein weiteres junges und schwungvolles Paar, das während der letzten beiden Jahre meines Aufenthalts in Berlin lebte, waren Ralph Barnes, der fünf Jahre lang als Korrespondent der *Herald Tribune* in Moskau verbracht hatte, und seine Frau. Ralph war der gewissenhafteste, nervöseste und verrückteste Nachrichtenjäger, den ich je erlebt habe. Was seine Informationen anbelangte, ging er mit einer Naivität ans Werk, die für jemand in seinem Alter und mit seiner Erfahrung erstaunlich war. Die kleinste Information, ganz gleich, wie trivial oder aus dem Zusammenhang gerissen sie war, verfolgte er unerbittlich bis zur Quelle und nahm bei dem Versuch, ihren Ursprung aufzuspüren, auf nichts und niemanden Rücksicht. Manchmal stieß er dann auf etwas, aber genauso häufig hatte er das Nachsehen. Er war leicht erregbar und mochte die Nazis eindeutig nicht. Aber er besaß weder den Zynismus noch die Versessenheit und die ›Nase für Neuigkeiten‹, die viele seiner Kollegen hatten. Er ging die ganze Sache auf eine ernsthafte, leidenschaftliche, ungeschickte Art und Weise an. Manchmal stieß er damit auf einen Knüller, manchmal stand er allein da. Er war sprunghaft, besaß sehr liebenswerte Charakterzüge und sah andauernd höchst sorgenvoll drein. Er war äußerst streitlustig und hartnäckig, und an vielen Abenden blieben Bill Shirer, mein Bruder, die beiden Ehefrauen, Ralph und ich bis tief in die Nacht hinein sitzen und diskutierten hitzig über verschiedene theoretische Betrachtungsweisen des Faschismus. Gleichzeitig war er sensibel, hatte eine kindlich unschuldige Persönlichkeit und trug einem eine Verletzung oder einen Groll lange nach. Aber ich hing an ihm und seiner fremdartig schönen, passiven und verständnisvollen Frau Esther.

Ein- oder zweimal erschien er um Mitternacht in der Botschaft, was meinen Vater und meine Mutter zwar amüsierte, aber auch leicht verärgerte. Man sagt, daß er William Bullitt in Moskau auch verschiedene Male aus dem Bett gejagt habe. Mein Vater lud ihn, und einmal auch Bill Shirer, der ihn begleitete, einfach nach oben in sein Schlafzimmer ein, um die Sache, die sie so eifrig verfolgten, mit ihnen zu besprechen. Meine Mutter, die immer höchst interessiert an allem war, was vor sich ging, zog sich einen Morgenmantel über und ging in das Zimmer meines Vaters, da sie auf keinen Fall die neuesten Entwicklungen verpassen wollte, ganz egal, um was es sich handelte.

Die Duells von den Chicagoer *Daily News* kamen mit sehr klaren Ansichten, mit Informationen und Erfahrungen über den

Faschismus und den Nazismus aus Rom. Duell war jung, intelligent und attraktiv. Die beiden galten als etwas distanziert und waren so absorbiert von ihrem Familienleben und den Schwangerschaften der Frau, daß nur sehr enge Freunde mehr von ihnen sahen. Wallie Duell war einer der vielversprechendsten jungen Journalisten in Berlin, und seine Zuverlässigkeit und Tüchtigkeit standen außer Frage.

Louis Lochner und seine österreichische Frau gehörten zu einer der älteren Gruppen. Er vertrat die *Associated Press*. Louis war ein kleiner, glatzköpfiger Mann mit einer Knollennase, der Ähnlichkeit mit einem Gnom hatte, und verhielt sich einigen Leuten gegenüber etwas offiziös und herablassend. Zu seinen engsten und ergebensten Freunden zählte die Witwe von Stresemann und ihr Sohn, sowie Fritz Kreisler und seine Frau. Man sah viele Nazigrößen unter seinen Gästen, sogar solche, die Hitler sehr nahe standen, und seine Empfänge waren insgesamt offizieller und gesetzter als die seiner Kollegen.

Er und seine reizende Frau waren glühende Monarchisten, und einer ihrer engsten Freunde war der junge Prinz Louis Ferdinand, der übrigens bei den Korrespondenten insgesamt sehr beliebt war, in ihrer Gesellschaft aufblühte und sich wie zu Hause fühlte. Lochner berichtete regelmäßiger als alle seine Kollegen über die Wiedereinsetzung der Monarchie, und seine Artikel waren, wenn man die Zeit bedenkt, sehr genau. Diese Berichte erschienen jede Saison und schienen immer sehr authentisch zu sein. Trotzdem passierte nichts, und wir fingen an, uns darüber lustig zu machen. Wir fanden nie heraus, ob reines Wunschdenken oder ein durchdachter Plan dahintersteckte. Einige vermuteten, daß die Hohenzollern selbst diese Gerüchte über ihre bevorstehende Wiedereinsetzung streuten; andere wiederum dachten, daß Hitler und seine Leute die Gerüchteküche anheizten, um die Hohenzollern zu diskreditieren oder dem Volk zu beweisen, daß die Unterdrückung der Monarchisten durch die Nazis berechtigt sei.

Zur Zeit der Säuberung im Jahr 1934 war Louis Lochner unter den Ausländern in Berlin wohl der, der einem Nervenzusammenbruch am nächsten war. Viele seiner persönlichen Freunde und Bekannten gehörten zu den Opfern, und er war demzufolge sehr verbittert. Er befürchtete, daß die Hohenzollern verhaftet würden. Tatsächlich erzählten uns mehrere Korrespondenten in dieser Zeit, daß ein Polizeikordon um das Potsdamer Schloß gezogen worden sei. Lochner war in diesen Wochen totenbleich und nervös und suchte meinen Vater regelmäßig auf. Er wirkte immer außerordentlich konspirativ und geheimnisvoll. Er nahm meinen Vater beiseite, und die beiden steckten die Köpfe zusammen und besprachen, manchmal im Beisein eines weiteren Diplomaten, die neuesten Ereignisse.

Louis war zudem ein enger Freund von Hanfstaengl und erfuhr als einer der ersten, daß dieser in Ungnade gefallen war. Bei einer Teeparty, die ich gab, war Lochner anwesend und erzählte, wie Putzi in ein Flugzeug gesteckt worden war, dessen Piloten die versiegelte Anweisung erhielten, ihn nach Spanien zu bringen. Einer der Piloten verriet Putzi, was man mit ihm vorhabe und was ihn erwarte, und gab ihm den Rat, in Leipzig das Flugzeug zu verlassen und um sein Leben zu rennen. So war er, laut Lochner, verschwunden und ward nie mehr gesehen, während seine alte Mutter fast verzweifelte, weil sie nicht wußte, was mit ihm geschehen war. Unser damaliger Marineattaché sagte in aller Ruhe: »Aber ich sah ihn doch erst vor ein paar Tagen im Hotel V. – in Zürich.« Lochner rannte fast die anderen Gäste um, als er daraufhin zum Telephon stürzte!

Louis war ein sehr fähiger Journalist, den die meisten Leute, die ihn kannten, sehr mochten und bewunderten. Er wurde von den Diplomaten und auch von anderen Leuten in Berlin außerordentlich respektiert, und es gab kaum eine offizielle oder inoffizielle Aktivität, in die Louis nicht involviert, keinen Empfang, bei dem er nicht anwesend war, sich unter seine Freunde mischte, den Neuigkeiten lauschte oder welche zum besten gab und sich ernsthaft mit den Diplomaten und den Deutschen unterhielt. Er hat relativ altmodische Ansichten, ist ein überzeugter und unerschütterlicher Liberaler, der im Deutschland der Nazis völlig fehl am Platz ist.

Die *New York Times* hat sich einen sehr seltsamen Mann als ihren europäischen Hansdampf in allen Gassen ausgesucht. Frederick Birchall, ehemaliger Pulitzer-Preisträger, stürmt durch Europa und jagt jeder neuen Krise hinterher – manchmal sieht er sie sogar voraus. Ich vermute, daß er so um die Sechzig ist, und er war früher im Hauptstadtbüro der Zeitung tätig, die er vertritt. Er ist ein kleiner, schmächtiger Engländer, trägt einen weißen Spitzbart, spricht kein Wort Deutsch, obwohl er schon lange hier lebt, und ist imstande, ein so rosiges Bild Deutschlands zu zeichnen wie nur irgendwer! Er stand dem Nazismus kritisch gegenüber, bis er der Massenhysterie bei einem Parteitag zum Opfer fiel. Seitdem bringt er es fertig, eine durchweg positive Berichterstattung über die Nazipolitik beizubehalten, obwohl seine Kollegen ihm zusetzen. Vor kurzem, nachdem er den Pulitzer-Preis für seine früheren Reportagen über die Aktivitäten der Nazis und sein ›Aha-Erlebnis‹ gewonnen hat, wurde er angewiesen, eher über Europa als über Deutschland zu schreiben. Als er unerwarteterweise auf dem Bahnhof auftauchte, um sich von den Ebbutts zu verabschieden, flüsterten alle erstaunt miteinander, und rätselten etwas verächtlich, welcher innere Druck oder welcher Snobismus ihn wohl dazu gebracht hatten, eine – in bezug auf die Nazis – so unfreundliche Geste zu wagen. Ich sah Birchell nicht häufig, und wenn, dann aus gesellschaftlichen Gründen. Ich muß sagen, daß er, obwohl ich ihn persönlich für einen opportunistischen Journalisten hielt, mir immer sehr herzlich begegnete, und besonders fair war, wenn er sich anerkennend über die Rolle meines Vaters innerhalb der Naziszene äußerte.

Die beiden anderen *Times*-Korrespondenten, Guido Enderis und Otto Tolischus, waren im großen und ganzen fähig und interessant. Sie waren erfahrene Journalisten und, soweit ich das beurteilen kann, ohne jede Spur von Idealismus. Über die Charakterschwächen, die Handlungen oder Motive der Leute machten sie sich keinerlei Illusionen mehr. Journalismus war ein Job, den sie beherrschten. Sie jagten Geschichten hinterher, analysierten sorgfältig und zynisch, was heute geschah und was in Zukunft geschehen würde, und bildeten eine Art eigenständigen *Times*-Klub. Etwas an ihrer Haltung ließ darauf schließen, daß sie sich als Aristokraten innerhalb ihres Berufsstands sahen. Hartgesotten, zäh, scheinbar abgebrüht, machten sie ihren Job, und sie waren gut. Enderis, ein kleiner, untersetzter Mann von grotesker Häßlichkeit, die aber eigenartig anziehend war, schien ein unglaubliches psychisches Durchhaltevermögen zu haben und eine kräftige, unkonventionelle und selbstbewußte Persönlichkeit zu sein. Er besaß Witz und Schwung – er gehörte mehr der Junius-Wood-Schule und ihrer Tradition an als irgendwer sonst in Berlin, und man fühlte sich immer irgendwie herausgefordert, wenn man seinen sarkastischen, scharfen und harten Reden zuhörte.

Ross, ihr Assistent, ein wesentlich jüngerer Mann, war ein ruhiger, schweigsamer, fast mürrischer Geselle, den ich, nach einem ersten Jahr voller Mißverständnisse, in dem er dachte, ich sei ein Nazi, und ich ihn für unverschämt hielt, ziemlich gern mochte. Er tat viel für die Ausstattung der *Times* und war ehrlich, sarkastisch und engagiert.

Victor Bodker war bei unserer Ankunft der englische Korrespondent der Agentur *Reuters*. Er hatte einen herrlichen Sinn für Humor; der Faschismus in all seinen Schattierungen war ihm zu dieser Zeit völlig egal. Er hatte die Angewohnheit, übermütig zu singen und unglaubliche Geschichten aller Couleur und in allen Variationen zu erzählen. Er war eine polternde, liebenswürdige, äußerst großzügige Person. In unserem ersten Jahr war er für mich und meinen Bruder ein sehr guter Freund, und ich war seine Vertraute, zu der er mit all seinen Sorgen kam – sie waren welterschütternd, wenn er betrunken, und trivial (sogar in seinen eigenen Augen), wenn er nüchtern war. Sein Hauptinteresse als Zeitungsmensch war es, eine Geschichte aufzuspüren, je sensationeller, desto besser, und es kümmerte ihn nicht, wie er sie bekam. Gegen Ende seines Aufenthalts entwickelte er eine relativ starke Sympathie für die Nazis und verliebte sich in ein Mädchen, das eine überzeugte Parteianhängerin war. Später wußte er es besser, und eine echte, gefühlsmäßige Umkehr fand statt, als er mit eigenen Augen die Vergewaltigung Spaniens durch die faschistischen Mächte, inklusive seines eigenen Landes, sah.

Ich werde nie einen der Empfänge – und er gab sehr amüsante – in seinem Haus vergessen, zu dem ich, zusammen mit einem jungen Botschaftsrat der sowjetischen Botschaft, eingeladen war. Zum selben Diner war auch Diels, der Chef der Geheimen Staatspolizei, erschienen, der nicht wußte, daß der Russe anwesend sein würde (auch der Russe hatte keine Ahnung, wer auf der Gästeliste stand, ich ebensowenig). Zwei weitere Gäste waren ein verrückter junger Attaché der englischen Botschaft, ein scharfzüngiger, guter Trinker, der zudem außerordentlich amüsant war, und seine weißrussische Freundin. Der Russe behauptete sich gut und konterte all die subtilen, bissigen und gefährlichen Bemerkungen des Chefs der Geheimen Staatspolizei mit noch witzigeren Entgegnungen und einer noch selbstsichereren Beherrschung der Situation.

Wie es aussah, schien er die außergewöhnliche Situation voll und ganz zu genießen. Die Weißrussin weigerte sich, in Anwesenheit eines Roten auch nur ein Wort zu sagen, tat so, als ob sie ihre eigene Sprache nicht verstehe, sobald er sie ansprach, und war den ganzen Abend lang reserviert und beleidigt. Victor sah aus wie ein gutgelaunter Lausbub. Ich bin sicher, daß er und der Russe den Empfang, seine angespannte Atmosphäre und den intellektuellen Wettkampf, mehr als die anderen genossen. Es geschah alles völlig unvorhergesehen und war deshalb umso aufregender. Der Abend wurde natürlich zum Stadtgespräch Berlins, und Zitate aus den Gesprächen machten schnell die Runde.

Bodker, der zu der Zeit, als er uns verließ, selbst so etwas wie eine Legende in Berlin geworden war, folgte ein junger Engländer nach, den ich einige Jahre lang für relativ belanglos hielt. Gordon Young war schüchtern, aber ein wirklich guter Mann in der zweiten Riege, ein intelligenter Journalist mit bemerkenswerten kritischen Fähigkeiten und einer Reihe von konstruktiven Ideen. Es tat mir leid, als er ging, und die meisten seiner Kollegen fanden, daß er seinen Zeitungsjob sehr gut gemacht hatte, im Grunde sehr viel klüger und im Endeffekt sehr viel fortschrittlicher als Victor. Er war aufrichtig, intelligent und gewissenhaft.

Der Korrespondent des *Manchester Guardian* war ein ziemlich undefinierbarer und unauffälliger Mann, an den ich mich nicht besonders gut erinnern kann. Er war etwas farblos, und seine Berichte konnte man mit denen der *Times* oder denen der anderen englischen Agenturen nicht vergleichen. Soweit ich weiß, verantwortete in Wirklichkeit der Auslandskorrespondent des *Guardian*, der vor der Machtergreifung der Nazis und danach eine Weile in Berlin gelebt hatte, die Deutschlandberichte dieser Zeitung. Wie allgemein bekannt ist, konnte man die Herausgeberpolitik der beiden Blätter, was Deutschland anbelangte, nicht vergleichen – der *Guardian* war kritisch, intelligent und weitsichtig antifaschistisch.

Es gab einen englischen Journalisten in Berlin, der den anregenden und außergewöhnlich fähigen Tom Delmar, Korrespondent des *Daily Express*, ablöste. Ich erinnere mich an eine Unterhaltung über Spanien, die auf einer meiner kleinen Teepartys stattfand, bei der auch Bill und Tess Shirer und die Pantons anwesend waren. Sie diskutierten über die spanische Regierung und die Rebellen. Es kam mir seltsam vor, daß Panton und Bill sich in jedem Punkt dieses hoch kontroversen Themas einig waren. Schließlich, als eine Bemerkung fiel, die ungefähr folgendermaßen klang: »... aber die Rebellen werden von Rußland unterstützt ...«, dämmerte es uns, daß wir von verschiedenen Gruppen sprachen. Für Panton war die Regierung die Franco-Gruppe, und was die Rebellen betraf, so waren es die Loyalisten, die seiner Ansicht nach den Aufstand und den Bürgerkrieg in die Wege geleitet hatten. Wir dachten, wir hätten in allgemeinverständlichen Begriffen miteinander gesprochen.

Ich habe so viel Raum und Zeit darauf verwendet, die Presseleute, die ich kennen und begreifen lernte und mit denen ich am häufigsten verkehrte, zu beschreiben, weil sie es waren, die mir halfen, einen weltoffenen Blick für den Nationalsozialismus, seine Methoden und seine Ziele zu entwickeln. Ihre Verdienste und ihre Verläßlichkeit, ihre persönlichen Eigenarten und Verbindungen, ihre Ausbildung, ihre Ideale, ihre Herkunft und ihre Erfahrung aufzuzeigen soll dem Leser andeuten, mit welchem Grad an Genauigkeit und Unvoreingenommenheit sie die Naziszene beurteilen, und soll ihm einen Schlüssel zu ihren zukünftigen Berichten und deren Voreingenommenheiten in die Hand geben. Durch die Einstellungen und die Perspektive, die ich durch den regelmäßigen Kontakt mit Diplomaten entwickelte, durch die Insiderinformationen, die über meine Pressekontakte hinzukamen, lernte ich, sowohl die inneren Methoden, mit denen eine faschistische Diktatur errichtet wird, als auch den Blick des Auslands auf den Faschismus besser zu verstehen.

## 3

In den ersten zweieinhalb Jahren meines Aufenthalts in Berlin trafen sich die Presseleute ziemlich regelmäßig und auf vertrautem Fuß mit den offiziellen Anhängern und Sympathisanten der Nazis. So erzählte mir zum Beispiel Knickerbocker kurz nach meiner Ankunft von einem Lunch, den er mit Dr. Goebbels im berühmten Restaurant Horcher einnahm. Goebbels war damals der ausländischen Presse gegenüber noch nicht so bösartig und arrogant wie später, lud sie ein und wurde ziemlich informell von ihnen eingeladen. Natürlich erschienen Hanfstaengl und Diels regelmäßig bei Presseveranstaltungen, fast bis auf die letzte Minute ihrer Zeit in Berlin. Putzi war zu dieser Zeit, bis er in Ungnade fiel, Chef des Verbindungsstabs und mußte sich zwangsläufig mit der ausländischen Presse beschäftigen, trotzdem stand er Hitler sehr nahe und konnte viele wahre und falsche Insidergeschichten über das, was im Deutschland der Nazis geschah, erzählen, was er mit großem Vergnügen, und manchmal ziemlich indiskret, tat.

Diels genoß diese Pressezirkel und ihre Empfänge, ehe er über seine Beförderung zum Regierungspräsident des Verwaltungsbezirks Köln und später des Verwaltungsbezirks Hannover ›kaltgestellt‹ wurde, auch wenn er rein beruflich dabeisein mußte. Er war, was sein persönliches und intellektuelles Leben anging, im Grunde ein Anarchist, und was sein politisches Leben betraf, ein Opportunist und Zyniker. Die formelle Spießigkeit des Berliner Lebens und die fanatischen Diskussionen seiner eigenen Parteifreunde langweilten ihn. Bei den Presseleuten und ihren freien Gesprächen fanden Diels, Putzi und andere hohe Parteifunktionäre eine gewisse Entlastung, erlebten eine Handlungs- und Redefreiheit, die sie aus den Tagen vor der Einführung der rigiden Diktatur kannten und nicht vergessen hatten.

Oft konnte man mit den Nazis auf einer menschlichen statt der ›göttlich‹ vorherbestimmten Ebene verkehren. Sehr oft entwickelten sich die Empfänge – nachdem sowohl die Presseleute als auch die Nazis den Eindruck hatten, ihre Pflicht, dem jeweils anderen Informationen aus der Nase zu ziehen, erfüllt zu haben – zu einer überschäumenden und ausgelassenen Angelegenheit. Es gab einen freien, humorvollen, lustigen und beidseitig vertraulichen Austausch. Geschichten, Anekdoten, bissige Spötteleien, Insiderklatsch flogen hin und her.

Und jeder genoß es, ohne sich unwohl zu fühlen.

Nach der Säuberung vom Juni 1934 war ein Gutteil dieser Atmosphäre über Nacht verflogen. Den Nazis wurde verboten, mit Diplomaten und Ausländern im allgemeinen zu engen Kon-

Botschafter Dodd, Sigrid Schultz und Goebbels

takt zu haben. Bald gab es eine schwarze Liste von Restaurants, privaten Adressen, diplomatischen Haushalten und diplomatischen Veranstaltungen. Man wies die Nazis an, dem bösen, korrumpierenden Einfluß der SA und ihrer Leiter etwas entgegenzusetzen. Sie durften nicht mehr viel Geld ausgeben, sie durften kein extravagantes und freies gesellschaftliches Leben mehr führen, sie durften sich nicht mehr betrinken und sich nicht ungehörig benehmen; sie sollten sich, mit anderen Worten, wie die Soldaten der neuen Religion verhalten, rein und über jeden Vorwurf erhaben. Vor allem sollten sie sich nicht von den Ansichten und dem Klatsch der Ausländer und der ausländischen Presse anstecken lassen.

Diese Anweisungen wurden am Anfang nicht strikt befolgt – es dauerte in der Tat über ein Jahr, den Boykott informeller Kontakte mit Ausländern und Diplomaten durchzusetzen. Aber es gab dem früheren zwanglosen und unkomplizierten Umgang mit der Presse eindeutig einen Dämpfer. Obwohl es im Jahr darauf heimlich immer noch enge Kontakte zur Presse gab, spürten die meisten Leute den Druck, dem sie ausgesetzt waren, und nahmen ihn übel. Die Presseleute waren im großen und ganzen wütend über die pauschalen und zügellosen Angriffe, die in den deutschen Zeitungen erschienen, nachdem sie über die Säuberung berichtet und ihre Kommentare dazu veröffentlicht hatten, während die deutsche Presse ziemlich lahm und mit falschen Zitaten zu beweisen suchte, daß die Weltmächte den ganzen Morden dieser blutigen Woche ihren Segen gaben.

Während der letzten beiden Jahre unseres Aufenthalts in Berlin war die ausländische Presse genauso stark gebrandmarkt wie die Diplomaten. Wir hatten das Gefühl, als befände sich an unserer Tür ein Zeichen, das sagte: SCHARLACH – GEFÄHRLICH UND ANSTECKEND – DRAUSSENBLEIBEN. Natürlich hielten die italienische und die japanische Botschaft und ihre Pressekorrespondenten wie Pech und Schwefel mit den Nazis zusammen, obwohl die Italiener zu Beginn unseres Aufenthalts und auch noch einige Zeit danach (bis, um es deutlich zu sagen, die Achse Berlin – Rom zur gemeinsamen Politik wurde) den Nazis noch feindlicher gesinnt waren – und das offen zeigten – als die Franzosen.

Die offiziellen deutschen Stellen und Ministerien wandten sich an die Presse, wenn es etwas gab, für das man ausländische Publicity wünschte, oder wenn Interviews erforderlich waren, und ab und zu besuchten sie offizielle Veranstaltungen der Presse und luden sie dann ihrerseits zu ein paar ihrer Veranstaltungen ein. Aber auch das wurde schließlich auf ein Minimum beschränkt. Und im Winter 1937, als die Presse ihren jährlichen Ball veranstaltete, der bis dahin von Hunderten von Deutschen und hohen Funktionären wie Goebbels und Göring besucht worden war, erschien kein einziger Deutscher, der auch nur irgendwie von Bedeutung war. Dies war ganz klar ein Schlag ins Gesicht der internationalen Presse, der übel aufgenommen wurde.

Es gab ein paar deutsche Presseleute, die, wenn auch nicht geliebt, so zumindest toleriert und von den ausländischen Korrespondenten eingeladen wurden. Karl Silex zum Beispiel, ein Redakteur der *Deutschen Allgemeinen Zeitung*, der viele Jahre als Vertreter seiner Zeitung in London gelebt hatte. Als Journalist war er absolut inkompetent und war dem Posten eines Redakteurs in keiner Weise gewachsen. Da aber jeder deutsche Journalist seine Anordnungen über das, was er schreiben durfte, von oben erhielt, war es unwichtig, ob er kompetent war oder nicht.

Ein weiterer deutscher Pressemann, sehr viel angesehener und geschickter als Karl Silex, war Paul Scheffer, Redakteur beim *Berliner Tageblatt*. Ich persönlich mochte ihn weniger als Silex, da ich ihn für durchtriebener und analytisch schärfer hielt. Er war ein ehemaliger liberaler Nationalist, der vor Hitler zu den Sozialdemokraten tendierte und dort Verbindungen und Freunde hatte. Vier Jahre lang war er Korrespondent in Moskau gewesen und war ein ziemlich guter Freund von Louis Fischer, dem ›Roten Papst‹, mit dem er ganz alleine eine lange Reise durch den Kaukasus machte, auf der sie sich zwangsläufig gut kennenlernten. Ich erinnere mich an einen Zwischenfall, der sich in unserer Botschaft abspielte und mir den Charakter von Scheffer klar enthüllte. Wir gaben 1935 einen Neujahrsempfang, und Louis Fischer machte damals gerade auf seiner Durchreise von Rußland in Berlin Station. Wir luden ihn ein. Louis unterhielt sich mit einem Mann und stand in der Nähe meines Vaters direkt neben dem Empfangskomitee. Paul Scheffer trat ein, begrüßte meinen Vater und meine Mutter, sah Louis kurz sehr distanziert und kalt an und ging wortlos an ihm vorbei.

Er war ein kleiner, dicker Mann, der Ähnlichkeit mit einer großen, uralten Kröte hatte. Er besaß eine schwerfällige, feierliche Art, und einen Ausdruck im Gesicht, der Schweigen und Aufmerksamkeit verlangte und voraussetzte, wenn er redete. Allerdings war das, was er sagte, immer exakt und logisch, er setzte seine Worte mit Bedacht, aber ihr Sinn war gewunden und schwer faßbar.

Scheffer war ein glühender Nationalist – dies muß man ihm vom deutschen Standpunkt aus zugute halten. Daß er, aus welchen Gründen auch immer, die Lösung für seine politischen und emotionalen Unsicherheiten beim Nazismus fand, diskreditiert ihn geistig und moralisch für alle Zeit.

Man sagte, daß Scheffer im Dauerstreit mit den Nazis liege. Er war, was seine Zeitung anbelangte, sicher unabhängiger als Silex. Aber wenn er auch nicht buchstabengetreu das Gesetz erfüllte, so war er doch, oberflächlich gesehen, konform mit der allgemeinen Politik. 1937 oder 1938 wurde er als Korrespondent in den Nahen und Fernen Osten geschickt, und ich habe über sein weiteres Schicksal nichts mehr erfahren.

# 4

Es gab einige Korrespondenten, die regelmäßig durch Berlin kamen, und zu ihnen gehörte Vernon Bartlett.

Anfänglich tendierte Bartlett stark in Richtung der Nazis, aber bald wandte er sich gegen das deutsche Regime. Er gibt inzwischen in England ein antifaschistisches Magazin heraus und gehört zum Team des *New Chronicle.**

Nach einer Spanienreise traf er eines Tages den Bruder von Dietrich, dem Reichspressechef der Nazis, einen durch und durch unangenehmen Mann. Die Unterhaltung wandte sich dem Geschehen in Spanien zu, Vernon verteidigte leidenschaftlich die Regierung, und Dietrich argumentierte natürlich, daß Spanien von den Kommunisten beherrscht werde. Vernon bestritt das heftig. Dietrich fixierte ihn mit steinernem Blick und fragte: »Würden Sie, wenn Sie die Wahl hätten, den Sozialismus dem Nationalsozialismus vorziehen?« Vernon antwortete: »Aber natürlich, wie kann ein Mensch nur so eine Frage stellen?« Die Unterhaltung ging weiter, Dietrich hatte inzwischen begriffen, daß der ehemalige Stolz der Nazis unwiderruflich zum Feind geworden war, aber er tat so, als ob dies in der Einstellung der Nazis gegenüber einem Besucher keinen Unterschied mache. Vernon sagte darauf: »Also, wenn das, was Sie da sagen, wahr ist, dann besorgen Sie mir doch bitte eine Einladung zu Hitlers Geburtstagsfeier« (oder irgendeiner anderen ähnlichen Veranstaltung, die zur Zeit gerade stattfand). Dietrich wand sich, sagte es aber zu, da die Nazis, wie er betonte, keine Angst vor feindseligen oder anderweitigen Presseberichten über ihre Politik oder ihre Feiern hätten. Natürlich traf die Einladung, die auf den nächsten Tag zugesagt worden war, nie ein, und die Nazis und Vernon Bartlett, ihr ehemaliger Verteidiger, hatten sich den Kampf angesagt.

* Im Herbst 1938 wurde Vernon Bartlett im Zuge einer Anti-Chamberlain-Kampagne ins Parlament gewählt.

Vernon fühlte sich danach in Deutschland nie mehr wirklich sicher. Sein Magazin und seine Arbeit bei der Zeitung waren so unbeirrbar und so intelligent gegen die Nazis gerichtet, und sie waren so einflußreich, daß er irgendeine Art von Vergeltung fürchtete. Er war sympathisch, zwischen vierzig und fünfzig, mit etwas schütterem Haar und einer Stupsnase ähnelte er ein wenig Walter Duranty, und war einer der interessantesten und natürlichsten Engländer, die ich während meiner Jahre auf dem Kontinent kennengelernt habe. Als ich ihn 1937 das letzte Mal in Genf sah, hatte er sich nicht im geringsten verändert. Er ist im Grunde nichts weiter als ein überzeugter und militanter Liberaler, ein nach links tendierender Sozialdemokrat, dessen Empörung und dessen Gerechtigkeitsgefühl über seine Erfahrungen in Deutschland und Spanien so aufgewühlt wurden, daß er seinem Ehrgefühl und seiner Intelligenz nach keinen anderen Weg einschlagen konnte. Bei unserem letzten Treffen sagte er mir, daß seine Beziehungen zu Anthony Eden, mit dem er, wenn er über außenpolitische Themen schrieb, sehr häufig zu tun hatte und der zudem ein enger Freund zu sein schien, abgekühlt seien. Vielleicht hat die Degradierung Edens Augen für den couragierten, intelligenten und ehrlichen Vernon Bartlett geöffnet.

Jules Sauerwein, Auslandskorrespondent des *Paris Soir*, ist ein Mann von entschieden anderem Kaliber. In Europa hat man ihm wegen irgendwelcher Transaktionen mit der ungarischen Regierung den Spitznamen ›Pengö-Jules‹ verpaßt. Er ist ein großer, enorm dickbäuchiger, weißhaariger Mann, mit einer langen, scharf geschnittenen Nase und hellen, unbarmherzigen, abschätzenden Augen. Oberflächlich gesehen hat er mehr von einem Gourmet und einem Liebhaber von Frauen als von einem Journalisten. Aber man wird Jules Sauerwein nicht mit so leichtfertigem Klatsch gerecht. Er ist einer der gefährlichsten Journalisten Frankreichs, und die Tatsache, daß er Auslandskorrespondent einer Zeitung mit einer enormen Auflage ist, gibt einem zu denken.

Ich traf Jules zum ersten Mal, als er in Chicago für die Harris Foundation Series einen Vortrag hielt. Damals dachte ich, daß er ein sehr beeindruckender alter Herr war, der ein ungewöhnliches Vergnügen am Fächertanz von Sally Rand* auf der Weltausstellung hatte. Später traf ich ihn in Berlin wieder, als er über einen der ersten Parteitage berichtete. Danach unterhielt ich mich ausführlich und des öfteren in Genf mit ihm, und das letzte Mal, als ich ihn sah, berichtete er über den Parteitag im September 1937. Sowohl in Genf als auch in Berlin reiste er in Begleitung hoher Funktionäre, und besonders in Berlin wurde er so königlich behandelt, daß man jede Minute erwartete, er werde die Schlüssel der Stadt aus der Tasche ziehen. Es steht außer Frage, daß er zu vielen offiziellen Sitzungen der Nazis Zutritt hat; daß er über eine unglaubliche Menge an vertraulichen Informationen verfügt und ihm ständiger Zugang dazu erlaubt ist; und daß er, fast auf gleichberechtigter Ebene, zu den höchsten Kreisen Zutritt hat, sogar ins Innerste des Heiligtums.

Er fürchtet sich ganz unverhältnismäßig vor dem Sozialismus und glaubt unerschütterlich an die wunderbare Zukunft des nazistischen Deutschlands. Er sagte mir in Genf, daß er ein Verfechter des Anschlusses sei und überzeugt davon, daß Deutschland Zentraleuropa beherrschen würde und recht daran täte. Dieser Einstellung verdankt er es natürlich, daß er einen engeren Kontakt zu den Nazifunktionären als fast jeder andere europäische Journalist hat und daß sie ihm auf jede Weise, subtil, versteckt und sogar militant, zur Verfügung stehen. Es ist deprimierend und beängstigend, was dies über die konservativen Elemente, die Presse eingeschlossen, in Frankreich aussagt, daß er eine derart einflußreiche Position bei einer führenden Zeitung innehat.

* A.d.Ü.: Sally Rand, Tänzerin und Schauspielerin, war eine amerikanische Ikone der dreißiger Jahre. Als Tänzerin wurde sie vor allem für ihren berühmten ›Fächertanz‹ bekannt, den sie am 30. Mai 1933 auf der Weltausstellung in Chicago zum ersten Mal aufführte. Sie trat mit zwei riesigen Fächern aus rosa Straußenfedern auf, unter denen sie angeblich nackt war.

Es gab einen nicht enden wollenden Strom von ausländischen Journalisten, von denen die meisten nicht lange genug blieben, als daß ich mich an sie erinnern könnte. Wenn Duranty in die Stadt kam, was zwei oder drei Mal im Jahr geschah, freuten sich alle. Duranty kann einer der witzigsten Männer auf der Welt sein. Es ist wahr, daß er zu viel trinkt, aber der Alkohol beeinträchtigt nur selten seinen Humor oder seine Logik. Sein Vorrat an amüsanten oder lehrreichen Anekdoten über fast jedes Thema oder Erlebnis, das man sich nur vorstellen kann, scheint unerschöpflich. Spießige Menschen mögen ihn nicht, da er auf sehr unkonventionelle und anschauliche Art und Weise sagt, was er denkt, aber wenn es nötig ist, kann er so diplomatisch sein wie alle übrigen – vielleicht sogar mehr, da er häufig für viele ein bewährter Vertrauter war.

Einmal traf er ein, um mich von einem schrecklich langweiligen Essen abzuholen, zu dem unser Militärattaché geladen hatte. Er blieb einen Augenblick, und man stellte ihm natürlich Fragen über seine Reisen und seine Erfahrungen. Er redete frei von der Leber weg, witzig und konkret. Die Frau des Gastgebers war so entsetzt über seine Ausdrucksweise, seine leichte Betrunkenheit und seine Ansichten, daß sie, nach ein paar seiner nicht allzu delikaten Frechheiten, sichtlich erleichtert aufatmete, als ich Anzeichen zum Aufbruch machte. Für einige Leute ist Duranty schwer zu ertragen – für die übrigen ist er, selbst wenn sie mit seinem Privatleben überhaupt nicht einverstanden sind, ein herrliches Exemplar kultivierten Denkens und ein unwiderstehlicher Erzähler.

Klein, schmächtig, mit schütterem Haar, einem breiten, ausdrucksvollen, häßlich-freundlichen Mund, einer lustigen Stupsnase, scharfen, kleinen, hin- und herflitzenden, hellen, blaugrauen Augen, sieht man Duranty seine irischen Vorfahren, seine Streitlust und seinen Scharfsinn an. Als Folge eines Autounfalls in Frankreich hat er ein Holzbein, mit dem er sich sehr gut bewegen kann und dessen er sich überhaupt nicht schämt. Er ist gebürtiger Engländer, war aber für viele Jahre Korrespondent der *New*

*York Times* in Moskau. Seine beiden lebenslangen Leidenschaften scheinen Amerika und Rußland zu sein – dessen Bevölkerung er ›meine Russen‹ nennt.

Er verkündet Freund wie Feind, daß er ein ›Opportunist‹ sei. Er behauptet, daß er keine wirkliche Sympathie und auch keine Leidenschaft für Rußland oder die Russen empfinde. Er hat die schlimmste Phase der Russischen Revolution freiwillig miterlebt – er hätte sich auf einen anderen Posten versetzen lassen können –, und nur ein beharrlicher Glaube an ihre allgemeinen Ziele und seine Liebe für das Volk konnten es im Grunde sein, was ihm innere Erfüllung und wirkliche Befriedigung verschafften. Oft sagte er, daß er auf Stalin setze, wenn Unsicherheiten in bezug auf die Nachfolge Lenins auftauchten, und daß der Grund für sein Bleiben allein auf den ganz persönlichen Wunsch zurückzuführen sei, die Problemlösungen und die Effektivität eines gutgehenden Konzerns mitzuerleben. Es besteht kein Zweifel daran, daß Walter Duranty der bedeutendste Berichterstatter über die russische Szene ist und daß seine Ansichten und Interpretationen objektiv sind. Er ist ein anschaulicher Schreiber und Denker; sein Verstand arbeitet nicht nur entlang der trockenen Statistik; instinktiv liebt er das Dramatische, und dafür fand er in der Revolution das perfekte Material. Ihm ist verstandes- und gefühlsmäßig voll bewußt, daß die Russische Revolution einer der Wendepunkte innerhalb der modernen Geschichte ist. Es muß der *Times* für alle Zeiten hoch angerechnet werden, daß ihre Herausgeber den Wert, die Brillanz und die Intelligenz seiner Berichte erkannten.

Man sagt ihm eine unglaubliche ›Nase‹ für Neuigkeiten nach. Er behauptet, ein Ereignis schon lange vor den anderen Korrespondenten riechen zu können, weil seine Sinne so auf die russische Psyche abgestimmt seien, daß er über seine Antennen Ereignisse und Neuigkeiten empfange, auf die andere erst stoßen, wenn die Veränderungen eingesetzt oder bereits stattgefunden haben. Walter ist ein großer Prophet, und wie die meisten Propheten macht er viele Fehler, aber andererseits würde ich einem

Großteil seiner Prognosen eher trauen als den Voraussagen anderer. Er ist erfahren, zynisch in einem konstruktiv-realistischen Sinn, und unglaublich sensibel.

Die Russen trauen ihm natürlich mehr als seinen Kollegen. Als Litwinow zu der Zeit in die Vereinigten Staaten kam, als die amerikanischen Anerkennungsverhandlungen liefen, wurde er von Walter begleitet, den man zweifellos bei den verschiedensten Problemen konsultierte. Er besitzt das Vertrauen vieler hoher Beamter und Diplomaten auf der ganzen Welt, und man sagt, daß seine Kontakte zum britischen Foreign Office noch verläßlicher und interessanter waren als die von Norman Ebbutt.

In Deutschland besuchte er uns oft, und mein Vater verließ sich auf seine Informationen über die Entwicklungen innerhalb der Sowjetunion und im Osten allgemein. Meine Mutter war natürlich sehr empfänglich für seine Persönlichkeit und fasziniert von seinen Geschichten und Neuigkeiten.

Seine Stellung unter den Kollegen in Moskau ist unangefochten. Es gibt einige reaktionäre Korrespondenten, die so tun, als diskreditierten sie ihn, aber jeder verläßt sich auf seine Einschätzungen, wenn es hart auf hart kommt. Allerdings neidet man ihm das Ansehen, das er bei den sowjetischen und ausländischen Amtsinhabern und als Leiter der ausländischen Presse genießt. Als die Moskauer Prozesse begannen, sagte einer der Journalisten giftig, daß Walter bei den Verhandlungen nie erschien, sondern zu Hause saß, seine Berichte über das schrieb, was seines Wissens nach geschehen würde, mit Hilfe von Informationen, die er wer weiß woher bekommen hatte, während die anderen Tag für Tag und meist bis spät in die Nacht hinein über ihren Berichten schwitzten, in denen sie das Drama vor Gericht schilderten.

Ich konfrontierte Walter mit diesen Vorwürfen, und er stimmte ihnen bis zu einem gewissen Grad zu. Er sagte, daß er den Verhandlungen regelmäßig beigewohnt, aber nicht jede Minute des Verhandlungstags im Gerichtssaal gesessen habe. Er kannte alle, die darin verwickelt waren, die meisten persönlich und schon lange Zeit, er kannte ihre Vergangenheit, und er wußte, was man gegen sie vorbrachte. Es wäre lächerlich gewesen, wenn er, wie der Rest der Korrespondenten, stets anwesend gewesen wäre. Auf jeden Fall waren seine Berichte genauer und anschaulicher als die seiner Kritiker, und die *Times* fand später, als die letzten Prozesse über die Bühne gingen, heraus, daß Harold Denny, der nicht annähernd so kompetent und dramatisch war, im Hinblick auf das, was geschehen war, zu denselben Schlußfolgerungen gelangte.

Dieser kleine, häßliche und faszinierende Engländer mit seiner wunderschönen und präzisen Sprache, seinem Witz und seiner Leichtigkeit, seiner durchdringenden und manchmal pedantischen Schärfe, fand in Rußland und beim russischen Volk eine Seelenverwandtschaft, die Rasse, Nationalität und alle Grenzen überschritt. Über seine eigenartige Sympathie und sein Verständnis für die slawische Rasse, seine geistige und gefühlsmäßige Identifikation mit ihren Problemen und Kämpfen, sein Heimatgefühl in einem Land, das ein Sechstel der Erdoberfläche einnimmt, hat er sich innerhalb des heutigen, modernen Journalismus als einer der herausragendsten und brillantesten Reporter etabliert, dem Bankiers und Intellektuelle, Arbeiter und Angestellte, Studenten und pensionierte Offiziere, Diplomaten und Beamte zuhören und den sie respektieren.

Unter denen, die aus geschäftlichen Gründen oder auf der Durchreise nach Berlin kamen, gab es wenige, die so interessant waren. John Whitaker, Autor von *Fear Came on Europe*, war eine Weile da. Er sah ein wenig wie ein Filmstar aus, hatte wunderschöne, große Augen mit nach oben geschwungenen Wimpern, einen netten Mund, hübsche Zähne, ein etwas schwaches Kinn und mehr Charme, als nötig gewesen wäre. Trotz seines gesellschaftlichen Selbstbewußtseins und seines verführerischen Auftretens war er, meiner Meinung nach, ehrlich und kompetent. Er war in Italien gewesen – ich hatte gehört, daß seine Berichte etwas profaschistisch ausfielen, aber ich zweifle sehr daran. Er schien mir ein ernsthaft fortschrittlicher und ziemlich klar denkender Mensch zu sein. Vorübergehend schloß er sich Franco an, wandte sich dann aber, sofern er überhaupt je irgendwelche Illusionen gehabt hatte, völlig desillusioniert und angeekelt ab. Er meinte, daß er noch nie in seinem Leben eine so zusammengewürfelte Bande von Degenerierten, Aristokraten, Generälen und Anhängern gesehen hätte – Schwächlinge, die innerlich hauptsächlich durch ihre Arroganz und ihre Korruptheit zusammengehalten würden. Er machte mir gegenüber eine naive Bemerkung – er sagte, daß die Loyalisten nicht durch eine Internationale Brigade hätten ausgebildet werden sollen –, trotzdem war er entsetzt über die Unerfahrenheit der spanischen Rekruten und über die Tatsache, daß man sie als Greenhorns an die Front schickte. Es schien ihm nicht klar zu sein, daß sie sich in einer verzweifelten Situation befanden, in der man jeden auch noch so unfähigen Mann brauchte, und daß die Internationalen Brigaden nicht nur als Ausbilder dienten, sondern als äußerst starke und fast unschätzbare moralische Unterstützung. Jedenfalls sympathisierte er ehrlich mit den Republikanern und war ein liebenswürdiger, wenn auch etwas protziger junger Mann.

Natürlich gab es einen stetigen Strom von Besuchern in Berlin – Journalisten, Chefs von Agenturen wie Webb Miller, Redakteure wie Roy Howard und Colonel Knox (der übrigens, was auch immer man in anderer Hinsicht gegen ihn einwenden kann, ein militanter Antifaschist und Nazigegner wurde, was in gewisser Weise den Bemühungen der hervorragenden Repräsentanten seiner Zeitung in Rom und Berlin zuzuschreiben ist), Korrespondenten wie John Gunther, die aus anderen Teilen Europas vorübergehend in Berlin Station machten oder wegen eines bestimmten Themas vorbeikamen, aber nicht lange genug blieben, oder während meiner Abwesenheit in Berlin waren, so daß ich keinen wirklichen Eindruck von ihnen hatte. Meine Eltern erzählten mir, daß sie Colonel Knox einluden und ihn fragten, ob er nicht Lust hätte, einige der Schlüsselfiguren der Nazis kennenzulernen – ein üblicher Wunsch wichtiger Besucher. Er lehnte es mit einem kräftigen Grunzen ab und fügte hinzu, daß er keinen von ihnen irgendwo, egal unter welchen Umständen, kennenlernen wolle.

Hearst besuchte Berlin natürlich eine Zeitlang regelmäßig und war bei verschiedenen Anlässen Ehrengast der Nazis. Selbstverständlich hatten wir keinen Kontakt mit ihm. Ich erinnere mich, daß wir alle in einem Herbst eine Reise durch Deutschland unternahmen – hauptsächlich, um einem Parteitag zu entgehen –, und in Rothenburg, einem Juwel unter den mittelalterlichen Städten Europas, eine Pause einlegten, um etwas zu essen. In dem historischen Restaurant bat man meinen Vater, seinen Namen ins Gästebuch einzutragen, was er ziemlich widerstrebend und ohne große Aufmerksamkeit darauf zu verschwenden tat. Nachdem er unterschrieben hatte, sah er sich die weiteren Namen im Gästebuch an und war schockiert, daß sein Name fast direkt unter dem von William Randolph Hearst stand. Hearst war einige Tage zuvor hiergewesen, vermutlich, nachdem er am Parteitag teilgenommen hatte. Mein Vater konnte natürlich seinen mit Tinte geschriebenen Namen nicht mehr löschen, aber ich erinnere mich, wie angewidert er war, und auch, daß uns der Tag durch seine Unachtsamkeit verdorben wurde. Es war die Zeit, in denen überall Gerüchte kursierten, daß Hearst ein ergebener Anhänger Hitlers sei und es zwischen Hitler und ihm zu einer finanziellen Abmachung gekommen sei.

VI

# Die Säuberung von 1934

Das Frühjahr näherte sich, ich war schon fast ein Jahr in Deutschland und wurde, was das Naziregime betraf, immer kritischer und reservierter. Ich hatte viel gelesen, nicht nur ausländische und deutsche Zeitungen, sondern auch Artikel und Bücher und sogar das Propagandamaterial der Nazis. Immer häufiger lernte ich Männer und Frauen kennen, die, gemeinsam mit ihren Freunden, Opfer dieser Diktatur waren. Inzwischen hatte ich auch etwas über die Abkommen erfahren, die die Machtergreifung der Nazis ermöglichten: Kontakte zwischen Hitler, ›dem reinen Idealisten‹, der sich für das Wohl des Volkes abmühte, und Thyssen, Krupp, sowie anderen Industriellen und den Junkern. Ich hatte den Reichstagsbrandprozeß mitbekommen und wußte um den schrecklichen und tragischen Betrug Hitlers am deutschen Volk. Ich bemerkte, daß die Nazis über dieses Thema entweder schwiegen oder klar zu verstehen gaben, daß sie die Kommunisten nicht für dieses Verbrechen verantwortlich machten. Die Angeklagten hatte ich mit eigenen Augen gesehen, ihre Aussagen gehört und diese später nachgelesen, und ich begriff, daß nicht einmal die Nazis und ihre Handlanger, die Richter, den Betrug aufrechterhalten konnten, sondern gezwungen waren, sie freizusprechen.

Mein Freund von der französischen Botschaft, der viele Jahre in Deutschland gelebt und studiert hatte, noch bevor die Nazis an die Macht kamen, der die deutsche Mentalität und die historischen und wirtschaftlichen Hintergründe kannte und verstand, war dauernd an meiner Seite, analysierte ihre taktischen Schachzüge und erklärte sie mir. Ich lernte Zeitungsleute und Diplomaten kennen, die Zugang zu verläßlichen und genauen Informationen hatten. Zudem begannen auch die Nazis selbst, offener mit mir über bestimmte Regierungsmaßnahmen zu sprechen, die im Widerspruch zu den ursprünglichen Versprechungen standen oder vom ursprünglichen Programm abwichen. Einige beklagten sich über dies, andere über jenes, aber fast alle waren unzufrieden, und einige gingen sogar soweit, den Sturz Hitlers vorauszusagen.

Die immer perfideren Attacken gegen die Sowjetunion und gegen Kommunisten im allgemeinen, gegen Radikale, Demokraten und Liberale klangen zu phantastisch, als daß irgend jemand sie geglaubt hätte. Die Berichte über Rußland als eine Nation von ›Kinderfressern‹, in der unsagbar grausam gefoltert wurde, nahmen derart lächerliche Ausmaße an, daß selbst ein eingeschworener Antikommunist das nicht mehr hinnehmen konnte. Ich wurde neugierig auf die Art dieses in Deutschland so verhaßten Regimes, und auf die Menschen, die so brutal sein sollten. Kein menschliches Wesen konnte, egal in welcher Zeit oder in welchem Jahrhundert, jemals für all die Schrecken verantwortlich sein, die man den Sowjetbürgern anlastete. Aufgrund dieser Überlegungen wuchs natürlich mein Wunsch, die Nation und die Menschen kennenzulernen, die so unglaublich effizient und mächtig waren, daß einem guten Nazi das Herz in die Hose rutschte, wenn man nur von ihnen sprach. Ich konnte nicht glauben, daß Kommunisten, Demokraten und Liberale für all das verantwortlich waren, was die Nazis ihnen immer wieder vorwarfen. Wenn dem aber so war, gab es gute Gründe, hinzugehen und diese Monster, die intrigierten, Gewalt ausübten, mordeten und vergewaltigten, kennenzulernen und herauszufinden, zu was sie noch imstande waren. Ich lernte im Laufe der Zeit viele deutsche Juden kennen, die mir nicht so aussahen und sich nicht so verhielten, als ob sie nur darauf warteten, Kinder umzubringen, unschuldige Frauen zu vergewaltigen, den Niedergang der Zivilisation zu planen oder den Anstand und die Moral der westlichen Gesellschaft zu zerstören. Sie hatten keine riesigen Hakennasen, keine hervorquellenden Augen, keine gezackten Reißzähne und keine niedrige Stirn; ihre Hände troffen nicht von Blut; sie waren nicht mit Hammer und Sichel gebrandmarkt. Die ›jüdisch-marxistische‹ Internationale war eindeutig ein gespenstischer Alptraum im kranken Hirn der Nationalsozialisten. Als dann aber alle Demokraten und Liberale in die schreckliche Apokalypse, diesen zerstörerischen Sturm, der über der Welt wütete, mit einbezogen wurden, verging mir das Lachen und der Zynismus und wandelte sich in Zorn und tiefe Verachtung für das Naziregime und seinen Versuch, die Bevölkerung, die man zu lieben vorgab, mit so augenfälligen Lügen zu täuschen. Bis zum heutigen Tag bin ich davon überzeugt, daß jeder, der sich ein wahres Bild über Hitler und seine Kohorten machen will, der diese geistige und emotionale Hysterie wirklich zu verstehen versucht, eine Woche lang Julius Streichers *Der Stürmer* abonnieren sollte. Wenn er danach weitere Ausgaben erträgt, gehört er nicht mehr der zivilisierten Menschheit an. *Der Stürmer* ist die Zeitschrift, die der Führer offiziell abgesegnet hat – der Redakteur, ein kleiner, gedrungener, kahler, breitschädliger Mann mit einem gemeinen und mürrischen Gesichtsausdruck, ist einer seiner engsten Freunde, ein ›alter Kämpfer‹, der zweifellos ein Psychopath ist. Es gibt keinen einzigen intelligenten Nazi, der wegen dieses ordinären Blattes nicht vor Scham errötet und alles in seiner Macht Stehende unternimmt, es zu diskreditieren und die Nazis in jeder nur möglichen Weise zu bewegen, es einzustellen. Man entschuldigt sich bei Diplomaten und ausländischen Besuchern ganz offen und zerknirscht für sein Erscheinen und ist um eine Antwort verlegen, wenn die Ausländer spitz anmerken: »Aber Streicher ist einer von Hitlers engsten und vertrautesten Freunden.«

Meine Haltung dem System des Nationalsozialismus gegenüber war also im Frühjahr 1934 durch die Kombination von dummer Propaganda, Informationen, Studien und dem Kontakt zu Freunden, Nazis, Diplomaten und Gegnern des Regimes so ablehnend wie irgend möglich, obwohl ich immer noch versuchte, meine Abneigung zu verschleiern und sie nicht allzu deutlich zu zeigen. Ich war fest entschlossen, dieser Propaganda auf den Grund zu gehen und alles sorgfältig zu untersuchen, zu beobachten und anzuhören, was geschah und was um mich herum geredet wurde. Aus diesem Grund plante ich eine einmonatige Reise in die Sowjetunion, auf der ich mich mit Informationen aus erster Hand über das Sujet wappnen wollte, das zu einer so tiefsitzenden Obsession geworden war. Außerdem erzählten mir alle möglichen Leute, selbst Gegner der Sowjetunion, daß sich Rußland und Deutschland, was ihre Regierungssysteme anbelangten, aufs Haar glichen. Sie konnten aber meine Fragen, weshalb es dann einen solch tödlichen Haß zwischen den beiden gebe, nicht beantworten.

Ich war nicht im geringsten deutschfeindlich, ich hatte nur etwas gegen die Nazis, und meine Vorstellungen über den Faschismus waren inzwischen ziemlich klar. Ich liebte das deutsche Volk, und liebe es noch immer. Seine Qualitäten, zu denen Einfachheit und Ehrlichkeit, eine Art kindliche Warmherzigkeit und Freundlichkeit, Disziplin, Anpassungsfähigkeit und Neugier gehören, würden (sofern man sie nur nutzen und in die richtigen Bahnen lenken könnte) einen jeden dazu bringen, es zu lieben. Die Starrheit und unangenehme Arroganz, die man so oft mit dem preußischen Typus verbindet, auch die Brutalität, die häufig damit einhergeht, sind für die große Mehrheit des Volkes nicht charakteristisch. Im Frühjahr 1934 zeigte mir alles, was ich gehört, gesehen und gefühlt hatte, daß die Lebensumstände schlechter waren als in der Zeit vor Hitler, daß ein höchst komplexes und herzzerreißendes Terrorsystem das Land regierte, es um seine Freiheit und sein Glück brachte, und die deutschen Führer diese lenkbaren und freundlichen Massen gegen ihren Willen, und ohne daß sie etwas davon ahnten, in einen neuen Krieg führten, den sie nicht nur mit ihren Heimen, ihrem Vermögen und ihrer Zivilisation bezahlen würden, sondern auch mit ihrem Leben.

Obwohl noch immer viele Gerüchte über einen bevorstehenden Sturz Hitlers umgingen, und obwohl wir glaubten, daß die bedrohliche, wirtschaftlich verzweifelte Lage vielleicht zu seinem

Sturz führen würde, schien sich eine Gegenrevolution oder eine organisierte Opposition nicht abzuzeichnen – wir rechneten zumindest nicht im entferntesten damit. Es gab auch viele Gerüchte über eine Wiedereinsetzung der Hohenzollern, über die Unzufriedenheit der deutschen Bevölkerung, die Meinungsverschiedenheiten und die Desorganisation innerhalb der Parteibasis und eine mögliche Säuberung innerhalb des Kreises um Hitler. Vor dem 30. Juni war die Atmosphäre angespannt und wie elektrisch geladen. Jedermann spürte, daß etwas in der Luft lag, aber keiner wußte, was.

## 2

In dieser Zeit sah ich Rolf Diels häufig. Er war äußerst nervös und litt oft unter Magen- und Herzbeschwerden. Unaufhörlich fürchtete er um sein Leben. Einmal, als er, mein Bruder und ich ein ländliches Gasthaus in der Nähe des Wannsees besuchten, erklärte er dramatisch, daß er jeden Augenblick damit rechne, erschossen zu werden. Wir nahmen die Sache nicht zu ernst, da wir ihn sowieso für einen etwas melodramatischen Typ hielten und in seinem Job vermutlich jeder hysterisch und paranoid geworden wäre. Aber wir fanden es doch etwas merkwürdig, daß er die Stadt und Menschenansammlungen mied. Natürlich hatte er mir schon früher erzählt, daß die SA ihm freundlicher gesonnen sei als die SS, der er angehörte. Ich nahm an, daß die innerparteilichen Intrigen und Eifersüchteleien, die er bereits seit langem angedeutet hatte, für seine Furcht und seine Angst vor einer unmittelbar bevorstehenden Ermordung verantwortlich waren.

Einmal erzählte er mir, daß er ein Schweizer Sanatorium aufsuchen würde, da er sehr krank gewesen sei und eine Kur und Ruhe benötige. Das war im Frühjahr. Als er zurück war, rief ich ihn an, und er bat meinen Bruder und mich, ihn in seiner Wohnung zu besuchen.

Seine Frau war anwesend – ein bemitleidenswertes, passives Wesen, das im Zusammenleben mit Diels durch die Hölle gegangen sein mußte. Er schickte sie kurz angebunden weg und begrüßte uns. Er lag auf einer Couch in seinem Wohnzimmer, auf dem Tisch daneben befanden sich geladene Pistolen, und vor sich hatte er eine große Karte ausgebreitet, die mit zahlreichen Kreisen und Zeichen in verschiedenfarbiger Tinte versehen war. Es war eine Karte Deutschlands, auf der die verschiedenen Kerngebiete der Agenten und Organisationen der Geheimen Staatspolizei eingezeichnet waren. Es war ein schrecklicher Anblick für mich – all die Linien und Zeichen standen für Brutalität, Folter, das Opfer von unzähligen Menschenleben –, es war ein riesiges Spinnennetz der Intrige, sorgfältig und effektiv gesponnen, gewoben mit dem Blut, der Kraft, dem Verstand und den Nerven Tausender Deutscher. Er sagte stolz: »Sie wissen, daß das meiste hiervon mein Werk ist. Ich habe wirklich das erfolgreichste Spionagesystem organisiert, das Deutschland je gesehen hat.« Das war der Sozialdemokrat, der einst als Polizeichef unter Severing, dem preußischen Innenminister, gedient hatte – der Mann, der einst seinen Verstand und seine Arbeitskraft einem vermutlich humanen und demokratischen System zur Verfügung gestellt hatte.

Ich fragte ihn, warum er sich so ängstige, wenn er doch offensichtlich so viel Macht besitze. Er antwortete wie so oft zuvor: »Weil ich zuviel weiß.« Viele der einflußreichen Leute, die während der Säuberung umgebracht wurden, ›wußten zu viel‹ – über Hitlers Machtergreifung und, unter anderem, über den Reichstagsbrand. Diels gehörte zu den wenigen, die dem Tod entkamen, obwohl sie, wie ich und auch andere annahmen, all diese Informationen besaßen. Hanfstaengl gehörte ebenfalls dazu.

In diesen Wochen, in denen sich Diels verzweifelt an mich, meinen Bruder und die Botschaft klammerte, in denen sein Denken und seine Vorstellungen von Ängsten und Phantasien heimgesucht wurden, worin er von seinen Feinden vergiftet wurde, rief ich mir oft das Bild von Diels und Göring vor Augen, wie sie vor dem sehnigen, vitalen, dunkelhaarigen Dimitroff standen – Diels, düster und selbstbewußt hinter dem riesigen, rotgesichtigen General, von dem man annahm, daß er sein Freund sei. Er wußte alles über den Brand, soviel war sicher, und er wußte eine Menge anderer, noch unappetitlicherer Dinge über das Leben derer, mit denen er am meisten zu tun hatte und die er täglich sah.

In diesen Wochen aber verhielt er sich wie ein verängstigtes Karnickel – allerdings zeichnete ihn ein gewisser Fatalismus aus. In gewisser Hinsicht war die Gefahr, in der er sich seiner Ansicht nach befand, eine Herausforderung für seine Schläue und seinen Scharfsinn. Konnte er sie hinters Licht führen, konnte er ihnen entkommen oder nicht? Er sagte mir des öfteren, daß es ihm nütze, wenn ich in der Öffentlichkeit mit ihm gesehen würde. Zu dieser Zeit hatten die Deutschen gegenüber den Vereinigten Staaten, deren Einstellung zu Deutschland und deren Repräsentanten noch großen Respekt. Engen Kontakt zur amerikanischen Botschaft zu haben hatte eindeutig seine Vorteile. Ich erinnere mich an einen sehr netten Freund von mir, einen jungen Juden, der mir bei mehreren Cocktailpartys sagte: »Martha, du bist ziemlich naiv und du spielst mit dem Feuer. Erstens wirst du von Diels benutzt, vielleicht, weil er wirklich einen gewissen Schutz braucht, vielleicht tut er aber auch nur so – auf jeden Fall ist es aber sehr gefährlich, wenn man bei einer solchen Sache Partei ergreift oder sich mit einem bestimmten Mann in der Gruppe der Nazis identifiziert. Es kommen Schwierigkeiten auf uns zu und du könntest dich, ohne es zu wissen, darin verwickeln.«

Allerdings sah ich überhaupt keinen Grund, Diels nicht so oft wie möglich zu sehen. Er interessierte mich, und unsere Gespräche waren spannend. Bewußt oder unbewußt lieferte er mir ein Bild davon, wie Spionage in Wirklichkeit funktionierte, und das hätte ich von niemandem sonst erfahren können. Außerdem war ich jung und unbekümmert genug, um mich in jedes Abenteuer zu stürzen, auch wenn meine Freunde es für gefährlich hielten. Es war mir zudem klar, daß Diels nichts von mir erfahren konnte, weil ich nichts wußte, und außerdem hätte er das, worüber ich womöglich Bescheid wußte, direkt von meinem Vater (der seine Meinung über die Fehler der Nazis von Anfang an nie verhehlt hatte) oder indirekt über seine hocheffiziente Geheime Staatspolizei erfahren können. Aber im Grunde war ich davon überzeugt, daß ich für Diels keine Hilfe sein konnte, weil es nicht die Art der Nazis war, sich von irgend jemandem behindern zu lassen, wenn sie ›ihren Mann kriegen wollten‹, und ich mich als Ausländerin, noch dazu als Tochter eines Diplomaten, unter gar keinen Umständen in irgendeine peinliche oder unangenehmen Situation verwickeln lassen würde.

Also fuhr ich mit Diels aufs Land oder besuchte Nachtklubs, in denen wir, wie wir wußten, gesehen wurden. Ein Rolf Reiner, Adjutant Röhms, unterhielt sich häufig mit uns, und einmal, als Diels den Tisch für einen Moment verlassen hatte, kam er zu mir und sagte, daß Diels in Schwierigkeiten stecke und ich mir die Nazis nicht zum Feind machen solle, indem ich mich mit ihm sehen lasse. Dieser Reiner wurde später eine Zeitlang ins Gefängnis gesperrt, kam mit geschorenem Kopf frei, und man munkelte, daß er alles, was er im Zusammenhang mit Röhm und anderen wußte, für den Preis seiner Freilassung verraten habe. Reiner wurde aus der SA ausgeschlossen, arbeitet jetzt irgendwo in Berlin, und keiner, der ihn kennt, traut ihm über den Weg.

An einem Nachmittag, den ich nie vergessen werde, erzählte mir Diels, daß er nicht nur aus gesundheitlichen Gründen in die Schweiz gefahren sei. Als ich ihn fragte, ob er, wie ich gehört hätte, seine privaten Aufzeichnungen aus Deutschland geschafft und einem vertrauenswürdigen Freund in Zürich mit der Anweisung übergeben habe, sie sofort zu veröffentlichen, wenn er erschossen werde, sah er mich aufmerksam an und sagte, daß dies das einzige sei, womit er den Nazis Angst einjagen könne. Erstens bezweifle ich, daß er sie fortgeschafft hat, und zweitens wäre er dennoch von den Nazis umgebracht worden, wenn sie es gewollt hätten, ganz gleich, womit er ihnen drohte.

Ich glaube, daß der Grund für seine Degradierung und die Versetzung nach Köln darin lag, daß er nicht mehr von Nutzen war. Er hatte eine effektive Geheimpolizei aufgebaut und wußte zuviel, als daß ihn die Nazis weiter halten wollten. Außerdem ist Diels ein Mann, dem die Nazis nie vertraut haben, sie wären auch dumm gewesen, wenn sie das getan hätten. Aus seinem Lebenslauf konnten sie nur einen Schluß ziehen, und zwar den, den jeder zog – Diels war ein machtversessener Opportunist, der jedem Regime gedient hätte. Ihm eine zu hohe Position anzuvertrauen wäre gefährlich gewesen. Zweifellos kam noch die Tatsache hinzu, daß Diels Goebbels haßte und vermutlich den Neid Görings erregt hatte. Er war ein Göring direkt unterstellter junger Mann, dessen Macht und Einfluß dauernd wuchs, und der, wenn man ihm freie Hand ließ, Görings eigenem Prestige schaden konnte. Göring war zweifellos neidisch auf Diels und wollte ihn im passenden Moment loswerden. Und Diels hielt mit seiner Kritik an den Männern um Hitler bestimmt nicht hinter dem Berg, sondern sprach auf Nazitreffen vermutlich ebenso offen über sie wie in privaten Unterhaltungen – und mußte den Preis dafür zahlen.

Einmal erzählte er mir, daß er sich den Unwillen der Nazis zugezogen habe, weil er energisch gegen die Ermordung einiger Gefangener in einem Konzentrationslager, das, wie ich glaube, in der Nähe von Stettin lag, protestiert hatte. Wie er sagte, bestand er wegen des Mordes auf der Exekution der verantwortlichen SS-Wachen. Wahrscheinlich gab er Hitler oder seinem engsten Zirkel auch zu bedenken, daß die Nazibewegung nicht nur im Ausland, sondern auf gefährliche Weise auch im Inland diskreditiert werde, wenn Gewalttaten weiterhin in so eklatanter Weise geduldet würden. Nicht, daß er Mitleid mit den Gefangenen gehabt oder sich aus irgendeinem moralischen oder humanitären Grund darüber empört hätte. Die Sache war viel einfacher: Wenn das Regime unterminiert worden wäre, hätte seine eigene Stellung darunter gelitten. Wie ich bereits angedeutet habe, bedeutete ihm die öffentliche Meinung im Ausland sehr viel mehr als den anderen

Parteimitgliedern, und er arbeitete mit der amerikanischen Botschaft und dem amerikanischen Konsulat immer äußerst fair zusammen.

Tatsächlich fragte er uns, als die Angst um seine Position und sein Leben ihn zur Verzweiflung trieb, ob wir ihn irgendwie unterstützen könnten. Er schlug vor, daß sein Freund Messersmith, der damals Generalkonsul war, an die Naziregierung schreiben und darauf hinweisen solle, wie wertvoll es sei, einen so klugen und zurechnungsfähigen Mann in einer solchen Position zu haben. Messersmith, mit dem ich einmal über Diels gesprochen hatte, stand ihm sehr wohlwollend gegenüber und hätte ihm sicher gerne geholfen, da er der Meinung war, daß Diels einer der vernünftigsten Nazis in einer hohen Position sei. Natürlich war es ganz unmöglich, etwas für Diels zu tun, und als die Säuberung plötzlich über uns hereinbrach, glaubten viele, daß er erschossen werde.

Wie ich schon erwähnt habe, wußte niemand genau, wie sich die Spannung entladen würde. Die meisten von uns ahnten, daß sich etwas zusammenbraute. In der SA rumorte es; es gab viele Klagen, nicht über Hitler, sondern über die Männer, die ihn umgaben, und Röhm war auffallend oft nicht in Berlin – man sah ihn auch nicht im inneren Kreis.

Es war auch überall bekannt, daß Röhm, Stabschef der SA, insgesamt zu häufig Urlaub machte. Man konnte in den Zeitungen lesen, wie Röhm diesen oder jenen Ort fern von Berlin besuchte, oder daß er auf längere Zeit verreist sei. Immer seltener tauchte der ›alte Kämpfer‹ – seit über zehn Jahren liebster und engster Freund des Führers und von seinem Kameraden Adolf liebevoll geduzt – im engsten, geschlossenen Kreis um Hitler auf. Er wurde kaum mit ihm gesehen, immer weniger konsultiert – es sah wirklich so aus, als ob ihm sein alter Vertrauter die Freundschaft aufkündige. Er war innerhalb seiner halb militärischen Volksarmee, der SA, ohne die Hitler nie an die Macht gekommen wäre und für die er die sogenannte ›Revolution‹ gemacht hatte, äußerst beliebt.

Die meisten glaubten, daß Hitler ein Risiko eingehe, wenn er einem Mann, der über so viel Macht verfügte und die frühesten Anhänger organisiert hatte, die kalte Schulter zeige und sich ihn zum Feind mache. Das waren aber auch schon die kühnsten Vermutungen und Theorien.

Ich erinnere mich, daß mein Vater Röhm, den er schon des öfteren getroffen und dessen Einladungen zu Bierabenden er in dieser Zeit sowohl angenommen als auch abgesagt hatte, zu einem Herrenabend einlud, der in der ersten Juliwoche 1934 stattfinden sollte. Zu den weiteren Gästen gehörten Göring, von Bülow vom Außenministerium, der Kronprinz und weitere Deutsche und Diplomaten. Mein Vater erhielt ein sehr höfliches und freundliches Schreiben Röhms, der sich entschuldigte, nicht kommen zu können, weil er nicht in der Stadt sei. Göring sagte unter einem ähnlichen Vorwand ab. Später lud mein Vater Göring nie wieder in sein Haus ein. Von seinem Standpunkt aus war Göring für die Ermordung mehrerer hundert Menschen in Berlin verantwortlich – und er erklärte, daß er noch nie in seinem Leben wissentlich Mörder eingeladen habe und auch nicht vorhabe, das je zu tun.

Zwei Wochen vor der Säuberung hatte von Papen in Marburg eine außerordentlich mutige Rede gehalten. Sie wurde nicht veröffentlicht und zirkulierte, wie ich glaube, später privat in großer Auflage. In dieser Rede griff von Papen die radikalen Parteimitglieder, sowohl die in hohen als auch die in niederen Positionen, an und warf ihnen vor, bewußt oder unbewußt das Prestige der Partei nach außen und innen zu zerstören. Es hörte sich ziemlich verwegen an, war im Ton sogar demokratisch-konservativ, und ganz Berlin war über diesen Wagemut aus dem Häuschen. Man begriff allerdings nicht genau, was er meinte. Welche radikalen Elemente? Ich weiß bis heute nicht, ob von Papen die Röhm-Elemente innerhalb der Partei und der Führung im Sinn hatte, oder ob er der Sache näherkam, indem er zu verstehen gab, daß es die Günstlinge Hitlers waren, die unkontrollierbar und gefährlich wurden. Da die Veröffentlichung unterdrückt wurde und von

Papen nur um Haaresbreite einer Exekution entging, vermute ich, daß er letzteres meinte.

Er kam zu einem Lunch, den wir einige Tage vor dem 30. Juni gaben. Er wirkte selbstbewußt und war so zuvorkommend wie immer. Mein Vater sagte allerdings später, daß er sehr nervös gewesen sei und voller Vorahnungen gesprochen habe. Ich bemerkte die beiden Männer, wie sie nach dem Lunch tief in ihre Unterhaltung vertieft am Kamin in der Bibliothek standen, und hätte gerne gewußt, was von Papen sagte. Er hatte seine Rede gehalten, und die offizielle Meinung der Nazis hatte sich klar zu erkennen gegeben. Natürlich mußte er sich zu Tode fürchten, wenn er tatsächlich wußte, was in seiner Partei vor sich ging, und er wirklich vorgehabt hatte, sich gegen die Männer um Hitler zu stellen.

Bei diesem Lunch war auch Madame Cerruti, die Frau des italienischen Botschafters, anwesend, die damals eine erbitterte Gegnerin Hitlers war. Madame Cerruti war eine ungarische Jüdin, die logischerweise kaum mit der Ideologie und den Plänen des Hitlerregimes sympathisierte. Sie saß neben meinem Vater und war einem Zusammenbruch nahe, sprach kaum ein Wort, war blaß, geistesabwesend und nervös. Mein Vater sagte später, daß sie ihm mehrere Male während des Essens in immer anderen Worten zugeflüstert habe: »Herr Botschafter, es geschieht etwas Schreckliches in Deutschland, ich spüre, daß etwas in der Luft liegt.« Wie sie an ihre Informationen gekommen war oder woher ihre Vorsehungen stammten, wird keiner jemals erfahren!

## 3

Der 30. Juni, ein Samstag, war der schönste und wärmste Tag, den wir bis dahin in Deutschland erlebt hatten. Ich beschloß, den Tag am Strand zu verbringen, und folgte der deutschen Angewohnheit, mir im Sommer so früh wie möglich einen Sonnenbrand zuzulegen. Ich wollte mich mit einem Freund treffen, einem jungen Sekretär einer anderen Botschaft. Da ich zudem vorhatte, in weniger als einer Woche nach Rußland zu reisen, und gehört hatte, daß die Hitze dort unerträglich sei, konnte ich mich schon einmal darauf vorbereiten.

Wir ließen das Verdeck des Ford herunter und fuhren nach Groß Glienicke, einem lieblichen und relativ abgelegenen See in der Nähe des Wannsees. Ich schmorte den ganzen Tag in der Sonne und zog mich nur in den Schatten zurück, um etwas Kühles zu trinken und ein paar belegte Brote zu essen. Es war ein wunderschön heiterer, blauer Tag, der See schimmerte und glitzerte vor uns, und die Sonne brannte auf uns herunter. Alles war ruhig und besinnlich – wir hatten nicht einmal die Energie oder die Lust, über Politik oder über die neuen Spannungen, die in der Luft lagen, zu sprechen. Am späten Nachmittag entschieden wir, daß wir nun genug Sonne getankt hatten, und fuhren langsam und schweigend nach Berlin zurück – es war uns etwas schwindlig und unsere Haut brannte.

Wir fuhren durch Akazienalleen mit ihren wunderschönen, weißen Blütenbüscheln, die wie elfenbeinfarbene Trauben herabhingen, ihre Blütenblätter überall verstreuten und mit ihrem reifen Traubenduft die sonnengeschwängerte Luft parfümierten. Es folgten Alleen voll grüner Kühle, in denen wir an üppigen, dunklen Bäumen vorbeifuhren. Dann erreichte uns ein Hauch von sonnenwarmem, durchdringendem Pinienduft, der uns fast wie trockener, scharfer Staub in die Nase stieg.

Wir dachten weder an gestern noch an morgen, weder an die Nazis, noch an Politik. Männer und Frauen fuhren auf Fahrrädern in beiden Richtungen an uns vorbei, sie hatten kleine Kinder bei sich, die seitwärts in kleinen Wägelchen saßen oder in Körben hinter den Lenkstangen verstaut waren; ein schneller Pulk Motorradfahrer tauchte auf, fremdartige, Schutzbrillen tragende Wesen aus einer anderen Welt; Frauen kamen uns entgegen, die Blumensträuße in der Hand hielten, und kräftige Männer mit Rucksäcken begleiteten sie. Es war ein gemütlicher, heißer und freundlicher Tag – ich hatte mir den Rock bis zum Badeanzug hochgerollt, um die letzten Sonnenstrahlen einzufangen und die plötzliche kühle Brise zu genießen, die uns umfächelte, wenn wir eine Strecke lang schneller fahren konnten. Ich war glücklich, genoß den Tag und die Gesellschaft meines Begleiters und war erfüllt von Sympathie für das ernste, einfache und freundliche deutsche Volk, das so sichtlich einen wohlverdienten Spaziergang und seine Ruhe genoß, sich vergnügte und so viel Sinn für die Landschaft zeigte.

Es war sechs Uhr, als wir Berlin erreichten. Ich zog meinen Rock herunter und setzte mich gerade und anständig hin, wie es sich für eine Diplomatentochter gehörte. Die Atmosphäre hatte sich verändert, es gab wenige Menschen auf den Straßen, und viele standen in eigenartig erstarrten Gruppen zusammen. Schnell bemerkten wir, daß ungewöhnlich viel Polizei unterwegs war. Als wir uns dem Zentrum der Stadt näherten, sahen wir schwere Armeelaster, Maschinengewehre, viele Soldaten, SS-Männer, eine besonders große Anzahl der grün uniformierten Polizeitruppen Görings – und keine SA-Männer. Das bekannte Braunhemd fehlte auffälligerweise. Als wir uns unserem Haus näherten, merkten wir, daß etwas Ernstes vor sich ging. Noch mehr Wagenladungen voll Waffen und Soldaten an den Seiten der Straßen und in den Parks, einige Straßen blockiert, und überall Wachen und Militär. Wir sahen kaum jemand in Zivilkleidung, als wir uns der Tiergartenstraße näherten, und der Verkehr schien sich aufgelöst zu haben. Wir hatten eine Diplomatennummer, also konnten wir passieren. Gegenüber unserer Einfahrt war eine weitere düstere Schlange von Lastern, Soldaten und Kriegsausrüstung stationiert. Die Standartenstraße, die nur wenige Blocks von unserem Eingang entfernt verlief, war abgesperrt und von einem Polizeikordon umgeben. Es war die Straße, die man zu Ehren Röhms, Hitlers Liebling, umbenannt hatte.

Inzwischen machte sich mein Begleiter ernstliche Sorgen. Er setzte mich am Anfang der Straße ab, die zu unserer Botschaft führte, und raste zu seiner eigenen Botschaft. Ich rannte in der glühenden Sonne auf das Haus zu. Als ich in unser abgedunkeltes Haus stürmte und die kühle Luft mir ins Gesicht schlug, wurde mir wegen des plötzlichen Temperaturumschwungs ein wenig schwindlig, und ich konnte im ersten Moment im Dunkeln nichts erkennen. Ich stolperte die Treppe hinauf. Als ich sie zur Hälfte erklommen hatte, erkannte ich den schattigen Umriß meines Bruders, der oben stand. Er rief mir aufgeregt zu: »Martha, bist du es? Wo bist du gewesen? Wir haben uns Sorgen um dich gemacht. Von Schleicher ist erschossen worden. Wir wissen nicht, was vor sich geht. In Berlin ist das Kriegsrecht ausgerufen worden.«

Eine Sekunde lang konnte ich den Namen Schleicher nicht einordnen. Dann erinnerte ich mich langsam. Er war ein Offizier der alten Garde, ein Mann, bei dessen Name einem die Bezeichnung ›ein Offizier und Gentleman‹ einfiel; für kurze Zeit war er Reichskanzler gewesen und wurde, wie man sagte, von seinem ehemaligen Freund von Papen verraten. Er war einer der geschicktesten Politiker der alten Schule – und natürlich sehr viel klüger als die Nazis. Innerhalb der Reichswehr hatte er großen Einfluß, und er war ein tödlicher Gegner der Nazis, die befürchteten, daß seine brillante Taktik und seine liberalere Politik ihn eines Tages dazu verleiten könnten, seine politischen Ambitionen darauf zu richten, Hitler zu überlisten.

Ich setzte mich, immer noch verwirrt und schrecklich verzweifelt. Warum hatten sie ihn erschossen? Was hatte er getan? Hitler konnte doch nicht alle Leute erschießen, die gegen ihn waren oder vor 1933 gegen ihn gewesen waren. Ich hörte, wie mein Bruder aufgeregt weitersprach. »Sie haben nicht nur ihn erschossen, sondern auch seine Frau. Man sagt, daß mehrere Männer, die zu Görings Polizei gehörten, sein Haus betraten und nach ihm fragten. Der Bedienstete sagte, daß er mit seiner Frau im Garten sei. Die Männer gingen geradewegs durchs Haus, durch sein Arbeitszimmer hindurch und in den Garten hinaus. Die beiden standen mit dem Rücken zum Haus und zu den Männern, die ihretwegen gekommen waren. Sie feuerten mehrere Schüsse ab, die sie in den Rücken trafen.«

Der vornehme, attraktive und kluge Schleicher hatte zu viel über Hitler gewußt, hatte seinen Aufstieg zur Macht beobachtet und war eine zu wichtige und einflußreiche Persönlichkeit geblieben, als daß Hitler ihn am Leben lassen konnte. Aber warum seine Frau?

Wir hörten in den nächsten Tagen die verschiedensten Geschichten darüber, wann und wie sie, dieser alte Soldat und seine Frau, getötet worden waren – aber in einem Detail unterschieden sie sich nicht: Sie waren durch Schüsse in den Rücken getötet worden. Dies war, selbst für viele Nazis, ein so schockierender Mord, daß Göring bestritt, daß seine Polizei etwas damit zu tun hatte. Die Nazis deckten die Mörder – niemand kannte ihre Namen oder ihre Stellung. Man munkelte, daß Göring später ihre Exekution anordnete, weil sie ihr Kommando mit so drastischer und indiskreter Effizienz durchgeführt hatten. Einige Leute bestreiten, daß Göring überhaupt etwas davon wußte, sie behaupten, daß er die Ermordung Schleichers mit Sicherheit nicht angeordnet habe, und schon gar nicht die seiner Frau. Aber diesen Menschen wäre kaum etwas so Schreckliches geschehen, wenn sie nicht auf der schwarzen Liste* für Verhaftungen oder Schlimmeres gestanden hätten. Vielleicht gerieten die Mörder beim Anblick Frau von Schleichers in Panik und begriffen, daß nur eine Tote nicht mehr aussagen könne – oder sie planten womöglich schon im voraus, auch sie kaltblütig zu erschießen, wenn sie als Zeugin beim Tod ihres Mannes anwesend wäre. Die Empörung und der Zorn der ausländischen Presse brach über eine schockierte Welt herein – und die Nazis hatten nur eine Entschuldigung, einen Rückzug aus der Verantwortung, auf den sie wie-

* A.d.Ü.: Es handelt sich um die sogenannte Reichsliste, die zwischen Heydrich, Göring und Blomberg zirkulierte und auf der die Namen derer standen, die zu gegebener Zeit verhaftet oder erschossen werden sollten.

derholt zurückgriffen: Sie hatten mit dem Mord nichts zu tun, obwohl sie Schleicher des Hochverrats anklagten.

Ich glaube, daß die Tatsachen, das Verhalten und die Geschichte der Nazis innerhalb der letzten fünf Jahre nur zu offensichtlich für sich selbst sprechen.

Meine Mutter kam die Treppe herunter, und wir setzten uns in den Grünen Salon, unterhielten uns besorgt und versuchten, uns ein Bild vom Geschehen zu machen. Mein Bruder fuhr fort zu berichten, was an diesem Tag und in der Nacht zuvor geschehen war und was er von den Zeitungsleuten und einigen unserer jungen diplomatischen Freunde erfahren hatte, die uns den ganzen Tag über hektisch angerufen hatten. Mein Vater war im Büro und setzte Telegramme für das State Department auf. Wir schlossen alle Türen, als wir feststellten, daß sich das Personal in der Eingangshalle herumdrückte und unter allen möglichen Vorwänden lautlos den Raum betrat. Natürlich konnten wir ihnen keinen Augenblick trauen, und taten es auch nicht.

Röhm war in der Nacht oder am frühen Samstagmorgen verhaftet worden, nachdem Hitler und Goebbels von Bonn, wo Hitler ein oder zwei Tage bei den Krupps verbrachte hatte, hergeflogen waren. Anscheinend erwartete man am Samstagmorgen einen von Röhm initiierten Putsch, aber Hitler fand Röhm, der eine ausgelassene Nacht hinter sich hatte, betrunken und schlafend mit einem seiner jungen SA-Freunde im Bett vor! Er weckte und verhaftete ihn, befahl ihm, sich anzuziehen, riß ihm die Abzeichen von der Uniform und schleppte ihn und seine Freunde ins Gefängnis. Einige Leute behaupten, daß er noch in dieser Nacht im Bett erschossen worden sei, andere meinen, daß er am frühen Samstagmorgen im Gefängnis hingerichtet wurde. Aber die Geschichte, die man allgemein akzeptierte, ist eigenartigerweise die, die die Nazis selbst erzählten. Röhm verbrachte zwei Tage und eine Nacht im Gefängnis, und man bot ihm nur eine Alternative an – Selbstmord, den er energisch ablehnte. Er bestritt bis zuletzt, daß er an irgendeinem Verrat an seinem Führer beteiligt gewesen sei, und versicherte seine Loyalität Hitler gegenüber, bis man ihn erschoß.

Eine von Hitlers Anschuldigungen, im Grunde die vorrangige, war Homosexualität. Es kam selbst dem leichtgläubigen deutschen Volk sonderbar vor, daß Hitler einen alten Freund, einen Kameraden, mit dem er sich duzte und dessen Homosexualität ihm aus zehn Jahren gemeinsamen Kampfes bekannt war, deswegen so plötzlich umbringen lassen sollte. Röhm wurde angeklagt, die Moral der Armee zu korrumpieren und ein extravagantes und ausschweifendes Leben auf Kosten des Volkes zu führen. Aber auch das war Hitler schon seit Jahren bekannt, und außerdem war Röhms Lebensstil nicht extravaganter und ausschweifender als der seiner Kohorten wie Göring und anderer.

Es war zudem ein derart offenes Geheimnis, daß Hitler und Röhm während der langen Jahre der Prüfungen und Leiden die engsten Freunde gewesen waren, daß die Gerüchte zu der Zeit, als ich in Berlin ankam, auch nicht vor Verleumdungen, was Hitlers eigene Moral anbelangte, zurückschreckten, obwohl man ihm nichts nachweisen konnte.

Am Nachmittag des 30. Juni war Röhm im Gefängnis und von Schleicher erschossen. Berlin wurde von Göring regiert, während Hitler und sein kleiner, dunkler, klumpfüßiger Freund in ihrer unvergleichlichen Art in Bayern aufräumten. In diesen Tagen hörte man immer wieder, daß Göring geplant habe, Goebbels und ein paar andere, allerdings unwichtigere Figuren, ebenfalls liquidieren zu lassen – und daß Goebbels nur deshalb seiner Ermordung entging, weil er die Absichten Görings durchschaute und sich deshalb von Berlin fern und so nahe wie möglich an Hitler hielt. Görings Polizei hatte das Sagen. Eine schwere, schwarze Rachehand schlug hier und dort, eigentlich überall, zu, manchmal planmäßig, manchmal willkürlich, sogar leichtfertig, da etwas mehr oder weniger Blutvergießen keine Rolle mehr spielte. Hunderte wurden in dieser Woche in Berlin umgebracht, über tausend in ganz Deutschland. Würde es Unruhen, Aufstände, eine Revolution geben, würden die Deutschen die Gelegenheit wahrnehmen, sich zu erheben und die Urheber ihres Elends zu stürzen? Das waren die Fragen, die uns, und die meisten anderen, vor allem beschäftigten.

Wir saßen da und unterhielten uns flüsternd über die Möglichkeiten. Ich beschloß, meine Reise nach Rußland zu verschieben, vielleicht sogar abzusagen. Anrufe erreichten uns in regelmäßigen Abständen, und Fritz, unser kleiner, blonder, unterwürfiger, effizienter, slawisch aussehender Butler, wich uns nicht von der Seite. Ich glaube, daß er Angst davor hatte, zu erfahren, was sein Führer getan hatte. Ich bin sicher, daß er die Konsequenzen fürchtete; und die Angst, in dieser Nacht allein durch die Berliner Straßen nach Hause zu gehen, stand ihm deutlich ins Gesicht geschrieben.

Während der beiden nächsten Tage riefen uns Journalisten an, um uns mit weiteren Berichten zu versorgen; zwei Freunde, jeder von einer ausländischen demokratischen Botschaft, fragten, ob sie am Montag abend vorbeikommen könnten. Ein Naziführer sollte sprechen, sollte die Bevölkerung beruhigen und die blitzartige Wut ihres Diktators erklären.

Als das Diner serviert wurde, waren eine ganze Menge Leute da, die, aus den verschiedensten Gründen – persönlichen oder anderen – in der amerikanischen Botschaft darauf warteten, der Rede zu lauschen. Victor Bodker, Walter Duranty (der sich gerade in der Stadt aufhielt), die beiden Botschaftssekretäre, ein Freund meines Bruders, ein junger Adliger von der SS, und, was sehr erstaunlich war, Elmina Rangabe – die eigenartige, sensationelle, dunkle, junge Griechin – mit ihrem Begleiter, dem gescheiten Herrn Thomsen, der der Kanzlei des Führers angehörte.

Unsere Familie nahm ein schweigsames Mahl ein, das nur ab und zu von empörten Ausbrüchen des einen oder anderen Familienmitglieds unterbrochen wurde – zum Beispiel von meiner Mutter, die sich von dem Entsetzen über von Schleichers schändliche Ermordung nicht erholen konnte. Keiner von uns erwartete im Grunde den Ausbruch einer Revolution. Aber wir zogen es in

Erwägung – und zwar ernstlich. Die Situation beschwor böse Vorahnungen herauf. Bis feststand, daß Hitler alle Chancen auf Protest oder Revolte niedergeschlagen hatte, blieb uns an diesem Tag und in den unruhigen Tagen davor und danach nur ein einziger Trost: wir waren zusammen.

Mein Vater war blaß und aufgeregt und ließ die Reserviertheit erkennen, die er üblicherweise an sich hat, wenn er unter Druck steht. Er war der Schweigsamste und der Verzweifeltste innerhalb der Familie, ein aufreibender Tag lag hinter ihm, an dem er den Geschichten und Gerüchten zugehört hatte, die ihm von überall her zugetragen wurden, und an Berichten und Telegrammen gearbeitet hatte. Er schien, wie die meisten, das Gefühl zu haben, daß eine Revolution nicht auszuschließen war.

Elmina sah, als sie eintraf, sehr angespannt und aufgewühlt aus; auf ihren olivfarbenen Wangen zeichneten sich rote Flecken ab, und sie trug ihr schwarzes Haar zu einem Knoten im Nacken gebunden. Zum ersten Mal äußerte sie echte Furcht und wirklichen Abscheu über das, was geschah – es war allerdings auch das letzte Mal. Thomsen, der sie begleitete, war so höflich und ruhig wie immer, obwohl er später, nach der Ansprache im Radio, als er mit meinem Vater alleine sprach, etwas aufgeregt wirkte.

Bodker war lebhaft und angeregt, er nahm eifrig die Fährte der Neuigkeiten auf, die zum Ungewöhnlichsten gehörten, über das er je berichtet hatte. Der Freund meines Bruders von der SS wirkte nervöser und besorgter als jeder der sonst Anwesenden. Er sah aus, als habe er einen Geist gesehen. Walter Duranty, der an Revolutionen und Sensationen gewöhnt war, war witzig, aber empört – trocken, scharf und verächtlich in dem, was er sagte. Man hielt sich bei den Gesprächen an diesem Abend nicht zurück, und es muß später für die Nazis interessant gewesen sein, es zu hören und zu lesen, denn es wurde ohne Zweifel von zwei der Anwesenden getreulich hintertragen.

Armand zitterte vor Furcht, er konnte an keinem Platz länger sitzenbleiben. Zweifellos wußte er bereits von der Anklage, die man, keineswegs verschleiert, gegen seinen Chef, François-Poncet, erheben würde.

Wir gingen aus dem Grünen Salon hinüber in den Ballraum, bildeten einen Kreis und warteten darauf, Goebbels zu hören. Endlich dröhnte seine Stimme aus dem Radio. Ich erinnere mich, daß es keine lange Ansprache war, aber sie wurde mit der ganzen Rhetorik und Demagogie, für die Goebbels bekannt ist, dargeboten. Er ist ein unvergleichlicher Redner, er beherrscht seine Stimme, ihren Ton, ihr An- und Abschwellen, den Rhythmus und das Timing, als würde er auf einem Instrument spielen. Seine Stimme kann honigsüß und überzeugend klingen, schneidend vor Sarkasmus, tief vor Zorn – er zischt wie eine Schlange und gurrt wie eine Taube.

Ich habe den Doktor bei vielen Anlässen sprechen hören, und jedes Mal ist das, was er sagt, klar und gut formuliert, kontrolliert und unmenschlich. Er verfällt nicht in eine verschwommene Sprechweise wie Hitler und Göring, er erlaubt sich nie, in hysterische Schreie auszubrechen oder in das scharfe und häßliche Stakkato des Führers zu verfallen. Andererseits spürt man, daß es keinen einzigen echten Ton in dem gibt, was er sagt. Er weiß, daß er seine Kunst beherrscht; er benutzt seinen Verstand, er verdreht die Logik nach seinem Gutdünken, aber es gibt kein Anzeichen dafür, daß ihm auch nur eine einzige Silbe, die er mit seinem dünnen, grausamen und empfindsamen Mund so vorsichtig äußert, wirklich oder auch nur anscheinend echt aus dem Herzen kommt. Für mich symbolisiert diese Stimme die Persönlichkeit Goebbels'. Er ist unmenschlich und opportunistisch, er ist der Typ des höchst böswilligen Heuchlers, den der Nationalsozialismus hervorbringen kann. Er ist der meistgehaßte Mann in Deutschland. Innerhalb seiner Partei und im Volk hört man nicht auf, ihn wegen seines Einflusses auf Hitler, seiner emotionalen Grausamkeit, seiner Labilität und dem Produkt seines gerissenen Verstands – dem Ministerium für Propaganda und Volksaufklärung – zu fürchten.

Wir tauschten an diesem Abend, als wir Goebbels zuhörten, manches sarkastische Lächeln mit unserer Familie und unseren Freunden aus. Er versuchte, den aufbrausenden und vernichtenden Zorn seines Meisters zu erklären, der jeder Art von Opposition den Todesstoß versetzte. Er gab zu, daß es eine kleine Anzahl von Toten gegeben habe, er griff lasterhafte Angewohnheiten, sexuell abweichendes Verhalten und Extravaganz boshaft an und behauptete, Röhm habe mit einer ausländischen Macht, mit Schleicher und anderen kollaboriert und einen Aufstand gegen Hitler geplant.

Ich sah, wie Armand vor Wut zusammenzuckte und erbleichte, als er die Anklage gegen eine ausländische Macht hörte. Später erfuhren wir, daß die Nazis François-Poncet verdächtigten, mit Röhm und Schleicher konspiriert zu haben, um Hitler zu stürzen, und daß in verschiedenen Häusern Zusammenkünfte mit diesen drei und weiteren Männern stattgefunden hätten, um den Untergang des Dritten Reiches zu planen. Es war so absurd, daß nicht einmal ein Kind es geglaubt hätte. Aber die Anklage wurde öffentlich gemacht, und Poncet verkündete meinem Vater, er sei so entrüstet und gekränkt, daß er Hitler nie mehr die Hand reichen würde. Ein paar Wochen später war allerdings alles vergessen. Plötzlich stand in allen Zeitungen, daß Poncet einer der engsten Freunde Hitlers sei und sich oft mit ihm berate – daß Poncet ein Mann sei, der jederzeit Zugang zum Führer habe.

Wir gingen in die Bibliothek und führten unser Gespräch weiter. Man unterrichtete uns, daß von Papen in seiner Wohnung unter Arrest stehe, daß einige seiner Sekretäre verhaftet und einer erschossen worden sei. Jung, der die Marburger Rede geschrieben hatte, und von Bose, die engsten Mitarbeiter Papens, waren zwei Tage zuvor, am Samstag, in Papens Büro erschossen worden. Von Tschirsky, der später freikam und nach Wien floh, wurde verhaftet, und sein Kopf wurde geschoren. Er verbrachte einen Monat oder länger im Gefängnis, und man sagte ihm jeden Tag, daß er erschossen werde. Kaggeneck war verschwunden und tauchte erst Wochen später wieder auf – man sagte, daß er in dieser Zeit von Haus zu Haus und von Hotel zu Hotel gerannt sei und sich nirgends lange aufgehalten habe, um nicht erkannt und gefunden zu werden. Vermutlich entging er so in einer Zeit dem Tod, in der das Töten zur Tagesordnung gehörte und persönliche Rachefeldzüge uneingeschränkt in jedem Teil Deutschlands durchgeführt wurden.

Reiner, der Adjutant Röhms, wurde verhaftet und viele Monate gefangengehalten. Ich hatte nur eine Woche vor der Säuberung an einem Empfang in Röhms Haus teilgenommen. Röhm erschien nicht, Reiner war der Gastgeber. Es war eine sehr verschwenderische Angelegenheit in einem wundervollen Haus. Eine Bar im Untergeschoß versorgte die verwöhnten Gaumen mit allem, was man sich nur wünschen konnte. Herrliche Dekorationen, ein ausgezeichnetes Tanzorchester, schöne und elegant gekleidete Frauen, Männer aus allen Gesellschaftsschichten – grob und kultiviert, reich und arm, degeneriert und unschuldig, alles war anwesend. Es war einer der eigenartigsten Empfänge, die ich in Berlin je erlebt hatte, und einer der buntgemischtesten. Den Typ Frau, der dort vorherrschte, mochte ich im großen und ganzen nicht, und ich mochte auch die lockere und betrunkene Atmosphäre nicht. Es wirkte angestrengt und kam mir irgendwie häßlich vor. Also ging ich ungefähr um halb elf. Später erfuhr ich, daß es in abstoßender Weise ausgeartet war.

Dieser Reiner kam, nachdem er Monate im Gefängnis gesessen hatte und beinahe exekutiert worden war, blaß und mit geschorenem Kopf frei und fiel bei der SA für immer in Ungnade. Und wie ich schon erwähnt habe, machten unappetitliche Gerüchte darüber die Runde, wie er seine Freiheit erkauft hatte.

An diesem Abend erfuhren wir auch, daß der Spruch, mit dem man in diesen Tagen einen Freund auf der Straße begrüßte, ›Lebst du noch?‹ lautete. Ich erzählte Thomsen, was da so kursierte, und er runzelte ärgerlich die Stirn. Eine wahre Geschichte betraf einen gewissen Schmitt, einen SA-Mann in München, der auf der Liste stand. Fanatische Hitler-Anhänger suchten und erschossen ihn. Danach entdeckten sie, daß sie den falschen Schmitt erwischt hatten, und schickten die Asche mit einem oberflächlichen Schrieb an seine Witwe. Viele Frauen und Familien erhielten einen solchen Bescheid über das Ableben ihrer Männer und Väter.

Der Abend zog sich hin, mein Vater und meine Mutter gingen relativ früh zu Bett. Viele Geschichten flogen hin und her. Heines und Ernst waren erschossen worden, beide hatten Führungspositionen innerhalb der SA innegehabt; Ernst war anscheinend ein ziemlich fähiger Mann gewesen, Heines eine der ausschweifendsten und abstoßendsten Persönlichkeiten innerhalb der Partei. Klausner vom Katholischen Zentrum und Gregor Strasser, ein Kampfgenosse der ersten Stunde, waren brutal ermordet worden. Mein Vater erinnerte sich, daß man Ernst vor fast einem Jahr zu ihm geschickte hatte, als die Übergriffe auf amerikanische Bürger fast täglich stattfanden. Er traf, sehr offiziell gekleidet, ein, schlug die Hacken zusammen, grüßte mit dem Hitlergruß und las danach eine Seite von Entschuldigungen für das Verhalten seiner SA-Männer vor, die echt und vielversprechend klangen. Er schlug erneut seine Hacken zusammen, grüßte formell und entfernte sich unter Verbeugungen. Die humorvolle Wiedergabe dieser Nazientschuldigung durch meinen Vater entzückte viele Leute, aber seine informelle Art als Botschafter irritierte damals den gutaussehenden und anscheinend tüchtigen SA-Führer ziemlich. Der junge Ernst verließ übrigens mit seiner Frau gerade auf einem Schiff den Bremer Hafen, um eine Reise anzutreten, als ihn der ›Zorn‹ des Führers erreichte. Er wurde auf dem Schiff verhaftet, nach Berlin zurückgebracht und ins Gefängnis geworfen. Samstag nacht ist er, glaube ich, in Lichterfelde hingerichtet worden.

Der Freund meines Bruders konnte haarsträubende Geschichten über das erzählen, was sich in Lichterfelde abspielte. Lichterfelde war ein Gefängnis, das sich in einem Vorort außerhalb Berlins befand und das in einen Schießstand verwandelt worden war, in dem menschliche Körper als Ziel dienten. Die SS-Wachen schoben vierundzwanzig Stunden Dienst, was bedeutete, daß die Nazis eine Revolution erwarteten und beschlossen, ihre auserwählten Truppen besser in Bereitschaft zu halten.

Dieser junge Mann meldete sich regelmäßig in Lichterfelde. Er erzählte uns, daß man ein Kriegsgericht eingerichtet hätte, bei dem einige Nazis, Göring eingeschlossen, als Richter fungierten. Die Anklage wurde erhoben und das Urteil verkündet – ohne daß der Angeklagte auch nur die Chance gehabt hätte, irgend etwas zu sagen –, dann wurde das Opfer vor ein Exekutionskommando gestellt, wobei die ganze Prozedur nur ein paar Minuten in Anspruch nahm. Verschiedene Gruppen von SS-Männern waren für die Erschießungen eingeteilt – man sagte ihnen, daß sich unter den zehn oder zwölf Gewehren, die im Einsatz waren, eines mit Platzpatronen befände, und jeder Mann konnte sich somit damit beruhigen, daß nicht sein Schuß das menschliche Ziel getroffen habe. Man grub außerhalb des Lagers ein riesiges Loch, in das vermutlich die Körper geworfen wurden. Später sollten sie verbrannt und ihren Familien in Postpaketen zugesandt werden oder in kleinen Paketen auf den Postämtern zur Abholung bereitstehen.

Zu dieser Zeit, aber auch noch danach, berichtete man uns, daß bestimmte junge Auslandsattachés mit SS- oder anderweitigen Verbindungen dazu gezwungen wurden, den Hinrichtungen als Zeugen beizuwohnen – zweifellos die Vorstellung der Nazis von Selbstdisziplin; praktisch gesehen, zielte man damit auf eine Stählung ihres Charakters. Ich weiß allerdings, daß es sich um junge, sensible Männer handelte, deren Seelen durch diese erzwungene, unfreiwillige Teilnahme an dem schrecklichen Drama einem Schock ausgesetzt und krank wurden.

Ein Augenzeuge bei der Hinrichtung von Ernst berichtete, daß Ernst sehr tapfer, ohne eine Spur von Furcht in seinem Gesicht, gestorben sei, und bis zum Schluß laut verkündet habe, daß er an allem, was man ihm vorwerfe, völlig unschuldig und seinem Führer immer treu ergeben gewesen sei – seine letzten Worte waren: »Lang lebe der Führer. Heil Hitler.«

Einige der Geschichten, die wir an diesem Abend hörten, waren so abstoßend und grausam – und nebenbei so gutes Nachrichtenmaterial –, daß Bodker in sein Büro eilte und einen Sonderbericht kabelte – der, wenn jemand ihn nachlesen will (Reuters News Service, 30. Juni und die folgenden Tage, 1934), mit Sicherheit informativ und verläßlich die Hintergründe schildert.

Dieser Abend war für uns alle nervenaufreibend. Walter Duranty lieferte sich ein maschinengewehrartiges Rededuell mit Thomsen und meinen beiden Freunden von den ausländischen Botschaften. Die beiden letzteren mußten sich natürlich aus Gründen der Vorsicht etwas zurückhalten, aber Duranty sah keinen Grund dazu. Er klopfte mit seinem Stock auf den Boden, wenn ihm etwas wichtig war, und rückte bedenklich nahe an den Rand des Sofas, sobald er sich aufregte, während er die pointierten und sarkastischen Fragen Thomsens zu Rußland beantwortete und ihm gleichermaßen pointierte und sarkastische Fragen zu Deutschland und besonders zu den Ereignissen der letzten beiden Tage stellte.

Elmina, die verfolgte, welche Richtung das Gespräch nahm, verteidigte Deutschland und die Handlungsweise der Nazis hitzig. Für sie war Hitler tatsächlich ein Held, den sie verehrte, und sie sagte mir häufig, daß sie ihn für einen der größten Männer halte, die je gelebt hätten.

Nachdem sich die anderen Gäste verabschiedet hatten, schloß sich mein Bruder den Presseleuten an, um weitere Neuigkeiten auszukundschaften, und ich ging zu Bett.

Ich verbrachte eine schlaflose Nacht – ich vermute, daß es allen so erging. Ich konnte, wie auch am Samstag und Sonntag, schwache Schüsse hören, eine Art Kontrapunkt zu meinen unruhigen und verstörenden Träumen. Mein persönlicher Eindruck von dieser Nacht unterschied sich nicht von dem meiner Freunde. Viele Leute erzählten mir, daß man die Schüsse von Lichterfelde fast die ganze Nacht über hören konnte, und einer meiner Freunde, der in der Nähe des Vororts wohnte, berichtete, daß er in dieser Nacht und während dieser schrecklichen Woche immer wieder durch das tödliche, stakkatoartige, metallische Geräusch aufgeweckt worden sei.

## 4

Am 1. Juli verkündete mein Vater, daß er an von Papens Haus vorbeifahren wolle, um zu sehen, was vor sich ginge. Wir fuhren langsam am Haus entlang und entdeckten den jungen Sohn von Papens – einen sehr lieben Freund von mir – hinter den Gardinen. Unser Wagen trug natürlich eine Diplomatennummer, und als wir vorbeifuhren, sahen wir, wie die schwarz uniformierte Wache uns anstarrte. Der Sohn erzählte uns später, daß seine Familie für unsere Geste außerordentlich dankbar war, da sich kein anderer Diplomatenwagen an diesem Sonntag ihrem Haus genähert habe.

Am Nachmittag sagte mein Vater, daß er vorbeigehen und seine Visitenkarte im Haus von Papens hinterlassen werde. Er ließ sie mit der handgeschriebenen Nachricht ›Ich hoffe, wir können Sie bald anrufen‹ abgeben. Mein Vater wußte genau, was er tat. Er empfand für von Papen und dessen Aktivitäten nicht die geringste Sympathie – sein politisches Leben war von Feigheit, verschlagener Spionage und Betrug durchzogen. Persönlich mochte er ihn allerdings, wie übrigens die meisten Leute. Seine Karte war ein Protest gegen die Brutalität der Nazis. Daß Männer, die nicht rechtmäßig von einem Gericht verurteilt worden waren, auf der Stelle ohne Prozeß ermordet wurden, war für meine Eltern ein Schock, den sie nie überwanden. Und man sagte, daß von Papen jeden Augenblick hingerichtet werden könne.

Am Montag rief mich der Sohn von Papens an. Es war ihm erlaubt worden, seine Wohnung zu verlassen, um sein Abschlußexamen an der Universität von Berlin abzulegen. Er verabredete sich mit mir für Mittwoch, den 4. Juli. Ich wußte, daß wir an diesem Tag zu einem Tee für alle Amerikaner in Berlin geladen hatten, aber ich nahm an, daß ich einen Moment Zeit für ihn finden würde, und ich dachte, daß er in diesem Augenblick wichtiger war als zwanzig solcher Tees. Montag und Dienstag waren Gerüchte über weitere Erschießungen, Selbstmorde und Verhaftungen aufgekommen. Von dem bekannten Treviranus, einer politisch relativ bedeutenden Persönlichkeit aus der Zeit vor Hitler, nahm man an, daß er auf der schwarzen Liste stehe. Die SS-Männer kamen in sein Haus, um ihn mitzunehmen. Er wurde entweder von einem Bediensteten oder von jemandem, der sich in seinem Haus aufhielt, gewarnt. Er war gerade dabei, hinter seinem Haus Tennis zu spielen, warf den Schläger hin, kletterte über die Gartenmauer, nahm ein Taxi und entkam, bevor die Männer noch Zeit hatten, am Pförtner vorbeizukommen. Später erzählte man, daß sich Treviranus einige Tage im Haus eines Freundes versteckte und es dann irgendwie schaffte, eine Überfahrt nach England zu bekommen, wo er, soweit ich weiß, immer noch lebt.

Louis Lochner und andere berichteten, daß sich die Hohenzollern in ernster Gefahr befänden. Mein Vater ließ dem Kronprinzen ausrichten, daß man das Diner, das für diese Woche geplant war, am besten absagen solle – und der Kronprinz war nur zu froh über dieses Entgegenkommen. Mein Vater war der Ansicht, daß in dieser Zeit jeder Kontakt mit einem Ausländer oder einer ausländischen Botschaft für einen Deutschen in einer hohen Position – oder, was das anging, in jeder Position – gefährlich sein könnte. Es waren die Tage, in denen man einem Furcht vor den Ausländern einjagte, in denen man die Deutschen warnte, Häuser, in denen Diplomaten oder Ausländer wohnten, zu betreten.

Ich erinnerte mich in diesen Tagen an das, was mir Diels vor der Säuberung erzählt hatte. Er saß jetzt sicher in Köln, endlich sicher, zumindest sah es so aus, und hatte die unangenehme Aufgabe, die Spionagetätigkeit in diesem Distrikt zu organisieren und die Katholiken und die katholische Opposition für die Nazis zu gewinnen – was ihm übrigens auf klägliche Weise mißlang. Im späten Frühjahr hatte er mir erzählt, daß in Kürze ein großes Spionagenetz gesprengt werde, zu dem hohe Persönlichkeiten innerhalb der ausländischen Gruppen in Berlin gehörten, die mit Deutschen in offiziellen Stellen direkt zusammenarbeiteten. Das war vermutlich seine Art, uns mitzuteilen, wie die Anklagen am blutigen 30. Juni lauten würden.

Viele Leute erzählten uns, wie die Adjutanten von Papens verhaftet und erschossen worden waren. Diese Berichte wurden später von verschiedenen Männern, die von Papen nahestanden, bestätigt. Ein junger Sekretär hielt sich zu der Zeit, als die Nazis kamen, um von Bose, den engsten Vertrauten von Papens, abzuholen, im Büro auf. Von Boses Mitarbeiter wußte, daß sich etwas zusammenbraute, also rannte er, nachdem er sie ins Büro geführt hatte, unter dem Vorwand, etwas vergessen zu haben, ins Wartezimmer zurück. Er nutzte die Gelegenheit, um zu entkommen. Die SS-Männer baten von Bose, sie bei jemand anderem des Büros anzumelden. Als er ihnen den Rücken kehrte, erschossen sie ihn.

Am Mittwoch kamen Hunderte von Amerikanern, die Mitarbeiter der Botschaft und des Konsulats, Zeitungsleute, Deutsche und einige Diplomaten, um unseren Unabhängigkeitstag zu feiern. Das Haus war wunderschön mit roten, weißen und blauen Blütenzweigen, mit kleinen amerikanischen Flaggen und kleinen Geschenken dekoriert, die man geschmackvoll auf allen Tischen arrangiert hatte. Unser Eßtisch, der zu seiner vollen Länge ausgezogen war, bog sich unter schweren Platten voller Essen und Getränke. Das Orchester spielte leise amerikanische Songs, und mein Vater und meine Mutter standen am Eingang zum Ballraum, um die Gäste zu begrüßen. Es war ein heißer, aber diesiger Julitag, und viele Gäste gingen auf die Terrasse hinaus, verweilten auf den Steintreppen, flanierten durch den Garten, saßen an kleinen Tischen zusammen oder spazierten über das Gras und die Kieswege. Äußerlich gesehen gab es keinen Unterschied zu irgendeiner anderen 4.-Juli-Feier, die von allen amerikanischen Botschaften in Europa begangen wurde. Die Leute unterhielten sich und tauschten Klatsch aus, vertilgten das Essen und leerten die Bowle, suchten sich kühle, schattige Plätze und lachten miteinander.

Meine Mutter sah in ihrem langen, fließenden, blau-weißen Kleid wunderschön aus, das gedämpfte Licht umfloß sie, ihr Haar leuchtete silbern, und man hörte ihre leise, schöne Stimme mit dem Südstaatenakzent. Nur die ungewöhnliche Röte auf ihrer hellen Haut und der scharfe, schnelle Blick ihrer fast schwarzen Augen ließen darauf schließen, daß sich ihre Gedanken und Gefühle um etwas anderes drehten als um die Pflicht, den Massen von Leuten, die sich um sie herum bewegten, eine gute Gastgeberin zu sein. Aber sie stand an der Seite meines Vaters, lächelte sanft und unterhielt sich in der leichten Art mit den Gästen, die man von ihr erwartete.

Mein Vater wirkte so aufgeräumt wie immer – normalerweise langweilten ihn diese gesellschaftlichen Anlässe schrecklich, und nur sein Sinn für Humor verhinderte, daß es zu offensichtlich wurde –, sein Gesicht nahm wechselweise einen lustigen oder ironischen Ausdruck an, und Anspielungen durchzogen seine Konversation. (Mein Bruder und ich waren immer noch empört und wütend, und so begrüßten wir einige junge Deutsche auf höchst undiplomatische Weise mit der inzwischen bekannten Frage »Lebst du noch?«. Wir hielten es für sarkastisch und dachten, daß wir den Deutschen damit etwas von unserem Zorn zeigen könnten. Zweifellos fanden viele es geschmacklos. Einige Nazis waren sehr irritiert.) Als die Presseleute eintrafen, nahm jeder von ihnen meinen Vater beiseite, und man sah, wie sie auffällig die Köpfe zusammensteckten, während meine Mutter und ich weiterhin die Gäste begrüßten. Das gleiche geschah, als unsere Mitarbeiter eintrafen – es sah also so aus, als ob an diesem Mittwoch nach dem Blutigen Samstag noch nicht alles vorbei war. Ich stand zeitweise zwischen meinem Vater und meiner Mutter, und mein Vater konnte uns in den Pausen zwischen dem Eintreffen der Gäste zuflüstern, daß die Nazis inzwischen alles kontrollierten und keine Gefahr einer Revolution mehr bestand.

Der Butler kam zu mir und sagte leise: »Der junge Herr von Papen wartet unten auf Sie.« Ich berührte meine Mutter am Arm – sie wußte, daß er kommen würde –, und bahnte mir langsam einen Weg durch die Menge.

Der große, dünne junge Mann mit dem scharfgeschnittenen Gesicht nahm meinen Arm, und wir gingen schnell in den Park hinaus. Er entschuldigte sich, daß er unsere Feier gestört habe. Doch ich versicherte ihm, daß ich froh darüber sei und ihn so schnell wie möglich sehen wollte. Wir schauten uns um, ob uns jemand folgte, und gingen, nachdem wir einige Vorsichtsmaßnahmen getroffen hatten, auf einen Drink und ein Gespräch in ein Straßencafé.

Sein Gesicht mit der langen, scharfen Nase, der schmalen Knochenstruktur, dem dünnen, ziemlich zynischen Mund besaß eine gewisse subtile Schönheit – er sah aus wie ein blonder Fuchs. Er hatte einen wachen Sinn für Humor, einen scharfen, aber nicht intellektuellen Verstand und besaß einen großen Sportsgeist und viel Charme. Er war einer der schönsten und anmutigsten Tänzer Berlins. Auf einem Ball einen Walzer mit ihm zu tanzen – wie ich es liebte –, war, als ob man mit der Musik verschmelze.

Er war sichtlich nervös und machte keinen Hehl aus dem Druck, unter dem er stand. Am Montag, als ich mit ihm telephonierte, hatte ich ihm gesagt, daß mein Vater am Sonntag seine Visitenkarte abgegeben habe. Heute berichtete er, daß sie seinen Vater erst vor ein paar Stunden erreicht habe. Er nahm an, daß die SS-Männer, die an beiden Tagen das Haus bewachten, die Karte unverzüglich zur Geheimen Staatspolizei brachten, wo sie während dieser zwei oder drei Tage gelegen hatte, untersucht und geprüft worden war, an alle Welt gemeldet und womöglich an sehr viel höhere Persönlichkeiten weitergeleitet wurde. Natürlich waren der alte und der junge von Papen der festen Überzeugung, daß das, was von Papen in diesen Tagen wirklich gerettet hatte, der Schutz Hindenburgs war – es war allgemein bekannt, daß Hindenburg von Papen fast wie einen Sohn liebte. Man weiß nicht, wieviel der alte Kämpe von dem, was während seiner letzten Lebensjahre um ihn herum vorging, noch mitbekam. Es gibt viele widersprüchliche Berichte – manche Leute behaupten, daß er am deutschen und ausländischen Geschehen genau so lebhaft Anteil nahm wie eh und je, und daß sein Verstand so gut funktionierte wie immer – andere sagen, daß er in den letzten ein bis zwei Jahren zu schwach und zu alt geworden war, um zu begreifen, was vor sich ging, und sein Verstand auf das Fassungsvermögen eines Kleinkindes geschrumpft sei. Mein Vater hatte ihn allerdings einige Monate vor der Säuberung auf einem offiziellen Empfang gesehen und sagte uns, er scheine sich, seitdem sie sich 1933 zum ersten Mal begegnet waren, nicht verändert zu haben.

Auf jeden Fall fürchteten sich die Nazis egal in welcher Verfassung Hindenburg sich befand und wie überzeugend die Anklage gegen den Vizekanzler klang, die sie sich aus den Fingern sogen, von Papen zu Hindenburgs Lebzeiten anzurühren.

Die von Papens waren am Samstag in ihrer Wohnung buchstäblich gefangengehalten worden, und weder dem Vater noch dem Sohn wurde gestattet, das Haus zu verlassen. SS-Wachen waren in ihrer Wohnung und am Eingang postiert. Von Papen verbot man, irgend jemanden zu empfangen, und man gab ihm von Stunde zu Stunde neu zu verstehen, daß man ihn abführen und erschießen könne. Es war für beide ein qualvoller Tag. Von Papen hatte im Lauf seiner gesamten, wechselvollen, seltsamen und fragwürdigen Karriere, die durchaus gefahrvolle Momente und ein gewisses Maß an Wagemut beinhaltete, noch nie eine so angsterfüllte Zeit durchlebt. Bisweilen kann das sichere Wissen um den Tod einem ja die Zeit, die man noch lebt, erträglicher machen. Von Papen wußte bis Sonntag oder Montag abend nicht, ob Hitler sich dafür entscheiden würde, ihn hinrichten zu lassen. Beide, er und sein Sohn, hatten erfahren, daß von Bose, Jung und andere, denen von Papen vertraute und die er persönlich sehr mochte, ermordet worden waren, und daß verschiedene seiner Freunde entweder verhaftet wurden oder bereits verschwunden waren. Die Anklage gegen von Papen lautete, daß er gegen Hitler konspiriert habe und mit Röhm und Schleicher in Kontakt gewesen war, um den Sturz des Führers zu planen.

Sein Sohn Franz stimmte mit mir überein, daß dies die lächerlichste Behauptung sei, die die Nazis je gegen jemanden erhoben hatten, den sie loswerden wollten. Er sagte, daß sein Vater und Schleicher tödliche Feinde gewesen seien; daß Schleicher seinen Vater immer gehaßt habe und neidisch auf ihn gewesen sei. Er verneinte kategorisch, daß sein Vater Schleicher in den letzten ein oder zwei Jahren persönlich auch nur zu Gesicht bekommen habe. Am Ende sagte er, daß die Anklage, die den Namen seines Vaters mit Röhms Namen in Verbindung bringe, noch lächerlicher und unglaublicher sei. Der ältere von Papen verachtete Röhm aus gesellschaftlichen und anderweitigen Gründen. Daß das Oberhaupt einer vornehmen, aristokratischen, katholischen Familie, die wohlhabend war und eine hohe Stellung innehatte, mit einem pöbelhaften Gangster von zweifelhafter Moral und einer gewalttätigen, politischen Vergangenheit und Gegenwart konspirieren würde, um einen Mann zu stürzen, der mit seiner Hilfe an die Macht gelangt war, war so offenkundig an den Haaren herbeigezogen, daß nicht einmal ein Kind es geglaubt hätte. Der ältere von Papen hielt Schleicher für unangenehm ehrgeizig und prinzipienlos und vermutete, daß er dazu tendiere, sich wieder in eine wichtige Position zu manövrieren – was übrigens eine ziemlich genaue Beschreibung von Papens selbst sein könnte –, aber darüber hinaus beschäftigte er sich nicht mit ihm.

Franz erzählte vom Rücktrittsgesuch seines Vaters, das Hitler am Dienstag zugestellt worden war. Er klagte, wie bitter und zornig sie seien, daß man gegen seinen Vater solch demütigende Anklagen erhebe, Hitler aber von Papen nicht erlaube, zurückzutreten!

Während ich mit dem jungen Mann sprach und ihn bedauerte, weil er so nervös und so beunruhigt war, dachte ich bei mir, was für eine Schande es doch war, daß er von der politischen Korruptheit seines Vaters keine Ahnung hatte, und welche Bürde es sein muß, einen solchen Vater zu haben.

Als ich den Sohn verließ, dachte ich, daß für den Augenblick zumindest zwei Leben verschont worden waren, aber eine Wunschkarriere zerstört war. Kurz danach wurde von Papen seines Amtes enthoben, obwohl ich glaube, daß ihm die Ehre des Rücktritts nie vergönnt war. Es wurde ihm die unangenehme Aufgabe der Annexion Österreichs übertragen, die 1938 vollendet wurde. Ob dies tatsächlich auf von Papens Rechnung ging, weiß keiner genau. Jedenfalls wurde wiederum einer seiner engen Mitarbeiter tot im Fluß gefunden – ohne Zweifel ein Opfer der Gewalttätigkeit der Nazis. Von Papens Rolle vor und während Hitlers Machtergreifung war so unredlich und unglaublich, daß man von seinen unzähligen Verrätereien kaum ein klares Bild bekommt und auch keinen klaren Plan dahinter entdeckt. Mit Sicherheit ist er kein großer Staatsmann und auch kein selbstloser Mensch. Seine Karriere und seine Politik lassen nur einen Schluß zu: Von Papen gehört zu jener Sorte von Menschen, denen keiner, der an der Macht ist, je trauen darf. Sein Drang nach einer einflußreichen Stellung und Kontrolle hat ihn zu eigenartigen und widersprüchlichen Ansichten und Aktivitäten getrieben. Er ist ein Opportunist mit unverkennbaren Ambitionen, der ein kleinerer Talleyrand hätte sein können, wenn er Deutschland mehr als sich selbst geliebt und Talent besessen hätte. Es wird interessant sein, die nächste Stufe in seiner Karriere zu verfolgen.

Franzie, der liebe Freund aus leichtsinnigen und unbekümmerten Tagen, der Schwung in jede Party brachte und humorvolle, fröhliche, kritische und tolerante Ansichten vertrat, realisierte plötzlich auf brutale Weise, daß er ohne sein Zutun das Opfer jener Gruppierung war, die sein Land im Griff hielt. Allerdings war der junge von Papen einer der am wenigsten tragischen Fälle, von denen ich wußte, und ich möchte den Bruch in seinem Leben nicht überbewerten. Ich befürchte, daß er der Typ junger Mann ist, den man mit üblicher Nachsicht erzogen und an Privilegien gewöhnt hat und dessen unbedarfte Einstellung zum Leben durch den Zynismus und Fatalismus, die er jetzt empfindet, nur schärfer und stärker hervortritt.

Gegen Ende der Woche, als von Papen eindeutig außer Gefahr war, fuhr er in seinem Wagen mit der niedrigen Nummer vor der Botschaft vor. Er und sein Sohn stiegen für alle deutlich sichtbar aus und betraten das Büro meines Vaters. Der Ältere führte mit meinem Vater ein langes Gespräch, das fast eine Stunde dauerte, der Sohn wartete in der Zwischenzeit. Die Presse war vor Aufregung ganz aus dem Häuschen, als sich die Nachricht verbreitete. Der lange, schwarze Wagen – mit der Nummer IA 99 – war allen bekannt, und es konnte kein Zweifel daran bestehen, daß es von Papens Absicht war, unerschrocken zu zeigen, daß er in der amerikanischen Botschaft, wenn schon nicht in Deutschland, Rückhalt hatte. Ich möchte nochmals wiederholen, daß die Deutschen in dieser Zeit immer noch Respekt, und sogar ein wenig Ehrfurcht, vor der öffentlichen Meinung in Amerika hatten. Um Mißverständnissen gegenüber der Haltung meines Vaters vorzubeugen, möchte ich betonen, daß er zu keiner Zeit Respekt vor von Papen oder Zuneigung für ihn empfand, sondern lediglich unmißverständlich klarmachen wollte, wie sehr er die Methoden der Nazis verabscheute.

Sobald von Papen die Botschaft verließ, belagerten Journalisten das Büro meines Vaters und bestürmten ihn telephonisch, um herauszufinden, was seine Geste bedeute und was von Papen ihm gesagt habe. Zweifellos erhielt auch von Papen viele Anfragen zur gleichen Zeit. Von beiden Männern ging kein Wort an die Presse. Mein Vater sagte später, daß ihn das, was von Papen sagte, erstaunt habe, und er ihn gefragt habe, ob es ratsam gewesen sei, seinen Besuch so öffentlich zur Schau zu stellen. Jedenfalls geschah von Papen nichts, und der Vorfall wurde ad acta gelegt.

# 5

Entweder samstags oder sonntags erhielten wir über sehr indirekte und verläßliche Quellen das Telegramm eines Deutschen, der in London lebte und fragte, ob man nicht irgend etwas tun könne, um seiner Familie in Berlin zu helfen. Zufällig kannten wir seine Frau, wenn auch nur flüchtig, und mochten sie sehr gern. Eigentlich schalteten wir uns ungern in innere Angelegenheiten ein, aber gegen den Rat von Bülows – einem der Staatssekretäre im Außenministerium – besuchten meine Mutter und ich die Frau, wir waren der Meinung, daß ein persönlicher und privater Besuch zwischen Frauen die Nazis nichts angehe.

Wir betraten die Villa, die in einem Vorort Berlins lag, und wurden von einer Bediensteten mit verweinten Augen angemeldet. Einen Augenblick später kam eine schlanke, dunkelhaarige Frau in den Raum. Natürlich erinnerte sie sich an uns und wußte, wer wir waren. Augenscheinlich ahnte sie nichts vom Grund unseres Besuches, also saßen wir eine Weile da und unterhielten uns leise, bevor wir ihr von dem Telegramm erzählten. Die Frau brach in Tränen aus, schlug die Hände vors Gesicht und weinte leise. Sie wirkte völlig gebrochen. Sie war dunkel und attraktiv, und ihr dünnes Gesicht, die tiefen Ringe unter ihren geschwollenen Augen und die ständige Nervosität, die sie ausstrahlte, wenn sie sprach oder gestikulierte, zeigten uns, unter welch schrecklicher Belastung sie lebte.

Sie erzählte uns, daß sie, Mitglied einer wohlhabenden, bekannten und respektierten Familie, vor ungefähr einem Monat mehrere der Männer bei sich zu Gast hatte, die man inzwischen angeklagt hatte, den Sturz Hitlers zu planen. Auch ein ausländischer Diplomat sei dabeigewesen sei, aber solche Diners gehörten einfach zu ihren gesellschaftlichen Pflichten und ihrer Stellung, und es sei zu keiner politischen Diskussion gekommen. Da auch sein Name auf den Einladungen stand, klagten die Nazis ihren Mann wegen Konspiration an. Sie sagte, daß ihr Mann, sollte er aus London zurückkehren – wo er auf einer Geschäftsreise war –, mit Sicherheit wegen Verrats angeklagt oder vielleicht sogar auf der Stelle erschossen werde. Von dem Telegramm ihres Mannes, das er so umsichtig an vertrauenswürdige Menschen in hohen Stellungen geschickt hatte, war sie tief bewegt – und ebenso gerührt war sie über unsere ›mutige Anteilnahme‹.

Man hatte ihren Sohn einfach verhaftet – ohne Anklage und ohne Begründung –, ihr Haus durchsucht und ihren Paß eingezogen. Sie wußte, daß ihr, wenn sie nicht außer Landes ginge, etwas zustoßen könnte und man ihr Haus und ihren Besitz konfiszieren würde.

Als sie über ihren Sohn sprach, brach sie, hysterisch vor Angst, zusammen. Vielleicht war er schon tot, womöglich wurde er gefoltert oder war in einem Konzentrationslager. Sie fragte, ob wir irgend etwas für ihn tun könnten. Vielleicht, meinte sie, werde den Nazis, wenn ich mich um ihn kümmerte, ihn besuchte oder ihm Zigaretten bringe, klar, daß eine ausländische Diplomatenfamilie ihn im Auge habe. Wir versprachen, alles zu tun, was wir konnten, und verließen sie in einem mitleiderregenden Zustand.

Wir sprachen mit verschiedenen Leuten, von denen wir wußten, daß sie in Regierungskreisen über einen gewissen Einfluß verfügten, und auch mit anderen Diplomaten. Einige Wochen später wurde der Junge entlassen und befand sich in Sicherheit, war aber ziemlich verängstigt. Nach und nach schaffte die Mutter einige ihrer kostbarsten Besitztümer aus Deutschland oder verlagerte sie in die Häuser von Freunden. Sie fragte uns, ob wir einige der unschätzbar wertvollen Dinge kaufen oder übernehmen würden, aber wir entschieden uns dagegen. In einem Nachtzug passierte ihr Sohn mit seinem eigenen Paß eine Grenze Deutschlands, an der der Zoll seine Inspektion mitten in der Nacht durchführte. Er kam sicher durch und gab seiner Mutter sofort Bescheid.

Sie besuchte meine Mutter unter falschem Namen – sie hatten sich auf Carrie geeinigt. Die Bediensteten erkannten sie nicht – sie sprach perfekt Englisch, was ihr bei ihrem Täuschungsmanöver half. Wir befürchteten, daß man über ihren Besuch in unserer Botschaft berichten könne, sie dadurch in Schwierigkeiten käme und wir womöglich in Verdacht gerieten.

Zu dieser Zeit wurde ihr von verschiedenen anderen Leuten geholfen, denen die Sicherheit einer unschuldigen Frau am Herzen lag. Sie erzählte uns von mysteriösen Anrufen, Besuchen und Briefen, die sie bekam, und von ihrem alltäglichen Terror. Man hatte einen Weg gefunden, sie aus Deutschland herauszubringen, sie sollte einen anderen Paß benutzen und per Flugzeug ausreisen. Am darauffolgenden Tag verließ sie Deutschland. Traurig und bewegt verabschiedete sie sich von meiner Mutter und versprach, uns sofort nach ihrer Ankunft zu benachrichtigen. Nach einigen Tagen erhielten wir eine einfache Postkarte aus London: »Bin heil und gesund angekommen. Mit tiefster Dankbarkeit und Liebe. Carrie.« Obwohl wir selbst persönlich nichts dazu beigetragen hatten, sie aus Deutschland herauszubringen, war sie uns ewig dankbar dafür, daß wir anderen Menschen in einflußreichen Stellungen, Deutschen und Diplomaten, von ihrer Notlage erzählt hatten.

Natürlich interessierten sich viele Botschaften in dieser Zeit persönlich für die Opfer der Säuberung, und wenn die Fälle ganz offensichtlich unfair und grausam gehandhabt wurden oder Freunde betrafen, von denen man wußte, daß sie über jeden Vorwurf erhaben waren, intervenierte man, indem man die Aufmerksamkeit hochgestellter und humanerer Nazis darauf lenkte. In einigen Fällen, von denen ich später erfuhr, sollen zwei ausländische Botschaften die Flucht von Angeklagten, die sich in direkter Gefahr befanden, ermöglicht haben, ohne deutsche Stellen zu kontaktieren.

Diese Zeit um den 30. Juni und die Woche danach ist bis zum heutigen Tage ein Abschnitt in der deutschen Geschichte, über den man am wenigsten weiß und über den am meisten spekuliert wird. Natürlich gab es noch unzählige andere schlimme, verheerende Gerüchte außer denen, über die ich berichtet habe, aber es fehlen die Beweise, sodaß ich sie nicht wiedergeben möchte. Die Atmosphäre in Berlin – und ich bin sicher, daß ganz Deutschland ähnliches erlebte – war so angespannt, wie ich es nie zuvor und nie mehr danach erlebt habe. Später herrschte eine größere Angst vor dem Krieg, und die internationale Besorgnis war stärker, aber die innere Lage war nie mehr so bedenklich.

Gut unterrichtete Leute, die außerhalb Deutschlands lebten und mit den verschiedenen Kräften der Opposition in Kontakt standen, haben mir erzählt, daß sie während dieser ersten Woche auf gepackten Koffern saßen, weil sie erwarteten und hofften, daß sich das Regime entweder durch eine Revolution oder Mäßigung so wandeln würde, daß sie in ihre Heimat zurückkehren könnten.

Hitler berief einige Wochen später den Reichstag ein, schickte Einladungen an das Diplomatische Korps und hielt eine Rede, in der er die Vorkommnisse der letzten Zeit zu erklären suchte. Mein Vater reagierte, als er der hysterischen Rhetorik zuhörte, genauso zynisch wie der Rest der Diplomaten.

Die allgemeine Überzeugung der Diplomaten, der erfahrenen Beobachter, der gemäßigteren Nazis und der Presse war, daß sich Hitler, Göring und Goebbels nicht deshalb in gottgleichem Zorn auf Röhm, Schleicher und die übrigen gestürzt hatten, weil diese eine Konterrevolution planten. Ganz im Gegenteil: Es gibt keine Beweise, die einen nur einigermaßen intelligenten Menschen davon überzeugen, daß man Röhm eines solchen Komplotts bezichtigen könnte, vor allem, wenn man seine seltsamen und völlig verschiedene Meinungen vertretenden Anhänger bedenkt. Und: Es fällt einem schwer zu glauben, daß der potentielle Anführer einer Konterrevolution, die am Samstag stattfinden soll, die Nacht davor betrunken im Bett liegt!

Trotzdem besteht kein Zweifel, daß eine große Anzahl der SA-Männer mit der Diskrepanz zwischen Hitlers Programm und dessen praktischer Umsetzung unzufrieden war. Die »Revolution«, die scheinbar ihretwegen stattgefunden hatte, geriet ihnen aus den

Händen und wurde inzwischen von Leuten gesteuert, die sie verachteten und denen sie mißtrauten. Zweifellos war Röhm auf die Männer um Hitler, die ihn ersetzten, neidisch.

Die Leute, die die Vorgänge kennen, sind der Ansicht, daß Röhm höchstens diese Männer loswerden oder ihren Einfluß zunichte machen wollte, um dann den geliebten Führer an seine Vertrauenswürdigkeit zu erinnern – das heißt, an seine eigene und an die seiner loyalen Armee. Die Männer, auf die er neidisch war und deren Politik und Einfluß auf Hitler ihm mißfiel sahen seinen Widerstand voraus, warnten Hitler oder täuschten ihn vielleicht sogar, indem sie ihn glauben ließen, daß der alte Kämpe ihn hintergehe. Sie dachten, ihn zu eliminieren wäre der beste Weg, sich Röhms Kritik und seiner einstmaligen Freundschaft mit dem Führer zu entledigen. Sicher hätte Göring, wenn er den Doktor zu fassen bekommen hätte, diesen auch umbringen lassen. Aber Hitler ist sehr raffiniert im Umgang mit diesen beiden Männern, die, jeder auf seine Art, für die Nazibewegung unendlich wertvoll sind. Er spielt einen gegen den anderen aus – sobald Goebbels zu sehr in seiner Gunst zu stehen scheint und man darüber spricht, wendet Hitler seine Aufmerksamkeit und seine Ehrbezeigungen Göring zu.

Was Schleicher anbelangt, so fürchteten, wie gesagt, die Männer um Hitler, und sehr wahrscheinlich Hitler selbst, den potentiellen politischen Einfluß des alten Kämpfers, und beschlossen, da Töten derzeit das probateste Mittel war, daß sie ebensogut einen Plan aushecken könnten, in welchen sie Schleicher verwickeln, ihn dann des Verrats bezichtigen und somit rechtmäßig ›liquidieren‹ würden. Die weiteren Morde in diesen Tagen wurden in derselben opportunistischen Absicht begangen. Jeder konnte angeklagt werden, sich entweder mit der SA, der Reichswehr (die mit Schleicher verbunden war) oder mit einer ausländischen Macht, wie zum Beispiel der, die von François-Poncet repräsentiert wurde, verschworen zu haben. Aber die Männer, die in diesen Tagen ermordet wurden, waren diejenigen, die entweder nicht zufrieden waren mit Hitlers Ratgebern, oder mögliche Rivalen dieser Ratgeber waren. Natürlich konnte man sich unter dem Vorwand der Konterrevolution, den die Nazis aufgebracht hatten, unauffällig um eine Menge Leute kümmern, die entweder aktiv oder nur insgeheim gegen Hitler waren.

VII

# Nach Rußland

Von Blut und Terror hatte ich für den Rest meines Lebens genug, obwohl ich davon in den folgenden Jahren noch viel sehen und erfahren sollte. Die schreckliche Angst, die in Deutschland umging, demoralisierte die Leute direkt vor unseren Augen. Meine Eltern und meine Diplomatenfreunde hielten einen Aufstand des leidenden deutschen Volkes immer noch für möglich. Aber mir schien es so, als ob Hitler durch den Einsatz von Terror und Spionage, deren legale und illegale Methoden er als Kontrollinstanz selbst festlegte, das Land ziemlich gut im Griff habe. Es war keine Revolution in Sicht, also beschloß ich, so bald wie möglich nach Rußland zu fahren. Eine Woche nach Beginn der Säuberungsaktion machte ich mich auf den Weg. Ich war froh, nicht mehr alles hautnah mitzubekommen. Sollten sich irgendwelche Unruhen abzeichnen, konnte ich vermutlich innerhalb eines Tages zurückfliegen.

Meine Eltern und mein Bruder sahen es nur ungern, daß ich für einen Monat nach Rußland ging. Aber ich wollte unbedingt mit eigenen Augen sehen, wie ein System funktionierte, das so häufig mit dem deutschen verglichen wurde.

Weil ich allein reiste, versuchte ich, ihre Gemüter mit einer Notlüge zu besänftigen: Ich würde mehrere Leute im Flugzeug treffen und in einer Gruppe das Land besichtigen. Ich vermute, daß mein Vater mich durchschaute; und meine Mutter hatte Angst, weil Rußland für sie ein wildes, weit entferntes und fremdartiges Land war, in dem alles mögliche passieren konnte.

Ich verabschiedete mich früh am Morgen von meinem Vater in dessen Schlafzimmer, und sarkastisch, aber liebevoll meinte er: »Also, liebe Tochter, ich hoffe, daß du auf dich aufpaßt und es eine interessante Reise wird. Ich halte es ja für ein sinnloses

Unternehmen.« Ich küßte ihn liebevoll und versuchte, ihn zu beruhigen.

Meine Mutter und mein Bruder brachten mich zum Flugzeug, und meine Mutter hatte Tränen in den Augen. Sie befürchtete, daß während meiner Abwesenheit in Deutschland irgend etwas passieren oder daß ich krank werden und in Rußland in Schwierigkeiten geraten könnte und die Familie dadurch getrennt werden würde. Ich versprach, ihr zu schreiben, gab ihr einen ausführlichen Plan meiner Reiseroute und schwor, daß ich mich gegen alle Krankheiten hatte impfen lassen. In ihren Augen war Rußland ein Land voller rücksichtsloser Bolschewiken, in dem Fleckfieber, Pest, Pocken und typhusartige sowie andere mysteriöse Krankheiten grassierten, die es in der westlichen Welt nicht gab.

Ich bestieg eine wunderschöne, dreimotorige Junkers. Einige Photographen stürzten auf uns zu und machten einen Schnappschuß. Mir war zu dieser Zeit nicht im geringsten klar und ich hatte keinerlei Vorstellung davon, welchen fast an einen Skandal grenzenden Nachrichtenwert diese Reise hatte. Die Tochter des Botschafters in Nazideutschland besuchte FREIWILLIG die Sowjetunion. Ich nehme an, daß meinem Vater dies zweifellos durch den Kopf gegangen war, als er mir davon abriet, aber in seiner üblichen Toleranz und voller Sympathie für die Neugier und Entwicklung seiner Kinder hatte er kein Wort gesagt.

Wir flogen durch eine Wolkenschicht, in der es aussah, als ob der ganze Himmel mit Baumwolle gefüllt sei; später regnete es ein wenig, und ein leichter Sturm kam auf. Aber insgesamt war es ein wunderschöner Flug, und ich klebte mit der Nase am Fenster, betrachtete die Schatten, die die Wolken und die Sonne über die Erde zogen, und die komplexe, reiche und vielgestaltige Struktur und Topographie der Erde, die sich wie ein weiches und leuchtend gefärbtes, gewebtes Tuch unter mir ausbreitete. Ich staunte unentwegt über die Kraft und Leichtigkeit des Flugzeugs, das so schwer erschien und doch bei jedem Windstoß und jeder Luftströmung erzitterte. Mehrmals landeten wir, um die langwierigen, faden Zollkontrollen über uns ergehen zu lassen, wechselten in Tallinn, Estland, den Flieger, und stiegen für den kurzen Sprung nach Leningrad in eine kleine Viersitzermaschine.

## 2

Leningrads Flughafen wimmelte nur so von Menschen – es war ein Feiertag, und jeder war gekommen, um die Flugzeuge, die Landungen und die Abflüge zu sehen. Nach amerikanischen Standards waren die Leute ärmlich gekleidet, hatten ein fremdartiges Aussehen, hohe Wangenknochen und ziemlich orientalisch geschnittene Gesichter – von finnischem oder eskimoartigem Typ –, die Frauen trugen weiße Kopftücher und die Männer dunkle Blusen. Ab und zu tauchte eine nachlässige, zwanglose braune Uniform in der Menschenmenge auf.

Ich wurde von meiner Reiseführerin, einem hübschen Mädchen mit rosigem Gesicht, abgeholt, und als wir in dem Intourist-Wagen durch die Straßen fuhren, bemerkte ich, daß die allgemein herrschende graue Eintönigkeit durch zahllose, flammend rote Fahnen aufgehellt wurde, die von den Gebäuden wehten. Die Leute schoben sich durch die Straßen, mir kamen sie weder glücklich noch unglücklich vor, sie unterhielten sich, verweilten, einige standen in Schlangen vor den Bäckereien, und einige hörten den Lautsprechern zu, die in gewissen Abständen überall in der Stadt positioniert waren.

Obwohl es bereits acht Uhr war, war es noch immer sehr hell draußen. Nach einem späten Abendessen, das von sehr stolzen und selbstbewußten Kellnern serviert wurde – kein Vergleich zu ihren unterwürfigen, servilen deutschen Kollegen –, ging ich hinter blauen Samtvorhängen im luxuriösen Zimmer des Hotel Astoria zu Bett. Bis spät in die Nacht hörte ich Stimmen und Schritte vor meinem Fenster, und als ich um zwölf oder eins die Augen schloß, war es in den Straßen immer noch so hell wie am frühen

Morgen. Überall auf der Welt ist Leningrad für seine ›weißen Nächte‹ berühmt – die nur ein paar Wochen im Juni und Juli andauern.

Am Morgen sahen wir uns ein wenig in Leningrad um, bevor wir aufs Land fuhren. Die Stadt ist eine der schönsten in Europa, oder könnte es wieder sein, mit ihren weiten, anmutigen Straßen und Plätzen, ihren Ausblicken und den Parks. Ein großer Teil des alten Leningrad war zwar in einem schrecklichen Zustand – die Farbe blätterte von den Gebäuden und der Mörtel löste sich –, aber überall herrschte große Geschäftigkeit und Aktivität, man kümmerte sich um alte Gebäude, die Straßen wurden renoviert, und an jeder Ecke schossen neue Häuser aus dem Boden.

Die Männer sahen gut aus in ihren hellen oder dunklen Blusen, die sie über den Hosen trugen und an der Taille mit einem Gürtel zusammenbanden; die Frauen wirkten schäbiger; aber bei beiden Geschlechtern konnte man häufig auffallend schöne Gesichter entdecken – braun, mit stark ausgeprägter Knochenstruktur, weit auseinanderstehenden Augen und freundlichen, breiten Mündern.

Leningrad ist ein bedeutendes industrielles Zentrum und deshalb zwangsläufig von grauer, rußiger Eintönigkeit, obwohl viele Leute es für sehr viel prächtiger und aufregender halten als Moskau. Die meisten alten Gebäude und Kirchen sind gut erhalten; die Hauptkathedrale ist inzwischen ein Museum, das als Anschauungsmaterial für die Arbeiter gedacht ist, die so lange von der unsagbar reichen und korrupten russischen Kirche ausgebeutet wurden.

Auch der Winterpalast des Zaren, Ort des Aufstands, des Protests und der Revolution, ist nun ein Museum, das für einen kleinen Eintrittspreis jedem offen steht. Hier wird der Arbeiter ebenfalls durch Aufklärung und Propaganda über die Aktivitäten seiner ehemaligen kapitalistischen Herren informiert. So gibt es zum Beispiel in einem der Paläste außerhalb der Stadt ein Plakat, auf dem beschrieben und gezeigt wird, was bei einem Bankett des

Zaren oder der Zarin gegessen wurde und wie der Tisch gedeckt war. Anschaulich wird darauf hingewiesen, daß ein Bankett allein soviel kostete wie ein Arbeiter in mehreren Jahren verdiente.

Andere Gebäude werden in Schulen, wissenschaftliche oder pädagogische Institutionen für Arbeiter verwandelt. Im Smolnij-Institut, einer ehemaligen Eliteschule für Töchter von Aristokraten, ist nun der Leningrader Sowjet untergebracht. Lenin hat dort in zwei oder drei äußerst einfachen Räumen gelebt.

Ich besuchte mehrere Fabriken in der Nähe Leningrads und war beeindruckt von den Krankenhäusern, den Kindertagesstätten, den Volksküchen und Erholungszentren, die man für die Arbeiter bereitstellte. Sie arbeiten sieben Stunden am Tag, haben eine Stunde Pause, in der sie essen und sich ausruhen, bekommen zwei bis vier Wochen bezahlten Urlaub im Jahr, und der sechste Tag in der Woche ist frei. Ehemalige Paläste und Anwesen mit ihren dazugehörigen Parks werden zu Kulturstätten und Erholungsheimen umgebaut oder in Spielplätze, medizinische Zentren, Grundschulen oder Ferienheime umgewandelt. All das tun Arbeiter für Arbeiter, sie regieren das Land, und man beginnt, ihnen die Privilegien und Möglichkeiten zu bieten, die sie verdienen, denn sie erarbeiten den Reichtum der Nation. Man bietet es ihnen nicht, um sie ruhigzustellen und in der Hand zu haben, nicht als Beschwichtigungsmittel, um weitere Forderungen, ein gesteigertes Selbstbewußtsein oder ein Gefühl der Macht zu verhindern.

Wir verbrachten einen Tag auf dem Land und besichtigten die Paläste der Zaren, die von Peter dem Großen und Katharina der Großen, von Elisabeth und Alexander, und den des letzten Zaren, ›Nicky‹. Katharinas Palast, dessen Außenseite früher blau und golden bemalt war (und jetzt in reinem Weiß erstrahlt), besaß die prächtigsten Räume, die ich je gesehen habe – mit Lapislazuli, Bernstein und anderen Edelsteinen und Halbedelsteinen ausgelegt, mit goldenen und silbernen Säulen, Böden, Möbeln, Wänden und mit allen nur denkbaren Dekorationen und Antiquitäten.

Gruppen von Arbeitern wurden ununterbrochen durch diese Paläste geschleust oder erkundeten sie auf eigene Faust, und ihre Gesichter zeigten Abscheu, als sie begriffen, was das alles gekostet hatte und wie das Geld dafür eingetrieben worden war – was übrigens überall schriftlich erklärt wurde. Die anderen Paläste waren ähnlich prunkvoll ausgestattet, und die Brunnen – im Außenbereich des Palastes von Peter dem Großen – schöner als die von Versailles.

Der Palast des letzten Zaren bot ein Bild des Jammers. Alle Räume waren von verblassender und sehr bürgerlicher Pracht, an den Wänden hingen Familienbilder, zahllose Ikonen (billige und unschätzbar wertvolle durcheinander), ein Gemisch aus schlechtem Geschmack und Flitter, aus Schlichtheit und Aberglaube. Der Einfluß Rasputins war überall zu spüren, und ich war abgestoßen, als ich einen Bissen seiner Mahlzeit auf einem Teller entdeckte, den die letzte Zarin aufgehoben hatte, um ihn in ihren Räumen zu verehren und anzubeten.

Mit gemischten Gefühlen verließ ich Leningrad. Ich fing an, ein Gefühl für das Land, seine Vergangenheit, Gegenwart und Zukunft zu entwickeln. Die Armut, die immer noch existierte, schockierte mich; die Anstrengungen, die man überall unternahm, um den Arbeitern all die schönen Dinge des Lebens verfügbar zu machen, überwältigten mich; und ich begann zu verstehen, was die Zarenherrschaft für die Millionen von Menschen bedeutet haben mußte, die von ihren Stiefeln zu Boden getreten worden waren.

Am besten erinnere ich mich an den schönen Blick über die Newa, mit der Peter-und-Pauls-Festung im Hintergrund, dem langen, breiten Boulevard, der dem eigenartigen Fluß folgte, an die Offenheit und Breite der Straßen und Plätze, an die architektonischen Kostbarkeiten der Vergangenheit, die so sorgfältig und akribisch konserviert werden und einem guten Zweck dienen. Man hatte mir immer gesagt, daß die barbarischen Russen alles Schöne zerstört hätten, all die Paläste und herrlichen Wohnsitze, die alten und die neuen Kirchen. Deshalb erstaunte es mich, als ich sah, daß diese Gebäude intakt waren und für pädagogische Zwecke oder als medizinische Zentren und Erholungsheime genutzt wurden.

Im Gedächtnis blieb mir das Bild einer riesigen, sich ausbreitenden, hervorragend geplanten Stadt voller Leben und konstruktiver Aktivität, mit überfüllten Straßenbahnen, mit Frauen, die in allen Bereichen Arbeit fanden (zum Beispiel als Verkehrspolizistinnen oder Straßenbahnschaffnerinnen); mit leuchtenden Nächten, in denen alle Bewohner der Stadt in den Straßen und Parks spazierengingen, sich unterhielten und vergnügten; mit schmutzigen, düsteren, vermüllten Straßen, die saniert und deshalb langsam wieder sauberer wurden; eine Stadt voller Erinnerungen an die Vergangenheit und mit gigantischen Träumen für die Zukunft, die erste Stadt, die ich in meinem ganzen Leben gesehen hatte, die völlig in der Hand des Proletariats war, das kämpfte, sich mühte, durch bittere Erfahrungen lernte, opferbereit war und seine Träume nicht aufgab.

Anfangs gefiel mir die Tatsache nicht, daß es die Klasse, an die ich gewöhnt war und zu der ich mein ganzes Leben lang gehört hatte, nirgendwo mehr gab. Ich ärgerte mich, daß die schönen, privaten Wohnsitze mit ihren exquisiten Marmorskulpturen, dem mit golddurchwirktem Brokat gepolsterten Mobiliar, den goldenen Spiegeln und den kleinen und großen Luxusgegenständen dem einfachen Volk übergeben worden waren, damit es sich daran erfreuen und darin erholen konnte. Aber später berührte mich die Sorgfalt, die man diesen Dingen angedeihen ließ, die Zuneigung, mit der man sie behandelte und bewahrte – fast so, als wollten diese unbeholfenen, hart arbeitenden Menschen, die erst vor kurzem zu leben begonnen und die Macht übernommen hatten, ihre Wertschätzung und ihre Empfänglichkeit für die schönen Dinge des Lebens bekunden.

Es gab wenige Privatwagen, keine Anzeichen vom Wohlstand und Luxus einer privilegierten Klasse, keine eleganten Kleider, ich sah keine Nachtklubs und fand keine teuren Läden. Es gab allerdings zahlreiche Kinos, Parks, Vorträge, Vergnügungsstätten, Theater- und Ballettvorstellungen, in denen sich die einfachste und ärmste Person vergnügen konnte, und von denen viele keinen Eintritt verlangten.

Ich weiß nicht genau, weshalb ich so enttäuscht war. Ich kam ohne jegliche Vorbereitung auf das, was mich erwartete, nach Rußland. Daß es keine Ausbeutung gab, nichts auf große Unterschiede zwischen reich und arm hinwies (da eine klassenlose Gesellschaft langsam im Entstehen war); daß das arbeitende Volk sein Leben und seine Zukunft wirklich selbst bestimmen konnte, hätte mir natürlich gefallen müssen, und gefiel mir auch, aber es war trotzdem ein großer Schock. Ich fühlte mich innerhalb dieser Menschenmassen nicht ganz wohl – und ich spürte, daß ich auffiel –, aber es war auch eine Herausforderung. Beim Gedanken an die ungeheure Erziehungsarbeit, an die unfaßbar große Aufgabe des Wiederaufbaus und der Organisation, die ihnen bevorstand, schwindelte mir.

Was mir, sogar in dieser frühen Phase meiner Rußlandreise, am besten gefiel und was mir lange Zeit gar nicht wirklich bewußt wurde, bevor ich seine Bedeutung erkannte, war die völlige Abwesenheit militärischer Zurschaustellungen. Ich sah ein paar Soldaten der Roten Armee, sogar eine kleine Parade, aber sie waren alle so einfach, so unauffällig gekleidet, sahen so bescheiden, ja sogar nachlässig aus, daß ich kaum glauben konnte, daß sie Teil der furchterregenden, sowjetischen Roten Armee waren. Es gab kein provozierendes oder unverschämtes Benehmen, keine Kriegspropaganda und kein militaristisches Tamtam; es fehlte jede Arroganz und jeglicher Pomp, was ich nach meinem Aufenthalt in Deutschland für zwangsläufige Begleiterscheinungen einer Militärmaschinerie hielt. Wo war diese schreckliche Reglementierung, von der ich so viel gehört hatte? Wie konnte sie so allgegenwärtig sein, wenn selbst die Armee, in der sie sich am stärksten ausdrücken müßte, so sichtbar ohne sie auskam?

## 3

Nach einer sonderbaren Nacht im Internationalen Schlafwagenzug kam ich in Moskau an. Ich war völlig unvorbereitet darauf, daß es in Rußland üblich war, Männer und Frauen gemeinsam in den Pullman-Abteilen unterzubringen, und so war ich schockiert, als ein junger Italiener in mein Abteil kam, nachdem ich mich schlafen gelegt hatte, und anfing, sich in der Koje gegenüber auszuziehen. Er schien meine Bestürzung zu bemerken, denn er begann, sich unaufhörlich zu entschuldigen, wovon ich kein Wort verstand. Endlich einigten wir uns auf eine Sprache – Französisch – und er erklärte mir die Situation. Er versicherte, daß ich mich nicht zu ängstigen brauche, daß alle Touristen in Rußland diese Erfahrung machten, und ich, wenn ich einen Bruder habe, verstehen würde, welche Gefühle er für mich hege. Nach vielen weiteren, ausführlichen, freundlichen und brüderlichen Versicherungen fühlte ich mich sicher genug und schlief ein, nur gestört von einer Wanze, die ihre freundlichen Gefühle auf meine linke Schulter konzentrierte.

Vom ersten bis zum letzten Augenblick in Moskau war ich von der Stadt verzaubert. Die Leute sahen fröhlicher aus, waren besser angezogen, es herrschte mehr Verkehr auf den Straßen – obwohl es natürlich auch die unvermeidliche, komplett überfüllte Straßenbahn gab –, alles wirkte sauberer und wohlhabender, die Läden waren hübscher und zahlreicher, es schien überall eine Art überschäumende Vitalität und Lebenslust zu herrschen. Ich mochte Moskau so sehr, daß ich später häufig sagte, wie unbegreiflich es sei, daß Intourist seine Touristen ausgerechnet zu Beginn der Reise durch Leningrad führe. In Moskau spürte man, daß der Kampf beendet war, daß jedermann die Früchte des Sieges schätzte und genoß.

Energischer und fröhlicher als in Leningrad stürzte ich mich in eine Woche voll hektischer und faszinierender Besichtigungen. Ich sah mir Fabriken, Kindergärten und Gerichtsgebäude an, Kunstmuseen (obwohl meiner Meinung nach nichts der hervorragenden Gemäldesammlung in der Eremitage von Leningrad gleichkommt, bis auf das Museum für zeitgenössische Kunst in Moskau, wo es eine ausgezeichnete Sammlung der besten französischen Maler der Neuzeit gibt), Museen der Revolution, Regierungsgebäude, Theater, Balletts, Krankenhäuser und Kinos, Kirchen, Arbeitersiedlungen, Parks und Heime für ›Kultur und Erholung‹.

Während dieser Zeit paßte ich mich an die schlichte Kleidung und das unauffällige Aussehen der Leute auf der Straße an. Ich zog eine einfache Bluse und einen Rock an und fühlte mich viel besser.

Eines Tages besichtigten wir eine Vorsorgeanstalt, ein Heim für wiedereingegliederte, ehemalige Prostituierte. Früher gab es in Rußland Tausende von Prostituierten, die ihren bedauernswerten Beruf hauptsächlich aus wirtschaftlicher Not ausübten. Während der Messe in Nischnij Nowgorod, die in aller Welt dafür berühmt ist, daß sich dort Kaufleute aus Ost und West treffen, kamen 60.000 Prostituierte in die Stadt. Inzwischen gab es in Moskau nur noch 200 Prostituierte. Die, die freiwillig in dieses Heim kamen, wurden ein Jahr lang umsonst verpflegt, man versorgte sie mit ärztlicher Hilfe und bildete sie in einem Handwerk aus. Den Niedergang der Prostitution erklärte man mir mit folgenden Gründen: Wirtschaftliche Veränderungen ermöglichten es jedem, also auch Frauen, einen Beruf auszuüben; unkomplizierte Ehe- und Scheidungsgesetze; das Fehlen einer wohlhabenden und korrupten Klasse, die sich Prostituierte leisten und sie aushalten konnte. Die meisten berufstätigen Männer waren mit Frauen verheiratet, mit denen sie auch verheiratet sein wollten, die ebenfalls berufstätig waren und denen Karrieren offenstanden – das heißt, sie waren nicht an sie gekettet.

Wie in Leningrad gab es fast keine Soldaten auf den Straßen, keine Militärschauen oder Paraden. Tatsächlich wies auf den ersten Blick überhaupt nichts darauf hin, daß die Bevölkerung Moskaus unter staatlicher Aufsicht stand. Es schien keine Vorschriften zu geben, die das öffentliche Zusammenleben der Leute regelten, keine Schilder, auf denen ›Verboten‹ stand – wie es schien, gingen die Menschen natürlich, gelassen und ungezwungen miteinander um. Sie trugen keinen Stempel, auf dem Kaste, Klasse oder Beruf stand, und schienen eine Selbstachtung, eine Individualität und Würde zu besitzen, die nichts mit ihrem einfachen Leben, ihrer bescheidenen Kleidung, ihrem Beruf oder ihrem Gehalt zu tun hatte. Botschafter Bullitt rief mich eines Tages an und lud mich zum Lunch in sein Haus ein. Oberflächlich gesehen, war er sehr lebhaft und attraktiv – er hatte ein glatzköpfiges, glänzendes Gesicht mit intensiven, hellen Augen, eine gespannte, nervöse Vitalität beherrschte seine lebhaften Reden und seine flinken Augen, und ein starkes Geltungsbedürfnis lag unter seiner Brüchigkeit und Instabilität. Für mich ist ein Mann, bei dem man sich sofort die Frage stellt, was hinter seiner Fassade steckt, wie sein Charakter und seine Persönlichkeit ist, wenn er zu Hause oder im Alltag die Maske fallen läßt, ein Mann, bei dem man Verdacht schöpft und dem man nicht trauen darf.

Er erzählte mir und einigen anderen Besuchern, daß es Rußland eindeutig besser gehe als vor der Revolution, daß es aber mindestens vierzig oder fünfzig Jahre dauern würde, bis sich ein wirklich spürbarer Fortschritt zeige. Rußland deprimiere ihn nicht, weil er keine Illusionen darüber gehegt habe, was erreicht werden könne, obwohl es ihn sehr störe, wie langsam alles vorangehe, wenn sich überhaupt etwas bewege. Der Grund für letzteres lag, seiner Meinung nach, in der Ängstlichkeit und der Ineffizienz der kleinen Beamten. Bullitt war der Ansicht, daß sie entweder zu schlecht ausgebildet seien oder zu große Angst vor ihren Vorgesetzten hätten, um irgendwelche Initiativen zu ergreifen. Er folgerte daraus, daß diese Regierung schlichtweg eine Autokratie sei, die eine andere, nämlich die zaristische, ersetzt habe. In einem abschließenden ›Schulterklopfen‹ für die Sowjets fügte er hinzu, daß zumindest keine Kinder mehr auf den Straßen starben, was der Fall gewesen sei, als er in früheren Zeiten Rußland besuchte, obwohl, seinen Angaben nach, 5.000.000 Menschen von 1932 bis 1933 verhungert seien.

Bullitt war zu dieser Zeit noch der erklärte Freund der Sowjetunion, brachte der Roten Armee das Polospiel bei, gab sensationelle ›Zoo‹-Partys für das Diplomatische Korps und offizielle Sowjets und fungierte als ›großer Bruder‹ der UdSSR. Die Russen, die froh waren, daß ihr Land von Amerika anerkannt wurde, bemühten sich, zu jedem Repräsentanten, den unser Land ihnen schickte, freundliche Beziehungen zu unterhalten.

Alle Russen, mit denen ich in den letzten Jahren gesprochen habe, erzählten, daß sie sehr erleichtert waren, als Bullitt abgezogen wurde und Davies kam. Bei Davies wußte man genau, woran man war. Er war ein Kapitalist, der nicht vorgab, ihr Land und ihre Ideale zu lieben. Seine Abstammung, seine Ausbildung, seine Heirat und seine Stellung prädestinierten ihn geradezu zum unerbittlichen Feind des Sozialismus. Aber man konnte ihn einschätzen und entsprechend reagieren. Angesichts der gegenwärtigen antisowjetischen Haltung Bullitts und seiner Sympathie für die Annäherung Frankreichs an Deutschland ist es nicht erstaunlich, daß die Russen erbittert sind, wenn man ihnen ›romantische Revolutionäre‹ als Botschafter schickt.

Ich lernte einige Leute aus Bullitts Stab kennen, danach entschied ich aber, daß ich die Zeit, die ich dem Studium Rußlands widmen wollte, besser nutzen würde, wenn ich einen großen Bogen um die amerikanische Botschaft machte. Ich traf mich einige Male mit Walter Duranty, der entspannt, natürlich und fröhlich mit mir schwatzte, Klatsch austauschte, sich beklagte, ungeduldig mit seinem Stock auf den Boden klopfte, seine Liebe zu den Russen kundtat und gleichzeitig an ihnen verzweifelte. Es erübrigt sich zu sagen, daß Walter in Moskau nicht immer so fröhlich und charmant war, da das russische Klima und die Unannehmlichkeiten ihm, wie den meisten Ausländern, offenkundig zusetzten. Diese Hindernisse hielten ihn allerdings nie davon ab, sich für das, was sie planten und erreichten, zu interessieren.

Ich verbrachte einen Nachmittag im Kreml, auf einem Hügel direkt über dem Roten Platz, von dem aus man die ganze Stadt sehen konnte. Es ist der Sitz der sowjetischen Regierung, und man sagt, daß Stalin irgendwo in diesem Gebäudekomplex eine Wohnung habe. Man erzählte mir auch, daß niemand wisse, wo seine Räume lägen, da er dauernd von Stockwerk zu Stockwerk und von einem Gebäude zum anderen wechsle, um zu verhindern, daß man es herausfinde und ihn umbringe. Wir besichtigten die Kirchen, in denen die Zaren gekrönt und aufgebahrt wurden. Wir besuchten die Schatzkammer, in der sich all die Schätze früherer und heutiger Zeit befinden, die die sowjetische Regierung gerettet und sorgfältig bewahrt hat. Roben von Priestern und hohen Würdenträgern der Kirche, dicht bestickt mit Perlen und wertvollen Juwelen; Schmuck ehemaliger Monarchen, der sich mit allem messen kann, was ich je gesehen oder mir je hätte vorstellen können; Gewänder, Zierat, Möbel, Kronen, Kutschen, die alle so dicht mit unendlich kostbaren Steinen besetzt sind, daß man unwillkürlich nach Luft schnappt, wenn man bedenkt, was das gekostet haben mag. Auf jeden Fall war es eine höchst prachtvolle Zurschaustellung unsagbaren Reichtums, fast wie aus Tausendundeiner Nacht. Eigentlich wollte ich nach der Besichtigung des ersten Stockwerks gehen. Ich mußte an all das Blut, das ganze Elend, die Auslöschung von Millionen von Menschen denken, denen Kirche und Staat das Leben ausgesaugt hatten. Man kann sich gut vorstellen, was es für den Arbeiter bedeutet, der dies alles betrachtet.

Natürlich hatte man mir gesagt, daß die Russen all die Schätze der Vergangenheit entweder zerstört, verkauft oder konfisziert hatten, und deshalb berührte mich die Ironie, daß ich mir dieses Schreckensmuseum jetzt ansah, umso intensiver. Es hatte durchaus auch einen belustigenden Aspekt. Neben dem historischen Wert und dem historischen Interesse ist natürlich der pädagogische Aspekt, für Ausländer wie für Russen, enorm. Wer dieses Gebäude mit all seinen Schätzen besichtigt, kann nur zu einem

Schluß kommen: Bilder und Worte bringen dem Betrachter die Revolution näher, und an simplen, menschlichen Maßstäben gemessen, wird sie dadurch verständlicher.

Da Moskau noch immer darunter leidet, daß es nicht genügend Wohnraum gibt, entstehen überall Gebäudekomplexe. Sie reichen zwar nicht aus und werden zudem in aller Eile hochgezogen, aber sie sind modern, hell und einfach im Design. Die Arbeiter bezahlen, jedenfalls zur Zeit, je nach Größe ihrer Wohnung, im Durchschnitt zehn bis dreißig Rubel im Monat. Wir besichtigten eine ganze Reihe solcher Wohnungen, und außerdem ein sehr beeindruckendes Krankenhaus, das über die neuesten medizinischen Instrumente und die modernsten Forschungseinrichtungen verfügte. Ich fand eine pädagogische Vorrichtung im Warteraum sehr interessant. Auf einer Leuchttafel standen eine Reihe von medizinischen Fragen und Antworten. Der Arbeiter mußte die Frage einstöpseln, dann die Antwort erraten und sie gegenüber eingeben. Wenn er richtig geraten hatte, erschien ein rot leuchtendes ›Richtig‹, wenn nicht, konnte er es von neuem versuchen.

Eines Abends, kurz vor meiner Abreise aus Moskau, aßen wir in einem Hotel jenseits des Flusses. Das Restaurant befand sich auf dem Dach, und man konnte auf den Fluß, die Stadt, den Kreml und den Roten Platz hinuntersehen. Im Licht der untergehenden Sonne wirkten die Kirchtürme, die Kuppeln, Dächer und Minarette der Stadt wie aus einer Märchenwelt. Einige der Kirchen hatten goldene, mit unzähligen Sternen verzierte Kuppeldächer mit einem goldenen Kreuz darauf. Von diesen Kreuzen hingen goldene Ketten herunter, die zart zu den Sternen auf der Kuppel hinunterflossen. Im Sonnenlicht sahen sie wie Spitze, wie zarte, vergoldete Spinnweben aus. Auf der gegenüberliegenden Seite erhob sich der Hügel, auf dem der Kreml mit der strengen, altertümlichen Mauer lag, die sich um eine kleine Stadt von halb orientalischem Aussehen zog. Vor dem sanften, dunklen, goldenen Himmel standen die glitzernden Umrisse von Kuppeln,

Kreuzen und scharf umrissenen Kirchtürmen, und eine der Kirchen war mit zehn goldenen Kugeln gekrönt, die fast zu läuten schienen. Am einen Ende des Roten Platzes konnte man die Umrisse der Basilius-Kathedrale erkennen, die im lohfarbenen Licht märchenhaft aussah, wie eine Vision aus dem Zauberer von Oz. Unter uns lag das dunkle Ufer des Flusses, der, ruhig vor sich hin fließend, diesen Teil der unglaublichen und faszinierenden Stadt umrundet.

Als es dunkelte, verließen wir das Restaurant und gingen über den Roten Platz zu meinem Hotel zurück. Dieser riesige, offene, gepflasterte Platz gehört zu den schönsten Plätzen Europas. Am einen Ende liegt die Basilius-Kathedrale, deren unzählige Kuppeln, Türme und Dächer in altertümlichen und sanften Farben wie ein Regenbogen leuchten. An diesem Abend wirkte sie weich und alt, man konnte sie kaum, nur verschwommen, erkennen, da das Zwielicht die Farben dämpfte, die fremdartige Architektur nur schwach erleuchtete und die Kirche so verlockend und kostbar wirken ließ wie ein altes, schönes Gemälde unter einer Staubschicht. Auf einer der anderen Seiten lagen die Amtsgebäude der Regierung und ein Museum. Unter der Kremlmauer befindet sich das Grab Lenins, ein gewaltiges Bauwerk aus schwarzem Stein und dunkelrotem Porphyr, von herrschaftlicher und unvergeßlicher Schlichtheit. Zu beiden Seiten erstrecken sich lange, parallel verlaufende Reihen weißer Steine, die die Gräber derer symbolisieren, die während der Revolution gefallen waren. Auf dem Platz herrschte Stille; er war von einem sanften, durchsichtigen, graugrünen Licht erfüllt, das an das grüne Leuchten eines frischen, hellen Waldes bei Tagesanbruch erinnerte. Es war so hinreißend, daß wir wortlos, und ohne uns zu bewegen, einige Minuten lang nur dastanden.

Ein Tag blieb mir noch, bevor ich meine Reise durch Rußland fortsetzen würde. Ich war traurig, weil ich mich nur schwer von Moskau trennen konnte. Ich hatte das Gefühl, daß ich das, was ich tun oder sehen wollte, nur angerissen hatte. Lenins Grab hätte ich besuchen müssen, aber zur Zeit wurde seine Leiche erneut präpariert. Als ich es ein paar Jahre später endlich sah, hatten sich die Umstände völlig verändert. An einem kalten, hellen Wintertag wartete ich in einer endlosen Schlange geduldiger Arbeiter, die sich fast über den gesamten Roten Platz erstreckte. Ich betrat das Mausoleum und ging einige dunkle Gänge hinunter, bevor ich den Raum betrat, in dem seine Leiche aufgebahrt war. In einem Glassarg liegt Lenin in voller Größe für jedermann sichtbar, sein Körper ist hervorragend einbalsamiert und wird viele Jahre überdauern. Dem Besucher wird nicht erlaubt stehenzubleiben, aber er darf nahe herangehen und sich sehr langsam vorwärtsbewegen. Eine Hand, entschlossen an seiner Seite zusammengeballt, eine hohe, breite Stirn, ein schütterer, rötlicher Bart, eine scharfgeschnittene Nase und ein feingeschnittener Mund vermitteln einen Eindruck davon, wie der Held der Revolution im Leben ausgesehen haben muß. Die Augen sind schmal, von mongolischem Schnitt und weit auseinanderstehend, das Gesicht ist rein und schön. Ich erwartete, ein sehr viel grimmigeres und gröberes Gesicht zu sehen, einen kräftigeren und größeren Körper. Lenin jedoch war schmächtig, sein Körper vielleicht inzwischen durch das unvermeidliche Schrumpfen, das die Einbalsamierung bewirkt, kleiner als zu Lebzeiten (aber auch im Leben war er von kleinem Wuchs). Obwohl sein Gesicht und seine Haut ein fast wachsartiges Aussehen angenommen hatten, konnte man die gespannte Vitalität, die Lenin in seinem Leben ausgezeichnet haben muß, spüren. Die Arbeiter, die neben mir standen, hatten alles um sich herum vergessen und saugten jede Kleinigkeit der reglosen Figur in sich auf, die ihnen zur Freiheit verholfen hatte. Es gab keine Anzeichen von Furcht, Ehrfucht oder Aberglaube; nur Respekt, Neugier und herzliche Liebe. Einige alten Frauen schnieften. Wenige Augenblicke später war die Zeit abgelaufen, und ich trat wieder in die kristallklare, kalte, von Geläut erfüllte Luft eines Moskauer Winters hinaus.

## 4

Da ich eine Reise die Wolga hinunter geplant hatte, packte ich meine wenigen Sachen zusammen, verabschiedete mich von meinen Freunden und verließ die Stadt mit dem Nachtzug nach Gorkij, gewappnet mit Insektenpulver, Riechsalz und etwas Toilettenpapier, das ich aus dem Hotel gestohlen hatte. Inzwischen war ich wieder in Schwung gekommen. Ich hatte das Gefühl, daß ich etwas mehr über Rußland und die Russen wußte – ich war nicht mehr traurig und deprimiert, nicht mehr so fremd wie in Leningrad, sondern so frei, leicht und gelassen, wie ich es seit mehr als einem Jahr in Europa nicht mehr gewesen war. Zum ersten Mal in meinem Leben klopfte das Abenteuer an meine Tür, und ich fühlte mich frisch und aufgeschlossen, ihm zu begegnen. Ich war begierig, die Unwägbarkeiten, Träume und auch die Desillusionen auf mich zukommen zu lassen, die in einem Land, das mir immer noch fremd und fern war, unvermeidlich waren – eigenartigerweise kam mir aber manches auf verstörende Weise bekannt vor und brachte tiefe Saiten in meinen Erfahrungen und Hoffnungen zum Klingen. Vielleicht waren Gewissen und Idealismus, die bei den meisten Menschen latent vorhanden sind, in meinem Inneren stimuliert und geweckt worden; vielleicht war es auch nur die Neugier einer interessierten, aber unerfahrenen jungen Frau, die sich allen neuen Erfahrungen auf ihrem Weg stellte.

Im Nachtzug nach Gorkij gab es nur zwei Mitreisende, die Englisch sprachen, natürlich mit Ausnahme meiner Reiseleiterin, die Englisch hervorragend beherrschte, allerdings einen starken Akzent besaß. Mein Mitreisender war ein alter Herr, der aus Deutschland stammte, aber die amerikanische Staatsbürgerschaft besaß, vermutlich so um die siebzig war, weißes Haar und scharfe, blaue Augen hatte, die in einem kantigen, koboldartigen Gesicht saßen. Als glühender Kommunist verbrachte er seit der Revolution alle zwei bis drei Jahre seinen Urlaub in Rußland. Er arbeitete bei einer amerikanischen Firma und schien ziemlich gut zu verdienen. Rußland und die Russen waren sein Steckenpferd, seine Schwäche, seine Leidenschaft. Er würde mich auf meiner langen Reise die Wolga hinunter und in den Kaukasus hinein begleiten. Manchmal langweilte er mich mit seiner gewundenen und heftigen Parteinahme – nichts, was die Russen je getan hatten oder je tun würden, konnte falsch sein! –, aber er war eine so angenehme, sanftmütige und freundliche alte Seele, daß ich ihn wirklich liebgewann.

Am nächsten Morgen trafen wir – heil und gesund und ohne irgendeinen Wanzenbiß! – in Gorkij ein und wurden auf eine Fahrt durch die Stadt mitgenommen, in der es vor Menschen wimmelte und in der zahlreiche Märkte für die landwirtschaftlichen Kollektive außerhalb der Stadt abgehalten wurden. In der Nähe gab es ein riesiges Fordwerk, aber für eine Besichtigung lag es zu weit weg. Die Russen hatten ein Abkommen mit Ford, das festlegte, daß sie eine bestimmte Anzahl von Jahren ihr eigenes Produkt nicht auf den Markt bringen durften. Ich glaube, daß die Frist inzwischen abgelaufen ist und die Russen ihr eigenes Modell anbieten. Als ich das zweite Mal in Rußland war, sah ich jedenfalls die schönsten Limousinen, die so bequem und rasant schienen wie unsere Lincolns – und die kleineren Modelle füllten mehrere Jahre später ebenfalls die Straßen Moskaus. Sie lernten schnell – vermutlich mit Hilfe der Fordwerke, die Techniker, Material und Design zur Verfügung stellten.

Ich erinnere mich nicht mehr sehr genau an Gorkij, außer daß es eine alte und heiße Stadt war, Geburtsort des berühmten sowjetischen Schriftstellers Maxim Gorkij, Sohn eines einfachen Tischlers, nach dem die Stadt benannt wurde. Früher hieß sie Nischnij Nowgorod und war die verkehrsreichste und geschäftigste aller Handelsstädte in diesem Teil der Welt, in der regelmäßig die berühmte Handelsmesse stattfand.

Wir verbrachten nur ein paar Stunden dort, aber sie genügten, um herauszufinden, daß es einen Park für Kultur und Erholung gab, neue Fabriken, eine moderne, saubere Entbindungsklinik und helle Arbeiterviertel.

Meine Reiseleiterin und ich unterhielten uns auf dem Weg zum Schiff darüber, ob unser Dampfer neu oder alt sein würde. Ich war entsetzt, als ich erkannte, daß er unverkennbar so aussah, als ob er bereits viele Jahre auf See hinter sich hatte. Immerhin wurde ich in einer Einzelkabine so gut wie möglich untergebracht. Darin befand sich ein Bett, eine Art Waschbecken, ein kleiner Spiegel mit Sprüngen und einem darunter angebrachten Regal. Unter meinem Bett und an der Wand gab es lange, graue Wanzen, die einen unangenehmen Fleck hinterließen, wenn man sie erschlug, und viele Schaben, die ich inzwischen als anhängliche Freunde kennengelernt habe. Die ganze Kabine war mit unzähligen Flecken verschmiert, die von früheren Bewohnern stammten, die dort die verschiedensten Insekten getötet hatten. An der Wand über meinem Bett erstreckte sich ein langer, dunkelroter Streifen, der mich völlig aus der Fassung brachte. Ich fand nie heraus, was es war, und stellte mir in meiner überreizten Phantasie vor, daß hier vor kurzem ein Mord begangen worden sei. Ich nahm das Bett auseinander und hielt nach Wanzen Ausschau, fand aber keine, und bestreute Bett und Kabine ausgiebig mit Insektenpulver. Danach fühlte ich mich besser, jedenfalls bis ich zur ›Toilette‹ ging, die primitiv in dem Sinn war, daß sie nicht funktionierte. Glücklicherweise hatte ich mein eigenes Toilettenpapier mitgebracht. Ich tröstete mich mit dem Gedanken, daß man ja schließlich nicht in Toiletten leben mußte – und ich wußte ja, daß alles unternommen wurde, um ein rückständiges Volk an Sauberkeit und Hygiene zu gewöhnen. Aber es brauchte Zeit!

Wir traten aufs Deck hinaus und inspizierten das Schiff. Alles war sauber, frisch gestrichen und hübsch – also schwor ich mir, einen Platz draußen zu belegen und dort zu schlafen. Ich freundete mich mit dem herzlichen, rundlichen Kapitän, einem Wolgadeutschen, seiner Gefährtin und seinem bezaubernden, sechsjährigen Sohn an. Sie sprachen ausschließlich russisch. Das

Essen war hervorragend, es war das beste, das man mir in Rußland je vorgesetzt hatte. Dreimal am Tag oder öfter, wenn man wollte, gab es Kaviar, Gurken in saurer Sahne, frisches oder gekochtes Obst, wunderbar sättigende russische Suppen, sehr gutes Fleisch, Butter, Eiscreme, Fisch ... Der heiße Tee, den man überall in Rußland aus Gläsern trank, wurde ununterbrochen serviert.

Ich sonnte mich häufig auf dem Oberdeck, versuchte, das russische Alphabet und ein paar Sätze Russisch zu lernen, las und schrieb Briefe. Es war glühend heiß, jeden Tag über vierzig Grad, und sicher war es dumm von mir, so lange in der Sonne zu liegen. Nach wenigen Tagen sah ich jedenfalls aus wie ein frisch gekochter Hummer und war übersät mit Hitzepickeln. Die Kellnerin, die Frau, die meine Kabine säuberte, der Kapitän und seine Freundin waren alle sehr besorgt wegen meiner Sonnenanbeterei und beschworen mich, freundlich aber bestimmt gestikulierend, im Schatten zu bleiben.

Der breite, helle, träumerische blaue Fluß, der sich in Schleifen vor und hinter uns entlangwand, war stark befahren – alle Arten von Lastkähnen glitten an uns vorbei, darunter riesige Flöße, die schwer mit Baumstämmen beladen waren. An beiden Flußufern herrschte reges Leben, wobei sich Industrie und Landwirtschaft das Gleichgewicht zu halten schienen – neue landwirtschaftliche Kollektive, neue Fabriken, Hochhäuser mit Wohnungen für die Arbeiter, Parks, Spielplätze und Schulen.

Wir legten hin und wieder an, um etwas aus- oder einzuladen, und in Kasan, der Hauptstadt der Tatarischen Autonomen Sozialistischen Sowjetrepublik, hielten wir uns mehrere Stunden auf. Kasan war eine blühende Industriestadt, und Arbeiter strömten mit riesigen Säcken, die zweimal so groß waren wie sie selbst und vermutlich mit Gemüse oder Kartoffeln gefüllt, die sie auf dem Markt verkaufen wollten, aus allen Frachträumen heraus. Andere gesellten sich, ebenso beladen, zu ihnen. Bei einem dieser Aufenthalte kam es zu einem tragischen Zwischenfall. Ich bemerkte, wie sich eine Frau mittleren Alters mit schweren, ruhigen Zügen, schwarzem, zu einem Knoten zusammengefaßten Haar, blaß, ruhig und zurückhaltend der Gangway näherte. Sie trug zwei riesige Säcke auf ihrem Rücken. Sie hielt einen Augenblick an, stellte einen der Säcke ab, suchte umständlich nach ihrem Geld, das sie in einem kleinen Lumpen zusammengebunden zwischen ihren Brüsten verborgen hatte, öffnete den Sack und steckte das Geld hinein. Dann band sie den Sack wieder zusammen, ließ den anderen im Schutz eines Bekannten am Dock stehen, nahm den Sack mit dem Geld wieder auf den Rücken und trug ihn auf das Schiff. Dann kehrte sie zurück, um den zweiten zu holen, der sichtlich zu schwer war, um etwas anderes nebenher auf das Schiff zu schleppen. In diesem Augenblick erklang die Schiffssirene, die Gangway wurde hochgezogen, und die herbeihastenden Bauern – ich konnte sie mehrere Blocks entfernt rennen sehen, aber sie kamen zu spät – wurden von den Wachen mit Seilen zurückgehalten. Die Frau ging den Weg hinauf und redete aufgeregt mit den Wachen, aber es war zu spät. Sie sah, wie das Schiff ablegte. Dann sah ich, wie sich in ihrem Gesicht eine wahnsinnige Angst abzeichnete; die Ruhe war daraus verschwunden, es verzerrte sich, sie schrie vor Zorn und Leid, weinte, bettelte und versuchte schließlich, sich in den Fluß zu stürzen.

Ich war entsetzt und das Mitleid schüttelte mich, als ich sah, wie sie sich in den Händen zweier Wachen wand und ihre kostbare Fracht sich von ihr entfernte. Sicherlich enthielt der kleine Lumpenbeutel nur ein paar Kopeken oder Rubel, aber sie war bereit gewesen, dafür ihr Leben zu geben. Aus westlicher Sicht ist es unvorstellbar, daß eine solche Armut überhaupt existiert. Um das für alle Zeit aus dem Leben der Nation zu verbannen, unternimmt der russische Staat alle nur denkbaren Anstrengungen. Entlang der Wolga, die durch einen der ärmsten Teile des riesigen Landes fließt, sieht man überall Zeichen des Fortschritts.

Während wir uns an diesem Abend über dies und jenes unterhielten, erfuhr ich, daß die Wolga-Region in den Jahren zwischen

1919 und 1921 von der fürchterlichsten Hungersnot heimgesucht wurde, die Rußland je erlebt hatte. Tatsächlich war das Land um die Wolga bis vor kurzem am schlimmsten von periodisch auftretenden Hungersnöten betroffen. Jahrhundertelang starben hier die Menschen an Hunger oder an Krankheiten. Zu Beginn der Revolution gab es Mißernten und das Elend in diesem Gebiet breitete sich immer weiter aus. Nahe der Städte war im Umkreis von Meilen kein Zeichen von Leben zu entdecken. Hunde, Katzen, Pferde, Ratten, jedes Lebewesen war von der hungernden Bevölkerung verschlungen worden. Als sich die Lage nicht besserte, warfen die Mütter ihre Kinder in die Wolga, einige töteten und aßen sie, ein Mann konnte einen andern Mann wegen einer Kartoffelschale umbringen. Dann kamen Epidemien und Krankheiten dazu, und die Überlebenden fielen der Todeswelle, die über das Land rollte, als leichte, tragische Beute anheim.

Die glücklicheren Familien lebten endlos scheinende Monate von Kartoffelschalen und Schwarzbrot, welches ein Luxusartikel war. Als endlich Hilfe eintraf und sie zum ersten Mal wieder Weißbrot zu Gesicht bekamen, waren sie so eingeschüchtert und verängstigt, daß sie es einen ganzen Tag lang anstarrten, ohne es zu berühren.

Abends blieben die Männer und Frauen bis spät in die Nacht hinein an Deck sitzen, die Männer sangen traurige, wohlklingende Weisen, der dunkle, traumartige Fluß glitt langsam dahin, und seine Wellen brachen sich an dem stetig dahinziehenden Schiff. Tagsüber ist er einer der breitesten und schönsten Flüsse, die ich je gesehen habe, von einem fast einzigartigen Blau, und über ihm schwebt stets ein sanfter, träger, perlblauer Nebel. Man sieht den Fluß durch eine Art blaßblau leuchtenden Dunst, anmutig und beständig wie ein Segel bewegt er sich im leichten Wind, biegt sich in der eigenartigen, blauen Stille, streckt sich und biegt sich erneut; üppige, smaragdfarbene Hügel, die aussehen, als fühlten sie sich wie weicher, tiefer Samt an, ziehen sich an beiden Ufern des Flusses entlang. Dann, wenn wir uns einer Stadt nähern, reißt plötzlich der Nebel auf und ein hohes, weißes, modernes Gebäude, Erholungsheime oder Wohnungen für die Arbeiter, neue Fabriken mit sich bauschenden Rauchschwaden, Spielplätze, Klubs und Krankenhäuser tauchen wie saubere, kräftige Gewächse aus dem einstmals schwärenden Grund früherer Armut und Freudlosigkeit auf.

Wir fuhren an dem Geburtsort Lenins vorbei und hielten in Samara, der Hauptstadt des mittleren Wolgalandes. In diesem Gebiet begann der ehemalige Kosakenführer Rasin seinen leidenschaftlichen Protestmarsch, der sogar Moskau erreichte. Saratow, Hauptstadt der Autonomen Deutschen Republik und Standort einer der größten Fabrik-Kombinate in der Sowjetunion, ist eine moderne Industriestadt.

Die Landschaft am Unterlauf der Wolga wurde immer uninteressanter, Sand- und Lehmbänke ersetzten die grünen Hügel. Es gab mehr und mehr Zementfabriken und Sägewerke, und auf dem Fluß zogen immer häufiger Holzflöße vorbei. Als wir langsam weiterfuhren, entdeckten wir an den Ufern viele fröhliche Nacktbader. Ein Mann mit einem dunklen, ausgeprägt kaukasischen Gesicht kam in Saratow an Bord. Er war Kriegspilot und trug einen leuchtenden Mantel, der mich an den regenbogenfarbenen Mantel aus der Bibel erinnerte.

Stalingrad, wo wir von Bord gingen, ist eine geschäftige, neue Stadt, deren Vorstädte sich rasend schnell in eine moderne Arbeiterstadt verwandeln, und die die zweitgrößte Traktorenfabrik Rußlands besitzt. 1932 hatte die Stadt eine Einwohnerzahl von 200.000, inzwischen ist sie auf mindestens 400.000 gestiegen. Man spürt hier, wie wichtig die wachsenden Industriestädte für die Sowjetunion sind, und es ist unglaublich, daß dies erst der Anfang ist.

Es war schrecklich heiß, als wir den Zug nach Rostow bestiegen und durch das monotone, flache Don-Becken fuhren, die reichste Bergbauregion des Landes. Die Bauweise der Häuser begann sich zu verändern – man sah nun kleine, aus getrockneten

Lehmziegeln gebaute Häuser, weiß oder naturfarben, mit Strohdächern gedeckt, vor denen Öfen standen, auf welchen man im Freien kochte.

Es gab so vieles in Rostow zu sehen, daß ich mir, trotz der Hitze, keine Pause gönnte. Milchfabriken, eine Arbeitersiedlung, die am Rande der Altstadt wuchs, Krankenhäuser, Theater, Parks, in denen die Menschen spazierengingen, flirteten, sangen und bis tief in die Nacht hinein tranken – ich besichtigte alles und werde mich immer an die Sauberkeit der Arbeiter, die medizinische und erzieherische Sorge erinnern, die man ihnen angedeihen ließ, und ich staunte immer wieder über die Tatsache, daß man der Mehrheit der Bevölkerung die schönen Dinge des Lebens zukommen ließ. Es gab keinen Rassenhaß, keinen Klassenantagonismus, keine Unterdrückung der Individualität durch brutale Wirtschaftsgesetze, die, in anderen Ländern, die Armen immer ärmer und die Reichen immer reicher machen.

Im Park schlenderten hübsch gekleidete, fröhlich lachende Paare herum, die Männer waren dunkelhaarig und sahen gut aus, ihre weißen Hemden mit der bunten Stickerei fielen über ihre Hosen und waren elegant gegürtet. Ab und zu spazierte ein Offizier in einem einfachen, khakifarbenen Hemd und blauen Hosen allein oder Arm in Arm mit einem Kameraden durch die Menge und sang und flirtete mit den schwatzenden Mädchen, die vorbeigingen. Als ich nach ein Uhr schlafen ging, vibrierte die Stadt immer noch vor Aktivität, in der Nähe spielte Musik, Leute gingen plaudernd an meinem Fenster vorbei, und am Himmel, von dem sich der aufgehende Mond leuchtend abhob, funkelten klare, kühle Sterne. Als ich weiter nach Süden reiste, wurde ich immer fröhlicher, leichter und selbstbewußter, fühlte mich den Menschen näher, bewunderte das Streben der Massen und ihren Kampf um Erziehung und ein freies, besseres Leben und stellte angespannt Vergleiche mit dem blasierten, arroganten, militaristischen Automaten Deutschland an. Ich wußte, daß der Fortschritt, dessen Zeuge ich war, einen schrecklichen Preis gehabt hatte und immer noch auf Schmerz, zunehmenden Leiden, Desillusionen und eiserner Disziplin basierte – aber die Menschen selbst schienen nicht mehr dafür büßen zu müssen. Sie wirkten glücklich, sie bewegten und äußerten sich frei und verkehrten auf einer Ebene miteinander, bei der menschlicher Stolz und die Würde der Arbeit zählten, und kamen völlig ohne die irrwitzigen Vorurteile und die stets präsente, brutale, schwere Hand der Militärmaschinerie aus.

Wir nahmen den Nachtzug nach Ordshonikidse, einer ziemlich großen Stadt am Rand des Kaukasus. Meine dicke, gutmütige Reisebegleiterin und ich belegten Sitze in einem Abteil, in dem sich bereits zwei Offiziere befanden, aber es war so unordentlich und schmutzig, daß ich im Zug auf und ab ging, bis ich ein etwas saubereres fand. In der Zwischenzeit hatte meine Begleiterin den Offizieren meine Meinung über ihr Benehmen mitgeteilt. Sie waren ein bißchen beleidigt, gingen aber sofort ans Werk. Geschäftig eilten sie hin und her, bekamen von der Schaffnerin einen Besen, kehrten, bürsteten und räumten das Abteil auf, kämmten sich die Haare und richteten sich die Kleider. Dann kamen sie in dem saubereren Abteil vorbei, das wir gefunden hatten (der Zug war voll besetzt, und in unserem Wagen gab es nur wenige Frauen), entschuldigten sich demütig auf russisch, baten uns um Verzeihung, daß sie so schmutzige und unachtsame Schweine gewesen seien, und fragten uns, ob wir nicht wieder in ihr Abteil zurückkommen würden. Ich war sehr gerührt, und natürlich akzeptierten wir die Einladung.

Beide Männer waren sehr charmant – der eine, ein junger Offizier der Roten Armee, war klein, dünn, fast kahlköpfig, mit einem lebhaften, schmalen Gesicht und so voll Übermut und guter Laune, daß er wie ein Affe herumsprang und herumturnte. Sie begannen, uns russische Kriegs- und Volkslieder vorzusingen, und bald war unser Abteil völlig überfüllt mit anderen, die auch mitfeiern wollten. Die Russen sind und waren schon immer ein so geselliges Volk, daß sie nicht für sich bleiben wollen, sobald irgendwo Menschen gemeinsam etwas unternehmen. Wir sangen alle laut und kräftig, während der Zug weiterrumpelte. Wenn sie nichts zu tun hatte, stand die Schaffnerin an der Tür, lachte und feuerte uns an. Irgendwann hatten alle genug gesungen und fingen eine lebhafte Unterhaltung über russische Frauen an, die ihrer Meinung nach nun weicher und femininer werden sollten, da die Zeiten vorbei seien, in denen sie wie Männer sein und wie Männer handeln mußten. All das wurde mir treu und brav übersetzt.

Es wurde Zeit, zu Abend zu essen, und wir zogen frisches Obst und Kekse aus unserem Gepäck. Die Männer boten uns Wein und Fleisch an, und so hatten wir ein köstliches Picknick. Der kleine, affenartige Mann mußte aussteigen – sein Ziel war ein Sanatorium in der Gegend, in dem er einen einmonatigen Urlaub verbringen würde –, und wir standen alle am Fenster und warfen ihm Abschiedsküsse zu. Eine Weile betrachteten wir noch den Mond, dessen Licht sich über die wohlriechende Landschaft ergoß, gingen dann aber endlich zu Bett, nachdem ich, zur allgemeinen Belustigung der Passagiere, alle Schlafwagenplätze unseres Abteils mit meinem Insektenpulver eingestäubt hatte.

In Ordshonikidse gab es wenig zu sehen. Es war glühend heiß, und wir fuhren über holprige Straßen durch die Stadt. Je weiter wir in den Süden kamen, desto dunkler wurden die Männer und Frauen, ihre schwarzen Augen waren feucht und groß, und ihre Gesichter besaßen asiatische Züge. Die Männer trugen die üblichen malerischen Blusen, und manche hatten, sogar bei dieser Hitze, große Pelzhüte aufgesetzt. In dieser Stadt leben zweiunddreißig verschiedene Nationalitäten, die natürlich noch längst nicht alle dem Kommunismus angehören. Tatsächlich gibt es in den hohen Bergen nahe der Stadt, wovon einer zu den höchsten in ganz Europa gehört, einen wilden Bergstamm, der völlig ungestört dort lebt. Man nennt den Ort, an dem sie wohnen, die ›Stadt der Toten‹. Touristen können ihn nur besuchen, wenn sie, von verläßlichen russischen Führern begleitet, zu Pferd hinaufreiten. Sie führen das primitive, abgeschiedene Leben, das sie schon vor fünfhundert Jahren führten. Es kommt vor, daß Männer sich gegenseitig umbringen, wenn einer die Frau des anderen ansieht, und Frauen werden umgebracht, wenn sie ihre Gesichter zeigen. Wenn sie gebären, werden sie in Erdlöcher geworfen, die dafür gegraben wurden, und man zwingt sie, nach der Geburt des Kindes zwei Tage darin zu bleiben. Sie müssen ihre Kinder ohne Hilfe zur Welt bringen und anschließend sich und den Säugling versorgen. Danach erlaubt man ihnen, zum Stamm zurückzukehren.

An dem Abend, an dem wir in Ordshonikidse ankamen, besuchten wir den Parteisekretär der Stadt – der auch im Zug mitgesungen hatte – bei sich zu Hause. Es war eine einfache Wohnung mit zwei oder drei sehr kahlen und sauberen Zimmern. Sie tischten alles auf, was sie hatten – Brot, Marmelade, Wodka, Wein, Tee, Bonbons, Kaviar –, und drängten uns, herzhaft zuzugreifen. Ich wußte, daß ich sie enttäuschen würde, wenn ich es nicht täte, also aß ich, so viel ich konnte. Andere Leute kamen vorbei, man unterhielt sich, sang und scherzte miteinander. Ich lernte ein paar russische Redensarten und brachte ihnen ein paar englische bei. Ihre offene Freundlichkeit rührte mich. Endlich hatte ich, mit völlig Fremden, die in aller Welt berühmte russische Gastfreundschaft kennengelernt – bei der die Russen Heim und Herd dem Gast öffnen, sich freuen, wenn er mit ihnen alles vorhandene Essen teilt, und glücklich sind, neue Bekanntschaften zu machen und miteinander fröhlich zu sein.

Am nächsten Tag mieteten wir einen Wagen und fuhren in die Hauptstadt Tiflis, die tief in Georgien liegt. Wir reisten durch einige der wildesten und erschreckendsten Landschaften, die ich je gesehen hatte – sie ähnelt Teilen unserer Rockies. Riesige, goldfarbene, kahle Berge, deren Konturen sich scharf und phantastisch vom Himmel abheben; dazwischen wilde, tosende, schmutziggraue, eiskalte Flüsse; dunkle, romantisch aussehende Männer ritten in atemberaubendem Tempo über die Bergpfade, ihre hohen Pelzhüte ragten steif im Wind auf. Viele der Gipfel waren mit Schnee bedeckt, andere von Wolken verhangen. Dicht an den

Bergabhängen lagen Steinhäuser, die wie Höhlen, mit schmalen Löchern als Fenster, tief in den Berg geschnitten waren. Sowohl diese Szenerie als auch die Ruinen von Klöstern, Schlössern und Festungen erinnern an die dunkle, wilde Welt der stolzen Bergbewohner und Bauern, deren Leben und Vergangenheit innerhalb der westlichen Zivilisation unbekannt sind.

Mittags hielten wir in einem kleinen Dorf und bekamen Schaschlik, ein kaukasisches Fleischgericht, bei dem kleine Fleischstückchen aufgespießt über einem offenen Feuer gebraten werden. Die Toilette bestand aus einem Erdloch, in das man einen Eimer gestellt hatte!

Nach lediglich einer Reifenpanne wieder auf unserem Weg, fuhren wir höher hinauf – die Berge ragten erhaben und bedrohlich über uns auf. Die Luft strömte kalt in unsere Lungen, es war, als atme man kristallenes Quellwasser ein – wir waren über 2.000 Meter hoch. In dieser Gegend gab es wenige Hinweise auf die neue Ordnung. Ab und zu sahen wir ein Lager der kommunistischen Pioniere, ein Bild Lenins oder Stalins, ein neues Gebäude oder ein modernes Haus sowie Hammer und Sichel, aber insgesamt wirkte die Gegend dunkel und abgeschieden – die Menschen stolz und primitiv.

Als wir uns Tiflis näherten, änderte sich die Landschaft und war nicht mehr so beängstigend, die riesigen Felsgebirge wichen hohen Bergen, die mit Wald bewachsen waren. Wir hielten an und tranken etwas Narzan aus dem Fluß, der den Berg hinunterfloß und unter den Rädern unseres Wagens vorbeirieselte. Das berühmte perlende Mineralwasser stammt aus dieser Quelle.

Nahe bei Tiflis entdeckte ich etwas, was die Gegensätze, die in dieser Gegend herrschten, wunderbar zum Ausdruck brachte. Auf dem Gipfel des Berges leuchtete eine glitzernde, goldene Kuppel, und man sah die Überreste eines alten Klosters. Darunter war ein riesiges Bild Lenins angebracht und dahinter stand ein gigantisches Wasserwerk. Die Schlußfolgerung war ziemlich eindrucksvoll.

Die Stadt, in der eine halbe Million Menschen lebt, liegt in einem Tal, das von hohen, nackten, gelbbraunen Bergen umschlossen ist, deren Felskämme und Spalten aussehen wie eine Reliefkarte, und an einem Fluß, der im Kaukasus entspringt und im Kaspischen Meer mündet. Früher war die Stadt in drei Sektoren aufgeteilt, das persische, das armenische und das georgische Viertel, das jeweils seine eigene Bevölkerung, Kultur und seine eigenen Bräuche hatte, eine wirtschaftliche und gesellschaftliche Einheit bildete und von Mauern umgeben war, innerhalb derer eine Festung lag. Inzwischen hat sich das geändert, und die Bevölkerung tauscht sich frei aus, obwohl sie ihre Sprache, ihre Religion und ihr Brauchtum beibehält. Die Stadt existiert bereits seit dem 5. Jahrhundert und ist von einer eigenartigen Schönheit. Zwanzig verschiedene Nationalitäten leben in Tiflis, hier kreuzen sich Ost und West.

Die Männer und Frauen in diesem Teil Rußlands sind sehr auffällig mit ihren dunklen, scharf geschnittenen, starken Gesichtern und schwarzen, brennenden Augen; die Männer tragen weiße Blusen und leuchtend bunte kleine Mützen auf ihrem dunklen Haar, und die Frauen wegen der Hitze einen Schleier. In den Tagen, in denen ich da war, lag die Temperatur unverändert weit über vierzig Grad, und ich trug selbst einen Chiffonschleier über dem Gesicht. Die Sonne brannte und stach, als ob Millionen kleiner, brennender Nadeln meine Haut pieksen würden.

Hin und wieder sind Anzeichen sowjetischen Fortschritts zu sehen – neue Schulen und Museen, technische Institute, Kraftwerke und Krankenhäuser, aber die Stadt wirkt immer noch sehr altertümlich, obwohl sie sich entwickelt und sauber ist. Wir fuhren auf einen hohen Hügel außerhalb der Stadt und sahen Tiflis reglos, leblos und brennend unter dem unmenschlichen Hitzeschleier zwischen den goldenen Bergen liegen. Das Sonnenlicht schimmerte auf den goldenen und silbernen Kuppeln, die vereinzelt aus dem Meer der Dächer ragten, der Fluß war ein sich windender, glänzender Quecksilberfaden.

Wir spazierten durch Tiflis und sahen uns die persischen Basare, die armenischen Wohnviertel, die fremdartigen, orientalischen Balkone, die auf den Fluß hinausgingen, und die bizarren, bunten Kirchen an, tranken Narzan an den Straßenecken und ruhten uns in einem kühlen, grünen Park aus.

Einige Tage später stiegen wir an einem Abend in den Nachtzug nach Batum. Das Mondlicht war wie ein leuchtender, sanfter, heller Schleier, der sich über die wilden, goldfarbenen Berge breitete. Wir brausten über die erwachende russische Erde dem Schwarzen Meer entgegen.

In Batum, einer fast subtropischen Stadt, die aber dank der Meeresbrise wesentlich kühler und zudem wunderschön gelegen ist, besuchten wir den Botanischen Garten und eine Ölraffinerie. Das russische Öl wird in unterirdischen Pipelines von Baku am Kaspischen Meer nach Batum transportiert, von wo aus es exportiert wird. Diese scheinbar träge, edelsteinfarbene Stadt war das Zentrum großer Export- und Importgeschäfte. Der Blick vom Botanischen Garten auf das Meer und die dahinterliegenden anatolischen Berge – das Tor zu Asien – kann sich mit allem messen, was ich an der Riviera je gesehen habe.

Die Schiffe im Hafen sahen wie riesige, bemalte Spielzeugboote aus, die man in einen glitzernden, künstlichen See gesetzt hat. Am Abend gingen wir, zusammen mit vielen Bauern, die mit ihrer Habe schwer beladen waren, auf unserem Dampfer an Bord. Ich hatte eine hübsche Kabine, in der es nur ein paar Schaben gab. Bevor ich ins Bett ging, warf ich noch einen letzten Blick auf den riesigen Mond, in dessen leuchtender Spur eine schwarze Wolke schwebte, und auf das im Mondlicht liegende schwarze und unendliche Meer. An der Küste funkelten kleine Lichter, die wie an einer Kette aufgereiht waren, die freundlichen Geräusche eines südlichen Hafens, die geschäftigen Rufe der Dockarbeiter und das Schwatzen der Bauern klangen herüber.

Wir verbrachten zwei oder drei Tage auf dem Dampfer. Er war überfüllt; jeder Zentimeter Raum von oben bis unten und das ganze Deck war mit Bauern und Arbeitern belegt, die sich an jedem nur denkbaren Plätzchen zum Schlafen niedergelegt hatten. Die Küste entlang des strahlenden, ruhigen, blauen Meers war herrlich: hohe, dicht bewachsene Berge, tropische Bäume in den Hafenstädten; leuchtende Strände, an denen Männer und Frauen nackt badeten, deren dunkle Körper kupferfarben glänzten.

Wir legten in Gagri, einer kleinen, subtropischen Stadt am Schwarzen Meer, an, um Fracht zu entladen und aufzunehmen. Viele Boote strömten von der Stadt her zu unserem Dampfer. Die See war ein wenig rauh, so daß das Schiff heftig schwankte, schwarze Wolken, aus denen Blitze wie scharfe, leuchtende Messer herunterfuhren, lagen schwer über dem Horizont, und über uns, in einem Ausschnitt des Himmels, erstrahlten die Sterne. Riesige, spiralige, mit kleinen roten Funken durchsetzte Rauchschwaden quollen aus dem Schornstein – wie ein alptraumhaftes Feuerwerk. Der Wind drehte sich, und der Rauch blies in schwarzen Schwaden an den Seiten des Dampfers entlang. Unter uns bewegten sich in all den Flammen und dem Rauch die gekrümmten Leiber der Arbeiter, die die Fracht löschten, hin- und herruderten, brüllten, sich etwas zuschrien und aufsprangen. Es war wie eine in die Wirklichkeit versetzte Szene aus dem *Inferno*, wild, dunkel und eindrucksvoll.

Bei Nacht glichen die Berge riesigen, weichen, schwarzen, kauernden Tieren, unter denen die Lichter der Stadt blinkten. Es war eine der aufregendsten Reisen, die ich je unternommen hatte, und ich konnte gut verstehen, daß das Schwarze Meer von den grimmigen, peitschenden Winterstürmen seinen Namen hatte.

Überall entlang der Küste des Schwarzen Meers entdeckte man Zeichen des Sozialismus. In fast jeder Stadt sah man neue Gebäude und Fabriken, Docks wurden gebaut, das öffentliche Leben war aktiv, fröhlich, konstruktiv, das Land hatte sich erholt. Wir fuhren an dem grünen Berg, der aussah wie ein Bär und wo der große Puschkin geboren wurde, vorbei.

Schließlich erreichten wir Jalta, eine der lieblichsten Städte Rußlands, ein Sommerkurort, der zwischen smaragdgrünen Bergen am saphirblauen Meer liegt. Hier, und in der Umgebung, lagen die prächtigen Paläste des Zaren, blendendweiße Gebäude, die vor dem flammend blauen Himmel standen, teilweise hinter dichten Laubbäumen versteckt. Sie waren inzwischen alle ausnahmslos in Erholungsheime und Sanatorien für die Arbeiter und Bauern umgewandelt worden.

Ich badete häufig an den Kiesstränden, besuchte einen Nacktbadestrand, fuhr in einer Pferdekutsche zu den krimtatarischen Städten, sah fremdartig schöne Männer und Frauen und schlanke, bronzefarbene Kinder mit leuchtendem, silbernem Haar. Nachts strömte das Mondlicht über das Schwarze Meer; Männer und Frauen promenierten am Wasser entlang, und die rosig glühenden Zigarettenenden schwebten wie gefangene Glühwürmchen in den Händen der Raucher.

Auf dem Weg nach Sewastopol hielten wir außerhalb Jaltas beim Haus Tschechows, einem hübschen, weißen Landhaus, das in einer Talmulde, umgeben von großen, grünen Bergen, lag. Hier lebte der große Schriftsteller, nachdem er an Tuberkulose erkrankt war. Diese schöne Region an der Krimküste bietet den Menschen ideal gelegene Erholungsheime und Kuren für chronisch Kranke – sie liegt hoch, ist trocken und warm und wird vom frischen Seewind erreicht. In dieser Funktion wird sie inzwischen von den Sowjets genutzt – es gibt keine Industrie hier, nur Landwirtschaft, Weinbau und zahllose Sanatorien, wo die Arbeiter und Bauern aus der ganzen Union zwei bis drei Wochen oder sogar einen Monat im Sommer verbringen. Das Kaukasusgebiet enthält ebenfalls eine Unzahl von Sanatorien und Erholungsheimen, in denen die Anwendungen streng sind und nach den besten und neuesten wissenschaftlichen Erkenntnissen durchgeführt werden. Die Straße entlang der Küste, die im Schatten der leuchtend grünen Berge mit ihren glänzenden, weißen Palästen entlangführt – die Riviera des Schwarzen Meers –, ist überwältigend schön.

Wir verbrachten einen Tag in Sewastopol, einer glühendheißen, stinkenden, unangenehmen Stadt, wo im Krim-Krieg ein Expeditionskorps der Westmächte landete, um den Kriegshafen zu belagern, und nahmen von dort den Dampfer nach Odessa. Da ich von der Hitze und dem anstrengenden Programm des vergangenen Monats ziemlich erschöpft war, gönnte ich mir während der letzten paar Tage meiner Reise etwas Ruhe. Von Odessa aus, einer ideal am Meer gelegenen Stadt, die aussah, als ob sie sich gut entwickle und prosperiere, nahmen wir den Zug nach Kiew, der Hauptstadt der riesigen, reichen Ukraine, die die Deutschen so gern in Besitz nehmen würden. Auch hier gab es wieder zahlreiche Anzeichen des sowjetischen Aufbaus – Industrialisierung rückständiger Gebiete, Hospitäler für die Werktätigen, Parks und Unterhaltungsmöglichkeiten und bessere Wohnverhältnisse. In Kiew liegt das seltsame alte Kloster, jetzt ein Museum, das 56.000 Sklaven besaß und ausbeutete – inzwischen ist das Land erfolgreich kollektiviert. Die unvergleichliche Sophienkirche wurde, als ich dort war, gerade renoviert, aber es gelang mir doch, sie zu besichtigen. Die Säulen sind mit alten, verblaßten Fresken bedeckt, in der Kirche gibt es zahlreiche unschätzbare und gut erhaltene Ikonen, die Kuppeln sind ein Wunder in Gold und Grün, kreuz und quer mit Sternen und Flitter geziert. In einem der Kuppelgewölbe sah ich eine riesige Madonna, über und über mit goldenem Mosaik bedeckt, ein goldglänzender Traum, hinter dem unendlich viel geduldige Arbeit und exquisites handwerkliches Können steckte. Zum Teil war sie von Gerüsten verdeckt, auf denen Sowjets sie reinigten und restaurierten.

Da es lange dauert, bis Zeitungen den Süden Rußlands erreichen, erfuhr ich nur indirekt über Freunde von dem Mord an Dollfuß und dann, ein wenig später, von Hindenburgs Tod. Angesichts der noch nicht lange zurückliegenden blutigen Tage, die ich, bevor ich Berlin verließ, erlebt hatte, und wegen der darauffolgenden allgemeinen Unruhe hatte ich das Gefühl, daß die internationale Lage und die innere Situation ziemlich angespannt sein mußte. Niemand wußte, wie die Österreicher und Italiener diesmal reagieren würden; und kein Mensch konnte sich vorstellen, welche Auswirkungen der Tod von Deutschlands ›Hölzernem Titanen‹ haben würde.

## 5

Ich verließ Rußland schweren Herzens, aber meine Zeit war abgelaufen, und ›zu Hause‹ brauten sich die Dinge zusammen. Endlich hatte ich, ziemlich ausführlich und zur völligen Zufriedenstellung meiner Neugier, das Land gesehen, das von Leuten, die nicht der Partei angehörten, immer wieder mit dem Deutschland der Nazis verglichen und von den Nazis selbst immer wieder verteufelt, leidenschaftlich gefürchtet und verachtet wurde.

Erstens: Nach dem Deutschland der Nazis schien Rußland ein fast demokratisches Land zu sein, und obwohl es noch Armut gab und diktatorische Maßnahmen nicht verschwunden waren, schienen die Menschen einen gerechteren Handel auf der Basis besserer Lebensbedingungen eingegangen zu sein als die Deutschen. So zeigten zum Beispiel Statistiken, daß die Löhne in Deutschland sanken oder stagnierten, während die Lebenshaltungskosten ständig stiegen, wohingegen man in Rußland die Löhne langsam anhob und die Lebenshaltungskosten senkte. Als ich einige Jahre später zurückkehrte, gab es keine Brotkarten mehr, Brot und Lebensmittel lagen reichlich in allen Läden, die Leute trugen bessere Kleider und Schuhe, und jeder konnte ein großes Angebot aller möglichen Dinge nutzen. In Deutschland führte man in den darauffolgenden Wintern Lebensmittelkarten ein, die Menge an Fleisch, Butter und Eiern wurde strikt rationiert, der Preis für Kleidung und andere lebensnotwendige Dinge – die übrigens aus Ersatzmaterialien hergestellt wurden – war sehr viel höher. Meine Beobachtungen darüber, wie verschiedene Wirtschaftssysteme funktionieren, sind einfach und nicht wissenschaftlich begründet, aber sie verraten einiges.

Zweitens: Ich entdeckte in Rußland keinerlei Hinweise auf irgendwelche Rassendiskriminierung, weder gegen die Juden, noch gegen irgendeine andere Gruppe oder Minorität.

Drittens: Obwohl die Religiosität in Rußland stark zurückgegangen ist, stehen die Kirchen noch immer für jeden offen, der einen Priester möchte und dafür bezahlt, aber die Wissenschaft ist an die Stelle der Religion getreten. In Deutschland wurde sie ausgerottet, ohne daß man einen Grund wie die Russen gehabt hätte. Die deutsche Kirche, Protestanten wie Katholiken, beutete die Massen niemals in dem Ausmaß aus und arbeitete nie mit einem korrupten Staat zusammen, der sie ausblutete, wie es die Russisch-Orthodoxe Kirche, eine der dekadentesten Institutionen, die die moderne Welt je gesehen hat, tat. Und die Deutschen, weit davon entfernt, Wissenschaft oder ein besseres Leben an die Stelle der Religion zu setzen, boten Thor als Ersatz für Gott, Walhalla als Ersatz für den Himmel und alte, barbarische, deutsche Helden statt christliche Heilige an.

Viertens: Das Sowjetsystem war ein gut funktionierender Konzern, der den Erfolg des Sozialismus in einem Land belegte und somit dem nazistischen Deutschland gefährlich wurde, wo die Menschen schon immer sozialistisch gesinnt waren, dann aber von dem falschen Sozialismus, den Hitler und seine Anhänger zusammengebraut hatten, um an die Macht zu kommen, hinters Licht geführt wurden. Keinen wundert es, daß unter diesen Verrätern eine hysterische Furcht herrschte.

Fünftens: Obwohl es die mächtige Rote Armee in Rußland gibt, sah ich keine Anzeichen für Arroganz oder Militarismus. Die russischen Massen waren, soweit man erkennen konnte, nicht von militärischer Propaganda durchsetzt, während man in Deutschland täglich, in jedem Ort, jeder Stadt, jedem Gebiet mit der Unverschämtheit militaristischer Einheiten zu tun bekam – der

Reichswehr, der SS, der SA, Görings Polizei, der regulären Polizei und unzählbaren anderen Gruppierungen, die die Massen zu imperialistischen Träumen aufstachelten und ihnen eine Art Verfolgungswahn einimpften.

Sechstens: Rußland drohte anderen Nationen weder direkt noch indirekt, zeigte kein Interesse daran, die Territorien anderer Völker oder die Menschen anderer Länder zu unterwerfen. Auf der anderen Seite gab es seitens der deutschen Regierung täglich weihevolle und abstoßende Ansprachen, entweder von Hitler, oder von einem seiner Sprecher, die das ›Recht‹ der Deutschen auf die Territorien, auf die Bevölkerung und die wirtschaftlichen Ressourcen zahlreicher Länder betonten. Man fletschte die Zähne Richtung Österreich, Tschechoslowakei und Ukraine; man versuchte, durch Schmeichelei und scheinbare Friedfertigkeit, den Balkan, die baltischen Länder und Polen einzuschüchtern.

Was noch schwerer wiegt als all die Ansprachen und die ganze Propaganda, ist die unterschwellige Ideologie der deutschen Regierung, eine Ideologie, die Deutschlands heiliges Recht auf alle Deutschen ausdehnt, die auf der Welt leben, eingeschlossen die Deutschen in Südafrika, Südamerika und den Vereinigten Staaten. Im Denken der Nazis ist es Deutschlands Pflicht und Vorrecht, Raum für die Menschen in ihrer übervölkerten Nation zu schaffen, es ist sein Recht, den wirtschaftlichen Reichtum anderer Länder zu monopolisieren und auszubeuten, um die darniederliegende Industrie und die unzulänglichen Erträge der Landwirtschaft im eigenen Land zu sanieren.

Um aber ganz sicher zu gehen, daß es klare Unterschiede zwischen Sozialismus und Nationalsozialismus gibt, muß man nur die Literatur zu diesem Thema lesen. Es ist nicht wichtig, daß die Namen von Marx, Lenin und Stalin in den Ohren mancher Leute einen schlechten Klang haben, die Lektüre zeigt eindeutig, daß sie einer völlig anderen Logik und anderen Idealen folgen als Hitler, Rosenberg, Göring und Goebbels, die Kriegsherren des deutschen Faschismus.

Nachdem mir das klar geworden war und ich durch meine eigenen Beobachtungen zumindest einige Beweise dafür zusammengetragen hatte, verstand ich besser, was hinter der deutschen Angst und den deutschen Lügen über die Sowjetunion steckte. Ich haßte Diktaturen noch immer in all ihren Ausprägungen und beklagte die Bürokratie, die damit einherging, aber ich erkannte, daß es zwischen diesen beiden Diktaturen tiefgehende Unterschiede gab.

Neben dem interessanten wirtschaftlichen System, das ich gerade in seiner alltäglichen Umsetzung gesehen hatte, faszinierten mich die Riesenausmaße dieser Region, die Hunderte verschiedener Rassen und Nationalitäten, die unter einer Herrschaft lebten, die fremdartigen Gesichter und die Extreme, was Klima, Brauchtum, Kleidung, Religion und Sprache betraf. Rußland ist ein Mischung aus Europa, Asien, dem Nahen Osten und dem fernsten arktischen Norden, sowohl was das Land als auch die darin wohnenden Rassen betrifft. Für mich war es eine Art Entdeckungsfahrt, wie sie früher wohl Marco Polo gemacht hatte, und sie öffnete Wege, die mir Erfahrungen und Abenteuer bescherten und meine Neugier stillten. In meinem Alter hatte ich inzwischen ein Drittel der Welt gesehen!

Nachdem wir die ermüdenden Zollformalitäten von Rußland und Polen hinter uns gebracht hatten und durch trübselige und schreckliche Teile Polens gefahren waren, hielten wir für eine Stunde in Warschau und kamen schließlich in Berlin an. Ich hatte ein paar Pfund abgenommen, weil ich an einem leichten Durchfall erkrankt war, aber ich war sonnengebräunter als alle anderen in Berlin, gesund und stark. Ich setzte mir eine bunte kaukasische Mütze auf und sprang aus dem Zug. Meine Eltern sahen mich einen Moment lang entsetzt an und umarmten mich dann. Einen kurzen Augenblick hatten sie ihre verlorene und schwarze Tochter, die von der russischen Sonne verbrannt war und eine asiatische Kopfbedeckung trug, nicht erkannt!

Alle waren sie auf meine Eindrücke gespannt, und ich löcherte sie mit Fragen über Deutschland. Eine Revolution schien nicht so kurz bevorzustehen, wie ich gedacht hatte. Dollfuß war von österreichischen Nazis, die ihre Befehle aus München und Berlin erhalten hatten, brutal ermordet worden, und italienische Truppen waren an der Grenze aufgezogen. Aber sonst passierte nichts, und alles war wieder ruhig.

Mein Vater war mit anderen Diplomaten eingeladen worden, an den Begräbnisfeierlichkeiten für Hindenburg teilzunehmen. Begleitet, oder eher bewacht, von zwei jungen SS-Männern, war er in einem Diplomatenzug nach Tannenberg gefahren. Er sagte, daß die jungen Männer sich sehr um sein Wohlergehen kümmerten, sich fast wie Kammerdiener verhielten und ihn keinen Moment lang allein ließen. Da er diese übergroße Fürsorglichkeit nicht schätzte, bat er sie, ihm ein wenig Privatsphäre zu gönnen. Sie zogen sich zurück und waren – wie sie und mein Vater mir später erzählten – ziemlich enttäuscht, keine Antworten auf ihre subtilen und versteckten Fragen zu bekommen. Zweifellos hatten sie entsprechende Anweisungen – alle Diplomaten plagte man damit –, denn sie versuchten, übrigens ziemlich ungeschickt, herauszufinden, was die Diplomaten privat von den neuesten Entwicklungen innerhalb und außerhalb Deutschlands hielten.

Die Feierlichkeiten in Tannenberg gehörten zu den prächtigsten Veranstaltungen, die der ›Nazizirkus‹ jemals ausgerichtet hatte. Kriegerisch und mit großem Pomp erinnerten sie, laut meinem Vaters, eher an eine Militärschau als an ein Begräbnis, und sie enthielten eine gewisse Drohung. Großen Raum nahmen der Weltkrieg und die Rolle ein, die Hindenburg darin gespielt hatte, ebenso die Glorifizierung des alten Deutschlands und des neuen Nazideutschlands. Mein Vater war von diesen barbarischen Zeremonien mit ihrem Glanz, ihrem Aberglauben und ihrem Chauvinismus irritiert und abgestoßen und nahm immer nur sehr widerstrebend daran teil – wenn er überhaupt teilnahm. Sehr häufig sagte er aus gesundheitlichen Gründen ab – und es war wirklich so, daß das stundenlange Sitzen bei jedem Wetter, während man den Nazis zuhörte und zusah, wie sie ihre weltweiten Ambitionen verkündeten, für jeden eine körperliche Zumutung war.

Berlins gesellschaftliches Leben ist im Sommer immer etwas ruhiger, obwohl es nie ganz aufhört. Diplomaten kamen, nach kurzem Heimaturlaub, zurück und verzogen sich aufs Land, um, selbst in der heißesten und langweiligsten Zeit des Jahres, monotone Empfänge zu geben. Allerdings konnten wir uns diesen Verpflichtungen nicht entziehen, denn der Sommer war die Jahreszeit, in der die Amerikaner Europa bereisten. Wir mußten zumindest einen Teil der Zeit zur Verfügung stehen.

Meine Mutter hatten die gesellschaftlichen Verpflichtungen und das politische Geschehen dieses Sommers sehr mitgenommen. Sie war müde und nervös und beschloß deshalb, mit meinem Bruder und mir für einen Monat nach Süddeutschland zu reisen, um dort etwas zur Ruhe zu kommen.

Wir blieben eine Weile an einem wunderschönen See in der Nähe von München und reisten dann nach Oberammergau weiter, um uns die Passionsspiele anzusehen. Mein Vater kam für ein paar Tage her, und wir besuchten die verschiedenen Aufführungen. Für meinen Geschmack war es etwas zu ›touristisch‹, und mein Vater entdeckte subtile Nazipropaganda in der Art und Weise, wie man die Szenen zwischen Judas und Christus behandelte – ein Versuch, an den Aufruhr um Röhm und Hitler zu erinnern! Wir fanden es lustig, daß langbärtige Männer, in Vorbereitung auf ihre Rollen, durch die Straßen wanderten, aber ich vermute, daß sie es ebenso für die Touristen taten. Ich mochte die künstliche Atmosphäre der Ortschaft nicht, obwohl sie, äußerlich gesehen, eine der charmantesten in Deutschland war. Ich versuchte mir vorzustellen, wie reizend, einfach und aufregend es während einer anderen Jahreszeit – sogar im Winter – sein könnte, aber im Moment kam ich nicht über meine Enttäuschung hinweg – all diese habgierigen Einwohner, die ganze Affektiertheit des Dorfes, das sich für die Fremden in seinen gerüschten und gefältelten Sonntagsstaat geworfen hatte. Ich war überrascht, als ein sehr intelligenter deutscher Hotelmanager all die Mythen über Röhms Verrat und seinen plötzlich entdeckten unmoralischen Lebenswandel von sich gab. Ich antwortete ihm, daß ich das alles für lächerlich hielte. Er blickte sich verstohlen um, ob jemand uns zuhörte, dann drückte er meinen Arm, nickte und sah mich warm und freundlich an.

Mein Vater mußte zu seinen Pflichten in Berlin zurückkehren, also fuhr der Rest der Familie weiter nach Wien, Salzburg und Budapest. Meine Mutter war von den Festspielen und der Stadt Salzburg genauso begeistert wie wir im Jahr zuvor, obwohl alles furchtbar überlaufen war. In Budapest, einer der reizendsten Städte Europas, trafen wir uns mit einem alten ungarischen Freund, der uns die Stadt zeigte. Seine Einstellung und das, was er über die ungarischen und europäischen Verhältnisse berichtete, zeigte, daß das Machtspiel der Nazis hier eindeutig von Erfolg gekrönt war. Obwohl die Nazis erst seit kurzem die Macht übernommen hatten, waren die Ungarn davon überzeugt, daß die Erfüllung ihrer Hoffnungen und ihr Schicksal von einer Allianz mit den Nazis abhing. Die revisionistische Liga – die im Grunde faschistisch war – meldete territoriale Ansprüche an und hegte die Hoffnung, daß Deutschland ihr Teile ihrer Gebiete, die damals in der Tschechoslowakei lagen, zurückgeben würde.

Da die Menschen schrecklich arm waren, der Krieg sie in den Bankrott getrieben hatte und ihre Nation unter ihren Nachbarn aufgeteilt war, kochte ihr potentieller Antisemitismus, der bis dahin nicht in Erscheinung getreten war, wieder hoch, und man konnte beobachten, wie die herrschende Klasse verzweifelt versuchte, die Folgen ihrer Ausbeutung und ihrer wirtschaftlichen und militärischen Fehlschläge den Juden zur Last zu legen. Der Land- und Industrieadel setzte auf Hitler, da er größere Angst vor dem Sozialismus als vor einer nationalen Auslöschung hatte. In den folgenden Jahren näherten sich die Ungarn, oder, besser gesagt, die ungarische Regierung, Hitler immer mehr an – obwohl sie einmal den Mut aufbrachten, den Naziputsch, den von Neuraths Schwiegersohn geplant haben soll, im Keim zu ersticken. Hohe Beamte beider Länder besuchen sich gegenseitig mit großem Pomp, wann immer sich die Möglichkeit bietet. Kürzlich hat sich die Allianz mit Hitler für die Ungarn außerordentlich gelohnt – sie haben ein beträchtliches Stück der inzwischen zerstückelten Tschechoslowakei zugesprochen bekommen.

Trotz allem genoß ich meinen Besuch dort. Auf beiden Seiten der schlammigen Donau haben sich Buda und Pest zu zwei blühenden Städten entwickelt. Die Ungarn, die von den Magyaren abstammen, sprechen eine der schwierigsten Sprachen in Europa – man kann sie nur mit dem Finnischen und dessen mongolischen Ursprüngen vergleichen. Wenn bei Nacht die eindrucksvollen Regierungsgebäude und die alten Paläste erleuchtet sind und der Fluß das Licht glitzernd reflektiert, ist es so schön und romantisch hier, daß die Stadt den Vergleich mit keiner anderen modernen europäischen Stadt zu scheuen braucht.

Wir kamen erfrischt und belebt nach Berlin zurück, bereit für ein weiteres Jahr voller Aufregungen. Die ständigen ärgerlichen, langweiligen gesellschaftlichen Verpflichtungen konnten unsere Begeisterung, Weltereignisse mitzuerleben, nicht dämpfen. Berlin wurde immer wichtiger und lag eindeutig im Zentrum des Geschehens.

Hitler war nun allmächtig. Er hatte den Einfluß der SA praktisch zunichte gemacht, hatte sich auf seine spezielle Art der Opposition entledigt, und zwar jeglicher Opposition, ob links, rechts oder aus der Mitte. Er hatte Hindenburgs Position als Präsident eingenommen und gleichzeitig seine Rolle als Kanzler beibehalten. Hindenburg soll ein Testament hinterlassen haben, in dem er von Papen oder vielleicht sogar einen Hohenzollern, für die er immer schon eine Schwäche hatte, zu seinem Nachfolger erkor. Von Papen hatte keine Gelegenheit, den alten Mann vor seinem Tode noch zu sehen, also wird er niemals erfahren, was Hindenburg für seinen Liebling vorgesehen hatte. Hindenburg, der mittelmäßige Soldat, das ehrwürdige Idol Deutschlands, der alles andere als unanfechtbar, aber sicher verehrenswürdig war, der Mann, der zu einer eigenartigen Heldenlegende wurde, der zusammen mit von Papen Deutschland an Adolf Hitler übergeben hatte, war tot, und er war zur rechten Zeit gestorben. Hitler mußte sich keine Sorgen mehr wegen ihm machen, mußte keine unbeholfenen und übermäßig ehrlichen Ermahnungen und Enthüllungen mehr fürchten. Er konnte die Legende ausbauen, er konnte den alten Mann als Sprachrohr benutzen, wenn er dem deutschen Volk seine eigenen Hoffnungen und Ambitionen, seine Ratschlüsse und Anweisungen unterbreitete. Er mußte nicht mehr neidisch auf ihn sein. Der tote Hindenburg war ungefährlich, sein letzter Wille steckte in der Tasche des schlauen, prinzipienlosen, schweinsgesichtigen Meißner, der dafür bekannt war, jedes Reich zu seinem Vorteil zu überleben und wunderbarerweise und unbeschädigt bei jeder sich bietenden Gelegenheit wieder aufzutauchen.

Meißner brachte das Testament von Neudeck nach Berlin und legte es vermutlich Goebbels in den Schoß. Nach einer peinlich langen Zeit wurde es öffentlich bekannt gemacht. Der große alte Mann hatte huldvoll auf Hitler als den Retter seines geliebten Landes verwiesen, und Hitler beugte bescheiden sein Haupt und lud sich die edle Bürde, nach der er nicht gestrebt hatte, auf seine heldenhaften Schultern.

## VIII

# Nazipersönlichkeiten

Die meisten Naziführer und ihr Gefolge kannte ich aus Gesprächen oder zumindest vom Sehen. In zwanglosem Rahmen erlebte ich Hitler nur das eine Mal, als Hanfstaengl mich ihm vorstellte, aber ich sah ihn regelmäßig in der Oper, bei Militärparaden, gesellschaftlichen Ereignissen und jeden zweiten Tag bei den Olympischen Spielen, wo ich ihm in der Diplomatenloge fast vor der Nase saß.

Da ich Hitler im ersten Jahr des öfteren begegnet war, mit ihm gesprochen hatte und sein Bild alle paar Tage in der Zeitung und immer wieder auf der Leinwand sah, war ich der Meinung, ich hätte eine ziemlich genaue Vorstellung von ihm. Und so traf es mich völlig unvorbereitet, wie sehr sich sein Gesicht und sein Verhalten am Ende der vier Jahre verändert hatten. Diese Veränderung vollzog sich anscheinend unmerklich. Erst wenn man die Photographien von damals und heute nebeneinanderhält, erkennt man, was skrupellose und brutale Machtausübung aus dem Gesicht eines Menschen machen können. Es handelt sich dabei nicht um einen Alterungsprozeß, denn Hitler sieht heute nicht älter aus als zum Zeitpunkt der Machtergreifung. Statt des recht schlanken Körpers, des bleichen, weichen, neurotischen Gesichts, des bescheidenen Auftretens, der scheuen Zurückhaltung bei gesellschaftlichen Anlässen sieht man jetzt einen anmaßenden, arroganten Mann mit großspurig gewölbter Brust, der umherstolziert, als habe er die Erde unter seinen Füßen geschaffen und die Menschen um sich herum, die er mit aberwitzig stramm vorgerecktem Arm zu begrüßen pflegt. Seine Miene ist zumindest in der Öffentlichkeit schroffer geworden, sein Unterkiefer markanter. Die Stimme klingt härter und fester, obwohl er das heisere, hysterische Gehaspel in Streßsituationen beibehalten hat. Sein Arzt, der bedeutende Chirurg Sauerbruch, soll auf Kehlkopfkrebs getippt haben – der sich dann aber als relativ harmloser Kehlkopfpolyp entpuppte. Vielleicht hatte Hitler Angst vor Krebs und vermied deshalb eine zu starke Belastung seiner Stimmbänder. Sei es, weil er sich einbildete, etwas ganz Besonderes zu sein, sei es aufgrund von Angst – jedenfalls hat sich seine Stimme ebenso verändert wie seine Gesichtszüge und sein Verhalten.

Durch seine Arroganz, seinen Hochmut und das Gehabe des großen Diktators wirkt Hitler nun eindrucksvoller und weniger lächerlich – vor allem, wenn man sich an den Schnurrbart gewöhnt hat –, doch in den Augen aufmerksamer Beobachter auch unendlich viel gefährlicher. Einst hatte man den Eindruck, er werde vom deutschen Volk geliebt; im Kino wurde sogar spontan applaudiert, wenn sein Bild auf der Leinwand erschien. Doch während meiner beiden letzten Jahre in Berlin lauschten die Menschen zwar konzentriert, starrten ihn aufmerksam an, aber wenn er zu reden oder zu marschieren aufhörte, herrschte angespannte Stille. Nur ein oder zweimal in jener Zeit wurde vereinzelt geklatscht. Als Mussolini 1937 Berlin besuchte, konnte man seine und Hitlers Rede im Kino sehen. Als die Leute Mussolini erblickten – wild gestikulierend, mit weit vorgeschobenem Unterkiefer der ihn, unerträglich lächerlich, wie eine wütende Bulldogge aussehen ließ –, brachen sie spontan in höhnisches Gelächter aus und ich hörte sogar die eine oder andere despektierliche Bemerkung. Als jedoch Hitlers Bild auf der Leinwand erschien, herrschte wieder vielsagende Stille. Natürlich stieß die Achse Berlin – Rom bei den meisten Deutschen auf keinerlei Sympathie, und vielleicht ergriffen sie eben solche Gelegenheiten, um ihr Mißfallen auszudrücken. Aber zweifellos ist die Verwandlung in Hitlers Verhalten und seinem Äußerem niemandem verborgen geblieben.

Ich besitze nicht genügend medizinische oder psychologische Kenntnisse, um Hitlers Persönlichkeit zu erklären. Es gibt andere Bücher, die aufschlußreiche Interpretationen und Diagnosen zu Hitler und seiner Bewegung enthalten, zum Beispiel Schumanns hervorragendes Werk *Die Nazi-Diktatur* und John Gunthers *So sehe ich Europa.* Meine Mutter hat einige Male ganz in seiner Nähe gesessen und beobachtet, daß er sich bei gesellschaftlichen Anlässen entweder mürrisch und wortkarg oder sehr charmant und ungezwungen gab. Bei verschiedenen Gelegenheiten begegnete er jungen Filmschauspielerinnen, die ihn mit größter Herzlichkeit umringten. Eine meiner Freundinnen, eine großartige, sportbegeisterte Feministin, nahm einmal mit ihm in München an einem inoffiziellen Lunch teil. Sie erzählte mir, Hitler habe während der ersten Drittels wie ein ganz normaler Mensch geredet, dann aber eines seiner Lieblingsthemen angeschnitten und sich in einen langen, leidenschaftlichen Monolog hineingesteigert. Er habe sein karges vegetarisches Mahl kaum angerührt, wogegen sich seine Gäste in aller Ruhe ihrem Essen widmen konnten.

Während der Olympiade setzte ich mich mit der Eintrittskarte meines Vaters, der die Spiele erst ganz am Schluß besuchte, ganz hinten in die Loge. So saß ich näher bei Hitler, den ich natürlich ebenso aufmerksam beobachtete wie die Sportler der Sprung- und Wurfdisziplinen. Er kam fast täglich während der Leichtathletikveranstaltungen und verfolgte die phantastischen Leistungen der amerikanischen Athleten. Es war üblich, daß die Sieger in Hitlers Loge gingen, um seine Gratulation entgegenzunehmen; doch jedesmal, wenn Owens oder andere farbige amerikanische Sportler eine Medaille holten, wußte Hitler es so einzurichten, daß er gerade nicht in seiner Loge war. Eines Tages wurde mindestens fünfmal fast in Folge die amerikanische Flagge gehißt, weshalb sich natürlich das ganze Stadion erheben und so lange stehenbleiben mußte, bis die Nationalhymne verklungen war. Hitler salutierte mit ausgestrecktem Arm und mürrischem Gesicht. Siegte jedoch ein deutscher Sportler, dann kannte seine Begeisterung keine Grenzen und er sprang mit wilder, kindischer Freude von seinem Sitz auf. Seine

Miene und sein Verhalten ließen darauf schließen, daß er keine Ahnung von Fairneß und Sportsgeist hatte und sich aus Sport eigentlich überhaupt nichts machte. Für ihn waren die Olympischen Spiele schlicht und ergreifend eine deutsche Angelegenheit, und vor diesem Hintergrund empfing er die deutschen Sieger und feuerte sie an.

Einmal saß Tom Wolfe mit in der Diplomatenloge. Als Owens einen besonders spektakulären Sieg errang, stieß Tom ein Kriegsgeheul aus. Hitler drehte sich um, schaute stirnrunzelnd zu uns herunter und versuchte ärgerlich den Missetäter ausfindig zu machen. Wie mir einmal ein angeblich intelligenter Assistent von Ribbentrops erklärte, betrachteten die Nazis Schwarze als Tiere und hielten sie für absolut unfähig, an den Olympischen Spielen teilzunehmen. Der junge Mann erläuterte diese These folgendermaßen: Wenn die Deutschen unfairerweise Hirsche oder andere schnellfüßige Tiere zu den Spielen zugelassen hätten, wären sie den amerikanischen Leichtathleten natürlich auch überlegen gewesen. Er fügte hinzu, wir Amerikaner verschafften uns einen unfairen Vorsprung, indem wir Nicht-Menschen wie Owens und andere schwarze Athleten gegen edle Abkömmlinge der germanischen Rasse antreten ließen, und er hätte sich ein Verbot durch das Olympische Komitee gewünscht! Diese Offenbarung bösartiger Dummheit widerte mich an, aber letztlich begegnen die Nazis mit dieser oder ähnlicher Haltung wohl jedem Menschen, der nach ihren Begriffen kein Arier ist. Mit solchen Leuten kann man nicht diskutieren.

Wenn ich Hitlers Charakter mit wenigen Worten umreißen sollte, würde ich sagen: Unter den heutigen Staatsführern ist er einer der schlimmsten Fanatiker und noch dazu halb wahnsinnig. Anscheinend hat er zwar seine liebenswürdigen Momente, gilt aber weder als witziger, geistreicher noch kluger Gesprächspartner. Mit seinen Wahnideen, Obsessionen und Hirngespinsten eroberte er das deutsche Volk – das verbittert war durch die Niederlage, zerrissen durch die Zwietracht, ja die geradezu kriminelle Spaltung der demokratischen Parteien – und wurde von Elementen finanziert und unterstützt, die mit der Demokratie schon immer unzufrieden gewesen waren: Junkern und Großgrundbesitzern, reichen, müßiggängerischen Industriellen und Bankiers, Konservativen jeder Art, die sich nach einer ›stabilen‹ Regierung sehnten, und letztendlich sogar von den mitleiderregenden, abgehalfterten Hohenzollern. Hitler gelangte durch einen Trick an die Macht, durch eine kaum verhüllte Brandstiftung, und wurde von verantwortungslosen Schurken unterstützt, die nach dem Weltkrieg beim gesellschaftlichen Wiederaufbau Deutschlands keine Rolle mehr spielten. Er versprach der Arbeiterklasse Freiheit und der Bourgoisie wirtschaftlichen Aufschwung. All diese Fakten gelten inzwischen als historisch bekannt, aber man sollte sie sich bewußt in Erinnerung rufen, wenn man sieht, wie ein Wortbruch und ein Verrat den anderen ablöst, zum Verderben der europäischen Zivilisation. Diese Entwicklung kommt vor allem den reaktionären Kräften in allen Ländern entgegen, unser eigenes Land mit eingeschlossen. Die privilegierten Schichten, die Geschäftsleute, Industriellen und Bankiers in aller Welt, lassen es sich als Warnung dienen, wie in Nazideutschland sogar mit ihnen und ihrer Klasse umgesprungen wird. Jeder kennt das Schicksal der reichen Juden, die die Nazibewegung einst mit großzügigen Spenden unterstützten, um ihr Vermögen zu schützen, doch anscheinend gibt es in Amerika einige wohlhabende Juden, die vor diesen Fakten die Augen verschließen.

Es ist zwecklos, den Versuch zu unternehmen, die wahren Berichte über Hitlers Privatleben von den Legenden zu trennen. Er liebte seine Mutter, haßte seinen Vater, hatte keinerlei Beziehung zu seinen Brüdern und Schwestern – seine Halbschwester, über die er niemals spricht, lebt offenbar als Köchin in einem jüdischen Haushalt. Eine Cousine Hitlers brachte sich in seiner Wohnung um. Hanfstaengls Schwester, Hanfstaengls Gattin, auch Frau Cosima Wagner, adlige Damen, Schauspielerinnen oder die kluge, begabte Regisseurin Leni Riefenstahl zählten zu seinen Freundinnen und Bewunderinnen – einfache sowie vornehme Frauen, häßliche und schöne. Seltsamerweise ist nicht erwiesen, ob Hitler jemals mit einer Frau geschlafen hat. Bevor die Nazis die Macht ergriffen, suchten ihre Feinde emsig nach Beweisen, die Hitlers Ruf hätten schaden können. Doch was irgendwelche intimen Beziehungen betraf, entdeckten sie nichts Interessantes oder Anomales. Das einzig Anomale war vielleicht, daß man nichts entdeckte.

Unbewiesen ist auch Hitlers angebliche Homosexualität. Allerdings trifft zu, daß viele Männer seiner früheren und heutigen Umgebung homosexuell veranlagt sind. Einer der angesehensten Psychoanalytiker Europas, der bestens mit den Ereignissen in Europa vertraut ist, erzählte mir neulich, Hitler leide an einem akuten Kastrationskomplex. Dies könnte einerseits seine große Angst vor Frauen und seine Unfähigkeit, sich zu verlieben, erklären, andererseits auch seinen neiderfüllten Haß auf die Juden, die einst eine unbedarfte, schwache, ohnmächtige Minderheit waren – sich also in einer Position befanden, die sich psychologisch gut mit seiner früheren frustrierten Situation vergleichen läßt – und jetzt im ökonomischen und kulturellen Leben Deutschlands eine so mächtige und bedeutsame Rolle spielen, daß sie teilweise schon assimiliert sind.

In diplomatischen Kreisen, in den Salons, herrscht bezüglich Hitlers Privatleben größte Verwirrung. Immer wieder werden Namen genannt, sowohl von Frauen, als auch von Männern, doch deren Verbindung zu Hitler besteht immer nur wenige Tage oder Wochen. Im Frühling 1938 wurde die junge Prinzessin Marie von Savoyen, Tochter des italienischen Königs, in Pressenotizen mit Hitler in Beziehung gebracht. Doch auch diese Gerüchte legten sich bald wieder, da es nicht den geringsten Beweis für ihren Wahrheitsgehalt gab. Einige Leute, die Hitler schon seit vielen Jahren kennen, meinen, daß er wohl niemals heiraten werde: es sei zu spät – einerseits wegen seines mangelnden Interesses an einer

Ehe, andererseits wegen der besonderen Verehrung, die sein heiligenmäßiger Junggesellenstand beim Volk erweckt.

Meiner Ansicht nach ist Hitler vollkommen asexuell. Psychologisch betrachtet, könnten sein jäher Haß auf Röhm und andere, die nicht der sexuellen Norm entsprechen, sein fanatischer Abscheu und der Umstand, daß er sämtliche Homosexuellen-Nachtklubs schließen ließ, aus quälendem Neid resultieren: Womöglich rächt sich Hitler auf diese Weise an all jenen, denen die Befriedigung eines Verlangens zuteil wird, das er sich selbst nicht einmal einzugestehen wagt.

Das Privat- und Liebesleben der meisten Staasoberhäupter, Politiker und Soldaten in Vergangenheit und Gegenwart liegt vor uns wie ein offenes Buch, in dem jeder Neugierige lesen kann. Mussolini ist bekannt für sein ausschweifendes Liebesleben und macht keinen Hehl daraus. Stalin war zweimal verheiratet und scheint sich dessen durchaus nicht zu schämen. Mustafa Kemal gab sich keine große Mühe zu verbergen, daß er sowohl Männer als auch Frauen liebte. Tschiang Kai-shek hat eine reizende Frau, mit der er offenbar glücklich zusammenlebt. Doch Hitler hat weder eine Geliebte noch eine Ehefrau und fühlt sich offenbar auch nicht sonderlich zu Männern hingezogen – es sei denn, man wundert sich über die fanatische, leidenschaftlich loyale Freundschaft mit Heß.

Hitler mit seinem inbrünstigen, introvertierten katholischen Hintergrund, den er verraten hat, Hitler mit dem verqueren Mutterkomplex und der jüdischen Obsession bleibt also ein normales sexuelles und emotionales Ventil versagt. Und so richtet er seine Wut nicht gegen sich selbst, sondern gegen ein ganzes Volk, ja die ganze Welt; sein Leiden an der erzwungenen Askese entlädt sich in einem tobenden Rachefeldzug, in sadistischen Grausamkeiten von einem Ausmaß, das in der Geschichte der Völker nahezu unbekannt ist. So erklärt sich vielleicht, daß er alle Teile der Bevölkerung mitleidlos, gnadenlos, sinnlos verfolgt und eine fanatische Lust an Folterqualen empfindet – sowohl jenen, die er selbst durchmacht, als auch stellvertretend jenen, die seine Schreckensherrschaft überall in den Konzentrationslagern und Gefängnissen anderen Menschen zufügt.

In Hitlers Gesichtszügen zeigt sich sein Irrsinn, seine Verlogenheit, der völlige Mangel an Klugheit oder Intellektualität, aber natürlich kann man ihn auch unmöglich objektiv betrachten, wenn man weiß, welche Methoden er anwendet oder wie sein Regierungsapparat funktioniert. Er hatte schlaue, teuflische Berater wie Neurath, Dieckhoff und andere Männer des Außenministeriums, von denen die Welt vermutet, daß sie wenigstens etwas gemäßigter als Hitler sind. Doch liegt die absolute Macht bei Hitler und natürlich dem System, das er schützt – eine ganz andere Sachlage als zu Beginn seiner Diktatur. Wenn man sieht, wie er gestikuliert, wie er prahlerisch vor seinen Truppen auf und ab stolziert oder inmitten frenetischen Jubels – der auf sein krankes Hirn wie eine Droge wirkt – salutiert, dann erkennt man, daß dieser Mann dringend psychiatrischer Behandlung bedürfte; ein Mann, der jetzt Führer eines mächtigen Staates ist und gegen die moderne Welt teils wirkungsvolle, teils leere Drohungen ausstößt. Sein Traum von unumschränkter Macht hat sein Gesicht und sein Auftreten geformt; er muß auch seinen Geist geformt haben. Hitler hält sich für außerordentlich willensstark und klug, für unbezwingbar, weil er soviele Erfolge verzeichnen kann und ein Triumph den nächsten ablöst. Manchmal besitzt Hitler die Unberechenbarkeit einer Katze, manchmal die brutale Kraft eines Bullen; er entwickelt sorgsam ausgetüftelte, hinterhältige, hochkomplizierte Pläne der Art, wie man sie gemeinhin Verrückten zuschreibt; seine Vorhaben entspringen reinem Wunschdenken, er geht bei seinen Planungen vor wie ein bösartiges Kind. Hitler wird seinen heiligen Gral eines nazifizierten Europa, eines hitlerisierten Nazitums suchen – auch wenn er in seinen Fieberträumen erst durch den Schlamm, das Blut, das Kriegsinferno eines verwüsteten Europas waten müßte. All diese Dinge kann man an seinem Gesicht ablesen – das trotz der herrischer gewordenen Züge immer noch weich und degeneriert wirkt – und an seinen peinlichen napoleonischen Allüren. Diese Fakten erkennt jeder Diplomat und jeder Student, der die Situation in Deutschland eine Weile von innen betrachtet. Europa und die Welt müssen reagieren, bevor es zu spät ist.

Dieser grüblerische, jähzornige Mensch, der Vorbilder für sich und sein Volk in jenen barbarisch-dunklen Sagen sucht, die Wagner in Musik verwandelt hat, verfügt über eine perverse Überzeugungskraft und über die unheimliche Macht, sich aller Register der Massenpsychologie zu bedienen. Man kann ihn nicht leichthin als ›fanatisch‹, ›wahnsinnig‹ oder ›psychopathisch‹ abtun – obwohl diese Fäden in den Stoff hineinverwoben sind, aus dem Hitlers Verstand und Gefühl gemacht sind. Hitler hat viel von seinen Feinden in Deutschland gelernt; er hat auch viel von Mussolini gelernt; aus zahllosen Quellen hat er sich die unterschiedlichsten Methoden angeeignet, um seiner perversen Leidenschaft für die Glorifizierung seiner Person und die Glorifizierung der germanischen Rasse zu frönen. Obgleich die größte Schuld an Deutschlands Rückkehr ins barbarische Mittelalter ihn selbst trifft und all jene Menschen, die seine Machtergreifung erst ermöglichten, darf man jene Männer nicht vergessen, mit denen er sich umgibt und deren Leben ebenso verbogen und verkrüppelt ist wie sein eigenes.

## 2

Hermann Göring, der als Nazi Nr. 2 gilt (letzter Stand: Preußischer Innenminister, Reichsluftfahrtminister, Oberbefehlshaber der deutschen Luftwaffe, Generalfeldmarschall, General der preußischen Staatspolizei, Reichstagspräsident, Präsident des preußischen Staatsrats, Forstminister, Jagdminister – mit mindestens je einer Uniform für jedes dieser Ämter) hat eine ebenso merkwürdige und bunte Vergangenheit wie Hitler. Wohlhabend, aus besten gesellschaftlichen Verhältnissen stammend, stand ihm der Zugang zu allen Positionen offen, als er am Krieg teilnahm und damit zu einem der sensationellsten Flieger-Asse seiner Zeit wurde. Nach Richthofen, in dessen Adern jüdisches Blut floß, schoß er mehr feindliche Maschinen ab als irgend jemand sonst in diesem aberwitzig tollkühnen Jagdgeschwader. Er war erst Mitte Zwanzig und nährte sich schon von Blut, Grauen und den mörderischen Flammen des Luftkriegs. Schlank, blond, attraktiv, tapfer, blühte er auf im Wahnsinn des Tötens, dem er sich mit Haut und Haar und allen Sinnen verschrieb; seine Seele war verzerrt, gebrochen, süchtig nach dem Tod, nach der Erregung und Stimulation durch jene Grausamkeiten, die er aus Pflichterfüllung für ein nebulöses heiliges Vaterland beging.

Im Krieg wurde er schwer verwundet. Einige Leute behaupten, er habe schon vorher Drogen genommen. Doch nach allem, was ich gehört habe, neige ich eher zu der Ansicht, daß sich die Drogensucht erst später entwickelt hat, vielleicht als Mittel gegen die unerträglichen Schmerzen. Jedenfalls ist allgemein bekannt, daß er viele Jahre lang drogenabhängig war und daß ihm und seiner epileptischen Frau das Recht an deren Kind aus einer früheren Ehe abgesprochen wurde – aufgrund seiner Sucht und ihrer Krankheit. Es heißt, er sei 1925 in eine Anstalt für psychisch Kranke nach Schweden geschickt worden oder freiwillig dorthin gegangen, wo man ihn dann offenbar von seiner Drogensucht heilte.

Ein befreundeter Berliner Journalist hingegen sagte mir einmal, er zweifle nicht daran, daß Göring immer noch Sklave seiner Sucht sei. Dieser Mann, der Göring recht wohlwollend gegenübersteht, hatte ihn schon zu Gast und ist ihm bei zahllosen Anlässen begegnet. Er sagte, er habe ihn häufig unter Kokaineinfluß erlebt und auch danach, wenn die Wirkung der Droge nachgelassen hatte. Bei öffentlichen Anlässen, Feierlichkeiten, Militärparaden, überhaupt immer dann, wenn Göring gezwungen war, viele Stunden lang anwesend zu sein, ohne zwischendurch verschwinden zu können, verwandelten sich sein überschwengliches Temperament, sein Scharfsinn und seine Energie in einen Zustand teilnahmsloser Depression. Dann werde sein Blick auf einmal abwesend und glasig. Doch es hat keinen Sinn, darüber zu spekulieren, ob Göring diesem Laster immer noch verfallen ist; es läßt sich nicht beweisen, da solche Informationen unter Verschluß gehalten werden und strikter Zensur unterliegen. Immerhin glauben interessanterweise die meisten Menschen, daß Göring immer noch drogensüchtig ist. Dies mögen sehr persönliche und intime Fakten sein, aber sie sind wichtig, wenn es um den Charakter und das unbesonnene Verhalten eines der mächtigsten Nazis geht – und sie werfen ein zusätzliches Licht auf seine vergangenen, gegenwärtigen und künftigen Handlungen.

Göring ist untersetzt und wirkt aus der Ferne ziemlich lächerlich, aus der Nähe jedoch geradezu grotesk. Er ist von mittlerer Größe, aber sein einst schlanker Körper hat sich in einen mächtigen Fleischkloß verwandelt, der an manchen Stellen fast aus den Nähten platzt. Das einst markant geschnittene Gesicht verschwindet jetzt unter Fettpolstern; die Wangen wirken wie aufgequollene Wucherungen unterhalb der weit auseinanderstehenden blauen Augen, die kalt wie die einer Schlange sind; das Kinn ist nur noch ein kurioser Auswuchs; alle vielleicht attraktiven oder markanten Züge und die ganze Knochenstruktur sind verschwunden – aufgegangen in einer groben, geröteten Masse, die Gesicht zu nennen ein bloßer Euphemismus ist. Man versteht die bittere Ironie, die dem berühmten deutschen Witz über den typischen Nazi zugrunde liegt und in dem es heißt, man müsse ›dünn wie Göring‹ sein.

Nach mehrjähriger Freundschaft mit der Schauspielerin Emmy Sonnemann hat er sie vor zwei Jahren geheiratet. Diese Beziehung war eine nie versiegende Quelle von interessantem Klatsch für gelangweilte, prüde Diplomaten. Hitler mißbilligte den Tratsch über Görings unerlaubte Beziehungen (zuverlässig erfuhr ich davon zum ersten Mal durch Jules Sauerwein während meines ersten Sommers in Deutschland) und befahl ihm, diese ›Affäre‹ entweder zu beenden oder Emmy Sonnemann zu heiraten.

Göring nahm Emmy mit auf eine Balkanreise und versuchte, die höchsten Gesellschaftskreise jener Länder dazu zu zwingen, Emmy zu akzeptieren, sie ebenfalls einzuladen und ihr die Anerkennung zu zollen, die einer Ehefrau gebühren würde. Doch die königlichen und diplomatischen Kreise weigerten sich, und als Göring nach Berlin zurückkehrte wurde er wegen seines anmaßenden Verhaltens gerügt und zur Heirat verdonnert.

Emmy Sonnemann ist eine freundliche blonde Frau über fünfunddreißig. Sie trägt ihre goldenen Zöpfe um den Kopf geschlungen, hat blaue Augen und eine mehr als üppige Figur, das Idealbild eines ziemlich matronenhaft gewordenen Gretchens. Trotz ihrer rundlichen Kurven und ihrem hübschen, aber nicht besonders intelligenten Gesicht sind ihre öffentlichen Auftritte von einer gewissen fröhlichen Selbstsicherheit. Ich erinnere mich an eine Teegesellschaft, die sie für eine beschränkte Anzahl von Diplomatenfamilien gab und zu der auch meine Mutter und ich eingeladen waren. Wir kamen in die luxuriös eingerichtete Villa der Görings am Leipziger Platz. Im Wohnzimmer saßen an kleinen Tischen die Ehefrauen und Töchter der Diplomaten und ein paar hochrangige deutsche Frauen. Frau Göring benahm sich sehr zwanglos, setzte sich auf die Armlehnen der Sessel und Sofas, beugte sich über ihre Gäste und machte übertrieben munter und naiv Konversation. Ihr rotes, von goldenen Flechten umrahmtes Gesicht sah ganz reizend aus. Sie sprach vertraulich von ihrem Gatten, nannte ihn beim Vornamen, erwähnte schüchtern, was er ihr zu Weihnachten schenken werde. Frau Göring ist die First Lady des Landes – da Hitler unverheiratet ist – und unternimmt wahrscheinlich den Versuch, zynischen Diplomaten ihren phantastischen und von ihr offensichtlich heiß geliebten Gatten menschlich näherzubringen. Sie erfüllt ihre Rolle mit viel Würde und überschwenglichem, wenn auch etwas hausbackenem Charme.

Meine Mutter fühlte sich ziemlich zu ihr hingezogen. Sie sah sie recht oft – nicht nur zu gesellschaftlichen Anlässen, sondern auch privat, wenn sie neue Mitarbeiter oder Angehörige des Diplomatischen Korps mitnahm – und fand, daß Emmy Göring ihrem Gatten weit überlegen sei.

An jenem Nachmittag erschien Göring nach seiner Rückkehr aus dem Ministerium persönlich, ein vergnügter Koloß. Fett stand er zwischen den geladenen Damen, die ihn begrüßten, und spielte erbärmlich schlecht die Rolle des naiv Verwirrten. Dieser Auftritt kam meiner Mutter und mir etwas zu harmlos und gemütlich vor. Wir betrachteten das feiste, brutale Gesicht mit den mitleidlosen Augen, warfen noch einen Blick auf die – aus dem Museum gestohlenen – Cranachs, die die Wände des Wohnzimmers zierten, und gingen nach Hause.

Meine Mutter hatte eine Geschichte auf Lager, die sie mit unnachahmlichem Humor erzählte und mit endlosen Ausschmückungen versah. Bei einem der zahllosen offiziellen Konzerte, die regelmäßig von der italienischen Botschaft veranstaltet wurden und für das gesamte Diplomatische Korps ein Quell abgrundtiefer Langeweile war, wurde sie unglücklicherweise direkt hinter General Göring plaziert. Er trug formelle Kleidung – eine Luftwaffenuniform, von der es übrigens heißt, er habe sie selbst entworfen. Der Uniformrock sitzt sehr eng, steht vorne offen und liegt am Rücken hauteng an. Er betont die Körperform, bis auf eine Art herzförmiger Aussparung am Gesäß. Nachdem meine Mutter ihn begrüßt und sich einer anderen Gruppe zugesellt hatte, drehte sie sich noch einmal nach ihm um und sah schockiert, wie sich die knapp geschnittene Hose über den ausladenden Fleischmassen spannte, dreimal so dick wie bei einem normalen Mann. Als man sich setzte, um der Musik zu lauschen, beobachtete meine Mutter entsetzt, wie Göring versuchte, seine Fettmassen so bequem und stabil wie möglich auf einem der zierlichen Goldstühlchen zu verteilen. Wunderbar schilderte meine Mutter ihr Unbehagen – sie beschrieb ihre Angst, Göring könne jeden

Moment durch den Stuhl brechen und ihr auf den Schoß plumpsen. Der Anblick dieses riesigen, links und rechts über die Sitzfläche quellenden Hinterteils in so fataler Nähe ihres eigenen Stuhls beunruhigte sie so sehr, daß sie sich später an kein einziges Musikstück mehr erinnern konnte!

Eine andere Geschichte, die ebenfalls auf einer wahren Begebenheit beruhte, löste in Berlin große Heiterkeit aus und verbreitete sich wie ein Lauffeuer, wie alle despektierlichen Geschichten über die Nazigrößen. Wenn ich mich nicht irre, ereignete sich dieser Vorfall, als Göring Besuch von den Lindberghs bekam. Göring erschien in einer makellos weißen, mit Orden und Schärpen übersäten Uniform und gab den perfekten Gastgeber. Prahlerisch stellte er den Gästen sein Haustier, ein Löwenjunges, vor. Es war dem Babyalter zwar schon entwachsen, doch Göring drückte es trotzdem zärtlich an seine Brust. Plötzlich fiel das Löwenjunge aus der Rolle, und zwar so gründlich, daß Göring, bis er sich endlich sanft losgemacht hatte (mit einem Löwenjungen im Arm sollte man sich tunlichst nicht abrupt bewegen) bis auf die Haut durchnäßt war. In fürchterlicher Verlegenheit rannte er hinaus, um sich umzuziehen. Kurz darauf freute sich der Berliner Zoo über ein großzügiges Geschenk General Görings: ein schon etwas älteres Löwenjunges.

Als Göring die sterblichen Überreste seiner ersten Frau aus Schweden überführen ließ, um sie auf seinem Landgut zu bestatten, lud er zur Trauerzeremonie in seltener Aufmerksamkeit das ganze Diplomatische Korps ein. Alle Gäste trafen sich bei seiner Jagdhütte, wo man ihnen Plätze in offenen Pferdekutschen zuwies. Dann ging es im munteren Galopp kreuz und quer durch die Ländereien, man zeigte ihnen die preisgekrönten Tiere und die umzäunten Jagdgehege. Wer wollte, konnte auf die Jagd gehen, für die übrigen Gäste standen andere Sportmöglichkeiten zur Auswahl. Mein Vater fror und fand es höchst ungehörig, in einer offenen Kutsche fahren zu müssen. Trotzdem blieb er eine Weile und fuhr mit der ebenso gelangweilten Gattin des italienischen

Botschafters (es war noch die Zeit vor der Achse Berlin – Rom) über Land. Göring, der sich herausgeputzt hatte und seinen feschen Jägeranzug trug, eilte nach etwa einer Stunde zum Jagdhaus zurück, um sich umzuziehen. Kurz darauf erschien er in formeller Kleidung und fuhr mit den Diplomaten zum Grab seiner heißgeliebten Frau Karin, die ungefähr 1931 an Tuberkulose gestorben war. Mein Vater verließ die Gesellschaft so bald wie möglich, hörte aber später, daß diese Veranstaltung noch sehr viel länger gedauert hatte.

Görings Eitelkeit und Geltungsbedürfnis sind überwältigend. Er ist genauso mürrisch und großspurig-pathetisch wie Hitler selbst. Damals veranstaltete er einen wahren Karin-Kult, was für die zweite Frau Göring sicher sehr anstrengend war. Obwohl er eigentlich die ideale Gattin besaß, eine schöne vornehme Frau, vermittelte er privat und öffentlich den Eindruck, einfach nicht über Karins Tod hinwegzukommen. In seinem Stadthaus hing ihr Porträt, vor dem ein ewiges Licht brannte; dies sowie die unerträglich pompöse, öffentlich zelebrierte Verehrung ihres Grabs in seinem Landsitz in der Schorfheide sind Beweise dafür, welch morbide Blüten eine kranke Phantasie zu treiben vermag.

Karin Göring und er blieben trotz neunjähriger Ehe kinderlos – ihrem früheren Mann hatte sie einen Sohn geboren. Göring wiederum ist nun stolzer Vater einer kleinen Tochter, die Emmy ihm geboren hat; das Kind heißt Eda, nach Mussolinis Tochter.

Wenn man bedenkt, was über Görings Lebenslauf und seine politische Karriere bekannt ist, bereitet es einem Sorgen, mit welch amüsierter, ja fast herzlicher Toleranz viele Deutsche die grotesken Possen und den Egoismus ihres Naziführers Nr. 2 verfolgen. Göring ist weitaus beliebter als Goebbels – ja, er kommt in den Herzen der Menschen gleich nach dem Führer. Sie lachen gern über ihn und erzählen sich Geschichten, die zwar an sich boshaft sind, aber in herzlichem Ton vorgebracht werden. Daß er mehr ist als ein eitler Clown und daß manche der harmlosen Geschichten höchstwahrscheinlich von Göring und seinen Mitarbeitern selbst in Umlauf gebracht wurden – aus dem perversen Wunsch heraus, um jeden Preis im Gespräch zu bleiben –, scheint an der Einstellung der Deutschen kaum etwas zu ändern.

Hitler ist ein fremder Erlöser aus einer anderen Welt – weder vom Aussehen noch von seinen merkwürdigen asketischen Gewohnheiten her als typisch deutsch zu bezeichnen. Göring wiederum gilt als die Verkörperung dessen, was jeder Deutsche sein könnte. Er ist gierig, fett, ein Gourmand und Gourmet. Er liebt Frauen und macht kein Hehl daraus. Er hat eine liederliche Altmänner-Leidenschaft für Balletteusen, mit denen er fast jede seiner pompösen Gesellschaften schmückt. Er war mit seiner ersten Frau glücklich verheiratet, ist jetzt abermals glücklich verheiratet mit dem Idealbild deutschen Frauentums und hat ein munteres Töchterchen. Göring ist reich, entstammt einer vornehmen Familie und hat sich tapfer in der Tradition der Kriegshelden bewiesen. Göring ist blond, Soldat und Arier, eindeutig konservativ in seinen politischen und ökonomischen Ansichten. Er gibt den vertrauten, bewährten, besser verständlichen und menschlicheren Deutschen, sozusagen den Apostel der überspannten Hitlerschen Religion.

Doch in Wirklichkeit ist Göring das exakte Gegenteil des Bilds, das er und seine Parteigenossen von ihm entwerfen; er ist der niederträchtigste, rücksichtsloseste und gefährlichste Mann in ganz Nazideutschland. Er besitzt ungeheure Macht. Als oberster Chef der Luftwaffe (und ehemals der Geheimen Staatspolizei), Preußens (als Ministerpräsident), als Beauftragter des Vierjahresplans und seiner nicht eben kleinen privaten Polizeitruppe könnte er – falls Hitler sterben oder ihn zum Chefberater ernennen sollte – politisch, ökonomisch und militärisch ebenso unumschränkte Macht erlangen wie der Führer selbst. Ehrgeizig in großem Stil, brutal und skrupellos, kalt und voller Rachsucht, fanatisch und gewissenlos, würde er Deutschland womöglich in noch schrecklicheres Unglück und Blutvergießen stürzen. Kein Wunder, daß mein Vater sagte, dieser Mann und die beiden anderen würden nach dem 30. Juni niemals in seinem Namen in die Botschaft eingeladen werden.

Göring, der nach fünf Jahren in der Partei von seinem Einfluß her nur noch mit Hitler verglichen werden kann, wird als dessen potentieller Nachfolger gehandelt. In dem erwähnten Zeitraum hat er mit seinen Feinden, mit Männern wie von Schleicher, von Papen, Schacht und konservativen Armeegenerälen kurzen Prozeß gemacht. Wo immer es ihm möglich war hat er Rivalen gnadenlos ermorden lassen oder auf andere Weise eliminiert. Es wäre naiv, ihm im Rahmen einer Analyse der Nazipolitik nicht die Hauptverantwortung für das Röhm-Schleicher-Blutbad zuzuschreiben, dessen preußisch-deutsches Ende er (aus Sicht der Nazis) mit unübertrefflicher Effizienz regelte. Es war äußerst schlau von ihm, ständig seine konservative soziale Herkunft, seinen Reichtum, seine Kriegsvergangenheit, seine germanischen Eigenschaften, seinen Glauben an den ökonomischen Status quo zu betonen, denn daß ein solcher Mann Sozialist sei oder irgendwelche radikalen Einstellungen vertrete, würde fast jeder ins Reich der Legende verweisen. Und doch ist Göring einer der rücksichtslosesten Extremisten in der Nazipartei. Hinter seinem prahlerischen Getue, das vielen Leuten so harmlos und amüsant erscheint, verbirgt sich ein ebenso grenzenloser, unbeugsamer Machtwille wie der Hitlers.

Görings ziemlich eindeutige Rolle beim Reichstagsbrand und den darauffolgenden Demütigungen während der Prozesse zeigen, welcher Mittel er sich bedient, um seine Ziele zu erreichen, und auch die Ziele seiner Partei, mit der er zwangsläufig aufsteigen oder untergehen wird. Von den Offizieren der Reichswehr wurde er mit Verachtung und Neid betrachtet, und deshalb haben die dort kürzlich eingetretenen Veränderungen seiner Sache sehr geholfen. Einer seiner Todfeinde war Schacht, der von Anfang an als tapferer Nazipartisan galt und Hitler in der Phase der Wirren Ende 1932, Anfang 1933 bei der Machtergreifung half. Zufällig aber hatte Schacht andere Vorstellungen von der Ökonomie des

Dritten Reichs. Im letzten Herbst blieb Schacht auffällig oft Kabinettssitzungen fern und sah sich kurz darauf praktisch aus seiner Position gedrängt. Die Eisenwerke Hermann Görings wurden zum dominanten Faktor im neuen Volkswirtschaftsplan, und Göring persönlich erhielt die Aufgabe, den Vierjahresplan zu überwachen (welcher nur ein begriffliches Plagiat der sowjetischen Planwirtschaft darstellt und eigentlich vor allem veranschaulichen soll, was die effizienten Deutschen im Vergleich zu den stümperhaften Sowjets alles erreichen). Dieser Plan war das Resultat des selbstmörderischen deutschen Wirtschaftssystems. Durch einen ungeheuer kostspieligen Prozeß sollte sich Deutschland binnen vier Jahren zu einer wirtschaftlich unabhängigen Nation entwickeln. Doch die negativen Auswirkungen auf die ökonomischen Ressourcen des Landes und den Wohlstand der Menschen sind unübersehbar, und daran wird auch die Tatsache nichts ändern, daß reiche Regionen der Tschechoslowakei hinzugekommen sind. Schacht warnte vor diesem tollkühnen Projekt und wurde für seine Bemühungen entlassen.

Jetzt wird in Deutschland alles aus Ersatzstoffen hergestellt, von simplen Haushaltsgegenständen, Nahrung und Kleidung bis hin zu wichtigeren Wirtschaftsgütern wie Gummi, Gas, Öl und nun sogar Stahl. Die künstliche Produktion dieser Dinge verursacht enorme Kosten und wäre selbst angesichts eines streng kontrollierten Finanzsystems unökonomisch, gefährlich und auf Dauer nicht weiterzuführen.

Wie man an den faschistischen Angriffen auf Spanien, China, Äthiopien, Österreich und die Tschechoslowakei sieht, gibt es aus Sicht der Faschisten angesichts der Belastung dieser armen Länder durch ein autarkes System gegenwärtig nur eine einzige Lösung: den ökonomischen Imperalismus, der für Deutschland aber wiederum eher eine Belastung ist, weil die Ausbeutung fremder Länder Unmengen an Material und Geld verschlingt. So entsteht ein Teufelskreis, und das Land ist schlechter dran als je zuvor. Manche Nazis, wie zum Beispiel Schacht, erkennen, in welche Sackgasse diese Politik führt: Krieg oder Zusammenbruch – und man hat ja gesehen daß alle faschistischen Mächte dem inneren Zusammenbruch stets den Krieg vorziehen.

Vom militärischen Standpunkt aus ist Göring rücksichtsloser als jeder andere, einschließlich Hitler. Er betrachtet die Luftwaffe der Nazis, wie er selbst sagt, als unbesiegbarste Armee der Welt. Es steht außer Zweifel, daß die deutsche Luftwaffe eine überragende Organisation ist und einige der neuen schnellen Bomber wie etwa die Messerschmitt-Maschinen kaum zu schlagen sind. Andererseits erwiesen sich diese Kampfflugzeuge in Spanien als nicht so erfolgreich wie erwartet, obwohl sie es mit Gegnern zu tun hatten, die den deutschen und italienischen Maschinen bezüglich Anzahl und moderner Technik weit unterlegen waren.

Im Herbst 1938 soll Charles Lindbergh gesagt haben, die Deutschen hätten die beste Luftwaffe der Welt. Zweifellos werden diese Flugzeuge in immer größerer Zahl und möglicherweise in noch besserer Qualität hergestellt. Doch damit man sie effektiv einsetzen kann, müssen die Maschinen auch von gut ausgebildeten Besatzungen geflogen werden – und daran läßt ihr Einsatz in Spanien Zweifel aufkommen. Als Lindbergh mit den (von ihm nie bestrittenen) Worten zitiert wurde, die sowjetische Luftwaffe sei absolut unterlegen, tauchte sofort die Frage auf, wieviel und vor allem was die Russen einem Mann gezeigt haben könnten, der ihrer gesellschaftlichen und militärischen Entwicklung bekanntermaßen feindlich gegenübersteht. Mehrere amerikanische Militär- und Luftfahrt-Attachés, die ich in Rußland kennenlernte, hatten von der russischen Luftwaffe eine sehr hohe Meinung. Sie ist sicherlich die größte der Welt und, nach den Ereignissen in Spanien zu urteilen, unglaublich effektiv – selbst bei minimaler Erfolgsaussicht. Die russischen Jagdflugzeuge gelten nach Ansicht vieler Experten – mit Ausnahme Colonel Lindberghs, der kürzlich die zweithöchste Auszeichnung erhielt, welche die Nazis zu vergeben haben – als unübertroffen. Doch der endgültige

Beweis muß natürlich erst erbracht werden. Und das wird nur in einem Krieg geschehen.

Sicher reichen Deutschlands Vorräte an Nahrungsmitteln, Ausrüstung und Munition bis einige Monate nach Kriegsbeginn, dann jedoch wird die Situation sehr problematisch werden. Deshalb ist soviel vom ›Blitzkrieg‹ die Rede – reines Wunschdenken, durch das Göring und andere vielleicht sich selbst und der Armee weisgemacht haben, ein europäischer Krieg sei in wenigen Monaten vorüber. Ein psychologisches Phänomen, das man bei den Deutschen bereits kennt: Neben vielen anderen Ländern glaubte auch Deutschland 1914, daß der Weltkrieg in sechs Monaten beendet sein würde. Heute jedoch haben andere europäische Nationen, außer Deutschland, eine pessimistischere Sicht und scheinen aus bitterer Erfahrung gelernt zu haben, daß ein Krieg kein Sonntagsspaziergang ist.

Göring ist nach Hitler der zweite Mann in Deutschland. Man muß ihn im Auge behalten. Alle Welt hält ihn für draufgängerisch und gefährlich, und Hitler selbst fürchtet ihn zweifellos und würde ihn in die Schranken weisen, sobald er seine eigene unumschränkte Macht durch ihn bedroht sähe. Allerdings steht nicht unbedingt fest, ob Hitler dazu immer in der Lage sein wird. Da Göring von Deutschlands ökonomischer und militärischer Unbesiegbarkeit überzeugt ist, könnte er Hitler in einem kritischen Moment zum Angriff überreden. Er war es, der Deutschland mit noch mehr Waffen und Soldaten am Spanischen Bürgerkrieg beteiligen wollte; er war es, der nach dem Einmarsch in Österreich keine Vergeltungsmaßnahmen fürchtete. Er war es sicherlich auch, der zu einem ähnlichen Umgang mit der Tschechoslowakei drängte. Nähme er in diesen Dingen jemals eine zurückhaltende Position ein, dann nur, weil es unbedingt notwenig ist oder seiner künftigen Rolle nützen würde.

## 3

Goebbels ist das sogenannte Hirn der Nazibewegung. Raffiniert, boshaft, hämisch und skrupellos liebäugelte er erst mit dem rechten Flügel der Nazis, dann mit dem linken und propagierte eine Art des Sozialismus, auf die niemand hereinfällt, am wenigstens die einfachen Leute. Wie schon erwähnt, ist er im Nazilager der Mann, dem am meisten Haß und Mißtrauen entgegenschlägt. Dieser offizielle Judenhetzer, Zeitungsherausgeber und Reichsminister für Propaganda und Volksaufklärung hat das Gesicht und das Gemüt einer Ratte.

Rein äußerlich ist er trotz seines Klumpfußes und dem kleinen, gnomenhaften Gesicht von allen Männern in Hitlers Umgebung der attraktivste. Er ist höchstens einsfünfzig groß, hager, und er hinkt, weil er seinen verkrüppelten Fuß hinter sich her zieht; er hat ein bläßliches Gesicht und einen hohen schmalen Schädel mit vorgewölbtem Hinterkopf, der auf einem dünnen Hals sitzt; außerdem hat er große abstehende Ohren, die seltsam tief am Schädel sitzen, langes strähniges schwarzes Haar, einen beweglichen, ausgesprochen breiten Mund und eine grobe, unschön geformte Nase. Wenn man all diese Dinge zusammennimmt, ist Dr. Goebbels unter all den Nazihelden ganz gewiß eines der undeutschesten, unarischsten Exemplare.

In den Augen der Nazis hat ein Mensch mit Klumpfuß kein Recht sich fortzupflanzen und beweist mit seiner Mißbildung, daß er das Produkt einer gemischtrassigen Verbindung ist. Wenn die Sterilisationsgesetze der Nazis einigermaßen objektiv und logisch wären, hätte man Dr. Goebbels längst sterilisieren müssen. Statt dessen erlaubt man ihm – ja ermutigt ihn offensichtlich dazu – so viele Kinder zu zeugen, wie seine Frau auszutragen bereit ist. Er hat bereits drei oder vier Töchter und einen adoptierten Sohn, der aus einer früheren Ehe seiner Frau stammt.

Frau Magda Goebbels ist eine sehr attraktive und weltgewandte Frau, die in einer jüdischen Familie aufgewachsen ist. Sie ist blond, groß (ein ganzes Stück größer als ihr Mann), kleidet sich höchst elegant, spricht mehrere Sprachen und verfügt über wesentlich mehr Anmut, Geist und Schönheit als Frau Göring, von der sie natürlich als große Rivalin empfunden wird. Frau Goebbels ist kein süßes kleines Weibchen; sie hat die Klugheit und intuitive Intelligenz einer Frau, die sich sicher auf dem gesellschaftlichen Parkett zu bewegen weiß. Früher, in der Zeit vor den Nazis, lud sie die verschiedensten Gäste zu ihren kultivierten Gesellschaften ein, auf denen man sich recht freizügig unterhielt und benahm. Daß sie nun an der Seite einer Nazigröße leben muß, hat ihr einen ziemlichen Dämpfer aufgesetzt, aber man spürt immer noch, wie lebhaft und streitsüchtig sie sein kann. Allerdings blieb ihr zwischen ihren Schwangerschaften kaum Zeit und Gelegenheit, ihre eigene Persönlichkeit zu entfalten.

Das allererste Mal begegnete ich ihr anläßlich einer großen Teegesellschaft, die wir für die Deutschen und das Diplomatische Korps gaben. Sie war eine der schönsten Frauen, die ich bis dahin in Deutschland gesehen hatte, wenngleich ihr Gesicht nicht jenen frischen Liebreiz besaß, den man von Naziehefrauen eigentlich erwartet. Auch kleidete sie sich elegant und gepflegt, und ihr Auftreten hatte etwas Vornehm-Blasiertes, eine forcierte Munterkeit, die im Vergleich zum langweiligen, schwerfälligen Benehmen der meisten deutschen Frauen verblüffen mußte. Diese Frau, die eher wie eine Französin wirkte, faszinierte mich. Ich überlegte, welch perverse Laune oder welch seelischer Defekt sie dazu gebracht haben mochte, Dr. Goebbels zu heiraten. Zuweilen machte sie über ihre Geschlechtsgenossinnen in Berlin Bemerkungen, die durch ihren subtilen Hintersinn so scharf und vernichtend waren, daß weniger kluge Frauen fürchterliche Angst vor ihr hatten. Trotzdem empfinde ich Respekt vor ihr und war bei jeder unserer zahllosen Begegnungen fasziniert von ihrer Schönheit, ihrem ganzen Auftreten, ihren eleganten, geschmackvollen Kleidern und gepflegten Manieren und ihrer lebhaften Intelligenz.

Viele Leute, die sie näher kennen, sagen, daß sie ihrem Mann mit ihren Launen und Wutausbrüchen tüchtig einheizt. Doch Goebbels war so leidenschaftlich und romantisch in sie verliebt und warb so heftig und ausdauernd um sie, daß sie wohl einfach nicht widerstehen konnte.

Früher war sie sorglos, fröhlich, vergnügungssüchtig, zweifellos auch skrupellos und ehrgeizig – eine Frau, die in einer anderen Ära vielleicht eine glänzende Kurtisane geworden wäre. Nach dem Erscheinen Emmy Görings spielt Frau Goebbels, Gattin von Nazi Nr. 3, nun eine weniger wichtige Rolle als zuvor. Zwischen den beiden Blondinen besteht immer noch ebensoviel gesellschaftliche und persönliche Rivalität wie zwischen ihren Gatten. Früher lud Frau Goebbels Hitler häufig abends zu ihren musikalischen Zusammenkünften ein, doch jetzt ist ihr in Emmy Göring eine Konkurrentin erwachsen, die sich offenbar Frau Goebbels' häufige Schwangerschaften zunutze macht. Obwohl Hitler die Goebbels-Töchter auf seinen Knien schaukelt, hat sich Magda Goebbels' Rolle verändert – es scheint, daß der Führer nun nicht mehr sie bevorzugt, sondern die erst später auf der Bildfläche erschienene Emmy. Vielleicht wird der Führer Emmys Töchterchen bald mit noch größerem Entzücken auf seinen Knien schaukeln.

Während sich Goebbels' Freunde mitten im Krieg befanden, wurde er aufgrund seiner Mißbildung für untauglich erklärt. Außerstande, ›den Ruhm und die Größe‹ von Tod und Zerstörung zu erleben, beschloß er, seinen Geist zu jenem effektiven Instrument zu machen, das sein Körper nicht war. Er absolvierte ein langes Studium, in dessen Verlauf er, wie in Deutschland üblich, mehrere Universitäten in verschiedenen Landesteilen besuchte. Er wäre sehr gern Dramatiker geworden, doch die zeitgenössischen Theater und Regisseure lehnten seine Stücke ab. Sie wurden erst aufgeführt, als die Nazis ihr eigenes Theater in Berlin hatten. Es ist durchaus möglich, daß sein ungeheurer Antisemitismus in dieser Ablehnung begründet liegt, denn zweifellos waren viele der erfolgreichen Dramatiker und Regisseure in

Das amerikanische Konsulat in Berlin

Deutschland Juden. Die Tatsache daß er aufgrund seiner minderwertigen Stücke abgelehnt wurde, ließ ihn womöglich bitteren Groll empfinden. Goebbels konnte sich eben nicht eingestehen, daß der eigentliche Grund für die Ablehnung sein mangelndes Talent war.

Hitler und seine Anhänger, mit denen Goebbels in den prägenden Jahren schon frühzeitig in Kontakt kam, erkannten fast auf Anhieb die sonderbaren und nützlichen Talente des kleinen Doktors. Es wurde ein Aufgabenbereich für ihn gefunden, der in der Zwischenzeit zwar noch weiter ausgebaut wurde, im Prinzip aber immer noch derselbe ist wie zu Beginn. Neue Kampagnen, neue Slogans, neue Tricks und Finten, um das Volk zu überzeugen oder aufzurütteln, werden fast allesamt von Dr. Goebbels ersonnen und in die Tat umgesetzt. Seine Ideen, vielleicht sogar seine konkrete Planung, werden in großem Maßstab realisiert und sind in der ganzen Welt als ›Nazizirkus‹ bekannt. Er zensiert, was die Menschen lesen, sehen, sagen, hören, und versucht sogar zu kontrollieren, was sie denken und fühlen.

Propaganda und Volksaufklärung erfassen offensichtlich fast alle Bereiche menschlicher Aktivität. Innerhalb der Nazibürokratie gibt es in sämtlichen Ministerien zahlreiche Überschneidungen. Zum Beispiel lernen junge Attachés des Außenministeriums ihr Handwerk im Propagandaministerium. Goebbels hat überall seine Finger im Spiel.

Er ist in Deutschland nicht nur für sämtliche Presseangelegenheiten und die Zensur zuständig – wobei er manchmal sogar die Reden und Stellungnahmen seiner Kollegen unterschlagen darf –, sondern auch für die Pressebeziehungen zum Ausland. Natürlich ist er den meisten Journalisten verhaßt. Nach seinen wiederholten Angriffen und Beleidigungen, über die sie stets getreulich berichten, herrscht eine Atmosphäre offener Verbitterung, die die Einstellung des Auslands zu Nazideutschland nicht gerade positiv beeinflußt. Obwohl er einen messerscharfen Verstand besitzt, sind seine Beschimpfungen derart abstoßend und bösartig, daß nur wenige Leute seinen überaus scharfen Intellekt respektieren.

Es steht außer Frage, daß er der ›Kopf‹, der ›diabolo‹ des Dritten Reichs ist. Doch um Deutschland in den Augen der Welt unbeliebt zu machen, hat er mehr getan als jeder andere, ausgenommen vielleicht Hitler selbst. Goebbels besitzt in Deutschland großen Einfluß und erhebliche Macht, daran besteht kein Zweifel – doch seine potentielle Gefährlichkeit wird durch die Tatsache eingeschränkt, daß er so unbeliebt ist. Ihm wird nicht nur von Göring, seinem derzeitigen Rivalen, Mißtrauen und Abneigung entgegengebracht, sondern auch von anderen Kollegen wie Rosenberg und Schacht, ebenso von der Reichswehr, den einfachen Leuten, konservativen Kreisen, den Aristokraten und sogar den Intellektuellen, in deren Augen er so schrecklich gern eine bedeutende, bewunderte Rolle gespielt hätte. Er hat kaum Anhänger, weder bei der SA, noch bei der SS, und besitzt keine eigene Armee oder Polizeitruppe. Abgesehen von der Bedeutung, die Hitler ihm beimißt, befindet er sich in keiner beneidenswerten Position. Den meisten Nazis ist klar, daß er unersetzlich ist und daß es hinsichtlich seiner Erfahrung mit Propagandamethoden und Massenpsychologie, hinsichtlich seines Muts zu gewagten Unternehmungen und kühnen Plänen niemand mit ihm aufnehmen kann. Diese Verdienste erkennen die Nazis an. Und obwohl sie Goebbels eigentlich alle gern los wären, sind sie doch der Ansicht, daß es gefährlich werden könnte, wenn jemand anderes seine Position einnähme – die Riesenblase der Nazipropaganda, die Goebbels zu gigantischen Ausmaßen aufgebläht hat, könnte kollabieren oder exlodieren, wenn irgendein anderer sie möglicherweise nicht so geschickt zu handhaben wüßte.

Ganz sicher wäre Goebbels im Fall von Hitlers Tod oder Sturz einer der ersten, der seinen Hut nehmen müßte, egal welches Regime folgen würde. Er lebt und arbeitet einzig und allein von Hitlers Gnaden und entwickelt immer ausgefeiltere Mechanismen, schmiedet immer raffiniertere Intrigen, um seine Träume von Volksaufklärung und Propaganda zu verwirklichen – wobei er ganz genau weiß, was mit ihm passieren wird, falls Hitler irgendwann einmal von der Nazibühne abtritt.

Die Zeitung, die Goebbels herausgibt, *Der Angriff*, bewegt sich etwa auf dem gleichen intellektuellen Niveau wie *Der Stürmer*. Sie trägt grelle Schlagzeilen; sie verfolgt eine gnadenlose, wenn auch etwas subtilere Linie des Antisemitismus; sie reitet Attacken gegen andere Länder und deren Repräsentanten; sie folgt bis ins kleinste Detail allen Änderungen in der Innen- oder Außenpolitik der Nazis, die der Herausgeber ja selbst mitformuliert hat. Irreführend, voll törichter Schmähreden, schlau, raffiniert, von einer verzerrten Logik beherrscht, dient diese Zeitung neben dem offiziellen *Völkischen Beobachter* als Modell für alle deutschen Zeitungen.

Viele Diplomaten und in Deutschland lebende ausländische Staatsbürger sehen in Goebbels die charmanteste der Nazigrößen, obwohl sie andererseits seinem Extremismus, seinem fanatischen Chauvinismus mißtrauen. In meinen Augen besitzt Goebbels das reizendste Lächeln, das ich je an einem Nazi gesehen habe. Er lacht und lächelt oft und spielt die Rolle des liebenswürdigen, lebhaften, wohlwollenden Gastgebers sehr viel überzeugender als sein Rivale Göring. Sobald er lächelt, vergißt man, daß er kleinwüchsig und verkrüppelt ist, vergißt man seinen bösartigen Charakter. Beim Lächeln öffnet sich sein Mund sehr weit von einen Ohr bis zum anderen, und in seinem Gesicht spiegelt sich eine unbändige, unwiderstehliche Fröhlichkeit. Angesichts seines wunderbaren, ansteckenden Lächelns, seiner funkelnden Augen, seiner sanften Stimme, seiner geistreichen, witzigen Ausdrucksweise fällt es schwer, sich seine Grausamkeit, sein raffiniertes Talent für Zerstörung ins Bewußtsein zu rufen. Meine Mutter zeigte sich stets fasziniert von seinem *esprit* und genoß es, während der endlosen Diplomaten- oder Regierungsempfänge neben ihm zu sitzen.

Obwohl mein Vater nur allzugut wußte, welche Rolle Goebbels in der Politik der Nazis spielte, sagte auch er des öfteren, Goebbels sei einer der wenigen Deutschen mit Humor. Sie begegneten sich häufig bei Bier- oder Herrenabenden, beim Essen und bei offiziellen Anlässen, und jedesmal berichtete mein Vater, daß zwischen ihm und Goebbels ein amüsanter Austausch ironischer Bemerkungen stattgefunden habe – Goebbels fing auch die kleinste Anspielung meines Vaters auf, der einen sarkastischen Humor besitzt, und parierte jedes Bonmot mit einer geistreichen, oft zynischen Erwiderung. Mein Vater merkte, daß Goebbels zwar ein absoluter Opportunist war, daß es ihm aber zumindest in der Öffentlichkeit gelang, den grimmigen Fanatismus zu unterdrücken, der, ernstgemeint oder nicht, seine Arbeit, all seine Reden und Schriften beherrschte. Die meisten Deutschen, die wir kennenlernten, waren ziemlich schwerfällig und geistig träge, viele von ihnen waren ungebildet und zu gehemmt, um frei zu sprechen, oder so leidenschaftliche Nazis, daß eine zivilisierte, humorvolle oder interessante Konversation mit ihnen gar nicht möglich war. Goebbels und Schacht bildeten die erstaunlichen Ausnahmen. Diese Männer, beide von skrupellosem Charakter, waren sich ihrer Position so sicher, daß sie sich im Gespräch einen lockeren, scherzhaften Ton erlaubten, besaßen einen scharfsinnigen Verstand, dessen sie sich auch gern bedienten, und waren so unter den Nazifunktionären die bei weitem interessantesten Gesprächspartner. Es existieren mehrere Photos von meinem Vater und Goebbels, und jedesmal sehen sich beide mit breitem Lächeln an. Manchmal hält Goebbels sein breites Lächeln so lange, daß sich seine Lippen am Rand verzerren und man den Eindruck hat, er fletsche die Zähne. Doch dies erkennt man nur, wenn man ganz genau hinsieht.

So liebenswürdig gibt Goebbels sich zwar nur in Gesellschaft. Doch muß man ihm zumindest zugestehen, daß er die Kunst, eine bestimmte Rolle zu spielen, vollendet beherrscht. Dieses Talent geht General Göring völlig ab. Sowohl Göring als auch Goebbels geben traditionell einmal jährlich ein Fest für das Diplomatische Korps, für Journalisten, Regierungsmitglieder, zufällig anwesende Gäste und einzelne Personen der Berliner Gesellschaft. Doch keiner von beiden besucht das Fest des anderen. Nachdem sein Feind Göring eine fürstliche Einladung gegeben hatte, eine Mischung aus Zirkus und Jahrmarkt, veranstaltete Goebbels ein Fest, das von der ausgeklügelten Organisation her alles übertraf, was ich bis dahin in Berlin erlebt hatte.

Mehrere tausend Gäste waren zu dieser Abendgesellschaft geladen, die auf einer Insel in einem der schönen Seen nahe Berlin stattfand. Es gab ein Abendessen mit anschließendem Empfang und einer Ballettaufführung. Die Gäste schritten über eine aufs Wasser gelegte Brücke, die seitlich von Männern in Booten festgehalten wurde. Zwischen den Bäumen und Hügeln hindurch schlängelten sich zahllose von bunten Laternchen beleuchtete Wege, gesäumt von jungen Pagenmädchen in Trikots. Auf einem großen freien Platz hatte man Tische aufgestellt und eine Bühne für das Ballett errichtet. Überall hingen Laternen, und in den mächtigen dunklen Bäumen saßen herrliche künstliche, von innen beleuchtete Schmetterlinge. Die Tische waren festlich gedeckt, der Wein floß in Strömen und es gab ein Menü mit endlos vielen Gängen und allen erdenklichen teuren Delikatessen. Gegen Ende des Essens fand ein grandioses Feuerwerk statt – im Verhältnis viel prächtiger als später das Feuerwerk am 14. Juli, dem französischen Nationalfeiertag. Es endete mit fürchterlichem Getöse und einer roten Explosion, was alle Anwesenden an das gigantische Bombardement eines Kriegsschauplatzes erinnerte. Die Anspielung war so eindeutig, das sich die meisten Diplomaten an unserem Tisch zu einem Kommentar veranlaßt sahen und sich tief gekränkt fühlten; sie hielten dies für eine sehr geschmacklose Drohung. Wir blieben nicht bis zum Schluß, sondern brachen in aller Stille auf, nachdem wir uns vom munter lächelnden, hochzufriedenen Gastgeber verabschiedet hatten. Wer an jenem Abend nicht erschien, war Göring.

Unter den kleinen Leuten in Berlin wurde soviel über die Kosten dieses rauschenden Fests spekuliert – verknüpft mit bitteren Bemerkungen über ihre eigenen Lebensbedingungen und der immer wieder auftauchenden Frage, wo denn das für die Winterhilfe gesammelte Geld gelandet sein mochte –, daß sich die Nazis reumütig zeigten. Einige Tage später wurde verkündet, die Insel werde am Sonntag für alle geöffnet und genauso festlich dekoriert, damit sich das Volk dort vergnügen könne.

Goebbels stellte sein geniales Talent für Propaganda und Volksaufklärung vor allem unter Beweis, wenn es um die Organisation so gewaltiger Ereignisse wie des Nürnberger Parteitags ging. Er besitzt eine kühne, intuitive Intelligenz, weiß, wie man die Massen zur Hysterie aufhetzt und ist dadurch für die Nazis, die einen endlosen Strom von Veranstaltungen brauchen, um das Volk bei Laune zu halten, von unschätzbarem Wert.

## 4

Während unserer Anfangszeit in Berlin, eigentlich während der ersten drei Jahre, gehörte Dr. Schacht zu unseren häufigsten Gästen. Er besuchte uns so oft, daß meine Mutter zu sagen pflegte: »Wenn mal irgendein Gast in letzter Minute absagt, können wir immer noch Dr. Schacht einladen.« Er kündigte sich meist einen Tag vorher an und stellte eine der intellektuellen Attraktionen der Botschaft dar.

Er war hochgewachsen, kräftig und drahtig. Sein Gesicht glich einer häßlichen Clownsmaske, wirkte jedoch seltsam lebendig und attraktiv und erinnerte an die mürrische schlaue Miene eines kahlköpfigen alten Adlers. Schacht war in Deutschland berühmt für seine Intelligenz. Er konnte Hitler als verrückt und die ganze Welt als wahnsinnig bezeichnen, was er auch bei jeder sich bietenden Gelegenheit tat, und kam doch ungeschoren davon. Er hatte vor allem deshalb großes Interesse an unserer Botschaft, weil er glaubte, mein Vater habe soviel Einfluß auf die amerikanische Regierung, daß er einige von Schachts Plänen für Kredite und

Handelsabkommen durchbringen könnte. Mein Vater wiederum konsultierte ihn oft auch außerhalb gesellschaftlicher Anlässe und die beiden äußerten ihren Protest und tauschten offen bittere Erfahrungen aus. Ich denke, Schacht fand meinen Vater persönlich sympathisch. Soviel ich weiß, hielt er viel von seiner Integrität und Aufrichtigkeit und wunderte sich über das seltene Phänomen eines ungezwungenen, idealistischen Botschafters.

Wegen seiner Manipulationen mit der Reichsmark wurde Schacht mitunter das ›Finanzgenie‹ genannt. Daß Schacht oft sehr geringschätzig von anderen Regierungsmitgliedern sprach, darf nicht zu der irrigen Annahme führen, er sei gegen die Nazis gewesen. Er verhalf den Nazis an die Macht, er repräsentierte gewisse einflußreiche Kreise der Hochfinanz und Industrie, welche die Nazis und Dr. Schacht benötigten, um selbst zu überleben. Doch fest steht, daß Dr. Schacht in jeder Hinsicht ein konservativer Ökonom ist und daß die Torheit und der absurde Radikalismus der Nazis seinem nüchternen, klugen Verständnis ökonomischer Gesetzmäßigkeiten teilweise zuwiderliefen. Er ist ein leidenschaftlicher Nationalist und hat uns viele Male rührselige Geschichten über die darniederliegende deutsche Wirtschaft erzählt, mit Tränen in den Augen und, wie ich stets vermutet habe, mit einer gewissen Ironie. Jedenfalls hielt er zu den Nazis, solange es seinen eigenen Interessen diente und denen der Gruppe, die er vertrat. Daß er auf manchen Gebieten durchaus dieselben Ziele wie die Nazis verfolgte und es nur gern gesehen hätte, wenn sie langsamer und auf konservativerem Weg erreicht worden wären, steht gleichfalls außer Frage. Wie schon erwähnt, ist er – aus persönlichen und offiziellen Gründen – ein erbitterter Feind Görings und dessen ökonomischer Planziele, ganz zu schweigen von dem Neid rivalisierender kapitalistischer Cliquen und Programme.

Schacht hegte gegen Göring die Verachtung des echten Kapitalisten gegen den volkswirtschaftlich unerfahrenen Novizen. Er wünschte sich sehr, Deutschland würde in militärischer wie in ökonomischer Hinsicht in den Kreis der europäischen Großmächte aufsteigen. Doch hätte er dieses Ziel lieber vorsichtig und bedächtig angestrebt. Er glaubte nicht, daß Deutschlands Schritt von der völligen Verarmung in die absolute Unabhängigkeit ohne Rückgriff auf modifizierte internationale Handelssysteme vollzogen werden könne. Doch er verlor den Kampf, Deutschland zu einer der unabhängigen Nationen der Welt zu machen.

Er schuf sich unter den Nazis und in der Reichswehr viele Feinde, weil er, als er die Herrschaft über die Finanz- und Wirtschaftspolitik der Nazis besaß, das Militär- und Propagandabudget beschnitt. Zu meinem Vater und anderen sagte er gelegentlich, es sei skandalös, welche Unsummen Goebbels im In- und Ausland für Propagandazwecke verschleudere. Die Kürzung von Goebbels' Budget brachte ihm den ewigen Haß des kleinen Doktors ein. Mit der Reichswehr gab es verschiedene Streitereien über dasselbe Thema, aber er kam doch einigermaßen mit ihr zurecht. Er gestand ihr doch immer so viele Mittel zu, daß man dort insgesamt zufrieden war, obwohl er wiederholt gewettert hatte, die Ressourcen der deutschen Nation würden von der Reichswehr ausgesaugt.

Dr. Schacht war früher einmal Freimaurer gewesen, weshalb er auch erst kürzlich, nachdem man ihn unter Druck gesetzt hatte, einen nationalsozialistischen Orden annahm. Dies geschah, als alle Mitglieder des Nazikabinetts gezwungen wurden, dem Führer gegenüber einen Treueeid abzulegen – alle kapitulierten, bis auf Eltz von Rübenach, der lieber sein Amt niederlegte als sich zu kompromittieren. Wir begegneten Schacht kurze Zeit später. Er wirkte ziemlich verlegen, weil das Naziabzeichen deutlich sichtbar vor seinem Bauch baumelte, und als wir ihm gratulierten, zog er ironisch die Augenbrauen hoch!

Frau Schacht ist eine reizende Frau mit viel Humor und einem kritischen Verstand. Obwohl sie, sehr behutsam und gefühlvoll, ein Naziemblem in Form einer Anstecknadel auf ihrem mächtigen Busen trägt, waren wir uns nie ganz sicher, ob sie wirklich eine so überzeugte Nationalsozialistin ist, wie es den Anschein hatte. Sie schwärmte zwar für Hitler, wie viele Frauen ihrer Generation, äußerte jedoch auch immer wieder gewisse Ängste bezüglich der Richtung, in die sich Deutschland entwickelte. Als korpulente, schlichte, mütterliche Frau mit funkelnden Augen bildete sie ein komisches Gegenstück zu ihrem hageren, eulenhaften Gatten, den sie keinen Moment aus den Augen ließ. Sie übernahm die Mutterrolle nicht nur für ihre Kinder, sondern auch für ihren Mann.

Schacht wurde einige Jahre lang als der eigentliche deutsche Diktator betrachtet, und mein Vater neckte ihn oft damit, daß das Schicksal Deutschlands in seinen Händen liege und er potentiell mehr Macht besitze als der Führer. Obwohl er als ›böser Bube‹ der nationalsozialistischen Finanzwirtschaft galt, war er doch eine ihrer stabilsten Stützen. Hitler vertraute ihm bedingungslos, und solange Schacht die deutsche Wirtschaft und Finanzpolitik leitete, hatten die anderen Nationen der Welt ein gewisses Gefühl von Sicherheit. Als er scheinbar seiner machtvollen Position enthoben wurde, bekamen es die anderen Nationen mit der Angst zu tun. Momentan (zum Zeitpunkt der Niederschrift) ist er immer noch Präsident der Reichsbank, obwohl im Wirtschaftsbereich offenbar Göring an seine Stelle getreten ist.

Dr. Schacht sagte oft, er rechne damit, eines Tages unter dem Henkersbeil zu sterben, und es gab ernstzunehmende Berichte über seine gefährdete Position. Doch gelang es ihm immer wieder, den Stürmen zu trotzen, und obwohl er zur Zeit unter einer dunklen Wolke zu stehen scheint, kann doch niemand sagen, bis zu welchem Grad er die Macht hinter den Kulissen verkörpert. Bevor wir Deutschland verließen – einige Zeit nachdem man Schacht von den Kabinettssitzungen ausgeschlossen und verkündet hatte, Göring sei nun Chef der nationalsozialistischen Wirtschaftspolitik – erzählte er meinem Vater, daß er sich vielleicht nach einem Job als Banker oder Angestellter in einer amerikanischen Bank umschauen werde!

Mit seinem unglaublich wachen, flinken Verstand, seinem fast magischen Genie, aus dem Nichts etwas zu erschaffen, bleibt Dr. Schacht auf seinem Gebiet einer der weltweit brillantesten Experten. Er hat sehr erfolgreich Handelsabkommen mit anderen europäischen Ländern getroffen, insbesondere mit den Balkanstaaten, wenngleich seine Verhandlungen mit Amerika auch nicht so günstig verliefen. Eines Tages, als mein Vater und Charles R. Crane ihn auf seinem Gut besuchten, das einige Kilometer von Berlin entfernt liegt, sagte Schacht zu Crane: »Ihr Botschafter ist mir vielleicht einer – der redet wie ein Buch, aber wenn es zu konkreten Handelsbeziehungen zwischen Amerika und Deutschland kommen soll, sehe ich immer nur enttäuschende Resultate.« Diese Bemerkung war natürlich humorvoll gemeint, aber sie enthielt doch eine gewisse Bitterkeit, weil Transaktionen mit den Vereinigten Staaten immer wieder gescheitert waren.

Mit seinem umwerfenden, ätzenden Humor, seiner Neigung, in Gästebücher sarkastische Gedichte zu schreiben, seinem Talent zur Selbstinszenierung war Schacht zumindest ein Mann, an dem man seinen Verstand schärfen und dessen Denkprozessen man nur mit Mühe folgen konnte. Falls Schacht nicht sowieso schon Beauftragter des Vierjahresplans ist und General Göring nur ein Aushängeschild, könnte es sein, daß man ihn später dazu berufen wird, wenn die Nationalsozialisten die ökonomische Belastung und die damit verbundene Gefahr erkennen. Das Rätsel Dr. Schacht wird bestehen bleiben – aber er ist ein leidenschaftlicher Nationalist und ein hartnäckiger konservativer Kapitalist, der die Interessen seiner Gruppe bis zum letzten Atemzug verteidigen wird.

## 5

Alfred Rosenberg, ein Balte russischer Abstammung, steht an zweiter Stelle der verabscheutesten Nazis. Gehaßt von Goebbels, mit dem er selbst in dessen ureigenem Bereich der Propaganda konkurriert, und von Göring, steht er vor allem in Hitlers Gunst, ähnlich wie Goebbels selbst. Rosenberg, bereits seit langer Zeit ein Nazi, hat die kulturelle und rassistische Mythologie des gegenwärtigen Regimes formuliert. Dieser wirrköpfige psychopathische Fanatiker hat das schwülstigste, inhaltsleerste Buch aller Zeiten verfasst. In *Mythus des zwanzigsten Jahrhunderts* sind all die Lügen, all die offenkundig lächerlichen Theorien der Naziphilosophie versammelt. Jedoch wird Rosenberg vom Führer dermaßen bewundert, daß er an der Spitze des Außenpolitischen Amtes der Nazipartei steht.

Mit seinem unbändigen, angsterfüllten Haß auf die Sowjetunion übertrifft er alle anderen Politiker in der Partei. Seine Theorie des *Drangs nach Osten* ist eine allseits akzeptierte Lehre der Nazireligion. Sein größter Lebenswunsch besteht darin, alle Menschen westlich der russischen Grenze zu germanisieren und dann die Sowjetunion durch Annexion der Ukraine zu überrollen. Möglicherweise entstand sein Haß auf den Kommunismus damals, als er Zeuge einer echten Revolution wurde. Jedenfalls hatte er schon 1919, nachdem er Leningrad verlassen hatte, furchterregende Träume von glanzvollen teutonischen Eroberungszügen. In diesen Alpträumen erblickt Rosenberg ein riesiges germanisches Reich, das sich über den gesamten europäischen Kontintent, ja bis nach Asien erstreckt. Er sieht hochgewachsene, starke germanische Helden mit wallendem blondem Haar, in glänzender Rüstung, auf der das Hakenkreuz prangt; barbarisch, glorreich, von arischem Geblüt, beten sie zu Thor, ihrem Gott der Tapferkeit, und haben Visionen von einer majestätischen Walhalla, in der sich ihre Ahnen tummeln. Als schimmernde Horde stürmen sie über den Kontinent und verkünden die Herrlichkeit ihres neuen Gottes – Hitler, der schwächliche, schmächtige Mann mit der wütenden Stimme, der Mann mit dem Schnurrbart und dem dunklen schlaffen Haar, der kleine, wild gestikulierende Anstreicher.

Rosenberg träumt nicht nur von der Eroberung des Ostens und der Renaissance einer alten Religion aus grauer Vorzeit, sondern spricht auch von der vollständigen Vernichtung der Juden. All dies würde eher zu einem Wahnsinnigen passen – doch wer vermag heutzutage in Nazideutschland schon Wahnsinn und Normalität auseinanderzuhalten –, wenn nicht ziemlich viele Deutsche diese Pläne so ernst nehmen würden. Obwohl Rosenberg den Extremisten wie den Konservativen in seiner eigenen Partei gleichermaßen verhaßt ist, werden seine Ideen tagtäglich dem deutschen Volk verkündet und von den Nazianhängern in der Bevölkerung akzeptiert. Der ernsthafteste Kommentar, den man dazu machen kann, ist der, daß Rosenberg in Deutschland frei herumlaufen darf und einer der engsten und ältesten Freunde Adolf Hitlers ist, welcher bisher – öffentlich wie privat – all seine Theorien gutgeheißen hat. Darüber hinaus steht fest, daß die Nazis Rosenberg nicht nur in Rassen- und Religionsfragen Folge leisten, sondern daß sie auch ihre Militäroffensive in die von ihm suggerierte Richtung lenken. Es mag purer Zufall sein, daß die Armee erklärt, man wende den Blick ostwärts; es mag Zufall sein, daß Hitler seinen begehrlichen Blick auf die Ukraine wirft und daß von den Grenzen Deutschlands am Baltikum vorbei bis zu den Grenzen Rußlands Deutschritter-Bünde existieren, es mag Zufall sein, daß diese Länder mit Propaganda überschwemmt werden und daß Armee- und Luftstützpunkte entlang des Baltikums wie Pilze aus dem Boden schießen, ja daß selbst Finnland seine vorgelagerten Inseln den Nazis als Luftstützpunkte zur Verfügung stellen könnte, denn der den Nazis wohlgesinnte Baron Mannerheim hatte in Finnland ja ein hohes militärpolitisches Amt inne – doch ob Zufall oder nicht, es bleibt die Tatsache bestehen, daß Nazideutschland praktisch jener Ideologie folgt, die Rosenberg als Theorie vorgegeben hat.

Ich bin dieser seltsamen Gestalt einmal bei einem offiziellen diplomatischen Lunch in der britischen Botschaft begegnet. Rosenberg saß neben der Botschafterin. Ich war überrascht, daß er kaum den Mund aufmachte, außer um zu essen. Vielleicht kamen bittere Erinnerungen an das Fiasko in ihm hoch, das er einmal auf einer mißglückten Englandreise erlebte. Als eine Art Propaganda-Botschafter bestand praktisch seine allererste Amtshandlung darin, auf dem Kenotaph einen Kranz der Nazis abzulegen. England zeigte ihm die kalte Schulter, Rosenberg kehrte ziemlich entmutigt zurück und hat sich seitdem nicht mehr über die Grenze seiner deutschen Wahlheimat hinausgewagt.

Er ist schlank, blond und mürrisch bis zur Grobheit. Verdrießlich starrte er bei jenem Lunch die anderen Gäste an, und man gewann den Eindruck, wenn sich zufällig ein Lächeln in sein Gesicht verirrt hätte, wäre das ganze Gefüge zusammengebrochen. Er war bockig wie ein kleiner Junge, dem man seinen Lutscher weggenommen hat, und somit weit entfernt von dem Ritter in glänzender Rüstung, dem herrlichen, von arischer Tapferkeit und Klarheit erfüllten Riesen, als der er sich in seinen heimlichen Träumen sah.

## 6

Joachim von Ribbentrop, jetziger Außenminister, stammt aus guten Verhältnissen und heiratete in noch viel bessere ein. Er vermählte sich nämlich mit der Tochter des größten deutschen Sektfabrikanten. Das ›von‹ in seinem Namen erhielt er durch eine Tante, die keine direkten Nachkommen hatte. Von der Familie seiner Frau wohl als eine Art Emporkömmling betrachtet, ohne herausragendes Talent und ohne Berufsausbildung, war Ribbentrop nichts als ein ehrgeiziger Weinhändler. Er zeigte keine ausgeprägten Interessen, bis er dann Anfang der dreißiger Jahre Adolf Hitler kennenlernte. Verbindlich, mehrsprachig (er konnte sowohl Französisch als auch Englisch), reich und offenbar loyal, machte Hitler ihn schon bald zu einer Art diplomatischem Botenjungen. Ribbentrop erledigte für den Führer alle möglichen Aufträge und erwies sich als absolut vertrauenswürdig. 1935 stand er der deutschen Delegation vor, die in England das deutsch-britische Flottenabkommen erreichte – ein großer politischer und militärischer Sieg für die Nazis. Kurz darauf wurde er zum Deutschen Botschafter in London ernannt – vermutlich als Belohnung für seine erfolgreich abgeschlossene Mission. In London betrug er sich so unglaublich tolpatschig, daß viele Feinde Nazideutschlands sich sehnlichst wünschten, Ribbentrop möge als Repräsentant der Nazis in London verbleiben. Der allerschlimmste und berühmteste Fauxpas unterlief ihm, als er dem König vorgestellt wurde – und ihn mit Heil Hitler begrüßte! Nach allem, was ich in Berlin und London gehört habe, empfanden die Engländer für Ribbentrop eine solche Geringschätzung, daß sie ihn gesellschaftlich geradezu ächteten. Er wurde als *nouveau riche* und Fanatiker betrachtet, und beide Eigenschaften werden von den steifen, reservierten und scheinbar meist aristokratischen Engländern bekanntermaßen mißbilligt. Vor einigen Monaten, in einer Phase der allgemeinen militärischen und diplomatischen Veränderungen, wurde er nach Berlin abberufen, wo er an von Neuraths Stelle trat. Zwischen den beiden Nazis hatte stets starke Rivalität geherrscht (obwohl von Neurath kein blindgläubiges Parteimitglied ist), und in Diplomaten- und Zeitungskreisen wurde schon einige Jahre vor den aktuellen Ereignissen prophezeiht, daß er an die Stelle von Neuraths treten werde. Ribbentrop galt als gefährlicher, leidenschaftlicher Nazi, dessen außenpolitische Pläne, falls Hitler sich nach ihnen richtete, Deutschland in die Katastrophe führen würden. Obwohl Neurath im Auswärtigen Amt keineswegs beliebt war, schien die Aussicht, man könnte es mit Ribbentrop zu tun bekommen, so grauenhaft, daß die meisten Diplomaten vorgaben, mit von Neurath ganz zufrieden zu sein. Ich erinnere mich zum Beispiel an die Äußerung meines Vaters, daß er von seinem Posten als Botschafter zurücktreten müßte, wenn Ribbentrop Außenminister würde – er konnte sich einfach nicht vorstellen, sich mit Ribbentrop persönlich auseinandersetzen zu müssen, egal über welches Thema. Zum Glück war mein Vater aber schon zurückgetreten, bevor sich diese Notwendigkeit ergab.

Ribbentrop begegnete ich zum erstenmal bei einem Lunch, den wir in der Botschaft gaben. Er war groß, schlank, blond und in gewisser Weise attraktiv. Ribbentrop hob sich von allen anderen Gästen dadurch ab, daß er in Naziuniform erschien. Zu Veranstaltungen in der Botschaft kamen die Nazis meist in Zivil, außer bei hochoffiziellen Anlässen. Ribbentrops Art, einem die Hand zu schütteln, bestand in einem ausgeklügelten Zeremoniell. Er streckte die Hand aus und trat dann etwas zurück, so daß er die Hand des anderen auf Armeslänge von sich weghielt, dann ließ er seinen steif ausgestreckten Arm sinken, um ihn sogleich blitzschnell zum Hitlergruß zu heben, wobei er die Nase seines Gegenübers knapp verfehlte. Währenddessen starrte er einem so konzentriert in die Augen, daß man sich unwillkürlich fragte, welche neue Hypnosetechnik er wohl gerade ausprobierte. Dies ganze Ritual vollzog sich mit so selbstbewußter Würde, in so tiefem Schweigen, daß die Anwesenden kaum zu flüstern wagten, während Ribbentrop auf seine exhibitionistische Art die Gäste begrüßte. Mir persönlich erschien diese Prozedur dermaßen lächerlich, daß ich nur mit Mühe die Fassung bewahrte. Da ich jedoch unbedingt ganz genau zusehen wollte, wie er seine ›Nummer‹ absolvierte, näherte ich mich ihm, trat einen Schritt zurück und beobachtete ihn schweigend. Dabei fixierte ich irgendeinen fernen Punkt hinter ihm, um nicht in Gelächter auszubrechen, und glaubte seine stummen Regieanweisungen fast zu spüren! Dieses Zeremoniell absolvierte er auch beim kleinsten Empfang. Das Pompöse, die unerträgliche Umständlichkeit, das affektierte Gehabe zogen natürlich die Aufmerksamkeit aller auf sich – was zweifellos in seiner Absicht lag.

Eines Tages wurden wir etliche Wochen im voraus zu einer offiziellen Gesellschaft bei den Ribbentrops eingeladen. Erst am betreffenden Abend erfuhren wir, daß Ribbentrop zum Botschafter in England ernannt worden war. Während wir uns zum Gehen fertig machten, erschien die Meldung in den Zeitungen. Hunderte von Leuten waren geladen, und auf dem Rasen der Vorstadtvilla hatte man Zelte für die Tische errichtet. Eilig begrüßten wir Ribbentrop und gratulierten ihm, was er mit einer Mischung aus gequälter Freundlichkeit, Geringschätzung und gelangweiltem *Savoir-faire* hinnahm. Diesmal hatte er weder Gelegenheit, noch Zeit für sein feierliches Hitlergruß-Zeremoniell. Wir begaben uns an unseren Tisch. An jenem Abend erklärte mir ein Gast lebhaft, daß es keinen Unterschied zwischen Menschen mit schwarzer Hautfarbe und schnellfüßigen Tieren gebe. Später wurde getanzt, und ein paar Opernstars trugen Arien vor. Wir langweilten uns, wie immer bei solchen prunkvollen Festen, und vermuteten, daß Ribbentrops Gattin, eine dunkelhaarige, magere, stupsnäsige Frau mit hartem, verbittertem Gesichtsausdruck, die Rechnung bezahlen werde. Göring saß neben meiner Mutter, auch General Udet war da, und Himmler schlängelte sich schweigend, affektiert und mit finsterem Gesicht durch die Menge. Es war ein pompöser, repräsentativer Naziempfang – der Ribbentrop seiner Ansicht nach als Sprungbrett ins kultivierte britische Gesellschaftsleben dienen sollte.

Von Ribbentrop ist ein Snob, ein Nazi und ein Extremist. Von maßlosem Ehrgeiz und einem bombastischen Dünkel erfüllt, wie er von wenigen Nazis so offen zur Schau gestellt wird, trägt er den Makel des Parvenüs, des Mannes, der orientierungslos und dünkelhaft durch sein Nazileben irrt. Ohne die geringsten intellektuellen Fähigkeiten, aber schlau wie ein Fuchs, trägt er nun die ungeheure Verantwortung, die Außenpolitik der Nazis zu gestalten, und hat sich durch sein Machtstreben fast ebenso viele Feinde geschaffen wie Rosenberg.

Daß er der deutsche Unterzeichner des deutsch-japanischen Antikomintern-Pakts war, ist allgemein bekannt. Gut möglich, daß er auch dessen ›ideologischer‹ Urheber war. Dieser Pakt begründete die Achse Berlin – Rom. Neben anderen Nazifunktionären wie Göring und Neurath hatte auch Ribbentrop bestimmt seine Hand im Spiel, als diese Faschistische Internationale entstand, die sich vom Fernen Osten bis zum Westen erstrecken sollte und so gut in Hitlers Eroberungsträume paßte, die er schon in *Mein Kampf* beschrieben hat.

7

Von Neurath, der stattliche weißhaarige Diplomat, bis vor kurzem deutscher Außenminister, entstammt einer vornehmen, wohlhabenden Familie. Er durchlief die übliche diplomatische Laufbahn und war deutscher Botschafter in London, bevor Hitler ihn dazu berief, die Außenpolitik der Nazis zu leiten. Er wirkte moderater und konservativer als die meisten seiner Mitarbeiter – ähnlich wie Schacht. Er beherrschte die heuchlerischen Phrasen konventioneller Diplomatie, wurde aber im Vergleich zu Ribbentrop trotzdem als das kleinere Übel betrachtet. Proteste ausländischer Gesandter nahm er äußerst wohlwollend zur Kenntnis, verzichtete dann aber mit ebenso freundlicher Miene darauf, etwas zu unternehmen. Das Diplomatische Korps brachte ihm keinerlei Vertrauen entgegen. Er war ein leidenschaftlicher Nationalist und Antirepublikaner, aber sicherlich kein Erznazi, weshalb Hindenburg hoffte, daß von Neurath Hitlers Fanatismus bremsen könne. Doch im Lauf der Zeit fand Hitler in ihm das perfekte Instrument, um empörte ausländische Repräsentanten zu besänftigen. Neurath wirkte sehr eindrucksvoll, war ein Mann der ›alten Schule‹, verlor nie die Beherrschung, mißbilligte den Extremismus und Fanatismus vieler Nazis und war das ideale ›Aushängeschild‹ für viele Anlässe – offizieller und persönlicher Art. Doch wenn er einen eigenen Willen hatte, dann den, die Ziele des Nationalsozialismus zu erreichen, daran besteht kein Zweifel. Ansonsten war er nur Wachs in den Händen des Führers, egal ob er vielleicht manchmal Empörung oder Unzufriedenheit empfand. Solange er an der Macht war, weigerten sich die Nazis jedenfalls, an irgendeinem Punkt ihres geplanten Programms Änderungen vorzunehmen, Kompromisse zu schließen oder nachzugeben.

Hochgewachsen, mit feisten Hängebacken, wirkte er wie ein überaus wohlgenährter, erfolgreicher, pensionierter Geschäftsmann. Sein Gesicht war völlig ausdruckslos – das sprichwörtliche Pokerface. Es ist nicht bekannt, daß ihn einmal irgend etwas aus der Ruhe gebracht hat, und es muß ihn fast seine gesamte Lebenszeit gekostet haben, eine so vollkommene emotionale und physische Teilnahmslosigkeit zu erreichen. Mein Vater hat einmal erlebt, wie er rot anlief und sich ein wenig in seinem Sessel krümmte; der Anlaß war, daß mein Vater ihm eine scharf formulierte Protestnote gegen die Woge schmutziger, haßerfüllter Verleumdungen überreichte, die durch die deutschen Zeitungen schwappte, nachdem La Guardia seinen berühmten Kommentar zu Hitlers Platz in der Weltaustellung geäußert hatte. Doch in der Regel hatte man, wenn man sich an von Neurath wandte, das Gefühl, man wende sich an eine steinerne Wand. Er besaß zu keinem Thema eine eigene Meinung, doch die Art und Weise, wie er um jede persönliche Meinungsäußerung herumredete, hatte etwas so Gewichtiges und Pompöses, daß alle anderen schwiegen, wenn er sprach, und dem Klang seiner salbungsvollen Worte lauschten. Solche Männer bezeichnet man manchmal auch als phlegmatisch, doch gab es einige Diplomaten, die sich über Neuraths Charakter aufrichtiger und unverblümter äußerten.

Bei offiziellen Empfängen trug er eine knallrote Schärpe – vermutlich ein Ehrenbanner, das er für irgendeine militärische oder sonstige Mission erhalten hatte. Während sich die Menge um ihn scharte, stand er meist reglos da – sein Gesicht erinnerte an eine riesige Eule und seine Gestalt an einen gigantischen Pinguin. Wenn er sich irgendwann doch einmal bewegen mußte, tat er dies mit so wichtigtuerischer Würde, daß man glauben konnte, die Sphinx persönlich schüttele das Haupt!

Von Neurath sagte, er wolle nicht, daß der diplomatische Dienst zur Zentrale für Propaganda- und Spionageaktivitäten werde. Vielleicht lag dies daran, daß er Goebbels haßte und Bohle nicht leiden konnte. Er hätte gern eine Gruppe junger, in

Geschichte, Diplomatie und Jura versierter Männer in alle Welt entsandt, um Nazideutschland so objektiv wie möglich zu vertreten. Wie ernst dieser Wunsch gemeint war, läßt sich nicht sagen. Jedenfalls bekämpfte von Neurath erbittert die Pläne Ribbentrops, der ja eher ein Erzpropagandist als ein Diplomat war. Schließlich wurde dann doch, gegen Neuraths Protest, Bohles Behörde ins Auswärtige Amt eingegliedert. Diese sogenannte Auslandsorganisation ist eindeutig eine Behörde für weltweite Propaganda und Spionagetätigkeiten. Das ausgezeichnete Buch *The Nazi Conspiracy in Spain* enthüllt mittels dokumentarischer Beweise, bis zu welchem Ausmaß sich Bohle in die Angelegenheiten anderer Staaten einmischte. Daß diese Behörde zum festen Bestandteil des deutschen Außenministeriums wurde, sollte die unmißverständliche Warnung an alle Welt sein, daß Botschaften, Konsulate, Agenten und Spione ab jetzt alle von derselben Stelle aus gelenkt würden – wo immer Nazideutschland repräsentiert wurde. Ein Beamter des Auswärtigen Amts sagte mir einmal, solange Bohle vom diplomatischen Dienst getrennt agierte, könne er sich höchstens ab und zu beschweren, aber wenn Bohle, seine Pläne und Mitarbeiter ohne viel Federlesens dem Außenministerium aufgepfropft würden, hätte Nazideutschland es nicht mehr nötig, im Verhältnis zu anderen Staaten Objektivität, faires Verhalten und diplomatische Würde zu heucheln.

Von Neurath war trotz seiner nazistischen Tendenzen und obwohl er als ›Stockfisch‹ galt (um die Formulierung eines bekannten britischen Diplomaten zu gebrauchen) nicht radikal genug, um Hitler zufriedenzustellen. Zwar arbeitete sein Schwiegersohn Mackensen – offenbar ein Extremist und ehemaliger deutscher Gesandter in Ungarn – im Außenministerium eng mit dem Schwiegervater zusammen, doch entstand trotz allem – weder von der Atmosphäre noch von der Struktur her – nicht jene großartige deutsche Propagandabehörde, die Hitler und Ribbentrop im Sinn gehabt hatten.

# 8

Von Bülow, der im Frühjahr nach der Naziwiederbesetzung des Rheinlands starb, war vielleicht der beliebteste Mann im ganzen Außenministerium. Hochgewachsen und gut gebaut, mit glattem weißem Haarschopf, hellblauen Augen und einem schönen, gütigen Gesicht, schien er die Gefahren, die Hitlers ehrgeizige Pläne bargen, klarer zu erkennen als all seine angeblich gemäßigten Kollegen. Auch er war ein Nationalist, entstammte vornehmen aristokratischen, konservativen Verhältnissen, doch führte der Nationalismus bei ihm nicht zu jener fanatischen Geistes- und Seelenhaltung, die heutzutage so viele Deutsche haben. Er war freundlich und ernst, und sein Charakter hatte eine gewisse Strenge und Würde, die ihm überall Respekt verschaffte, selbst bei seinen Feinden. Mein Vater und andere Diplomaten zogen ihn all seinen Kollegen vor. Meine Mutter mochte ihn ganz besonders und war aufrichtig bekümmert, als er – viel zu früh – starb.

Man spürte, daß dieser freundliche, freimütige Mann, auch wenn er einem noch so reaktionären Milieu entstammen mochte, eine klare Zukunftsperspektive hatte und die Unmenschlichkeit und Zerstörungswut der Nazis weitgehend ablehnte. Von Bülow war ein Gentleman – nicht nur von Geburt, sondern auch durch sein außergewöhnliches Maß an Intelligenz und Toleranz. Er mag kein so fähiger Diplomat wie Neurath gewesen sein. Ganz sicher verfügte er nicht über die imposante steinerne Fassade seines Vorgesetzten und war nicht der Meinung, daß Würde und Zurückhaltung nur durch eine verdrießliche Miene und aufgeblasene Allüren zu erreichen seien. Er war wohltuend geistreich, höflich und wirkte ganz natürlich. Dieses Leuchten, seine feine Art und moralische Integrität bescherten ihm einen Freundeskreis, der ihm aufrichtig und herzlich zugetan war. Bevor er starb, war er bei Hitler bereits in Ungnade gefallen – da er die Nazis höchstens tolerierte –, obwohl er sich nach der Wiederbesetzung des Rheinlands dem Nationalismus der Nazis angeblich doch etwas mehr unterworfen haben soll. Doch egal was er in seinen letzten Lebensmonaten empfunden oder beschlossen haben mag, für uns alle war er stets einer der feinsinnigsten und angenehmsten Vertreter des alten Deutschland.

## 9

Dr. Hans Dieckhoff war lange Zeit ein persönlicher Freund meines Vaters. Die beiden statteten sich regelmäßige Besuche ab. Er wurde zum Botschafter in Amerika ernannt und folgte damit dem dicken kleinen schwammigen Hans Luther, der weder in Amerika noch in Deutschland besonders beliebt war, obwohl ich ihn eigentlich in Gesellschaft immer ganz reizend und amüsant fand.

Zu den ersten Deutschen, die wir damals besuchten, gehörten die Dieckhoffs. Es war nur wenige Wochen nach unserer Ankunft, und soweit ich mich erinnere, hatte mein Vater noch nicht einmal Hindenburg seine Empfehlungsschreiben präsentiert. Die Dieckhoffs lebten in einer bescheidenen Villa am Stadtrand und waren charmante Gastgeber von entwaffnender Ungezwungenheit. Mrs. Dieckhoff ist eine reizende schlanke dunkelhaarige Frau, deren stilles, bescheidenes Wesen ungemein anziehend ist. Sie nahm in keiner Weise am nationalsozialistischen Leben teil und schien damit zufrieden, ganz für ihren Mann, ihre Familie, ihre Kinder dazusein. Dieckhoff selbst war ein großer, ziemlich massiger Mann mit einem der merkwürdigsten Gesichter, die ich jemals gesehen habe: einem runden Vollmondgesicht, das von den Proportionen her überhaupt nicht zum Rest seines Körpers paßte, kleinen glitzernden Äuglein, einer leicht fliehenden Stirn und einem groben Teint. Er ähnelte eher einem freundlichen Affenmenschen als irgendeinem Menschen, den ich kenne.

Dieckhoff war stets von ausgesuchter, manchmal fast unerträglicher Höflichkeit und trug ein Lächeln zur Schau, das so grimassenhaft wirkte, als sei es in sein feistes Gesicht einzementiert. Ich weiß noch, daß ich überlegte, wieviel sein Kopf wohl im Vergleich zum restlichen Körper wiegen mochte – so wie sich vielleicht ein zynischer Kritiker eher über das Gewicht eines Buchs Gedanken macht als über dessen Inhalt. Dieckhoff sprach fließend englisch. Da er früher ein demokratischer, liberaler Reformer gewesen war, konnte man davon ausgehen, daß er die Nazis zumindest teilweise ablehnte, es sei denn, er wäre ganz zu ihnen übergelaufen. Mag sein, daß er den Nazis Mäßigung predigte – mit Sicherheit hat er es dann getan, wenn er die Protestnoten meines Vaters auch tatsächlich den Nazifunktionären überreichte, was er jedesmal versprochen hat (und wir natürlich auch von ihm erwarteten). Doch nach dem Juli 1934 schwieg er wie ein Grab. Während dieser Zeit merkte man ihm ziemlich deutlich an, was er persönlich von der Säuberungsaktion hielt und wie sehr er um sein eigenes Leben bangte. Natürlich hatte damals und in den darauffolgenden Jahren jeder schreckliche Angst, ob er nun schuldig war oder nicht; vielleicht ist Dieckhoffs alarmierende Einschätzung der Nazis ja nur seiner hysterischen Furcht entsprungen.

Seit jener Zeit war er ein sehr zahmer Staatssekretär und verhielt sich absolut defensiv. Er wirkte liebenswürdig wie immer, sein Lächeln schien sogar noch breiter als zuvor – als habe er zu lang vor einer Kamera posiert – und etwas steif, so als könne es jeden Moment erlöschen. Zu Streitfragen äußerte er nie mehr eine eindeutige Meinung. Er kam sehr oft zu unseren Essen und Empfängen und gab sich als enger Freund meines Vaters, obwohl meine Mutter, mein Bruder und ich ihm nie über den Weg getraut hatten. Er tat, als sei er mit uns in allen Punkten einer Meinung, auch was die Nazis betraf, stimmte uns dann aber ebenso bereitwillig zu, wenn wir die entgegengesetzte Position vertraten. Diese notorische Eigenschaft besitzt zwar vermutlich jeder Diplomat, doch seine Zurückhaltung fanden wir selbst für diesen Beruf etwas übertrieben.

Zweifellos gab er einen guten Botschafter in Amerika ab.* Er scheint ein Konservativer zu sein – vielleicht ist er ja wirklich so politisch –, der die Exzesse der Nazis mißbilligt, war in höchstem Maß salonfähig, geriet niemals in Rage, war verbindlich, klug, mit besten Manieren und guter ›Kinderstube‹; eine schlaue Wahl der Nazis, denn Dieckhoff versuchte ganz offensichtlich, die erhitzten Gemüter der nazifeindlichen Amerikaner zu beruhigen. Er eignete sich dafür sicher besser als ein blasierter, ungehobelter, aufbrausender Fanatiker. Die Funktionäre in Washington können ziemlich sicher sein, daß alles, was er tut – obwohl es von Berlin gelenkt wird und bis ins letzte Detail den propagandistischen und diplomatischen Interessen der Nazis untergeordnet ist –, zumindest auf taktvolle, vornehme Weise geschieht.

Dieser Mann war einer der kultivierten, selbstbeherrschten Vertreter der menschlichen Spezies, und dafür sind wir Amerikaner ihm dankbar. Meiner Meinung nach besteht weder politisch noch moralisch ein besonderer Unterschied zwischen Dieckhoff und Ribbentrop – dessen Schwager er übrigens ist (eine interessante Tatsache, die man bei der Beurteilung Dieckhoffs nicht außer acht lassen sollte). Dieckhoff ist vielleicht der bessere Schauspieler und tritt nicht so protzig auf, hat ein bescheideneres, ruhigeres Wesen. Doch dies sind nur oberflächliche Unterschiede, und ob Dieckhoff ein echter Nazi ist oder nicht spielt keine Rolle, da er in jeder Hinsicht der treue Diener eines der skrupellosesten Diktatoren der Weltgeschichte ist; all seine diplomatischen Aktivitäten sowohl in Amerika als auch in Deutschland sind von absoluter Unterwürfigkeit geprägt.

* Als nach den beispiellos brutalen Ausschreitungen gegen die Juden im November 1938 Präsident Roosevelt Amerikas Botschafter aus Berlin abberief, wurde als Vergeltungsmaßnahme auch Dr. Dieckhoff zurückgeholt.

# 10

Die amüsante Protokollabteilung des Auswärtigen Amts hatte mehr Probleme, geeignete Männer zu finden, als fast jede andere Abteilung. Hier befaßt man sich mit Problemen der Etikette, die sich in Deutschland, wo das diplomatische Leben nach strengen Regeln abläuft, jeden Augenblick ergeben können. Gründe, aus denen man sich an die Protokollabteilung wenden muß, können etwa sein: Gästelisten (den Repräsentanten eines Landes, das die Sowjetunion nicht anerkannt hat, darf man zum Beispiel nicht zu einem Empfang einladen, zu dem auch Russen erscheinen), Fragen der Sitzordnung oder der Kleidung, die zu einem bestimmten Anlaß getragen werden soll, und überhaupt die endlosen, bis ins kleinste Detail vorgeschriebenen Regeln gesellschaftlicher Umgangsformen. Jedesmal, wenn in Deutschland für das Diplomatische Korps ein Dinner oder ein Empfang gegeben wird, muß die Protokollabteilung dafür sorgen, daß alles glatt über die Bühne geht. Manche Botschaften und Ministerien haben ihre eigenen Protokollsekretäre. Im ersten Jahr hatten wir auch einen, aber dann befand mein Vater, dies sei eine unnütze Ausgabe und für einen Mann mit Selbstachtung doch ein ziemlich lächerlicher Job. Hatten wir also eine Frage zur Etikette, bei der uns die Sekretäre unserer Botschaft nicht weiterhelfen konnten, dann riefen wir das Auswärtige Amt an. Kurz nach unserer Ankunft erfuhren wir, daß ein gewisser Minister in Berlin sich drei Jahre lang geweigert hatte, mit dem Botschafter einer bestimmten Großmacht zu sprechen, weil dem Botschafter bei der Sitzordnung ein Fehler unterlaufen war – der Minister saß einen Platz weiter unten, als es ihm seinem Rang nach zugestanden hätte! Offizielle Anlässe, Feste und Opernbälle, die Olympischen Spiele, Beerdigungen und Hochzeiten, Parteikongresse und jede Art von Versammlung – der allgegenwärtige deutsche Protokollsekretär ist immer dabei.

Der erste Leiter der Protokollabteilung, den ich damals kennenlernte, war ein gewisser Herbert von Mumm. Er stammte aus reichem Adel, beherrschte etliche Sprachen, war ein junger, gutaussehender, geistreicher Kosmopolit und auch nicht nationalsozialistischer gesinnt als ich – damals vielleicht sogar noch weniger! Er wirkte etwas feminin und schien seinen Job zu verabscheuen, obwohl er ihn hervorragend bewältigte. Bald schon erkannten die Nazis, daß dieser charmante, zynische und intelligente junge Mann nicht nach ihrem Geschmack war und entließen ihn aufgrund einer widerlich verlogenen Anklage wegen Homosexualität. Die meisten Diplomaten äußerten lauthals ihre Empörung darüber, wie mit dem jungen von Mumm umgesprungen worden war, aber natürlich konnten sie nichts daran ändern. Seine Karriere war zerstört.

Als gesellschaftliches Kindermächen bekam das Diplomatische Korps jetzt den Junggesellen Graf von Bassewitz zugeteilt, einen Mann mittleren Alters von äußerst vornehmer Herkunft, doch nicht ganz so wohlhabend wie sein Vorgänger. Er nahm seine Pflichten so ernst, daß man es kaum mitansehen konnte. Nichts von dem heiteren, charmanten Zynismus, dem funkelnden Esprit des jüngeren von Mumm. Bassewitz zerbrach sich bitter ernst den Kopf darüber, ob beim formalen Einzug in den Speisesaal, im besonderen oder allgemeinen, der kolumbianische oder der argentinische Gesandte an dritter beziehungsweise vierter Stelle positioniert werden sollte. Er war so gewissenhaft, so entsetzlich akkurat, daß er manchmal fast die Nerven verlor und weniger leistete, als ihm vielleicht möglich gewesen wäre.

Wenn er aufgeregt um mich herumwuselte, kam ich mir immer vor wie ein Schaf, das zur Schlachtbank geführt wird. Am liebsten hätte ich den Kopf eingezogen und wäre seinem Schutz entflohen. Bei dem bereits erwähnten Anlaß, wo mein Vater vor der königlichen Familie den Saal verließ, begann Bassewitz zu schwitzen, lief rot an und zappelte so aufgeregt herum, daß er mir fast leid tat und ich ihm gern aus der Klemme geholfen hätte. Graf Bassewitz war ein netter, angenehmer, bedauernswerter Mann mit hervorquellenden, etwas schielenden Augen. Er trug ein

Monokel und kam unter allen Männern, denen ich je begegnet bin, dem Erscheinungsbild einer alten Jungfer am nächsten. Nie werde ich seine dezent – oh, wie dezent und höflich! – hochgezogenen Augenbrauen vergessen, als er mich einmal fragte, ob ich Rußland möge, und ich zur Antwort gab, daß ich es für ein außerordentlich interessantes Land hielte! Nie habe ich erlebt – und stehe damit wohl nicht allein da –, daß er sich zu irgendeiner Sache entschieden geäußert hätte. Wahrscheinlich hat er nicht einmal die Hälfte dessen gehört, was man zu ihm sagte, da er vollkommen von Fragen der gesellschaftlichen Etikette in Anspruch genommen wurde und ständig die Augen aufsperrte, die Ohren spitzte, etwa um Bruchstücke von Unterhaltungen aufzuschnappen oder um zu sehen, wie ein Diplomat ohne Französischkenntnisse mit einer Dame zurechtkam, die ausschließlich Französisch sprach. Doch fand er es offenbar klug, sich zu dem, was er hörte, keine eigene Meinung zu bilden. Zweifellos dachte er daran, wie man seinen Vorgänger politisch mundtot gemacht hatte.

Trotzdem blieb auch er nicht länger als von Mumm – und schon kam eine neue Glucke, die das Diplomatische Korps unter ihre Fittiche nahm. Diesmal war es Herr von Levetzow, ein großer lispelnder Mann Ende Dreißig, verwandt mit dem ehemaligen Polizeipräsidenten von Berlin und aus guter Familie. Er wirkte etwas weniger aufgeregt und nervös, sah die ganze Sache mit etwas mehr Humor und schien nicht besonders intelligent zu sein. Gelegentlich wagte er versteckt seine Meinung anzudeuten, er tanzte gut und wirkte etwas dekorativer als Bassewitz, galt jedoch generell als ebenso drollig und unbedeutend wie sein Vorgänger. Er blieb uns nur kurze Zeit erhalten und wurde dann als Gesandter nach Südamerika abberufen. Der letzte Sekretär der Protokollabteilung – ein Mann namens Emily Post, immer noch im Amt, als ich nach Amerika zurückkehrte – war ein junger, kleiner, untersetzter Mensch mit dunklem Haar und Brille. Er wirkte zwar intelligenter als seine beiden Vorgänger, doch ebenso hektisch. Wenn man bedenkt, welche Aufgabe diese Halbdiplomaten zu erfüllen hatten, kann es nicht verwundern, daß sie vom Typ her alle etwas feminin und oberflächlich waren. Mir haben Männer in solchen Positionen immer leid getan, obwohl mich andererseits ihre übertriebene Sorge um peinliche Einhaltung veralteter gesellschaftlicher Regeln amüsierte.

Die jungen Anfänger im Auswärtigen Amt behandelten die Angehörigen des Diplomatischen Korps sehr freundlich. Sie tanzten mit den Töchtern, schickten den Müttern Blumen, begleiteten die Väter auf Reisen und bildeten den Nachwuchs des Berliner Gesellschaftslebens. Während meiner Zeit in Deutschland wurde ein ganzer Schwung von ihnen gründlich ausgebildet und ins Ausland versetzt. Es handelte sich ausschließlich um SS-Männer, zum Beispiel: Karl Berger, der jetzt in Rom ist; Hans Otto Meißner (Sohn von Hitlers Sekretär), der einmal in der Botschaft in London tätig war; Heinrich Northe, jetzt in Moskau – kürzlich noch in Mexiko, wo er laut einem Artikel in *Ken* als Nazispion tätig war; der junge Klugquist, früher in Spanien – all diese höflichen, attraktiven jungen Männer entstammten der SS und waren als loyale, disziplinierte Nazis für wert befunden worden, die Interessen ihres Landes im auswärtigen Dienst zu vertreten.

Gleichzeitig wurden viele von ihnen zumindest in den Methoden subtiler Propaganda unterwiesen, wenn nicht mehr; als gründlich erprobte SS-Männer waren sie gewiß hervorragende Repräsentanten des Nazireichs. Ihnen intellektuelle Überlegenheit zu bescheinigen käme einem nie in den Sinn. Das erwarten die Nazis auch gar nicht, ganz zu schweigen vom Rest der Welt. Die SS ist bekanntermaßen eine Organisation, in der es um Schönheit und Muskelkraft geht – der Verstand spielt nur eine untergeordnete Rolle. Wie bedauerlich, daß diese jungen Männer ohne historische und kulturelle Kenntnisse, ohne jede Bildung in alle Welt entsandt werden, nur weil sie die Lehren des Nationalsozialismus herunterbeten können und sich als exzellente Propagandainstrumente erwiesen haben.

## 11

In Hitlers Reichskanzlei kannte ich Hans Thomsen, Fritz Wiedemann – der kürzlich mit seinen sogenannten ›diplomatischen‹ Englandmissionen berühmt wurde – sowie Lammers und Meißner. Meißner war früher Hindenburgs vertrautester Sekretär – und ein bekannter Sozialdemokrat. Er deutete zwar den Diplomaten gegenüber an, daß er Hitlers extreme Innen- und Außenpolitik strikt ablehne, setzte ihr aber keinerlei Widerstand entgegen. Über Meißner kursierten viele Witze, die sich überwiegend auf sein hinterhältiges Wesen bezogen und auf seine gefährliche Fähigkeit, jedes Reich zu überleben und noch dazu jedesmal in einer besseren Position zu landen. Als Hindenburg starb – und natürlich schon in der Zeit davor, während der Säuberungsaktionen –, sah Meißner äußerst nervös in die Zukunft. Er war nie ein begeisterter Nazi gewesen, hatte seinem Vorgesetzten immer demütig gehorcht, dem ›Hölzernen Titan‹, der Hitler zwar zur Macht verhalf, später jedoch zeitweise passiven Widerstand leistete. Doch offenbar erkannte Hitler Meißners Fähigkeit, bei Bedarf blitzschnell die Gesinnung zu wechseln, und darum wurde diese Marionette nach dem Tod des alten Feldmarschalls in Hitlers Reichskanzlei übernommen. Hier steigerte sich Meißners notorische Unterwürfigkeit eher noch. Die meisten jener älteren Männer, die nicht zu den ursprünglichen Parteigründern gehörten, standen Hitler und seiner Bewegung in den ersten ein bis zwei Jahren sehr zynisch gegenüber und prophezeiten, daß der Spuk bald ein Ende haben werde. Bei einigen dieser Männer steigerte sich der Zynismus zu Haß, bei anderen wiederum erstarrte er in verächtlicher Resignation; viele aber akzeptierten Hitler hundertprozentig, weil sie an ihre eigenen Ambitionen dachten – sie merkten, daß Hitler ihre Karriere und ihr Vermögen schützte, und waren ihm blind ergeben, auch um den Preis ihrer eigenen Prinzipien und des Wohls ihrer Nation. Und es gab auch ziemlich viele, die sich tatsächlich zum Nazismus als der politischen

›Philosophie‹ bekehrten, die Deutschland am ehesten in eine Weltmacht verwandeln werde. Anfangs war Meißner kein Anhänger Hitlers; seine Haltung begann sich kurz vor Hindenburgs Tod zu verändern – als ihm klar wurde, daß er seine Stellung verlieren würde, wenn der alte Mann starb. Er begriff, daß seine Karriere, und vielleicht auch sein finanzieller Status, durch den Faschismus garantiert und sogar gefördert würden, und erkannte weitsichtig, daß es sich bei Hitler und seiner Bewegung keineswegs nur um ein flüchtiges Phänomen handelte.

Als wir Deutschland verließen, war Meißner einer der kriecherischsten und gleichzeitig arrogantesten Nazis von allen. Ich werde nie vergessen, wie mitleidlos und gleichgültig er auf die Proteste und Bitten meines Vaters reagierte, als Helmut Hirsch zum Tod verurteilt wurde – ein junger amerikanischer Jude, der unter Anklage stand, ein Mordkomplott gegen Streicher angezettelt zu haben.

Nachdrücklich unterstützt durch entsprechende Instruktionen des State Department, suchte mein Vater alle möglichen Personen auf, die mit dem Fall in Verbindung standen. Meißner mied die offene Auseinandersetzung, verschob Termine, ging nicht ans Telephon, erklärte sich aber schließlich doch bereit, dem Führer die Protestnote zu übergeben. Kurz darauf erhielt mein Vater eine schroffe Antwort, die eines Abends, als wir uns gerade zum Essen setzten, per Eilboten kam. Sie lautete, der Führer sehe sich außerstande, einen amerikanischen Staatsbürger zu begnadigen, weshalb Hirsch, trotz des internationalen Aufsehens, das der Fall erregt habe, in den frühen Morgenstunden erschossen werde. Unterzeichnet war der Brief von Meißner.

Meißner ist ein mittelgroßer Mann, ungefähr vom gleichen Leibesumfang wie General Göring. Er hat dicke, gerötete Wangen, dunkles abstehendes Haar, kleine dunkle Schweinsäuglein, die von seinen Brillengläsern vergrößert werden, und eine platte Nase. Sein Auftreten ist grob und polternd, doch hat er weder Mut noch echtes Temperament und wirkt eher wie ein verängstigtes Kaninchen. Er ähnelt dem boshaft-humoristischen amerikanischen Cartoon von Heinz, dem typischen Deutschen: fetter Leib, feistes Gesicht, roter Stiernacken und nicht zuletzt ein kompletter Idiot. Meißner hat im Diplomatischen Korps nur sehr wenig Freunde und wird von den ›echten‹ Nazis ziemlich geringschätzig behandelt. Als ich ihn das letzte Mal sah, tanzte er gerade Walzer mit der wunderschönen italienischen Botschafterin, Madame Attolico, und hüpfte auf und ab wie ein dicker Korken in schwerer See.

Seine Kinder kamen oft zu meinen Partys: sein Sohn, Hans Otto, damals im Auswärtigen Amt, ein fürchterlich verwöhnter Schlingel; die fünfzehnjährige Tochter, ein großes, sinnliches Mädchen, dunkelhaarig und ziemlich frühreif. Meißners Gattin war eine junge, recht hübsche Frau mit blondiertem Haar, lebhaftem Temperament und scharfer Zunge.

Lammers, ein weiterer Staatssekretär aus Hitlers engstem Kreis, war ein großer dünner Mann mit wulstigem Gesicht. Er hatte eine Glatze und blasse, unheimliche Glupschaugen, die in verschiedene Richtungen blickten. Er sah beängstigend aus, besaß aber eine freundliche, höfliche Wesensart. Seine Frau war eine hochgewachsene, dunkelhaarige, mütterliche Person, seine hübsche Tochter ein schüchternes, reizendes Mädchen.

Fritz Wiedemann bin ich einmal auf einer von Sigrid Schultz' Gesellschaften begegnet. Später tauchte er wegen seiner ›diplomatischen‹ Mission in England ständig in den Schlagzeilen auf, wenige Wochen vor dem Überfall auf die Tschechoslowakei. Er galt als einer der mächtigsten Männer hinter Hitlers Thron und genoß Hitlers absolutes Vertrauen. Er war der ›starke Mann‹ in dessen engstem Kreis.

Großgewachsen, dunkelhaarig, muskulös, wirkte er in der Tat kraftvoll und unerschrocken. Er kannte Hitler von früher, als sie im Krieg derselben Kompanie angehört hatten. Schwer zu sagen, ob er damals großen Respekt vor Hitler empfand oder ihn eher, wie die meisten anderen Soldaten, als verrückten Spinner abtat. Jedenfalls behauptete er später, er sei von Hitler auf Anhieb beeindruckt gewesen und habe seither treu zu ihm gestanden.

Wiedemanns grobes Gesicht mit den buschigen Brauen, dem freundlichen Blick und der extrem niedrigen Stirn wirkte ziemlich attraktiv. Doch ich hatte den Eindruck eines unkultivierten, primitiven Menschen, der zwar schlau wie ein Tier, aber ohne jedes Zartgefühl war. Als ich hörte, daß man ihn auf verschiedene Missionen nach Frankreich und England schickte, konnte ich es kaum glauben. Es gab Gerüchte, daß die Reichswehr ihn in Hitlers Reichskanzlei gesetzt hat, damit er immer über die Pläne und Gedanken des Führers berichten konnte. Ich glaube jedoch, daß er zu Unrecht als undurchschaubar und geheimnisumwittert galt. Er schien sich Hitler – und vermutlich auch allen anderen Männern der Naziführung – gegenüber vollkommen loyal zu verhalten, und war sowohl Hitlers persönlicher Leibwächter als auch sein politischer Vertrauter. Es war sicher gefährlich, sich mit Wiedemann anzulegen, denn trotz seines etwas einfältigen Auftretens und seiner charmanten Unbeholfenheit war er ein ebenso skrupelloser Kämpfer und Planer wie mancher seiner Landsleute.

Von Blomberg sah ich bei vielen Gelegenheiten und war mehrmals zu Bällen in seinem Hause eingeladen. Er war ein freundlicher, sanfter und schweigsamer Mann. Groß und vornehm, mit korrekter militärischer Körperhaltung und einem weißen Haarschopf, schien er von Kopf bis Fuß Soldat zu sein, ein Mann, der zur Ausführung von Befehlen taugte, sich aber nie zu ernsthaftem Widerspruch oder offener Empörung hinreißen ließ. Von Blomberg wurde zwar der Oberbefehl über die Wehrmacht entzogen, aber ich bin sicher, daß der Grund nicht verräterische Umtriebe waren. Wahrscheinlich mißfiel Hitler sein lauer Charakter, vielleicht auch seine vornehme Herkunft, gewisse royalistische Sympathien und sein Mangel an Leidenschaft.

Blombergs Familie war ursprünglich sehr groß gewesen, doch dann heirateten einige seiner Töchter und zogen weg, und seine Frau starb. Folglich kannte ich nur die jüngste Tochter und den jüngsten Sohn, die ich beide oft bei mir zu Gast hatte. Der Sohn, ein Offizier, der jetzt bei der Luftwaffe ist, war ein reizender Junge, schlaksig, stupsnäsig und humorvoll. Er benahm sich zwar etwas steif, war jedoch ein amüsanter Gesprächspartner. Sein Wesen war schlicht, offen und kindlich, und er konnte wunderbar tanzen. Er trank gern und tat dies wesentlich unverkrampfter als die Söhne anderer Nazigrößen – obwohl man eigentlich bei allen den Eindruck hatte, daß sie der angespannten Atmosphäre, die bei ihnen zu Hause und überhaupt im ganzen Land herrschte, gern einmal entflohen, indem sie dem Alkohol zusprachen und bei Ausländern zu Gast waren, wo man sich völlig ungezwungen benehmen und unterhalten konnte. Seine Schwester war ein stilles braunhaariges, unscheinbares Mädchen, das ich wegen seiner hellwachen Intelligenz sehr gerne mochte. Sie sprach mehrere Sprachen fließend und wirkte in Gesellschaft bescheiden und charmant.

## 12

Einer der interessantesten Männer – neben Prinz Louis Ferdinand und Rolf Diels der dritte außergewöhnliche Deutsche, mit dem ich freundschaftlich-vertrauten Umgang hatte – war Oberst Ernst Udet. Göring, Richthofen und Udet waren die kühnsten Fliegerasse des Weltkriegs gewesen. Udet übernahm eine Zeitlang Richthofens Staffel und erwarb den raren und hochgeschätzten Orden *Pour le mérite*. Seine Heldentaten, die in Deutschland legendär wurden, schilderte er später in seinen Memoiren. Da er sehr patriotisch war, meldete sich Udet schon als ganz junger Mann zum Militär und hielt bis Kriegsende durch. Es folgten verschiedene Tätigkeiten im Bereich der Luftfahrt und als Inhaber einer Firma, und schließlich wurde Udet professioneller Kunstflieger. Er unternahm abenteuerliche Expeditionen nach Afrika und in die Arktis, flog mit seinem Segelflugzeug zwischen den höchsten Alpengipfeln hindurch, hob mit der Spitze der Tragfläche Taschentücher vom Boden auf und schien es zu genießen, wenn sein Leben am seidenen Faden hing. Der Nervenkitzel war für ihn Lebenselixier und Broterwerb zugleich – Udet war im Grunde seines Herzens ein Abenteurer, romantisch, verwegen, kaltblütig und ehrlich; keiner von den Deutschen, die ich sonst noch in informellem Rahmen persönlich kennenlernte, besaß seinen Sinn für Humor.

Er war etwa einsachtundfünfzig bis einssechzig groß und von rundlicher Gestalt, hatte ein Bäuchlein, kurze Beine und Arme, feingeformte, starke Hände, spärliches Haar, eine Stupsnase und einen schmallippigen, stets lächelnden Mund. Sein Blick war fest und warm, seine leuchtenden graublauen Augen, die er beim Lachen ständig zusammenkniff, von tausend kleinen Fältchen umrahmt. Udet war verwegen, von unbändigem Temperament – sein anspruchsloses Äußeres, sein bescheidenes Auftreten widersprachen dem Eindruck innerer Kraft, den man im Gespräch mit ihm schon nach wenigen Augenblicken gewann.

Er besaß einen kleinen Wagen, der kaum größer war als er selbst und den er sehr liebte. Er manövrierte ihn durch enge Sträßchen, wendete fast auf dem Punkt und raste in wahnwitzigem Tempo über die neuen deutschen Autobahnen. Es grenzte ans Wunderbare, wie er diesen Wagen beherrschte, und man spürte intuitiv, daß er mit der gleichen Selbstsicherheit und meisterhaften Technik auch jedes Flugzeug steuern konnte. Er sagte mir einmal, sein kleines Auto fahre praktisch von allein, und nahm zum Beweis die Hände vom Lenkrad. Udet hing an diesem Wagen, und es zählte damals zu meinen interessantesten und vergnüglichsten Erlebnissen, ihn beim Fahren zu beobachten.

Im Umgang mit diesem von seiner Erscheinung her recht drolligen kleinen Mann spürte ich auf seltsame Weise den Geist und die Leichtigkeit der Luft und des mechanischen Vogels, der es wagt, sich auf ihre unbekannten Fernen und Launen einzulassen. Udet besaß einen kleinen Sittich, an dem er mehr hing als an irgendeinem anderen Lebewesen oder Gegenstand – außer vielleicht seinem Flugzeug. Udet zwitscherte und schilpte und redete mit dem Vogel, als könne ihn das Tier verstehen. Und tatsächlich schien es, als gehöre der Vogel der gleichen Spezies wie Udet an, beziehungsweise umgekehrt. Er flog auf seine Schulter und gehorchte jedem Kommando, selbst dem, zum Schlafen in seinen abgedunkelten Käfig zu schlüpfen. Kaum jemals fing Udet ihn mit den Händen ein, um ihn in den Käfig zu setzen – eher verbrachte er eine geschlagene Viertelstunde damit, ihn schmeichelnd herbeizulocken; der Vogel schien seine Sprache zu verstehen, flog spielerisch davon, kam im großen Bogen zurück, gab Udet Küßchen ins Gesicht, auf die Lippen, auf den Kopf, um dann irgendwann in seinen Drahtkäfig zu schlüpfen, noch ein bißchen wehmütig zu piepsen und schließlich zu verstummen. Ich fand es hinreißend, wie Udet seinen Vogel dressierte, und es rührte mich zutiefst, wieviel Zärtlichkeit er für dieses Tier empfand. Mit ebensoviel Liebe hatte er auch einen alten Hund überhäuft, den er viele Jahre lang besessen hatte.

In Udets sehr bescheidener kleiner Wohnung war alles versammelt, was ihm in seinem Leben jemals etwas bedeutet hatte. Wrackteile von im Krieg abgeschossenen Flugzeugen (sein Rekord von über sechzig Maschinen erfüllte ihn keineswegs mit Stolz, denn er wußte, welches Entsetzen ein Mensch empfindet, wenn er auf kalten Befehl hin morden muß); Bilder der Fliegerasse anderer Nationen, die er bereits persönlich kannte oder später kennenlernen sollte; alle möglichen Orden, Auszeichnungen und Erinnerungen, mit unterschiedlichster Bedeutung; Bilder von Männern und Frauen, denen er in Freundschaft, Loyalität und Dankbarkeit verbunden war; riesige Photoalben mit Eindrücken von seinen Expeditionen in alle Welt; Skulpturen und Andenken aus Afrika, der Arktis, Amerika und anderen Orten, an denen er sich aufgehalten hatte. Udets Behausung war chaotisch, aber gemütlich und spiegelte die Persönlichkeit ihres Bewohners wieder. In einem Raum befand sich eine kleine Zielscheibe, auf die er aus dem angrenzenden Zimmer schoß. Er schoß unglaublich treffsicher, egal ob mit dem Gewehr oder der Pistole – auch reichlicher Alkoholgenuß änderte nicht das geringste an seiner Zielgenauigkeit. Ich fand dies immer höchst erstaunlich und stellte mir vor, daß er wohl entweder gar keine Nerven besaß, oder Nerven aus Stahl, denen Alkohol einfach nichts anhaben konnte. Manchmal saß ich eine Stunde lang da und beobachtete, wie er mit dieser aberwitzigen Treffsicherheit auf die Zielscheibe schoß, wobei er nebenher in seinen faszinierenden Photoalben blätterte oder Radio hörte. Er konnte alle ausländischen Sender empfangen und hörte sie mit lebhaftem Interesse.

Kurz nachdem ich ihn kennengelernt hatte, nahm er mich mit zum Flughafen und führte mir seine Maschine vor. Er setzte mir eine Fliegerkappe auf und bat mich einzusteigen. Dann setzte er sich hinter mich – es war ein einmotoriges offenes Flugzeug – und wir stiegen sanft in den blauen Himmel hinauf. Wir müssen sehr weit aufgestiegen sein, denn es wurde eiskalt und das Atmen fiel mir schwer. Über das Dröhnen der Motoren hinweg schrie er mir etwas zu und hob beide Arme in die Luft. Erst wußte ich nicht, was los war, aber als er mir zu verstehen gab, ich solle die Kontrolle übernehmen, sah ich den Schalk in seinen Augen blitzen. Ich fühlte mich ganz ruhig und überhaupt nicht aufgeregt – obwohl ich bis dahin erst ein einziges Mal so weit oben gewesen war – und hob ebenfalls die Hände. Bald flogen wir wieder dicht über dem Boden. Udet kurvte mit der Maschine über eine neue Straße, die gerade feierlich dem Verkehr übergeben wurde, und winkte heftig, und die Leute erkannten ihn und jubelten ihm zu, während wir wieder davonschwenkten.

Als wir schließlich landeten, war ich etwas außer Atem und ziemlich wacklig auf den Beinen. Mit General Milch, der ebenfalls eine hohe Position bei der Luftwaffe innehatte, tranken wir einen starken Schnaps, und es ergab sich ein angeregtes Gespräch. Auch Milch war ein reizender, untersetzter kleiner Mann mit glühendroten Backen und lustigen blauen Augen. Die beiden Männer erörterten die Vorzüge der amerikanischen Mädchen, und ich erfuhr zum ersten Mal, daß Udet einmal heftig in eine junge Amerikanerin verliebt gewesen war, die er während einer Amerikareise kennengelernt hatte. Seine Kenntnis amerikanischer Sitten und Gebräuche, überhaupt seine Liebe zu allem Amerikanischen teilte er mit Prinz Louis, und aus diesem Grund fühlte ich mich zu den beiden natürlich noch mehr hingezogen. Ich glaube, Udet wäre liebend gerne nach Amerika gegangen, wenn ihm dies nicht seine Vaterlandstreue verboten hätte.

Udet war ein tollkühner Kunstflieger, als ihn die Nazis zurückbeorderten. Für seine Expeditionen war er in aller Welt bekannt, und wo immer mutige, von Sportsgeist erfüllte Männer zusammenkamen, wurde voller Respekt und Ehrfurcht von ihm gesprochen. Während des Kriegs und in den langen Jahren danach, als er in den gefährlichsten Gebieten der Welt sein Leben riskierte, trug Udet nur ein paar leichte Verletzungen davon und hatte bloß ein paar kleinere Unfälle. Es schien, als sei er gegen den Tod gefeit, und seine Freunde und Kollegen sprachen in fast mystischen Begriffen von seinem unglaublichen Glück. Ernst besaß Dutzende von Amuletten, die er aus einem humorvollen Aberglauben heraus beim Fliegen immer mitnahm.

Ein oder zwei Jahre nachdem Udet zurückbeordert worden war, wurde er vom simplen Hauptmann (er war dienstverpflichtet) zum General befördert und zum Chef des Technischen Amts der deutschen Luftwaffe ernannt. Man hatte ihm nahegelegt, auf etwas größerem Fuß zu leben und sich einen Lebensstil anzueignen, der einem General angemessen war. Doch Udet trotzte erfolgreich allen Versuchen, seine Lebensweise zu verändern, und während meiner Zeit in Deutschland lebte er immer noch fröhlich in seiner schlichten kleinen Wohnung und frönte seinen Hobbys.

Obwohl er es nie zugab, glaube ich doch, daß sich Udet in den beiden letzten Jahren in Deutschland recht unglücklich fühlte. Er war gezwungen, einen fanatischen Nationalismus zu akzeptieren, der keinesfalls zu seinem weltoffenen Geist passen konnte – Udet sagte oft, die Luft sei nicht in Gebiete aufgeteilt, sie kenne keine Grenzen. Er bewunderte und respektierte viele Menschen in den mit Deutschland verfeindeten Ländern und fühlte sich in allen Nationen zu Hause. Obwohl er ein glühender Patriot war, hatte er ein unstillbares Verlangen, in fremde Länder zu reisen. Sein Patriotismus bewog ihn, nach Deutschland zurückzukehren, und genau dieser Patriotismus ist das Netz, in dem er sich nun verfangen hat.

Ernst Udet hat ein kindlich schlichtes Wesen, verbunden mit den klar umrissenen Zukunftsvisionen des Träumers. Sein Genie, das er so gerne konstruktiv eingesetzt hätte, wird jetzt für den üblen Zweck der Einschüchterung und Zerstörung mißbraucht. Kein Mensch, der im Grunde so hehre Ziele verfolgt und seine Visionen so wunderbar zu realisieren weiß, könnte in seiner Lage glücklich sein, obwohl die Naziwelt um ihn herumscharwenzelt und sein schlechtes Gewissen als Patriot vielleicht oberflächlich beschwichtigt wird. Sein lebhafter, manchmal bitterer, doch nie versiegender Humor, seine zynische Intelligenz halfen ihm, diese Jahre der Gefangenschaft zu ertragen. Diesem wunderbaren kleinen rundlichen Pinguin von einem Mann, diesem Mann mit den leuchtenden Vogelaugen, der einmal gesagt hat, Flugzeuge sollten keine Propeller haben, der fasziniert und neidisch zusah, wenn eine Feder oder ein Vogel durch die Luft flogen, wurden die Flügel beschnitten. An eine blutige, gigantische Kriegsmaschinerie gekettet, mußte er zusehen, wie all die Pläne, die er für die experimentelle Luftfahrt zum Wohl der Menschheit hegte, zermalmt wurden, um sich zu seinen Lebzeiten vermutlich nicht mehr aus dem Staub zu erheben.

IX

# Diktatur durch Spionage, Unterdrückung, Terror

Wahrscheinlich wissen die meisten amerikanischen Staatsbürger, nachdem sie Berichte aus Nazideutschland gelesen haben, sowie allgemein Berichte über den Faschismus, ganz genau, daß in Deutschland ein System des Terrors herrscht, das in den Annalen der Geschichte seinesgleichen sucht. Diels war stolz auf sein Spionagenetzwerk. Himmler hat es geerbt. Himmlers oberster Spitzel ist Heydrich, den mir ein Journalist einmal als den bösartigsten, perversesten Menschen beschrieb, der im je begegnet sei. Der australische Autor Roberts, Verfasser des Buchs *Das Haus, das Hitler baute*, schrieb, Himmler sei der Mann, auf den man in Deutschland achten müsse – Roberts glaubt sogar, daß Himmler aufgrund seiner Machtposition innerhalb der Geheimen Staatspolizei der einzig logische Nachfolger Hitlers wäre. Himmler war ein unbekannter Schullehrer mit zweifelhafter Vergangenheit, der die Geheime Staatspolizei ebenso meisterlich wie skrupellos manipuliert hat. Doch wer Himmler je gesehen hat, wer weiß, wie extrem unbeliebt er selbst innerhalb der Nazipartei ist, der erkennt, daß er nie Nachfolger des Führers werden könnte. Er ist klein, dunkelhaarig, trägt einen kleinen schwarzen Schnurrbart und eine Brille, hinter der die tückischen kleinen Augen einer Ratte lauern. Weder sein Gesicht noch sein Auftreten sind in irgendeiner Weise ungewöhnlich, imposant oder zumindest geheimnisvoll. Banal, skrupellos und pedantisch hat er den Finger am Puls der Nation, um sofort jede oppositionelle, feindselige Tendenz aufzuspüren. Auch in einem Naziregime nach Hitler würde Himmler zweifellos wieder gebraucht und würde hinter den Kulissen sicher wieder eine ähnlich wichtige Rolle spielen (immer unter der Voraussetzung natürlich, daß im Fall von Hitlers Tod das Naziregime überhaupt weiterbestehen würde). Doch ist es nur schwer vorstellbar, daß eine Nation, die so schrecklich unter der allgegenwärtigen Bespitzelung leidet, den Chefspion zum Staatsführer machen würde – und man kann sich ebensowenig vorstellen, daß die anderen Parteibonzen solch einen Mann an die Macht gelangen lassen würden, dem ja auch sämtliche Daten und Akten über sie selbst vorliegen. Momentan hat Himmler seinen Aufgabenbereich so hervorragend organisiert, jedenfalls aus seiner Sicht, daß Hitler sich bedingungslos auf ihn und seine Informationen verlassen kann.

Die Diktatur in Deutschland beeinflußt so gravierend Alltagsleben, Kultur und Religion dieser Nation, daß es möglicherweise Generationen dauern wird, bis sich die Situation wieder normalisiert hat. In irgendeiner Hinsicht wird von dieser einzigartig mächtigen und skrupellosen Diktatur das Leben jedes Menschen betroffen. Diese umfassende Kontrolle der Bevölkerung wurde durch ein System des Terrors und der Angst erreicht, gegen das selbst die Inquisition, trotz ihrer subtilen und niederträchtigen Methoden, verblassen würde. Was die Freiheit und die Selbstbestimmung des Individuums betrifft, ist Deutschland ins finstere Mittelalter zurückgefallen. Die deutsche Nation, das deutsche Volk lebt nach den primitiven Gesetzen eines weltanschaulichen Fanatismus, der das *Überleben der Stärkeren* propagiert. Durch ein Ausmaß an Gewalt, Zerstörungswut, Grausamkeit, Verfolgung und Unterdrückung, wie es dies in der Geschichte der Zivilisation noch nie gegeben hat, wurde Deutschland das Gesetz des Dschungels aufgezwungen und die primitivsten, blutrünstigsten Instinkte wurden zu geltendem Recht erhoben. Die Naziwölfe haben eine ganze Nation verschlungen.

## 2

Bis auf die paar Menschen, die dem organisierten Widerstand angehören, haben die meisten zivilisierten, wertvollen, schöpferischen Menschen Deutschland vor langer Zeit verlassen. Die Nazis kamen mit einem sozialistischen Programm an die Macht – doch als erstes zerschlugen sie die mächtigen freien Gewerkschaften, vor denen sie sich aus gutem Grund fürchteten. An ihre Stelle traten die nationalsozialistischen Gewerkschaften – politisch und ökonomisch noch ineffektiver als selbst Betriebsgewerkschaften. Die Arbeiter wurden gezwungen, diesen nationalsozialistischen Gewerkschaften beizutreten und hatten keinerlei Möglichkeit, ihre Führer selbst zu wählen – diese wurden willkürlich durch die Partei ernannt und waren selbstredend Nazis. Natürlich durften die Arbeiter keinerlei Kritik an den Nazis üben; auch konnten sie sich weder durch Streik noch durch Proteste irgendwelche Vorteile erkämpfen. Sie hatten keine Stimme und wurden gezwungen, stillschweigend niedrige Löhne und Überstunden zu akzeptieren. Dr. Ley organisierte die sogenannte Deutsche Arbeitsfront, eine gigantische Organisation, die sich aus Mitgliedsbeiträgen der Arbeiter finanziert. Dafür dürfen sie dann an den alljährlichen Urlaubsreisen teilnehmen, sofern sie genug Geld haben und gute Nazis sind. Die Arbeitsfront organisiert alljährlich Massenausflüge in angrenzende Teile Europas. Die besser bezahlten Arbeiter können sich das natürlich leisten. Aber zum Beispiel mein Dienstmädchen – das bereits zur Gruppe der besser bezahlten Hausangestellten gehörte – mußte immerhin zwei Jahre lang sparen, um an einem kurzen Bootsausflug nach Norwegen teilnehmen zu können. Sie freute sich sehr, obwohl sie für sämtliche Extras bezahlen mußte und ständiger Propaganda ausgesetzt war. Diese Reisen sind ein raffiniertes Mittel, um Hunderte, manchmal auch Tausende von Ausflüglern durch Propaganda zu beeinflussen. Während sie von Arbeitsfront-Funktionären in Europa herumgeführt werden, erfahren sie, welche Gebiete eigentlich rechtmäßig zu Deutschland gehören, auf welche Weise der Nationalsozialismus sie zurückerobern will und warum sie darum sämtliche Entscheidungen Hitlers unterstützen müßten.

Die Arbeiter stehen unter genauester Beobachtung der Geheimen Staatspolizei. Die Nazis wissen nur allzugut: Wenn die unzufriedenen Arbeiter sich zusammenschließen und den Widerstand organisieren, dann werden Hitler und sein System weggefegt. Tausende von Arbeiterführern der Vor-Hitler-Zeit wurden verhaftet, ermordet und in Konzentrationslager gesteckt. Es gelang den Nazis, der Arbeiterbewegung vorübergehend das Genick zu brechen. Der Widerstand in Arbeiterkreisen, vor allem im Bereich von Munitionsfabriken und ähnlichen Industriezweigen, wird noch brutaler verfolgt als in anderen Gesellschaftsschichten. Selbst in der Nazipresse liest man regelmäßig von Arbeitern, die wegen verräterischer Umtriebe hingerichtet worden sind – wobei den Tatbestand des Verrats auch jede verbale Kritik an Hitlers Kurs erfüllt. Verwandte und Kollegen des betreffenden Opfers hatten, sofern sie nicht sowieso verhaftet, in Konzentrationslager gesteckt oder heimlich ermordet wurden, künftig keinen Frieden mehr, weder im Privatleben noch im Beruf.

Es werden sämtliche Organisationen lahmgelegt, die früher bis zu einem gewissen Grad die wirtschaftliche und politische Unabhängigkeit der Menschen garantierten; ein immer engmaschigeres Netz von Spitzeln und von Agenten der Geheimen Staatspolizei durchzieht das Land. Auf diese Weise glauben die Nazis, sie hätten all jene Freiheitsbestrebungen erstickt, die sich in der deutschen Arbeiterschaft vor Hitler so heftig regten.

Ein Nazi ist natürlich nicht nur von der Ideologie und Handlungsweise her ein Nazi, er ist immer auch ein Agent der Partei. Er hat die Pflicht, jede gegen das Naziregime gerichtete Einstellung oder Äußerung sofort zu melden. Selbst im Familienkreis sind derlei Bespitzelungen gang und gäbe. Ein deutscher Intellektueller erzählte einmal meinem Vater, in der Familie herrsche Unfrieden, seitdem der Sohn in die Partei eingetreten sei. Die

Eltern scheuten sich, vor ihm und seinen Freunden offen zu reden, und fürchteten ständig, alte Freunde der Familie könnten unbefangen vor dem Jungen ihre Meinung äußern. Dasselbe Mißtrauen herrscht natürlich auch zwischen Freunden oder Freundinnen. Doch gibt es auch Gegenbeispiele. Ich denke an einen jungen Nazi, der vor Beginn des Dritten Reichs in einem Haus verkehrte, wo er mit Liberalen und Radikalen, Marxisten und Sozialisten zusammentraf. Als man ihn später drängte, Namen und Fakten des damaligen und jetzigen Widerstandes preiszugeben, weigerte er sich hartnäckig und erklärte, all seine Freunde seien nur Intellektuelle und Künstler gewesen und hätten sich nicht für Politik interessiert. Ich bin sicher, daß es viele solcher Nazis gibt, denen Anstand und Ehrgefühl noch nicht abhanden gekommen sind; Nazis, die solche Spitzelmethoden widerlich finden und deren emotionale Bindungen an Familienmitglieder und Freunde kein Parteifanatismus erschüttern kann. Doch leider halten sie sich mit jenen Nazis die Waage, die dem Prestige, das ihnen ihr Verrat beschert, alle menschlichen Regungen opfern.

Neben den zahllosen Nazis, die sich aus freien Stücken verpflichtet fühlen, ihrer Partei als Spione zu dienen, gibt es in jedem Dorf, in jeder Stadt ein Netzwerk bezahlter Gestapo-Agenten, die irgendein Amt innehaben und sich meist als heimliche Gegner des Faschismus ausgeben. Ich weiß von einer kleinen Industriestadt, wo ein Mann, der ein Amt in der Stadtverwaltung bekleidete, unter den Arbeitern das Gerücht ausstreute, er sympathisiere mit den spanischen Loyalisten. Nachdem er eine Woche lang in den Wohnungen und Gesinnungen der Arbeiter herumgeschnüffelt hatte, entwarf er eine geheime Petition, in der um finanzielle Unterstützung der spanischen Regierung gebeten wurde. Er sammelte über fünfzig Unterschriften, bis ihm jemand auf die Schliche kam und die Arbeiter warnte. Doch diese fünfzig Namen verschwanden von der Lohnliste der Fabrik und tauchten kurze Zeit später auf der Namensliste eines Konzentrationslagers auf.

Die Zahl der Gestapo-Agenten wächst natürlich überall dort, wo Widerstandsgruppen aktiv sind. Zum Beispiel mischen sich unter Hafenarbeiter in den Hafenstädten oder unter die Belegschaft großer Fabriken raffinierte Lockspitzel. Diese Männer verwickeln die einfachen Arbeiter nicht nur in irgendwelche Gespräche über das Ausland, sondern stacheln sie auch zum Arbeitskampf an. Falls es doch Arbeiterführer gibt, versuchen die Spitzel, sie und ihre Helfer aufzuspüren. Der Lockspitzel ist vielleicht sogar das bösartigste Instrument der Spionage. Es ist ja verständlich, daß der einfache Fabrikarbeiter innerlich gegen die vielen Überstunden, die niedrigen Löhne und die wachsenden Lebenshaltungskosten revoltiert – Bedingungen, die es in einem faschistischen Regime immer geben wird, egal wieviel Gebiete mit Rohstoffen und natürlichen Ressourcen man annektiert. Wenn einem Arbeiter nun ein scheinbar aufrichtiger Kollege beipflichtet, ist es ja ganz natürlich, daß der Arbeiter ihm seine Gedanken offenbart und vielleicht sogar schildert, welche Aktionen er und seine Genossen planen. Allmählich aber spricht sich herum, daß solche Sympathisanten gefährlich sind. Die wahre Tragödie ist die, daß die so entstehende Atmosphäre von Angst und Argwohn jede vertrauensvolle Kameradschaft, jede Loyalität zerstören und das ganze Land in eine allgemeine Angstpsychose stürzen.

Die Gestapo-Agenten werden vor allem an Wahltagen aktiv. Sie sind darüber informiert, ob eine Person in einem bestimmten ländlichen Gebiet oder einer Stadt gar nicht oder nur widerwillig zur Wahl geht. Der Agent belauscht die Gespräche im Wahllokal und später in den Wirtshäusern und Biergärten. Er ermuntert die Menschen, sich ganz offen zu äußern, und wenn sie dies dann wirklich tun, sorgt er dafür, daß sie so rasch wie möglich bestraft werden. Manchmal wird der Schuldige in die nächstgelegene Naziortszentrale zitiert, manchmal sofort verhaftet und in ein Lager geschafft, oft auch mitten in der Nacht aus seinem Haus oder seiner Wohnung verschleppt.

Logischerweise werden die Leute, die in einer bestimmten Region aktiv oder passiv Widerstand leisten, im Lauf der Zeit sehr vorsichtig und nehmen sich vor Lauschern, kleinen Nazifunktionären und neu zugezogenen Nachbarn in acht. Darum müssen sich die Nazis immer wieder neue Schnüffelmethoden ausdenken.

Während meiner Zeit in Deutschland berichteten mir mehrere Menschen, die Zeuge dieses widerwärtigen Verfahrens waren, von folgender Methode: Ein Gestapo-Agent macht die ärmsten Bürger einer Stadt ausfindig, die mit ihren Steuern und Parteibeiträgen im Rückstand sind; nacheinander sucht er jeden der Betreffenden heimlich auf und verspricht ihm einen kompletten Schuldenerlaß, wenn er einige Wochen lang meldet, was einer seiner Nachbarn so treibt. Der Ärmste denkt, er könne der Geheimen Staatspolizei irgendwelche unwichtigen Dinge berichten, die den Nachbarn keinesfalls in Schwierigkeiten bringen werden. Nachdem der vereinbarte Zeitraum verstrichen ist, erscheint der Gestapo-Agent erneut, nimmt die Berichte in Empfang und teilt dem Mann mit, seine Steuerschulden seien nun getilgt. Dann gibt er ihm einen zweiten derartigen Auftrag. Nun weigert sich der Betreffende mit dem Hinweis, das sei nicht vereinbart gewesen; er habe doch nur mitgemacht, weil man ihm versprochen habe, ihn von dem finanziellen Druck zu befreien. Bleibt der arme Kerl bei seiner Weigerung, dann droht ihm der Gestapo-Mann damit, alles öffentlich zu machen und seine ärmliche Existenz zu vernichten. Dies ist natürlich nur einer von zahllosen Tricks, die gegen arglose Bürger angewandt werden. Wenn eine wichtige Behörde sich nur damit befaßt, auch das geringste Zeichen von Widerstand aufzuspüren, wenn diese Abteilung mit großen Summen aus der Parteikasse finanziert wird und einen riesigen Stab von Mitarbeitern hat – dann ist es nicht verwunderlich, daß Hunderttausende von Deutschen in Konzentrationslagern sitzen. Verblüffend ist allerdings, daß es in den verschiedensten Gruppen trotzdem noch organisierten und nicht organisierten Widerstand gibt und Hunderttausende von Deutschen es immer noch wagen, bei der Wahl ein energisches, von der Todesstrafe überschattetes NEIN zu äußern.

3

Die Oberschicht wird von der Gestapo ebenso gründlich und skrupellos bespitzelt wie die Arbeiterklasse, wenn auch mit subtileren Methoden. Doch eines muß ganz klar gesagt werden: Wo immer echter Widerstand aufkeimt, geht die Gestapo stets nach derselben Methode vor: Liquidierung. Die sogenannten feinen Leute werden sogar noch häufiger bespitzelt. Ich habe bereits erwähnt, daß Professoren, Intellektuelle, Künstler und Wissenschaftler sich nicht mehr unbefangen unterhalten können. Die kleineren Geschäftsleute in den Städten und die wohlhabenden Bürger im allgemeinen müssen ständig mit falschen Anschuldigungen rechnen, stets darauf achten, daß sie ja nichts an Juden verkaufen oder sich mit Leuten einlassen, die nicht hundertprozentig hinter Hitler stehen. Selbst Adlige trauen alten, treuen Dienern nicht mehr und begegnen neuen Dienern argwöhnisch und wachsam.

Daß wir uns wegen unserer Telephone und Diktaphone Sorgen machten zeigt, mit welch raffinierten Methoden selbst das Diplomatische Korps bespitzelt wurde. Unter unseren Bediensteten gab es keinen einzigen, vor dem wir uns ganz offen hätten äußern können. Im ersten Jahr nach unserer Ankunft in Deutschland hielten wir die Gerüchte über den Geheimdienst für ziemlich übertrieben. Doch dann gab es im Lauf der Zeit mehr oder weniger konkrete Hinweise, daß Informationen über unser Privatleben nach draußen sickerten – Informationen, die nur direkt aus unserem Haus stammen konnten. Briefe wurden an der Grenze dreist geöffnet, angeblich aus Gründen der Devisenkontrolle. Manche der Briefe, die deutlich sichtbar einen Botschaftsstempel trugen, wurden geöffnet und erst verspätet zugestellt. Als mein Vater protestierte, versprach das Auswärtige Amt, die Verantwortlichen zu bestrafen, und behauptete, es handle sich um puren Zufall. Später hatten wir den Eindruck, daß es sich wirklich um ›puren Zufall‹ gehandelt hatte – denn wenn tatsächlich Briefe geöffnet wurden, gingen die Nazis sehr viel umsichtiger vor. Briefe privaten Inhalts, selbst auf unserem offiziellen Briefpapier, hätten wir immer nur dem Postsack anvertraut. Aber wie gesagt, selbst der Postsack war nicht sicher. Da es schnell gehen mußte, wurden unsere Briefe immer auf einem deutschen Schiff transportiert. Mein Vater äußerte dem State Department gegenüber mehrfach den Verdacht, daß man sich an unseren Diplomatenpostsäcken zu schaffen gemacht hätte, und empfahl nachdrücklich, sie auf verläßlichen Schiffen zu versenden. Meines Wissens wurde sein Rat jedoch nie befolgt. Ein junger Mann in einer ausländischen Botschaft erzählte mir einmal von zwei jungen ›Kurieren‹, die mit ihren wichtigen Postsendungen die gleiche Route fuhren – der eine war Deutscher, der andere ein Ausländer. Als sie an einem Bahnhof gemeinsam auf den Zug warteten, schlug der Deutsche vor, der andere solle sich doch etwas zu essen holen – er werde solange auf beide Taschen aufpassen! Einmal wurde meine Mutter von einer Deutschen gefragt, wie sie einen vertraulichen Brief an ihre Tochter in Amerika senden könne. Meine Mutter empfahl ihr, es mit dem Postsack einer ausländischen Botschaft zu versuchen. Da lehnte die Frau lachend ab und erklärte, sie wolle doch ›Sicherheit‹!

Der Tiergarten, dieser wunderschöne alte, dicht mit Bäumen bewachsene Park im Herzen Berlins, wurde nicht nur von eleganten Reitern, für Paraden, Sonntagsspaziergänge und zum Dressieren von Hunden benutzt, sondern auch für streng vertrauliche Gespräche zwischen Diplomaten und Beamten, die sie nicht zu Hause oder in der Botschaft führen wollten. Mein Vater ging hier oft mit anderen Botschaftern spazieren, bis sie schließlich bemerkten, daß sie sogar in dieser schönen, romantischen Umgebung beschattet wurden.

Die russische und die französische Botschaft wurden noch sorgfältiger beobachtet als die amerikanische und die englische. Ich erfuhr, daß überall Spione postiert waren, sowohl gegenüber den Botschaftsgebäuden als auch in ihrem Innern. Die Spione sollten über die Gäste, die Anzahl ihrer Wagen, die Dauer ihres Besuchs und noch sehr viel wichtigere Dinge berichten. Auch ich wurde mehrere Male verfolgt, als ich die Botschaft zu Fuß oder per Auto verließ, und erlebte interessante Dinge, als ich meinen ›Schatten‹ an allerlei langweilige und lachhafte Orte lockte. Im letzten Jahr unseres Aufenthalts war ich mit jemandem befreundet, der bei den Nazis einen ziemlich hohen Posten bekleidete. Insgeheim jedoch sympathisierte er nicht im geringsten mit ihrer radikalen Politik. Als er mich eines Abends besuchte, fuhr er ausnahmsweise nicht auf das Botschaftsgelände, sondern ließ seinen Wagen draußen stehen. Einige Stunden später mußte er feststellen, daß man den Wagen schwer beschädigt hatte. Ich dachte natürlich sofort an einen versuchten Diebstahl. Er aber deutete dies als Warnung der Geheimen Staatspolizei, daß seine Besuche in der amerikanischen Botschaft – die damals bei den Nazis ziemlich unbeliebt war – unerwünscht seien.

Größtenteils reagierten mein Bruder und ich sehr ernst und angespannt auf diese Situation. Doch manchmal brach unser längst verloren geglaubter Humor durch – dann führten wir (natürlich nur mit nichtdeutschen) Freunden allerlei Gespräche, die geheimnisvoll und bedrohlich klingen sollten. Wir wußten ja, daß alles eifrig aufgenommen wurde, und hofften, daß unsere Gespräche die ›Horcher‹ vor gewisse Probleme stellen würden. Ich gebe zu, daß das kein sehr erwachsenes Verhalten war, aber es half uns, mit dem fürchterlichen Druck fertig zu werden, an den wir uns nie so recht gewöhnen konnten.

Wie ernst die Sache tatsächlich stand, sieht man daran, daß Freunde, die in irgendeiner Weise mit der Nazipartei zu tun hatten, am Telephon immer einen falschen Namen nannten, und daß wir mündlich einen bestimmten Code vereinbart hatten, um uns am Telephon in verschlüsselter Form verabreden zu können. Mein Bruder und ich wußten, daß alle Botschaften unter Verdacht standen, und daß die amerikanische Botschaft, nachdem sich mein Vater so lange und hartnäckig gegen die Diktatur gestellt hatte, ganz besonders aufmerksam beobachtet wurde. Obwohl wir überzeugt waren, daß in unserem Haus Diktaphone installiert worden waren – vielleicht schon vor unserem Einzug oder irgendwann während unserer Abwesenheit –, unterhielten wir uns manchmal in den Räumen, in denen es kein Telephon gab. Einer meiner Freunde jedoch wollte nicht einmal auf unserer Veranda offen sprechen, obwohl sie ganz aus Glas und Fliesen bestand und es schwierig gewesen wäre, sie zu verwanzen.

Mit nüchternen Worten auf dem Papier läßt sich unmöglich schildern, was diese Form der Bespitzelung in einem Menschen anrichten kann. Obwohl wir wußten, daß wir das Privileg der Exterritorialität genossen und uns die Deutschen, egal was wir sagten, nicht ernsthaft schaden konnten, waren unsere Familienkonferenzen und die Freiheit der Rede so beschnitten, daß wir nicht einmal mehr entfernt einer normalen amerikanischen Familie glichen. Vor jeder Äußerung mußten wir um Ecken und hinter Türen spähen, darauf achten, daß wir nicht zu nah am Telephon standen, und uns im Flüsterton unterhalten. Eine Freundin von mir – eine reizende Deutsche, die den Naziterror verabscheute – führte mich einmal mit geheimnisvoller Miene auf die Toilette – auch ein schwierig zu verwanzender Ort! – und berichtete mir in fast unhörbarem Flüstern etwas, das sie gehört hatte. So also sah das Leben einer ganz normalen amerikanischen Familie in einer Diktatur aus.

Die Psychologie der Furcht und des Terrors kann das Bewußtsein und Unterbewußtsein auch der harmlosesten und bestgeschützten Menschen beeinflussen. Wir hatten nicht nur Angst um uns (ja, wir fürchteten tatsächlich um unsere eigene Sicherheit, ob dies nun rational war oder nicht), sondern auch um unsere Gäste und unsere Informationsquellen. Die meisten Leute, die wir kannten, waren nur bis zu einem gewissen Grad gegen Hitler eingestellt. Und selbst Personen mit einer wirklich hitlerfeindlichen Position – was in Diplomatenkreisen sehr selten vorkam – äußerten sich nur verbal, ohne sich in irgendeiner Art von Widerstand zu organisieren. Wenn also sogar im Haus des Vertreters eines der freiesten Länder der Welt die oben geschilderte Atmosphäre herrschte, kann man sich gut vorstellen, welche Tragödie, welche Qual diese Situation für freiheitsliebende Deutsche bedeutete. Selbst heute, viele Monate nach meiner Rückkehr aus Deutschland, sitzen diese Denk- und Lebensgewohnheiten noch so tief, daß ich mich oft unbewußt vor Bediensteten in acht nehme und nur ganz leise rede. Argwohn und Vorsicht sind so tief verwurzelt, die Nerven liegen immer noch so blank, daß es Jahre dauern wird, bis man diese quälende Erfahrung vergessen kann.

## 4

Es gibt in der deutschen Bevölkerung tatsächlich immer noch ein großes Maß an organisiertem Widerstand, was beweist, daß menschlicher Mut und Glaube selbst dieses Martyrium überstehen können. Gruppierungen, die sich aus ehemals organisierten Arbeitern zusammensetzen, Liberale, Demokraten, Mitglieder der ehemaligen Zentrumspartei (der Partei der Katholiken) und Protestanten, linke Demokraten und zahllose andere Gruppierungen, die schon 1932 gegen Hitler waren oder sich später gegen ihn wendeten – all diese Gruppen schießen wie Pilze aus dem Boden und machen durch Verlautbarungen ihrer Führer, durch Publikationen und Propaganda auf sich aufmerksam; manche verschwinden nach wenigen Wochen wieder, andere halten sich Monate oder Jahre.

Zu ihnen gehören auch die Überbleibsel der Sozialdemokratischen Partei, die eine Untergrundorganisation in der Arbeiterschaft hat. Die Kommunistische Partei, die bei Hitlers Machtergreifung sechs Millionen Stimmen auf sich vereinigte, wurde komplett neu organisiert. Natürlich waren diese sechs Millionen Wähler nicht alle Kommunisten – trotzdem handelte es sich um eine starke Partei. Alle Führer, die nicht flohen, ließ Hitler erschießen oder einsperren. Die alte Führungsspitze wurde zerschlagen, doch nun wächst vorsichtig eine neue nach. Die Kommunisten haben Keimzellen in jeder Fabrik, jeder Gegend und bleiben die aktivste, bestorganisierte und militanteste politische Opposition mit einem klaren Programm.

Man hört oft von Streiks – selbstverständlich wird in deutschen Zeitungen nicht darüber berichtet. Gelegentlich verlaufen die Streiks erfolgreich – je nachdem, wieviel Druck ausgeübt werden kann. Manchmal sind die Naziführer gezwungen, den Forderungen der Arbeiter nachzugeben, manchmal aber werden die Streiks auch brutal niedergeschlagen und alle Beteiligten bestraft. Das allgemeine Ziel organisierten Widerstands besteht darin, die Reihen der Nazis zu infiltrieren beziehungsweise geschulte, mutige Männer, deren Loyalität erwiesen ist, in Schlüsselpositionen zu bringen. Ich kenne in den verschiedenen Ministerien mehrere Männer, die der nationalsozialistischen Regierung feindlich gesinnt sind. Für die Arbeiterbewegung gilt das gleiche. Diese Männer riskieren wissentlich ihr Leben, um Hitler zu stürzen, ihre Kollegen aufzuklären und Informationen von innen zu sammeln, die ihnen für ihre Tätigkeit einmal von Nutzen sein werden.

Während ich in Deutschland lebte, hörte ich von mindestens zwei politischen Gruppierungen, die Aufklärungsschriften verteilten. Ein paar Deutsche, die diese Schriften erhalten hatten, zeigten sie mir mit äußerster Vorsicht. Es handelte sich um Reden von Roosevelt und anderen Staatsmännern aus aller Welt (Reden, die in den Zeitungen der Nazis kaum jemals erwähnt werden, und wenn, dann zur Unkenntlichkeit entstellt), Nachrichten aus Spanien, ausländische Meinungen zu Deutschland und zur allgemeinen europäischen Situation, Kommentare zu Hitlers Politik sowie Informationen über die Arbeiterbewegung in anderen Ländern.

Diese Flugblätter waren keine Hetzschriften, sondern boten wertvolle Informationen, die man in der deutschen Presse vergeblich suchte. Die Broschüren der Kommunistischen Partei, die heimlich unter den Arbeitern kursieren, enthalten ähnliches Material und Artikel von Marx, Lenin und Stalin sowie Berichte aus Rußland und ein Organisations- und Aktionsprogramm. Sie werden in Liebesromane oder Nazibroschüren eingelegt, haben unverfängliche Titelseiten und enthalten einige Seiten des harmlosen Originalhefts. In der Mitte befindet sich dann der andere Text. Er ist in so winzigen Lettern gedruckt, daß man ihn ebenso unauffällig lesen wie verschwinden lassen kann. Schätzungsweise bis zu zwanzig Arbeiter lesen ein Exemplar. In Deutschland kursieren Tausende dieser Broschüren, Pamphlete und Flugblätter, von denen viele aus dem Ausland eingeschleust werden, viele aber auch illegal in Deutschland gedruckt werden. Wer sie besitzt, wird hart bestraft, und man kann sich vorstellen, welch leidenschaftlichen Mut ein Arbeiter benötigt, um sie zu lesen und weiterzugeben.

Ein bis zwei Jahre lang gab es in Deutschland einen illegalen Radiosender, der dauernd seinen Standort wechselte. Als die Nazis ihn schließlich entdeckten, wurden sämtliche Mitarbeiter hingerichtet. Doch schon bald war der Sender wieder zu empfangen. Angeblich wurde er auf einen Lastwagen verladen und heumgekarrt. Jeder Deutsche konnte den Sender hören und viele taten das auch – allerdings drohten dem, der dabei erwischt wurde, Verhaftung und Gefängnis. Sendungen aus Rußland zu hören war verboten, und die Nazis versuchten, den klaren Empfang durch Störsignale zu verhindern. Mit einem guten Gerät bekam man den Sender auf Kurzwelle aber ziemlich gut herein. Ich kannte viele Deutsche, einfache und höhergestellte Menschen, die trotz des hohen Risikos halb aus Neugierde, halb aus wachsender Sympathie regelmäßig Radio Moskau hörten. Da gute Geräte aber teuer waren, konnten die meisten Arbeiter Radio Moskau nicht empfangen. Die deutsche Regierung unterstützte die Bevölkerung beim Kauf preiswerter kleiner Radios, die weit entfernte Sender nicht empfangen konnten. Doch manche Deutsche, die sich die teuren Geräte nicht leisten können, bauen sich ihr eigenes – billige kleine Radios, die die Außenwelt in ihr Zuhause bringen.

Es gibt noch zwei andere Stationen, die jetzt aus dem Ausland senden und regelmäßig über Kurzwelle zu empfangen sind – eine aus Barcelona, die andere aus der Schweiz. Auch diese Stationen werden von politischen Widerstandsgruppen betrieben und liefern interessante Informationen, die, wenn die Nazis es verhindern können, nicht nach Deutschland gelangen. Zweifellos hören etliche Deutsche, die gute Empfänger besitzen, diese Sender trotz der drohenden schweren Strafen, vor allem die Übertragungen aus Barcelona. Der Kampf in Spanien ist den meisten Deutschen ein Rätsel. Sie vermuten, daß es sich entgegen den Behauptungen in der deutschen Presse und im deutschen Rundfunk keineswegs um einen edlen Kreuzzug Deutschlands und Italiens gegen ›die Kommunisten‹ handelt. Sollten einige Deutsche dennoch an eine so offenkundige Absurdität glauben, müßten sie sich doch als nächstes fragen: »Wenn zwei mächtige Nationen die Kommunisten vereint bekämpfen, wieso konnten sie dann über zwei Jahre lang durchhalten?« Wer in Deutschland auch nur einen Schimmer von Intelligenz besitzt, erkennt die Lücken in der Logik der Nazis und wundert sich über die aggressive Propaganda, mit der dem Volk Lügen aufgetischt werden. Darum ist jede Nachricht aus dem Ausland ein willkommener Hauch von Freiheit, und viele Menschen bringen große Opfer und gehen hohe Risiken ein, um wenigstens einen ungefähren Eindruck von der Realität zu gewinnen.

Die Methode der Flüsterkampagnen wurde schon seit Beginn von Hitlers Regime bei allen Gelegenheiten eingesetzt, um seine neue Politik im In- und Ausland zu untergraben. Manchmal handelt es sich um sarkastisch-humoristische Anekdoten, manchmal nur um nüchterne Fakten, die Hitlers sogenannten ›Wahrheiten‹ widersprechen.

Wie ich schon sagte, stieß die Achse Berlin – Rom bei der deutschen Bevölkerung von Anfang an auf wenig Sympathie. Die Menschen konnten nicht verstehen, warum Hitler auf einmal Mussolini und die italienische Nation hochjubeln sollte, nachdem die Italiener erstens im Weltkrieg gegen Deutschland gewesen waren und zweitens gemäß Hitlers absurder Rassentheorie definitiv zu den minderwertigen Rassen zählten. Das gleiche gilt auch für den japanisch-italienisch-deutschen Antikomintern-Pakt. Die darüber kursierenden Geschichten waren sowohl humoristisch, indem sie mit dem Wort Achse spielten (z. B. eine quietschende, rostige oder gebrochene Achse), als auch ernst. Gelbhäutige kleine Menschen paßten nicht zum Entwurf des ›blonden überlegenen nordischen Typus‹.

Diese Geschichten machten ›karitative‹ Unternehmungen wie die Winterhilfe lächerlich, deren Gelder in undurchschaubaren Kanälen versickerten, spotteten über Göring und Goebbels, murrten über die Lebensmittelknappheit und zahllose andere ökonomische und politische Mißstände in Deutschland. Sie schadeten Hitler und wurden heimlich weitererzählt, von der Unterschicht bis hinauf zur Oberschicht, von Mann zu Mann, von Frau zu Frau, bis sie sich überall verbreitet hatten. Man hört überall die gleichen Geschichten und Klagen, in Bayern wie in Preußen, am Rhein wie im Osten, beinahe so, als verbreite sich Feindseligkeit wie ein Lauffeuer durchs Land.

## 5

Angehörige kirchlicher Kreise werden von den Nazis ebenso intensiv verfolgt wie die Arbeiterschaft. Die Nazis haben nicht nur versucht, die katholische Kirche zu zerschlagen, es gab auch Übergriffe auf Protestanten. Man denke nur an den weltberühmten Fall des Pastor Niemöller. Auch hier wagten es die Nazis, trotz weltweiter Mißbilligung, einen der besten Prediger des Landes ins

Gefängnis zu werfen. Er hatte sich im Weltkrieg bewährt und besaß keinerlei Verbindung zu Gruppen von Regimekritikern. Doch allein die Tatsache, daß er es sich erlaubte, auf seiner Kanzel seine freie Meinung zu äußern, reichte aus, daß man ihm Verrat an Deutschland vorwarf. Obwohl Dr. Schacht, einige der eher konservativen Kabinettsmitglieder wie Schwerin-Krosigk und ein paar Reichswehr-Generäle treue Besucher seiner Gottesdienste waren, opferten ihn die Nazis ihrer blanken Machtgier. Die protestantische Kirche droht von Hitler ausgelöscht zu werden, wenngleich sie sich als außerordentlich lebendig erweist und ein paar erstaunlich mutige Männer in ihren Reihen hat. Nie zuvor war die protestantische Kirche einem solchen Angriff ausgesetzt, der auf die Tilgung aller grundlegenden protestantischen, religiösen Inhalte zielt. Als Ersatz wird versucht, die Kirche der *Deutschen Christen* zu etablieren, die auf bizarren Riten und dem Glauben an barbarische Götter und Legenden basiert.

Angesichts dieser gnadenlosen Politik gegenüber der protestantischen Kirche ist es nicht verwunderlich, daß die Nazis erst dann zufrieden sind, wenn auch die katholische Kirche zerstört oder jedenfalls so vollständig unterdrückt ist, daß man sie nicht länger als katholisch bezeichnen kann. Aus Hitlers Sicht sind die Katholiken unendlich viel gefährlicher als die Protestanten – nicht nur, weil über ein Drittel der Deutschen katholisch sind, sondern auch, weil die katholische Kirche eifersüchtig über die Erziehung ihrer Jugendlichen wacht. Folglich hat Hitler die katholischen Schulen verboten und, im Hintergrund die Guillotine, kategorisch erklärt, daß der Staat – der Nazistaat – das ausschließliche Recht besitzt, die Jugend zu erziehen und über sie zu verfügen. Der Einfluß der katholischen Kirche auf ihre Jugend und auf ihre Mitglieder insgesamt ist als religiöses Phänomen in die Geschichte eingegangen. Doch Hitler, selbst als Katholik geboren, möchte all dies ändern; anstelle der praktischen und politischen Bedürfnisse der Menschen soll die staatliche Erziehung treten, ein mythischer Gott Thor, die Walhalla, die Verehrung der gemanischen

Helden und ein primitiver Prunk sollen die spirituellen Sehnsüchte der Menschen stillen. Die katholische Kirche soll ihre Politik der Unschlüssigkeit bald beenden – es wird immer deutlicher, daß sie so oder so Stellung beziehen muß; Kapitulation würde das Ende der Kirche bedeuten oder eine Neuorganisation im Sinne der Nazis. Die katholischen Gläubigen wären wohl kaum damit einverstanden, daß ihr Glauben und ihre Kirche Adolf Hitler geopfert werden. Doch ihre Führer, vom Papst abwärts die katholische Hierarchie hinunter, werden sich später vor der Geschichte dafür verantworten müssen, ob ihre uralte Kirche in Deutschland überlebt hat oder nicht.

Inzwischen jedoch verfolgt Hitler auch in Kirchenkreisen weiterhin seinen Kurs rücksichtsloser Unterdrückung. Zank und Streit waren seit der Machtergreifung der Nazis an der Tagesordnung – gelegentlich wurden dann von Deutschlands Kanzeln herab eine Rüge aus Rom oder ein Hirtenbrief verlesen. Dies reizt Hitler aber nur zu weiteren Schikanen. Täglich liest man von Verhaftungen von Priestern – meist unter der nicht zu beweisenden Anklage, sie seien in verräterische Umtriebe verstrickt, hätten homosexuelle Handlungen begangen oder betrügerisch Gelder ausgetauscht. Oft entdecken ausländische Journalisten dann, daß diese Priester – Opfer von Hitlers Bosheit – in Konzentrationslager kamen oder hingerichtet wurden. Tag für Tag wird die Macht, ja sogar die interne Politik der Kirche, immer stärker beschnitten. Und doch gibt es wie bei den Protestanten auch bei den Katholiken heroische Gestalten – Priester und Laien –, die das menschliche Recht auf Freiheit proklamieren. Es finden sogar geheime Treffen von katholischen Priestern und protestantischen Pfarrern statt, in denen über die künftige Vorgehensweise beraten wird. Ich weiß von einem Priesterseminar, das geschlossen wurde und in dem jetzt geheime Treffen stattfinden. Hinter verschlossenen Türen und in den Häusern von Sympathisanten werden weiterhin Priester ausgebildet – natürlich unter größter Lebensgefahr für alle Beteiligten.

## 6

Zwar ist in der ganzen Welt bekannt, daß die Nazis Minderheiten verfolgen, doch sie unterdrücken auch eine große Mehrheit. Dem wurde von der Presse bisher kaum Beachtung geschenkt. Frauen werden zwar im großen und ganzen nicht physisch mißhandelt – es sei denn, sie sind Jüdinnen oder Kommunistinnen oder Hitler aus anderen Gründen feindlich gesinnt –, doch werden sie emotional, moralisch und intellektuell vernichtet. Bevor Hitler an die Macht kam, waren die deutschen Frauen gerade dabei, der männlichen Vorherrschaft zu entrinnen, Selbstachtung zu erlangen und sich produktiv an der Gestaltung der Gesellschaft zu beteiligen. Es gab Vordenkerinnen auf allen Gebieten, und die Frauen waren im Begriff, sich erfolgreich zu einer selbstsicheren, friedlichen feministischen Bewegung zusammenzuschließen.

Alle Mädchengruppen und Frauenorganisationen wurden nach Hitlers Machtergreifung sofort übernommen. Wo die Nazis echte Führungsqualitäten oder handfesten Widerstand entdeckten, machten sie kurzen Prozeß. Es ist eine doppelte Tragödie, daß die deutschen, und bis zu einem gewissen Grad auch die französischen und englischen Frauen zwei Generationen angehören – der Männeranteil der einen Generation wurde durch den Weltkrieg dezimiert, und in der nächsten Generation wurden vergleichsweise wenig Kinder geboren. Und so gibt es in beiden Generationen zu wenig Männer, trotz des paradiesischen Zustands, den die Nazis all jenen Frauen verheißen, die ihre außerhäuslichen Aktivitäten einstellen und sich ganz Heim und Herd widmen. Gewiß liegt es teilweise an diesem Männermangel, daß die deutschen Frauen eine Schwäche für Hitler haben. Ihre Schwärmerei und ihre Treue zu Hitler ist eine mystifizierte Sublimierung der Einsamkeit in ihrem Leben. Wenn diese Sublimierung noch dazu jeder dieser Frauen einen Ehemann und Kinder verheißt, kapitulieren sie.

Die jungen Frauen und Mädchen, die den Nationalsozialismus akzeptierten, traten seinen zahlreichen Frauenorganisationen bei, zogen Uniformen an und lernten das Marschieren. Sie wirkten fast anomal gesund. Daß sie keinerlei geistige Fähigkeiten besaßen, resultierte eindeutig aus dem übertriebenen Körperkult der Nazis. Junge Mädchen ab zehn Jahren mußten an Gruppen teilnehmen, in denen sie nur zwei Dinge lernten: erstens, sich um ihren Körper zu kümmern, um dem Staat später möglichst viele Kinder gebären zu können, und zweitens, treu zum Nationalsozialismus zu stehen. Und so überrascht es nicht, daß die Frauen der jetzigen Generation ebenso unintellektuell sind wie ihre Ehemänner, und daß sie sich diesen Männern und dem Führer bedingungslos unterwerfen.

Obwohl die Nazis aufgrund des Männermangels einsehen mußten, daß nicht alle Frauen heiraten können – nicht einmal dann, wenn sämtliche deutschen Männer dies wollten, was aber sicher nicht der Fall ist –, werden jedes Jahr riesige Heiratsdarlehen in Umlauf gebracht, mit denen sich die Vertragsparteien beträchtliche Summen von der Regierung leihen können; entweder zahlen sie den Betrag in kleinen Raten zurück, oder sie dürfen ihn, wenn genügend Kinder geboren worden sind, vollends behalten. Überhaupt gibt es, wenn die Nachkommenschaft nur groß genug ist, alle möglichen Ermäßigungen bei den Lebenshaltungskosten, bei Einkommenssteuer und Ausbildung. Geburtenkontrolle ist verpönt, ja praktisch verboten.

Und doch – trotz aller Anreize und Verbote – ist Hitler mit der Zahl der Eheschließungen und Geburten in Deutschland nicht zufrieden. Obwohl intellektuelle Frauen nicht intellektuell sein dürfen, obwohl man Frauen aus dem Beruf drängt, führende Feministinnen beschimpft, verhöhnt und zur Untätigkeit verdammt, gibt es immer noch Millionen von Frauen, die ebenso hart arbeiten müssen wie ihre Männer, nur um zu überleben. Sie reagieren mit bitterer Ironie auf Hitlers hartnäckige Forderung, die Frauen sollten mehr Kinder gebären. Die finanziellen Anreize, die er ihnen bietet, reichen für ein paar Monate. Dann jedoch müssen die Eltern immer tiefer in die eigene leere Tasche greifen, um das Kind mit allem nötigen zu versorgen.

Frauen müssen für viel niedrigere Löhnen arbeiten als Männer und werden willkürlich gefeuert oder eingestellt, wie man sie eben gerade braucht. Die Nazis verherrlichen die Fortpflanzungsfunktion der Frauen; die Frauen sollen sich auf nichts anderes mehr konzentrieren – bis auf die zusätzlich zu leistende Schwerstarbeit.

Die meisten Frauen der Mittelschicht und der Arbeiterklasse mußten weiterhin diese Schwerstarbeit leisten, nachdem man ihnen ›weibliche Arbeit‹ versprochen hatte, und wurden außerdem zu Ehe und Mutterschaft gedrängt, ganz egal ob sie es sich leisten konnten oder nicht. Nationen, die dringend mehr Soldaten und Bürger benötigen, müssen ihre Frauen zu sklavischen Gebärerinnen machen. Trotz der Tatsache, daß Hitler und die anderen Nazis immer von einem ›Volk ohne Raum‹ faseln, befehlen sie ihren Männern und Frauen, noch mehr Kinder in die Welt zu setzen. Dies ist ein weiterer Beweis für die grundlegenden ökonomischen Widersprüche des Nationalsozialismus und zeigt der Welt nur allzu deutlich, daß Deutschland fest zu einer weltweiten Expansion entschlossen ist, die in ihren unglaublichen Ausmaßen nur noch mit der parallel dazu verlaufenden Drangsalierung der Welt vergleichbar ist.

Hitler und seine Parteifreunde erklären immer wieder: »Im Liberalismus gibt es viele Punkte für die Gleichberechtigung der Frau, im Nationalsozialismus jedoch nur einen einzigen: das Kind. Während der Mann sein Leben auf dem Schlachtfeld opfert, setzt die Frau ihr Leben für das Volk ein, indem sie ein Kind zur Welt bringt«, oder: »Der Frau ist im Leben des Volkes die gewaltige Aufgabe anvertraut, Sorge zu tragen für die Seele, den Körper und den Geist des Menschen. Es ist der Auftrag der Frau, sich um das häusliche Leben zu kümmern … um die Lebensbedürfnisse vom ersten bis zum letzten Moment der menschlichen Existenz …«, und schließlich: »Gemäß der neuen politischen

Wirklichkeit könnte man sagen, daß die deutsche Frau von jetzt an in einem vom männlichen Geist geprägten Staat leben wird, einem nichtparlamentarischen und konservativen Staat, auf dessen Wesen … sie nicht soviel direkten Einfluß haben wird wie früher …«

Die Frauen wurden also sämtlicher Rechte beraubt, bis auf das Recht, Kinder zu gebären und Schwerstarbeit zu leisten. Sie dürfen sich nicht am politischen Leben beteiligen – Hitlers Pläne beinhalten sogar den Entzug des Wahlrechts; sie haben keinerlei Bildungschancen und kein Recht auf Ausdruck ihrer eigenen Persönlichkeit; Karriere und Beruf bleiben ihnen verschlossen; sie dürfen sich nur dann Frau nennen, wenn sie sich intellektuell und physisch den Wünschen und Bedürfnissen des Mannes unterwerfen. Keine Frau der Welt, egal ob sie Feministin ist oder nicht, könnte unter solchen Umständen stolz das Haupt erheben. Und genau dies wollen die Nazis erreichen. Die Frauen sollen eingeschüchtert werden, sie sollen intellektuell verkümmern, innerlich treu zur Partei stehen, regelmäßig und ›nicht durch eine Dummheit‹ schwanger werden, robuste, körperlich perfekte Mütter werden, Sklavinnen in Haus und Staat.

Die sexuelle Eifersucht, die im deutschen Mann entfesselt wurde, hat die innere Freiheit zerstört, die sich bei den deutschen Frauen vor der Ära Hitler zu entwickeln begann. Jetzt dient die Frau ausschließlich der Arbeit und den körperlichen Bedürfnissen ihres Mannes, ist dem Staat gegenüber zu ständiger Fortpflanzung verpflichtet und wurde tatsächlich um Jahrhunderte zurückgeworfen – in jene Zeit, wo Frauen um ihres gesunden Körpers und ihrer demütigen Unterwerfungshaltung willen veräußert und gekauft wurden wie Vieh. Es wird viele Jahre dauern, bis die deutsche Frau wieder ihr Haupt erheben und sich als Mensch fühlen kann. Zweifellos ist das ›preußische Wesen‹, vor dem mein Vater mich einmal warnte, oder – wie wir es nennen – der Nazismus des deutschen Mannes jene Finsternis, die die weibliche Würde, Freiheit und Zukunft verschlingt.

7

Von deutscher Kunst und Wissenschaft ist nichts mehr übrig, so absolut ist diese Diktatur, so verheerend der Terror, den sie verbreitet. Als Hitler an die Macht kam, flohen viele Schriftsteller mit ihren Familien und ließen oft ihren ganzen Besitz zurück. Ich habe bereits geschildert, daß die anderen, denen die Flucht nicht mehr gelang, später ins Gefängnis kamen oder, wie etwa der Dichter Erich Mühsam, zu Tode gefoltert wurden beziehungsweise im Konzentrationslager landeten. Dies schloß alle Autoren ein, die Pazifisten, Liberale, Sozialdemokraten, Juden und Marxisten waren oder auf andere Weise gegen das Regime des Fanatikers Hitler opponierten. Irgendwann war dann kein einziger wirklich guter Schriftsteller in Deutschland mehr übrig, bis auf den recht talentierten Fallada und den greisen Hauptmann. Jene Autoren, die Hitlers gnadenloser Hand durch eine Laune des Schicksals entgingen, schreiben entweder nichts mehr und kapitulieren, oder müssen ihre Bücher vom Propagandaministerium zensieren lassen.

Die einst so glanzvollen Bereiche Theater und Film, denen nun die brillanten jüdischen Talente fehlen, sind nur noch ein billiger Abklatsch des einstigen Zustands. In Deutschland dürfen natürlich nur noch Schauspielerinnen und Schauspieler arbeiten, die den Nazis genehm sind, also Arier, die dem nationalsozialistischen Ideal entsprechen. Sie müssen in Stücken auftreten, die entweder von den Nazis vorgeschlagen werden oder, falls es sich um zeitgenössische Stücke handelt, sogar von einem Nazi verfaßt worden sind, und selbstverständlich dürfen sie nur unter Regisseuren spielen, die ins Konzept der Nazis passen. Gelegentlich gibt es Wiederaufführungen alter Stücke, die die deutsche Geschichte glorifizieren – verfaßt von deutschen Klassikern, die Arier waren, oder auch Stücke von Shakespeare. In Berlin wurde eine dieser Aufführungen abgesetzt, als das Publikum bei einer Textstelle, welche die menschliche Freiheit pries, in jubelnden

Applaus ausbrach. Ansonsten ist die Berliner Theatersaison so langweilig, daß die meisten Leute nur noch lachen können, wenn wieder ein neues Stück auf den Spielplan kommt. Einmal gab es eine dramatisierte Fassung des Lebens von Thomas Paine. Man hatte diese Figur so entstellt, sie so für nationalsozialistische Zwecke zurechtgebogen, daß mein Vater während des zweiten Akts das Theater verließ. Inszenierung, Bearbeitung und Bühnenbild triefen heutzutage von langweiligem Mittelmaß. Von der Brillanz, Innovation und Phantasie, die es vor Hitler unter Reinhardt gegeben hat, findet sich im zeitgenössischen deutschen Theater keine Spur mehr.

Beim Film sieht es fast noch düsterer aus – sofern dies überhaupt möglich ist. Bei der deutschen Komödie handelt es sich höchstens noch um jämmerlich plumpen Klamauk. Den Deutschen wird ja sowieso kein Sinn für Humor nachgesagt, und unter der Diktatur des Nazismus hat er sich vollends verflüchtigt. Die ernsteren Filme kommen so schwerfällig daher, dienen auf so krasse Weise der Verherrlichung nationalsozialistischer und deutscher Tugenden, daß man fast einschläft vor Langeweile. Welch tragischer Befund, wenn man bedenkt, daß das deutsche Kino der Vor-Hitler-Ära weltweit für seine Experimente, seine künstlerische Kühnheit berühmt war. Emil Jannings mag Deutschlands bester Schauspieler gewesen sein, doch die Filme, in denen er in letzter Zeit auftreten mußte, ruinieren langsam seinen Ruf.

Nun könnte man meinen, angesichts des kläglichen Niveaus ihrer Filme und des ausbleibenden Kassenerfolgs unternähmen die Nazis wenigstens den Versuch, gute ausländische Filme zu importieren. Doch das Gegenteil ist der Fall. Filme aus dem Ausland sind genau denselben Regeln und Vorschriften unterworfen. Charlie Chaplin darf in Deutschland nicht gezeigt werden, weil er Jude ist; dasselbe gilt für die Marx Brothers und viele andere amerikanische Filmstars – sowohl aus dem komischen als auch aus dem ernsthaft dramatischen Fach. Einst schwärmten die Deutschen für Sylvia Sidney; ihre Filme liefen am Kurfürstendamm, ihre Photos sah man in jeder Zeitung. Doch dann fand leider eines Tages ein junger Mann heraus, daß sie Jüdin ist, und von da an war Sylvia Sidney in Deutschland geächtet. Ausländische Filme werden aber nicht nur boykottiert, wenn jüdische Schauspieler oder Regisseure beteiligt sind, sondern unterliegen auch einer inhaltlichen Zensur. Filme, die zu pazifistisch oder zu frivol sind oder in anderer Hinsicht die Normen arischer Erbauung verletzen, werden gar nicht erst gezeigt. Schafft es aber doch einmal ein ausländischer Film in eines der städtischen Kinos, dann läuft er meist um Wochen oder gar Monate länger als die deutschen Produktionen.

Da sich Furtwängler (nach ein paar kleinen Streitereien) den Nazis unterworfen hat, wofür ihm Toscanini öffentlich Verantwortungslosigkeit vorwarf, kann man in Deutschland immer noch ausgezeichnete Konzerte besuchen und gute Musik hören. Andere große deutsche Dirigenten und Komponisten wurden verjagt oder verließen Deutschland aus eigenem Entschluß. Erich Kleiber, der exzellente Ko-Dirigent der Berliner Philharmoniker, ein gewissenhafter fortschrittlicher Mann mit großem musikalischen Können und wundervoller künstlerischer Disziplin, der sich Furtwänglers Personenkult nicht zu eigen machte, wurde abgesetzt und fand vorübergehend eine Anstellung in Wien.

Natürlich verabscheut und fürchtet Hitler Jazz in jeder Form. Für ihn repräsentiert der Jazz die internationale marxistisch-jüdische Verschwörung. Jazz basiert nicht ausschließlich auf germanischen Rhythmen, wie Hitler dies von jeder Musikrichtung verlangt, sondern auf Rhythmen, die tief in jedem Menschen schlummern. Folglich gilt ›Swing‹ oder jede andere Variante des Jazz als primitiv und verderbt – und entspricht dem ›Weltgeist des Untermenschentums‹. Nur einige wenige Nachtklubs versuchen sich im Jazz, allerdings jämmerlich schlecht. Zwei oder drei solcher Lokale dürfen in Berlin geöffnet bleiben, für die Ausländer und Diplomaten, die die deutsche Hauptstadt besuchen oder in ihr leben – Ausländer, durch die sehr viel Geld in die Kassen der

Nazis fließt. Besagte Erlaubnis wird allerdings nur widerwillig erteilt und kann jeden Moment zurückgezogen werden. Das deutsche Volk jedoch hört niemals Jazz.

Fritz Kreisler, ein weltberühmter Wiener und soviel ich weiß selbst kein Jude, hat in Deutschland Auftrittsverbot, obwohl er dort mit seiner amerikanischen Ehefrau lebt. Er ist ein freundlicher, unpolitischer Mensch, der allerdings einmal glühende Bewunderung für Mussolini äußerte. Hitler jedoch kann ihn nicht leiden. Kreisler, ein guter Freund Hanfstaengls, der bei den Kreislers immer ein gerngesehener Gast war, hält sich meist in Diplomatenkreisen auf, unter Deutschen und Ausländern, die nichts mit dem Regime zu tun haben. Veranstaltungen der Nazis besucht er fast nie. Vielleicht hat man entdeckt, daß in seinen Adern, oder den Adern seiner Frau, eine Spur jüdischen Bluts fließt – ich weiß es nicht; möglicherweise hat er sich einmal gegen Hitler geäußert, ist Pazifist oder genügt nach Meinung der Nazis nicht ihrem nichtexistenten musikalischen Anspruch. Jedenfalls schwadronierte Hanfstaengl immer lang und breit darüber, er würde seinen »geliebten Führer so gern einmal dazu bringen, Kreisler zu sehen oder zu hören«, denn dann werde Hitler bestimmt einverstanden sein, daß Kreisler in Deutschland auftritt. Es könnte aber auch sein, daß Kreisler, Schöngeist der er ist, in Nazideutschland gar nicht auftreten will, selbst wenn er dürfte.

Es kommen immer noch zahlreiche ausländische Musiker nach Deutschland; andererseits gibt es auch viele, die sich weigern, nach Nazideutschland zu kommen, obwohl sie keine Juden sind, wie zum Beispiel Toscanini. Da die Nazis einheimische und ausländische Künstler nur noch dann akzeptieren, wenn sie reine Arier sind, haben sie aus dem kulturellen Leben ihrer Nation viele der größten Musiker der Welt verbannt, sowohl Interpreten als auch Komponisten.

Die gleichen unfruchtbaren Bedingungen existieren natürlich auch im Bereich von Malerei, Bildhauerei und Architektur. Hitler hat im privaten wie öffentlichen Rahmen verkündet, daß er in der bildenden Kunst nichts von ›diesen neumodischen Ideen‹ halte. In seiner Münchner Kunstausstellung von 1937 versammelte er all das, was er und seine Freunde als die schönsten Beispiele deutscher Kunst betrachten. Der allgemeine Eindruck, den man in dieser Ausstellung gewann, war der von lauter kolorierten Photographien. Auf der schwarzen Liste standen viele herausragende Künstler. Falls der Maßstab, der im Münchner Haus der Kunst herrschte, auch an ausländische Kunstwerke angelegt würde, müsste Hitler Maler wie Cézanne, Gauguin, Renoir oder van Gogh und den größten Teil der herrlichen französischen Moderne, die die erste Kunstrevolution seit Jahrhunderten darstellt, eliminieren. All diese Genies würden folgerichtig auf dem Müll landen. Statt dessen müßte man, bis zum Grad kritikloser Schwärmerei, naturalistische und phantasielose Kunst verherrlichen – also jeden Tribut an germanische Kultur und teutonische Giganten. Die meisten dieser Bilder wären tatsächlich nichts weiter als kolorierte Photographien. Hitlers liebstes Porträt von sich selbst, das in ganz Deutschland – außer bei Hitler verehrenden, künstlerisch ignoranten Nazis – große Heiterkeit auslöste, ist die absurde Karikatur eines Gemäldes, so gräßlich, daß es als Symbol für Hitlers schlechten Geschmack gelten kann.

Der modernen Architektur steht Hitler ebenso negativ gegenüber wie der modernen Malerei. Gebäude wie das Kolumbushaus und das Shellhaus in Berlin, zwei sehr eindrucksvolle Bürogebäude aus Stahl und Glas, lehnt er vehement ab. Es ging das Gerücht, er wolle sie abreißen lassen. Wann immer irgendwo ein Haus gebaut wird, muß sich der Architekt mit seinen Plänen der rigiden Zensur der Nazis unterwerfen. Alle neuen Parteibauten repräsentieren Hitlers Kunstbegriff. Man sieht sie in ganz Deutschland, vor allem in München, wo sozusagen auf der Asche des alten München eine Nazistadt errichtet wird.

Es liegt auf der Hand, daß Hitlers Kunstideal seinen gescheiterten Ambitionen als Maler und Architekt entspringt. Natürlich will er seine Vorstellungen in diesem Bereich ebenso rücksichtslos durchsetzen wie überall sonst – vor allem deshalb, weil er glaubt, er kenne sich auf diesem Gebiet besonders gut aus, und weil er früher nicht die Möglichkeit hatte, sein ›Genie‹ zu beweisen. Jetzt kann er ungehindert wüten, kann bestimmen, welche Art von Kunst in Deutschland geschaffen werden darf und kann sogar Gebäude entwerfen! Somit überrascht es nicht, daß er jeden Künstler, der seine Sicht der Dinge nicht teilt, rigoros unterdrückt. Für Maler und Architekten ist es schwieriger als für Schriftsteller, in ihren Werken Widerstand gegen Hitler auszudrücken. Man kann nicht in den Entwurf eines Gebäudes subtilen Sarkasmus einfließen lassen, oder ein Bild malen, das unter einem anderen Blickwinkel das Regime anprangert.

Der zur Zeit gefragteste Bildhauer ist ein Künstler namens Thorak, dem ich bei vielen Anlässen begegnete und der eng mit den Hanfstaengls befreundet war. Er hat weltweit von vielen wichtigen und weniger wichtigen Persönlichkeiten Büsten angefertigt. Sein Stil ist ungeheuer wuchtig und heroisch. Hitler schätzt Thorak, weil dieser seinen Gesichtern eine wilde Kraft einflößt, eine vitale Energie, die sofort ins Auge springt – ob das betreffende Gesicht diesen Ausdruck in Wirklichkeit hat oder nicht. Thorak sagte mir einmal, Hitlers Büste – mit deren Anfertigung er beauftragt wurde – sei eine schwierige Aufgabe. Er verglich sie mit der Büste Mussolinis und, wenn ich mich nicht irre, auch mit der Büste Mustafa Kemals und bedauerte den Mangel an Plastizität in Hitlers Gesicht; es werde viel Arbeit nötig sein, um die Büste so unwiderstehlich kraftvoll wirken zu lassen, wie Hitler dies wünschte. Letzten Sommer war Thorak damit betraut, die Berliner Kunstausstellung in Paris zu organisieren. Vor den Gebäuden stand eine Plastik einer Gruppe von Männern und Frauen, deren Ausdruck von geballter Energie und brutaler Kraft einem den Atem raubte. Die Köpfe erinnerten an vergrößerte Erbsen, die Körper bestanden aus riesigen Steinbrocken, von Thorak nach einem künstlichen teutonischen Schönheitsideal geformt. Thorak – ein kleiner Mann, etwas über einsfünfzig groß, mit einem freundlichen, netten, etwas verschobenen Gesicht, wurde vor den Karren der Nazikunst gespannt, der alle subtilen, genialen Kunstschöpfungen zermalmte und sie als neurotisch, jüdisch, marxistisch oder untermenschlich etikettierte.

Wie es um die deutschen Universitäten steht, ist in der ganzen Welt bekannt. Die drei besten deutschen Historiker wurden zu der Zeit, als mein Bruder in Berlin promovierte, entweder pensioniert oder entlassen. Seit Hitler an die Macht kam, riß der Strom der Intellektuellen, die nach Amerika und England emigrierten, nicht mehr ab. Für uns ist es natürlich ein aufregender Gedanke, so von der Nazidiktatur zu profitieren, doch für die deutsche Jugend ist es eine Tragödie. Jetzt gibt es in Deutschland keine Universität mehr, die sich redlicherweise als solche bezeichnen kann. Es sind alles gehobene Institutionen der Nazipropaganda. Die Zahl der Studierenden ging zurück, vor allem die der Studentinnen. Ihr Anteil beträgt vermutlich höchstens noch zehn Prozent der immatrikulierten Studentenschaft und dürfte Hitler – der wohl aufgrund seiner eigenen Beschränktheit und Unbildung glaubt, die jungen Leute hätten in der Vergangenheit zuviel studiert – inzwischen fast zufriedenstellen. Die Geschichte, von allen anderen wichtigen Fachgebieten ganz zu schweigen, wird nun vom rassischen und historischen Standpunkt der Nazis aus neu interpretiert. Die Rektoren sind wenn irgend möglich Nazis, entweder durch Mitgliedschaft in der Partei oder durch ihre Politik, und die Professoren müssen einen Treueeid auf das Regime leisten. Das Betreten und Verlassen des Hörsaals muß vom Hitlergruß begleitet sein. Die Professoren dürfen über Hitler und über Deutschlands Vergangenheit (so, wie Hitler sie sich zurechtgezimmert hat), nichts Abfälliges sagen oder schreiben. Die Gegenwart – also die Zeit vom Weltkrieg bis heute – darf nur mit größter Vorsicht behandelt werden. Stresemann und die Weimarer Republik, alle Staatsmänner und Beamten der demokratischen Ära, werden ignoriert oder verleumdet. Über Gebiete, die in irgendeiner Weise mit den Nazitheorien zusammenhängen, kann nicht unbefangen geforscht werden, und besagte Theorien beherrschen eigentlich jeden wissenschaftlichen Bereich, von der Anthropologie bis zur englischen Literatur. Tausende von Professoren, zu denen natürlich auch einige Juden zählen, sind emigriert, Hunderte wurden vorzeitig in den Ruhestand versetzt oder entlassen, viele hat man klammheimlich eliminiert; zahlreiche mutige Männer müssen nun für immer schweigen, wenn sie nicht ihre Freiheit und Sicherheit riskieren wollen.

Für junge Männer und Frauen besteht kein Ansporn mehr, ein Studium zu absolvieren – jenen jungen Leuten, die die Lehren der Nazis beherzigen, stehen zuviele andere Karrieren offen. Wer aber weder zur Armee geht, noch in den Dienst der Partei tritt, sondern trotz allem auf einem Studium beharrt, muß erst einmal eine einjährige Ausbildung in einem Arbeitsdienst absolvieren. Hier lernt er die Nazipropaganda kennen und wird gezwungen, bäuerlich-einfach zu leben. Dies entspricht der Theorie von *Blut und Boden*, der Heiligkeit deutschen Bluts und deutscher Erde, die jeder gute Deutsche am eigenen Leib erfahren muß. Erst nach dieser strengen Ausbildung dürfen die jungen Leute ein Studium beginnen. Entweder durch die Nazis selbst oder durch ihre Vertreter an den Universitäten werden aber nur ausgewählte Studenten zugelassen; sie dürfen niemals den Hitlergruß vergessen und müssen ihr Leben und Denken an den Naziregeln orientieren. Wenn ein Mensch, so Hitlers Überlegung, diesem Erziehungsprogramm von Kindesbeinen an unterworfen ist, wird er später gegen alle anderslautenden Broschüren und Schriften, die er als Student möglicherweise in die Hände bekommt, immun sein. Er ist bis dahin so durch die Theorien und den Lebensstil der Nazis konditioniert, daß er sich durch nichts mehr beeinflussen lassen wird. Man muß nur die ›Nazifibel‹ lesen, um zu sehen, was die Nazis mit den Kindern und Jugendlichen vorhaben, egal ob sie später einmal auf die Universität gehen oder nicht.

Muskelkraft statt Köpfchen ist das Ziel des Studiums, für Männer wie für Frauen. Wenn sich ein Student als Sportler und militärischer Ausbilder bewährt, wenn er den Nazikatechismus herunterleiern kann, wenn er sich als disziplinierter Soldat und potentielles Parteimitglied erweist, dann ist es den Nazis eigentlich egal, ob er sich Wissen angeeignet hat oder nicht. Im Gegenteil, Intellektuellen begegnet man mit so abgrundtiefer, haßerfüllter Verachtung, daß Studenten besser daran tun, ihre geistigen Fähigkeiten zu verbergen und sich nichts von jener vorurteilsfreien Neugier anmerken zu lassen, die an amerikanischen Universitäten respektiert und ermutigt wird.

Möchte ein Student Lehrer werden, wird erneut gründlich überprüft, ob er die Naziideologie auch wirklich verinnerlicht hat, ob er sich körperlich und geistig als leuchtendes Beispiel nordischer Überlegenheit präsentiert. Alle Zweige der praktischen und theoretischen Wissenschaften sind inzwischen auf Kriegsforschung ausgerichtet. Die jetzt noch vorhandenen Talente und Ressourcen dienen nur noch der Perfektionierung der Kriegsmaschinerie, unter Einbeziehung chemischer Waffen.

So haben die Nazis im intellektuellen und kulturellen Leben Deutschlands Verwüstungen angerichtet, deren Folgen vielleicht erst nach Generationen beseitigt sein werden. Deutschlands vergangener Glanz, die einzigartigen Leistungen, mit denen diese Nation die Welt beglückte, wurden verdrängt von Propaganda und Aberglauben, von einer perfekten, unfruchtbaren Organisation, verlogenen Mythen und einem Sadismus, der mit Ausnahme von Italien und Japan alle Länder der Welt mit Entsetzen erfüllt.

Mein Vater lernte vor vielen Jahren als Student in Leipzig die deutsche Kultur und Zivilisation kennen. Was bei unserer Ankunft daraus geworden war, fand er so fürchterlich, daß ihm vor der Besichtigung deutscher Universitätsstädte graute. Er hielt einige Vorträge an Universitäten, weil er hoffte, durch seine vorurteilsfreie, kritische Art Ambitionen wachzurufen, die vielleicht in seinen Zuhörern schlummerten. Im Vorfeld signalisierte er aber jedesmal so diplomatisch wie möglich, daß man ihm keinesfalls ehrenhalber einen akademischen Grad verleihen dürfe. Unter anderen Umständen hätte ihn dies sicher außerordentlich gefreut. Doch solange Hitler an der Macht war, hätte er die Verleihung zurückweisen müssen.

# X

# Folter

Nachdem die Deutschen im Privat- wie im Berufsleben jeglicher Freiheit beraubt worden sind, fühlen sich in Deutschland wohl nur noch Fanatiker und jene Männer wohl, deren einziges Ziel die Demoralisierung der menschlichen Rasse ist. Obwohl schon oft berichtet wurde, mit welch subtilen oder auch augenfälligen Methoden dies Ziel erreicht werden soll, scheint es so, als hätten sich die anderen Völker und ihre führenden Politiker an den alltäglichen Horror und die alltägliche Brutalität in Deutschland gewöhnt. Doch damit machen sie sich schuldig. Es gibt zahlreiche Bücher über die Konzentrationslager, die Ermordung des jüdischen Volkes, die gnadenlose Verfolgung jener Menschen, die nicht aus voller Überzeugung hinter Hitler stehen. Doch das menschliche Gedächtnis ist kurz und anscheinend haben wir gelernt, nicht nur die mörderische moderne Kriegsführung mit ihren entsetzlichen Luftangriffen auf die Zivilbevölkerung zu akzeptieren, sondern auch die unfaßbar bittere Tatsache, daß in Deutschland tagtäglich unschuldige Opfer im brodelnden Kessel des Hasses sterben. Ich kann einfach nicht vergessen, was ich über die deutschen Konzentrationslager weiß, denn ich hatte in und außerhalb Deutschlands Kontakt zu Menschen, die an diesen höllischen Orten Monate oder gar Jahre verbringen und unsägliche Folterqualen erleiden mußten. Wenn ich jetzt in den Zeitungen fast täglich von weiteren Hinrichtungen, Verhaftungen, Übergriffen und Verhören der Geheimen Staatspolizei lese, graut mir jedesmal von neuem, und ich empfinde Schmerz, Mitgefühl und flammende Empörung.

Es ist bekannt, was Männern und Frauen in den Konzentrationslagern widerfährt. Und doch scheinen viele Leute immer noch zu glauben, es handle sich bei diesen Schilderungen um Sensationsmache und politische Hetze. Ich weiß jedoch, daß diese Berichte der Wahrheit entsprechen. Tagelang war ich mit Menschen zusammen, die durch die Hölle gegangen waren und zusehen mußten, wie andere gleichfalls durch diese Hölle gingen. Manche konnten fliehen, andere, die entlassen wurden, waren seelisch und körperlich gebrochen, viele mußten mit ansehen, wie ihre Mithäftlinge ermordet oder zu Tode gefoltert wurden. Die Menschen, mit denen ich sprach, waren Sozialisten, Künstler oder Schriftsteller, die man völlig zu Unrecht irgendwelcher Vergehen angeklagt hatte. Ich bitte meine Leser um Verständnis, daß ich das Gehörte hier nur vorsichtig wiedergeben kann, ohne die Quellen zu nennen, da manche dieser Menschen oder ihre Freunde und Verwandten noch in Deutschland leben.

Ein inzwischen emigrierter junger Mann, dem ich in Berlin begegnete – und später noch einmal in einem anderen europäischen Land –, war ein vielversprechender Autor. Er verfaßte boshafte, geistreiche Satiren, vom politischen Standpunkt aus betrachtet völlig harmlos. Er war ein talentierter, reizender Mensch, wenn auch in den Annalen der Literatur, meiner Meinung nach, nicht unersetzlich. Als die Geheime Staatspolizei eines Nachts seine Wohnung stürmte, fand man das *Braunbuch des Hitler-Terrors*, das ein Freund am Vorabend bei ihm vergessen hatte. Man warf den jungen Mann ins Gefängnis im Columbiahaus – das schlimmste politische Gefängnis Deutschlands. Hier verbrachte er mehrere Monate, bevor er für sein ›Vergehen‹, das er ja nicht einmal begangen hatte, ins Konzentrationslager kam. Mit einem Stock, aus dem rostige Nägel ragten, prügelte man brutal auf seine Beine ein. Sie schwollen an und entzündeten sich, er bekam Wundbrand und entging nur knapp einer Amputation. Inzwischen sind zwei Jahre vergangen, und der junge Mann bewegt sich wie ein Krüppel. Zeitweise muß er das Bett hüten, weil sich seine Wunden immer wieder mit Eiter füllen und die Beine anschwellen lassen. Durch das Absaugen des Eiters hofft man zu erreichen, daß die Wunden irgendwann doch heilen werden und der Mann eines Tages wieder gehen kann. Im Gefängnis mußten er und seine Mithäftlinge sich zum Appell aufstellen und wurden dann von den arroganten Wachen mißhandelt. Man stellte ihm Fragen, die er ruhig zu beantworten versuchte. Da ihm die Wachen trotzdem ins Gesicht spuckten, beschloß er zu schweigen. Aufgrund dieser ›Frechheit‹ zwang man ihn, brennende Zigaretten zu schlucken. Er sagte mir, dies hätten er und seine Mitgefangenen häufig erlebt. Auch seien er und andere Häftlinge zu Boden geschlagen und gezwungen worden, sich hinzuknien; dann hätten ihnen die Wachen in den Mund uriniert.

Ein Student – ich lernte ihn in meinem ersten Berliner Jahr zusammen mit seiner Schwester kennen, bin ihm später aber nie mehr begegnet – wurde ertappt, wie er illegale Schriften bei sich trug. Im Konzentrationslager durchlitt er die üblichen grauenvollen Torturen. Täglich schlug man ihn mit Gummiknüppeln, Bleirohren und Holzstöcken auf Kopf und Körper, manchmal so brutal, daß das Fleisch bis zu den Knochen aufplatzte. Er war über und über mit Wunden bedeckt, deren Narben man bis heute sieht. Die Nazis ›behandelten‹ ihn, indem sie Jodtinktur in die blutenden Wunden schütteten. Nach der Ankunft im Konzentrationslager wurden er und seine Mithäftlinge wochenlang nachts alle zehn Minuten geweckt. Man zwang sie strammzustehen wie zum Appell und leuchtete ihnen mit der Taschenlampe ins Gesicht. Am Ende dieser Zeit waren sie nervliche und körperliche Wracks. Sie konnten nachts nicht mehr schlafen, mußten tagsüber jedoch trotzdem Schwerstarbeit leisten. Einmal passierte folgendes: Der Student mußte sich in die Mitte der Zelle stellen. Dann zogen die Wachen – größtenteils SS-Männer, die aufgrund ihrer Skrupellosigkeit, ihrer Parteitreue und ihres ausgeklügelten Sadismus ausgewählt wurden – einen Kreidestrich um seine Schuhe und zwangen ihn, zwei bis drei Tage auf diesem Fleck stehenzubleiben. Am Ende dieser Zeit waren seine Füße und Beine so geschwollen, daß er sie gar nicht mehr spürte und nicht mehr gehen konnte. Übertrat er die Kreidemarkierung, wurde er brutal verprügelt.

Auch ein berühmter Autor – ein älterer Jude und Pazifist, jedoch an keiner politischen Partei oder Richtung interessiert – kam ins Gefängnis. Sein damals ebenfalls inhaftierter Freund beschrieb die entsetzlichen Szenen sadistischer Folter, die der gebrechliche, sanfte Greis erdulden mußte. Eines Nachts zum Beispiel mußte er sich vor seinen Mitgefangenen und den Wachen nackt ausziehen. Mit einem Streichholz zündeten sie den mageren alten Körper an, der dichten Haarwuchs aufwies. Als die Schmerzensschreie des alten Mannes zu laut wurden, kippte man einen Eimer Urin über ihm aus, um die Flammen zu löschen. In einer anderen Nacht mußte er sich erneut nackt ausziehen und wurde gezwungen, zu einer frivolen Melodie zu tanzen – auf einem Tisch zwischen brennenden Kerzen und Eimern voller Exkremente. Nachdem diese demütigende Vorstellung stundenlang gedauert hatte, stolperte der alte Mann vor Erschöpfung und Pein und fiel über den Tisch, worauf sich die Jauche über ihn ergoß. Dieser mutige Mann hatte einem Freund gesagt, daß er die Folter bis zum Ende durchstehen und den Nazis unter keinen Umständen den Gefallen tun werde zu sterben. Wenn er doch sterbe, sagte er, dann könnten seine Verwandten und Freunde davon ausgehen, daß ihn die Nazis ermordet hätten. Ein paar Monate später wurde sein faltiger, zerschundener, mit Narben übersäter Leichnam gefunden; erhängt an einem Strick in seiner Zelle. Die Nazis behaupteten, es sei Selbstmord gewesen. Dies war die Antwort des neuen Deutschland auf Rasse, Unschuld, Ideale und Genius.

Die meisten Gefangenen, Männer wie Frauen, mußten mit bloßen Händen die Toiletten putzen und bekamen zu hören, wenn sie ihre Hände vor dem Essen oder Schlafengehen waschen wollten, könnten sie sie ja ablecken. Ein junger Professor und Nazigegner wurde wiederholt gegen einen glühendheißen Ofen gestoßen. Zahllose weitere Torturen, die diese Gefangenen tagtäglich durchleiden mußten, sind zu grauenhaft oder zu ekelerregend, um sie zu erzählen. Übrigens mußten gewöhnliche Kriminelle kein solches Martyrium erdulden – die geballte Rachsucht, die sadistische Perversion der Nazis trifft nur die sogenannten politischen Gefangenen. Die (einer vorsichtigen Schätzung nach) mehreren hunderttausend deutschen Männer und Frauen, die damals in den Konzentrationslagern interniert waren oder heute immer noch dort ›leben‹, werden diese Erfahrung nie vergessen können. Die meisten von ihnen haben ihre innere Kraft nicht verloren, auch wenn sie vielleicht körperlich zerstört sind. Sie hielten der Erfahrung des Konzentrationslagers stand – sicher eine der grauenhaftesten Erinnerungen, die ein Mensch überhaupt haben kann – und sie halten immer noch gemeinsam in aller Stille stand. Sie bilden ein Heer von Menschen, das vor Haß und der Sehnsucht nach Rache brennt und eines Tages nichts mehr zu verlieren haben wird – nur noch alles zu gewinnen am Tag ihrer Vergeltung.

Wie ich schon sagte, habe ich dieses Stadium des Naziterrors hier absichtlich nicht allzu ausführlich beschrieben. Aber ich teile die Empörung der gesamten zivilisierten Welt – und meine Empörung brennt um so heftiger, als ich einige der Opfer kenne und sie mir ihre Erlebnisse persönlich schilderten. Die hier erwähnten Fälle sind nur die, die mir von Augenzeugen berichtet wurden. Darüber hinaus liest und hört man fast täglich vom brutalen Vorgehen der Nazis gegen jede Form der Opposition, einschließlich sogenannter ›jüdischer Marxisten‹. In allen amerikanischen und europäischen Zeitungen (außer den deutschen) liest man ausführliche, authentische Berichte über die Konzentrationslager und die mörderischen Leiden, denen die Häftlinge ausgesetzt sind. Menschen aller Rassen, jeden Glaubens werden durch Folter bis zur Unkenntlichkeit verstümmelt. Männer und Frauen werden zu Tode geprügelt, ›auf der Flucht‹ erschossen oder zum Selbstmord gezwungen – manchmal werden auch Scheinhinrichtungen inszeniert. Die Häftlinge werden ausgeklügelten Foltermethoden unterworfen, die sich der menschliche Verstand kaum vorzustellen vermag. Sexuelle Verbrechen der gräßlichsten Art sind in den Konzentrationslagern an der Tagesordnung. Die primitivsten, sadistischsten und destruktivsten Instinkte des Menschen werden glorifiziert durch ein Land, das durch Hitler jeden Anspruch verloren hat, als Mitglied der zivilisierten Rasse zu gelten. Parallelen zu Hitlers Terror findet man wohl nur bei den barbarischsten und primitivsten Stämmen und in den schrecklichsten Jahren der Inquisition unter Torquemada.

## XI

# Die deutschen Juden

Ungefähr ein Jahr nachdem mein Vater nach Deutschland gekommen war, hatte er eine Unterredung mit Hitler. Der Führer von Millionen von Menschen hielt einen rasenden Monolog und brüllte: »Ich werde erst zufrieden sein, wenn es in Deutschland keinen einzigen Juden mehr gibt!« All diese Jahre hindurch hat Hitler zielbewußt die Vernichtung des deutschen Judentums betrieben. Nicht alle sind tot; etliche sind ins Exil gegangen oder wurden ausgewiesen. Aber nicht alle hatten soviel Glück. Manche haben keine Möglichkeit, Deutschland zu verlassen; sie dürfen ihren Beruf nicht mehr ausüben, wurden sämtlicher Privilegien und Rechte als Mitglieder der menschlichen Rasse beraubt, ihre Kinder werden verspottet und gedemütigt, ihr Volk in den Schmutz gezogen, sie schweben ständig in Gefahr, ermordet zu werden oder zu verhungern. Wenn das deutsche Volk und die anderen Völker und Staatsführer der Welt es zulassen, daß Hitler an der Macht bleibt, dann wird es – davon bin ich überzeugt – in Deutschland irgendwann keine Juden mehr geben.

In seiner sehr aufschlußreichen Autobiographie schreibt Hitler, sein Haß auf die Juden sei entstanden, als er sich in Wien als Künstler etablieren wollte. Wahrscheinlich hat er Antisemitismus aber schon als Kind und Jugendlicher in seinem eigenen Dorf, vielleicht sogar in seiner eigenen Familie erlebt. Zudem lernte er in frühester Jugend die Stärke geeinter gesellschaftlicher Gruppen hassen und fürchten. Er war ›anders‹ – ein verwöhntes, neurotisches, uninteressantes Muttersöhnchen, das allen Leuten zutiefst zuwider war (außer seiner frustrierten, nervösen, ignoranten Mutter); er bildete sich ein, aufgrund seiner überlegenen Eigenschaften etwas ›Besonderes‹ zu sein, doch in Wirklichkeit konnte ihn niemand leiden, wegen seines ›komischen Gehabes‹

und weil er zu nichts taugte. Er übertrug sein Scheitern im Alltag, sein Versagen im Umgang mit Menschen auf seine Träume und Phantasien. Er dachte, er müsse es weiterbringen als alle anderen, weil er eben anders sei. Als Kleinbürger sah er auf die Arbeiterklasse herab; gleichzeitig aber gehörte er selbst einer enteigneten Klasse an, die sich in der Phantasie unglücklicherweise immer mit höheren Schichten identifiziert, ohne jemals deren ökonomischen oder sozialen Status erreichen zu können. So sah er sich in seinen Träumen und Phantasmagorien als Maler, Architekt – als Mitglied der Bohème. Vom Psychologischen her mag ihm die Ähnlichkeit seiner Situation mit der des jüdischen Volkes aufgefallen sein – eine von der Mehrheit gemiedene oder gar verfolgte Minderheit, geknechtet, frustriert und chancenlos.

Hitler, der untalentierte Versager – der sich keiner Klasse zugehörig fühlte, irgendwie ›anders‹ war, nicht wußte, wo er sich hinwenden sollte, sein eigenes Scheitern und seine eigene Isolation unbewußt im Schicksal eines verhaßten, gefürchteten Volkes wiedererkannte –, wappnete sich mit seinem Größenwahn und ging nach Wien, um jener große Künstler zu werden, als den er sich in seinen kranken Träumen sah. Doch auch in Wien wurde er wieder herumgestoßen. Er durfte nicht auf die Kunstakademie, mußte in Obdachlosenheimen wohnen, als Anstreicher arbeiten und Kitschpostkarten malen. Zweifellos erlebte er während dieser Zeit viele erfolgreiche jüdische Studenten, talentierte jüdische Professoren und Künstler. Dies muß seinen bereits schwelenden Haß entflammt haben – daß die Juden, dieses verlorene, ohnmächtige Volk, das ökonomisch und gesellschaftlich in Europa nicht voll akzeptiert wurde und in dem er sich selbst wiedererkannte, Dinge vollbrachten, an denen er scheiterte. Da er ohnehin schon schwer neurotisch war, konnte er sich nicht eingestehen, daß er als Kunstmaler versagte, daß er dem verhaßten Volk in jeder Hinsicht unterlegen war, und so kam für ihn nur noch eine einzige Schlußfolgerung in Frage: Die Juden mußten durch List und Bestechung, Mord und Verschwörung zum Ziel gelangt sein.

Außerdem geriet er unter den Einfluß einer Partei, die gegen Ende des 19. Jahrhunderts gegründet worden war und Christlich-Soziale Partei Österreichs hieß – eine gewalttätige antisemitische Organisation, die ihre größte Bedeutung 1905 erreichte, als ihr Führer Bürgermeister von Wien wurde. Daß Hitler später, während seines Aufstiegs zur Macht, die Schlagworte dieser Partei verwendete, ist interessant und zeigt, welchen Eindruck diese Gruppe bei ihm hinterließ.

Letztlich, da er seine Ziele nicht verwirklichen konnte, mußte er sich schließlich Arbeit suchen, schwere körperliche Arbeit im Baugewerbe. Doch auch hier erregte er Befremden, und wieder bei Männern, die ihm, seiner Ansicht nach, gesellschaftlich weit ›unterlegen‹ waren. Sie begegneten ihm mit Verachtung und Spott, schlossen ihn aus, lachten über die kranken Phantasien, die sein Denken jetzt vollends beherrschten. Sie wollten ihn zwingen, der Gewerkschaft beizutreten, aber er kündigte lieber, als daß er sich dieser ›demütigenden Massenbewegung‹ anschloß.

So begann er die beiden Gruppen – die Juden und die Arbeiterklasse – miteinander zu identifizieren, und in seinem Kopf setzte sich die Theorie fest, die Arbeiterklasse sei marxistisch und ihre Führer seien Juden. Dies war für ihn, der auf allen Gebieten versagt hatte, ein geradezu ideales Modell. Es wurde zur Manie und ist es bis heute geblieben. Hitler baute seine Theorie immer weiter aus, versuchte sie anhand zahlloser Beispiele zu beweisen und zimmerte sich abstoßende, verzerrte Rationalisierungen zusammen.

Es wäre interessant zu erfahren, wann genau Hitler auf die *Protokolle der Weisen von Zion* stieß. Meiner Ansicht nach legen sein ganzes Verhalten und seine Schriften den Anfang der Zeit in Wien nahe. Hitlers politische, soziale und rassische ›Philosophie‹, wenn man diese Bezeichnung überhaupt verwenden will, basiert mit Sicherheit darauf, daß er jedes Wort dieses verlogenen Dokuments für bare Münze nahm. Falls er die *Protokolle* nicht schon vorher gelesen oder von ihnen gehört hatte: die Ausgabe von 1917 oder 1919 kannte er bestimmt. Durch seinen Abscheu vor Juden und Marxisten stand er unter einer unerträglichen inneren Spannung; dadurch, daß er den Inhalt dieser Dokumente blindlings übernahm, erhielt sein fanatischer Sadismus ein ideales Ventil. Sämtliche Nazigrößen beziehen sich in ihren Reden und Büchern auf die *Protokolle*, die sie offensichtlich für absolut authentisch halten. Ley, Streicher, Rosenberg, Hitler, Goebbels und, etwas weniger auffällig, Göring – von den vielen kleineren Fanatikern ganz zu schweigen – geben fast täglich irgendwelche Stellungnahmen ab, die auf dem Glauben an diese größte Lüge der Geschichte fußen. Sie akzeptieren die *Protokolle* immer noch als Bibel des Teufels, obwohl längst aller Welt bekannt ist, wie es zu dieser Fälschung kam.

Hitler fand in seinem eigenen Antisemitismus eine maßgeschneiderte Waffe für die Machtergreifung. In Deutschland hat es schon immer Antisemitismus gegeben, vor allem dann, wenn man einen Sündenbock brauchte. Nach dem Krieg schürten Hitler, sein Gefolge und seine Partei wo immer es ging Groll gegen die Juden. Die Deutschen hatten den Krieg verloren und befanden sich in großer wirtschaftlicher Not. Verarmt und verbittert, suchten viele nach einem Grund für all diese Demütigungen, und so wurden die Juden instrumentalisiert. Hitler erzählte der Bevölkerung, die Juden hätten, gemeinsam mit ihren marxistischen Handlangern, den Weltkrieg verschuldet, die Revolution angezettelt und hätten Industrie und Hochfinanz monopolisiert, um die arische, germanische Rasse zu vernichten und die Weltherrschaft zu erringen. Einige Gruppen zum Äußersten entschlossener, skrupelloser Nazis klammerten sich an diesen Mythos wie an einen allerletzten Strohhalm, statt endlich den harten ökonomischen Fakten ins Auge zu sehen.

Kaum war Hitler an die Macht gelangt, gab es gegenüber den Juden einen nationalen Boykott und hie und da Pogrome, und dieser Zustand dauert mehr oder weniger unverschleiert bis heute an. Auf diese Weise stillte Hitler die blutrünstige Rachsucht, die schon lange in ihm und seinen Parteigängern geschwelt hatte. Dies nährte ihren Fanatismus – Juden und Marxisten mußten ausgerottet werden und für immer vom heiligen Boden Nazideutschlands verschwinden. Darüber hinaus war dies ein sicherer Weg, um für alle Nazis Arbeit zu schaffen. Wenn alle jüdischen Fachkräfte, Handwerker oder Händler, alle ›Judenknechte‹ (eine Bezeichnung für Marxisten, Liberale, Demokraten, Zentristen und alle anderen, die nicht mit Hitler einverstanden waren) aus ihrer Position verdrängt würden, gäbe es auf einmal Tausende, ja Hunderttausende von freien Stellen, die nur darauf warteten, endlich von Nationalsozialisten besetzt zu werden. Und schließlich konnte Hitler für wirtschaftliche Probleme auf unabsehbare Zeit die schlechten Leistungen der Juden und ›Judenknechte‹ verantwortlich machen, die er sowieso als Ursache für die deutsche Misere betrachtete. Falls die Bevölkerung zu murren begann, weil die Einlösung der Versprechen auf sich warten ließ, konnten die Nazis immer auf die Juden zeigen, in der Bevölkerung Antisemitismus schüren und die Deutschen durch weitere Pogrome und Boykotte von ihrer Unzufriedenheit ablenken. Natürlich ist es schrecklich, daß Haß und Destruktivität so tief in der menschlichen Natur verwurzelte Instinkte sind – aber es gibt ebensoviel Liebe, Idealismus und konstruktives Handeln. Hitler muß sich vor der Geschichte dafür verantworten, daß er versucht hat, einen Teil der menschlichen Rasse zu entwürdigen und in den Zustand primitivster Barbarei zu zwingen, und daß er gleichzeitig zum Schrecken der Menschheit die bösartigsten menschlichen Triebe adelte.

## 2

In Deutschland erlebte ich in meinem Freundeskreis und dem meiner Eltern aus nächster Nähe viele menschliche Tragödien. Ich kannte Söhne und Töchter, Väter und Mütter, denen vor

Kummer und Verzweiflung das Herz gebrochen war. Ich kannte eine Mutter, die ihrer Tochter riet, sich lieber sterilisieren zu lassen, als ein Kind zu gebären, das doch nur der Wut der Nazis zum Opfer fallen würde. Ich kannte eine Jüdin mittleren Alters, die in den schwierigen Wechseljahren war und deswegen für verrückt erklärt wurde; ihr Sohn wurde zwangssterilisiert, um zu verhindern, daß einer vollkommen gesunden Linie weiterer Nachwuchs entsprang. Meine gesicherten Kenntnisse von Geschehnissen in Konzentrationslagern habe ich bereits geschildert.

Die Familie eines der bekanntesten deutschen Politiker aller Zeiten wurde gesellschaftlich geächtet, die Büsten des berühmten Toten aus öffentlichen Gebäuden entfernt und zerstört, die (nur halbjüdischen) Kinder und die Witwe wurden wie ›Unberührbare‹ aus der Gesellschaft ausgestoßen und gerieten in wirtschaftliche Not. Einer der Söhne emigrierte nach Amerika. Ein anderer Sohn – der eigentlich Rechtsanwalt ist und den diplomatischen Dienst anstrebte, ein hochbegabter Musiker und Komponist – bekleidet heute eine unbedeutende Stellung in einer deutschen Bank.

Ich habe erlebt, wie diese Menschen in Deutschland plötzlich vor verschlossenen Türen standen. Ich habe erlebt, wie sie unter den Kränkungen zusammenzuckten, von schlimmeren Übergriffen auf ihr Privatleben und ihr Eigentum ganz zu schweigen. Selbst ausländische Botschaften haben diese Menschen von ihren Einladungslisten gestrichen, um nur ja nicht die Nazis zu verärgern.

Wenn ich abends mit jungen jüdischen Männern ausging, spürte ich das höhnische Grinsen der Menge und hörte die leise gemurmelten Beleidigungen. In Nachtklubs und Restaurants bekamen wir die schlechtesten Tische zugewiesen, wurden schlecht bedient und manchmal erst gar nicht hereingelassen. Manche sogenannten christlichen Freunde meiden vor lauter Angst ihre jüdischen Freunde und wechseln die Straßenseite, statt mit ihnen zu plaudern. Der Sohn und die Tochter eines der wohlhabendsten deutschen Fabrikanten waren gut mit mir befreundet, hatten aber sonst überwiegend jüdische Freunde. Denn trotzdem gibt es auch in Deutschland zahlreiche Nichtjuden, die sich heroisch gegen das Vorurteil der Nazis stellten; Nichtjuden, die ihre jüdischen Freunde und ihre eigenen Prinzipien öffentlich und privat verteidigen. Auf Botschaftsempfängen, zu denen wir immer auch unsere Freunde einluden, egal welcher Rasse, welchem Glauben oder welcher Minderheit sie angehörten, beobachteten wir, daß die Nazis ihnen selbst auf fremdem Boden, selbst in einer buntgemischten Gesellschaft aus dem Weg gingen.

In meiner Anfangszeit in Deutschland gab es überall immer wieder offene Angriffe gegen Juden. Von der schockierenden Szene in Nürnberg, ein oder zwei Monate nach meiner Ankunft, habe ich ja bereits berichtet. Doch seit jener Zeit hört man in Franken, wo Streicher als Gauleiter herrscht, nur noch von sehr wenigen Vorfällen dieser Art, und zwar aus dem einfachen Grund, daß die Juden, die einst dort lebten, emigriert sind oder ermordet wurden.

Als ich von jener ersten Reise wieder nach Berlin zurückkehrte, erfuhr ich, daß das Baden für Juden im Wannsee, einem beliebten See bei Berlin, verboten sei. Ich war entsetzt und konnte es kaum fassen, daß es sich hier um einen Regierungserlaß handeln sollte – aber genauso war es. Die nächsten beiden Jahre badete ich dann am liebsten im Groß Glienicker See, einem wunderschönen, heiteren, stillen Fleckchen zwischen Hügeln und Bäumen, ebenfalls nahe Berlin. 1935 sah ich dann auch dort das unmenschliche schwarze Schild am Rand des Badestrands *›Zutritt für Juden verboten‹* (und bin dort nie wieder hingegangen).

Dies waren – sichtbar für jeden Ausländer, der Deutschland besuchte – vergleichsweise moderate Methoden, um den Juden Verachtung zu signalisieren. Andere, brutalere Methoden, um die Juden aus dem deutschen Gesellschafts- und Wirtschaftsleben zu verdrängen, waren die allgemeine Ächtung, die Plünderung jüdischer Häuser und Geschäfte und schließlich Konzentrationslager und Mord.

3

Hitlers ultimatives Ziel ist es also, die jüdische Rasse von der Landkarte der germanischen Welt zu tilgen (die gemäß Hitlers größenwahnsinnigen Plänen ganz Europa umfaßt, von Rußland und den Kolonien ganz zu schweigen). In der Zwischenzeit dreht er das Rad um Jahrhunderte zurück, schafft schlimmste Bedingungen der ökonomischen Sklaverei und des sozialen Hasses, indem er die Juden komplett isoliert und in Ghettos verbannt. So haben sie ihre eigenen Straßen, ihre eigenen Schulen, ihre eigenen Sitten und Gebräuche, leben in bitterster Armut, als Opfer von Hunger und Furcht. Hitler möchte sie nicht auf einen Schlag ausradieren; dafür sind sie ihm momentan noch zu nützlich. Wenn er sie zwingt, den gelben Stern zu tragen und sie in Ghettos verbannt, wo sie leicht zu finden und zu identifizieren sind, kann er jederzeit blutrünstige Nazihorden auf sie hetzen und Pogrome anzetteln, wie im Rußland zur Zarenzeit. So schärft er den sadistischen Instinkt, den er in seinen fanatischen Anhängern erweckt hat; auch lenkt er auf diese Weise Millionen Deutsche von Hunger, Armut und Unzufriedenheit ab. Hitler ähnelt einem jener degenerierten römischen Kaiser, die sich immer einen kleinen Vorrat an Christen hielten; Hitler hält sich einen Vorrat an Juden, die er jederzeit den hungrigen Nazilöwen zum Fraß vorwerfen kann, als Nervenkitzel, zum entsetzten Amüsement der unruhigen Massen. Wer dies ernstlich in Zweifel zieht, braucht nur die grausamen Texte der Lieder nachzulesen, die deutsche Kinder statt der Wiegenlieder ihrer Mütter lernen; er braucht nur die offiziellen Verlautbarungen zur Kenntnis zu nehmen, Streichers geifernde Phrasen oder Goebbels' Hetzreden, um nur zwei

Namen zu nennen. Diese Nazis hämmern dem deutschen Volk – Erwachsenen, Kindern und sich selbst – unablässig mit ihren Hetztiraden ein, daß man den Tag ersehne, an dem die Ermordung eines Juden als ehrenwerter Zeitvertreib gelten werde.*

Wenn man die wenigen verbliebenen Juden, die aus finanziellen oder anderen Gründen nicht emigrieren konnten und noch nicht durch Mord, Selbstmord oder Hunger gestorben sind, erst einmal in den Ghettos zusammengepfercht hat, wird es immer rigidere Gesetze geben, um ihren ökonomischen und sozialen Spielraum noch mehr einzuschränken. Die von den Nazis angewandte Methode der Zwangssterilisation betrachtet jeder geistig normale Deutsche, jeder geistig normale Wissenschaftler mit Abscheu; trotzdem wird sie die nächste Bedrohung sein, die auf die Juden zukommen wird. Doch erst wenn Hitler irgendwann meint, die Pogrome und die physische Aushungerung hätten nun ihre Zeit gehabt – erst dann wird er versuchen, die Juden komplett zu vernichten.

Wie ich bereits in einem früheren Kapitel dieses Buchs erwähnte, war ich bei meiner Ankunft in Deutschland nicht mehr und nicht weniger antisemitisch als viele andere Nichtjuden aus dem gesellschaftlichen Milieu, dem ich entstamme. Die meisten der angeblich typisch jüdischen Charaktereigenschaften mißfielen mir (ich gehörte zu jener Kategorie von Leuten, die sagten: »Einige meiner besten Freunde sind Juden, aber ...«). Ich fand die Juden zu ehrgeizig, zu intellektuell. Wie die meisten Nichtjuden beneidete ich sie um ihre Intelligenz und ihr Können, was dann im Laufe der Zeit zu einem vagen Vorurteil führte. Als ich erfuhr, daß die Juden in Deutschland gesellschaftlich geächtet wurden

* Daß diese Äußerungen zutreffen, hat sich nur allzu schrecklich in den ersten beiden Novemberwochen des Jahres 1938 gezeigt, als Hitler und seine Freunde – berauscht von der ihnen in München durch die Herren Chamberlain und Daladier verliehene Macht – in einer wahnsinnigen Orgie von Sadismus und Zerstörung schwelgten. Indem er die Meinung der Welt völlig mißachtete, hat Hitler Europa und Amerika herausgefordert, Position zu beziehen. Tun sie dies nicht, dann werden Hitlers inhumane Freveltaten alle Grenzen überschreiten und ein Ausmaß annehmen, das in den Annalen der Geschichte beispiellos sein wird.

und nicht mehr an den Universitäten lehren durften, bedauerte ich dies zwar, hatte aber keine rechte Vorstellung davon. In meinem ersten Jahr in Deutschland war ich der aggressivsten, unverhohlensten Propaganda ausgesetzt, die ich bis dahin jemals erlebt hatte – diese Propaganda zielte darauf, mich gegen Juden, Sozialisten, Demokraten und Intellektuelle aufzubringen, mir Haß und Wut einzuimpfen. Ich sollte Juden als subversive Elemente und Untermenschen betrachten. Als dann gegen den Willen der Nazis sachliche, aufklärerische Schriften nach Deutschland eingeschmuggelt wurden, gewann ich allmählich eine Vorstellung von der historischen Rolle der deutschen Juden, sowohl in positiver als auch in negativer Hinsicht.

Zweifellos hatten die Juden überall hervorragende Positionen inne – im Finanzwesen, im beruflichen Bereich allgemein, in der Kunst. Daß aber die Juden die Arier aus diesen Bereichen verdrängt haben sollen, ist eine Lüge. Aus dem vergleichsweise kleinen Bevölkerungsanteil der Juden ging eine unglaubliche Zahl hochbegabter, produktiver Menschen hervor. Dies kann dem jüdischen Volk nur zur Ehre gereichen. Ich als Amerikanerin bin nicht mit dem Vorurteil aufgewachsen, daß nur Mitglieder der reichen, vornehmen Oberschicht es an die Spitze schaffen sollten. Darum erschien es mir auch immer ganz normal, daß viele hervorragende Wissenschaftler, Professoren, Künstler, Anwälte und Ärzte Juden waren. Schließlich entspricht es amerikanischer Tradition, daß der Beste den Sieg erringt oder ihn zumindest erringen sollte. Und so gab es für mich keinen einzigen stichhaltigen Grund, talentierte, fleißige Menschen aus der Gesellschaft auszuschließen, nur weil sie einer bestimmten Religionsgemeinschaft oder Minderheit angehören.

Nie werde ich vergessen, wie sehr mich die Tatsache schockierte, daß viele wohlhabende jüdische Bankiers und Industrielle Hitler finanziell und anderweitig unterstützten. Sie mußten doch wissen, was Hitler plante – er machte ja von Anfang an kein Hehl daraus. Was um alles in der Welt kann sie veranlaßt haben, ihr eigenes Volk in den Selbstmord zu treiben? Was kann ihnen wichtiger gewesen sein als die Tatsache, daß sie Juden waren und ihnen deshalb die Vernichtung durch Hitler drohte? Mir fällt dazu nur eine einzige plausible Antwort ein: Ihre gesellschaftliche Stellung und ihr Vermögen waren ihnen wichtiger als ihr Leben, ihre Freiheit und das Geburtsrecht ihrer Kinder. Lächelnd stimmten sie der Auslöschung ihres Volkes zu, denn Adolf Hitler ließ ihren Besitz fürs erste unangetastet.

Diese bedauernswerten, von finanziellem und gesellschaftlichem Ehrgeiz getriebenen Menschen mußten ihr Verhalten jedoch bitter büßen. Etwa ein Jahr lang ließ Hitler die reichsten Juden in Ruhe, wenngleich er sie mit hohen Steuern belegte oder oft kurzerhand Vermögenswerte und Grundbesitz konfiszierte. Nun aber hat Hitler die logische Konsequenz aus der Notlage der deutschen Wirtschaft gezogen und raubt nun allen Juden dreist ihr Eigentum; selbst die reichen Juden, die sich sicher glaubten, weil sie sich mit der kapitalistischen Klasse identifizierten, bleiben nicht verschont. Vor einigen Jahren wurde in einem ausgezeichneten Buch beschrieben, wie die wohlhabende Oberschicht Hitlers Aufstieg zur Macht unterstützte. Das Buch kam in Holland heraus und wurde sofort nach Erscheinen von der Regierung und von der *Royal Dutch Shell* beschlagnahmt; eine der Hauptaktionärinnen der *Royal Dutch Shell* ist nämlich die niederländische Königin, und ihr Präsident, Deterding, setzt sich lautstark für die Nazis ein. Dieses Buch, von dem noch ein paar Exemplare existieren, erzählt die tragische Geschichte der Juden, die nicht an ihre Selbsterhaltung dachten, sondern an ihre Position als ökonomische Elite, die sie mittlerweile eingebüßt haben. Diese Fakten beziehen sich nicht nur auf die deutschen Juden, sondern auch auf Juden im Ausland, besonders in Amerika.

# 4

Es gibt einige reiche amerikanische Juden, die Hitler und ähnliche faschistische Bewegungen direkt oder indirekt unterstützen – sowohl in den Vereinigten Staaten als auch in anderen Ländern. Indem sie sich des komplizierten Verfahrens des internationalen Devisenhandels bedienen, tragen sie konkret zur Verbesserung der wirtschaftlichen Lage Deutschlands bei. Sie kaufen und verkaufen Güter und Maschinen, betreiben einträgliche Geschäfte innerhalb Deutschlands und sind Teilhaber ihrer dortigen amerikanischen und internationalen Handelsgesellschaften. In Amerika weigern sich dieselben Juden, an Boykotten mitzuwirken, und lassen die streitbaren Antifaschisten in ihrem Kampf allein. Sie unterstützen finanziell, moralisch und persönlich zahlreiche Gruppen und Organisationen, die zumindest tendenziell profaschistisch ausgerichtet sind. Natürlich gibt es auch unter den wohlhabenden Juden echte Antifaschisten mit politischem Bewußtsein – diese Menschen kämpfen offen, oft gemeinsam mit anderen Gruppen, gegen Hitler und die Verfolgung durch die Nazis und setzen sich auch in Amerika für die Sache des Fortschritts ein. Doch viele Juden der vermögenden Elite findet man – welche Ironie – bei den reaktionären Republikanern, bei konservativen Gruppen ohne soziales Bewußtsein; diese Kräfte werden, sobald sie in Amerika an die Macht gelangen, eine profaschistische, antisemitische, gegen die Arbeiter gerichtete Politik betreiben. Wenn die Juden konservativ wählen, stimmen sie also für eine Politik, die sich zwangsläufig gegen sie selbst richten wird, gegen sie als Individuen und als Angehörige einer Minderheit. Wie Präsident Roosevelt im November 1938 sagte, kann jeder Partei, die sich mit aller Kraft gegen den New Deal stemmt, eine profaschistische Gesinnung unterstellt werden. Wie tragisch, selbstzerstörerisch und blind ist also die Haltung dieser reichen amerikanischen Juden. Ich bin schockiert, weil ich mit angesehen habe, wie eben dieses Volk durch den Faschismus verfolgt und ermordet wurde. Die Juden hoffen, ihr Vermögen zu retten. Durch ihre reaktionäre politische Haltung werden sie jedoch nicht nur ihren Besitz, sondern auch ihr Leben verlieren, wie jeder einfache, unterprivilegierte Jude. Man wird sie ins Ghetto verbannen und sie dem gierigen Faschismus – wo immer er sich etabliert – bei Bedarf zum Fraß vorwerfen.

Obwohl ich Nichtjüdin bin, kann ich folgende Bemerkung nicht unterdrücken: Juden, die fünf Jahre lang Gelegenheit hatten, Hitler in Aktion zu sehen, und die ihn trotzdem unterstützen, die trotzdem stillschweigend den Faschismus billigen, wo immer und in welcher Verkleidung er sich zeigen mag, sollten nicht über das Schicksal überrascht sein, welches sie eines Tages ereilen wird. Tragischerweise werden dann aber nicht nur die profaschistischen reichen Juden ihren Mangel an Weitblick büßen müssen; auch Millionen unschuldiger Menschen werden für den verbrecherischen Verrat einiger verantwortungsloser Glaubensgenossen bezahlen.

Was Hitlers antisemitische Propaganda letztendlich bewirken wird, läßt sich noch gar nicht ermessen. Er sieht seine Ideologie und seine Methoden ja nicht auf ein einziges Land beschränkt, nicht einmal nur auf seine germanische Welt. Vielmehr erwartet er, daß andere Nationen und andere Völker – nah und fern – die Juden als Problem empfinden werden. Er möchte alle ausländischen Regierungen und Bürger in ihrem Denken und Handeln beeinflussen – auch in jenen Gebieten der Welt, die noch nicht komplett oder partiell unter seiner Herrschaft stehen. In dem Buch *The Brown Network* wird dies vollständig dokumentiert. Hitler will sowohl in Amerika, Südamerika und den englischen Kolonien als auch in Ländern ohne nennenswerten jüdischen Bevölkerungsanteil ›rassisches‹ Bewußtsein erzeugen und alle Welt gegen die Juden aufhetzen.

Seit nunmehr fünf Jahren ist das jüdische Volk tagtäglich in Presse und Rundfunk präsent und erhält weltweite Aufmerksamkeit in einem Maß, wie dies nie zuvor in seiner Geschichte der Fall war. Egal von welcher Warte aus berichtet wird, ob voll mitfühlender Sympathie oder nicht – die Juden spielen im Denken und im Bewußtsein der Menschen eine herausragende Rolle. Die intelligenten, klugen und vorausblickenden Nichtjuden sind entsetzt und empört – sie kämpfen auf unterschiedliche Weise in allen Ländern gegen diese Situation an. Doch ist diese aufgeklärte Minderheit einfach nicht groß genug – auch wenn sich anläßlich von Hitlers grauenhaftem Pogrom im November 1938 die Öffentlichkeit Amerikas hell empört zeigte und die amerikanische Regierung umgehend Konsequenzen zog. Andere Nichtjuden der Oberschicht, denen vage bewußt ist, daß sie für die Not der Juden mitverantwortlich sind, ärgern sich über diesen Gegenstand grausamer Diskriminierung und wären diese Bürde gerne los. Sie scheuen die ständige Konfrontation mit den großen ökonomischen und moralischen Problemen, die diese Situation aufwirft. Bei wieder anderen Nichtjuden, wie es sie es in allen Ländern gibt, fällt die böse Saat von Hitlers Antisemitismus auf fruchtbaren Boden. Sie sind dagegen, daß aus Deutschland Scharen jüdischer Flüchtlinge eintreffen, weil sie die ökonomischen Probleme des eigenen Landes angeblich noch verschärfen. Hitler behauptet, daß die Juden Wirtschaft und Kultur beherrschen und für viele Übel auf der Welt verantwortlich seien. Besagte Nichtjuden schauen sich also um, entdecken, daß Juden führende Positionen im Finanzwesen und in der Kunst innehaben und reden sich nun – gegen besseres Wissen – ein, die Juden hätten tatsächlich die Herrschaft über das ganze Land errungen. Als nächstes beginnen sie halbherzig zu überlegen, ob Hitlers Vernichtungspolitik möglicherweise doch die effektivste Lösung darstellt. Angesichts jeder politischen oder wirtschaftlichen Krise schenken diese Nichtjuden bereitwillig den selbsternannten faschistischen Propheten in ihrem eigenen Land Glauben, die mit dem Finger auf ›das zerstörerische internationale Judentum‹ zeigen.

Viele Juden und Nichtjuden dachten, sie hätten im Zionismus eine Antwort auf das jüdische Gefühl der Heimatlosigkeit und

Isolation gefunden. Man wollte den Juden eine nationale Heimstatt geben, die ihnen hinsichtlich Religion, Tradition und Ökonomie alles bedeuten würde. England hat diesen Traum mit der Balfour-Deklaration in greifbare Nähe gerückt. Doch der internationale Faschismus will nicht nur erreichen, daß die Juden aus den faschistischen Ländern vertrieben werden, sondern letztlich, daß sie gar nirgends eine Heimat finden. Die palästinensische Bewegung hat die imperialistischen Ziele sowohl der faschistischen als auch der nichtfaschistischen Länder durchkreuzt und sich selbst als Hirngespinst entpuppt, ohne jede Basis, was die bitteren ökonomischen Fakten betrifft.

Raffiniert spekuliert Hitler – dem es nicht reicht, daß die Juden rastlose Wanderer, Gegenstand höhnischer Verachtung und Opfer eines haßerfüllten Sadismus sind – ganz bewußt auf den wachsenden Antisemitismus in anderen Ländern. Hunderttausende von Juden haben Deutschland in den vergangenen fünf Jahren verlassen – sie sind von der Barmherzigkeit fremder Länder abhängig, die ihnen bereitwillig ihre Türen geöffnet haben. In Amerika greifen gewisse reaktionäre Gruppen wieder den alten Slogan auf – der natürlich schon immer Unsinn war – ›Amerika den Amerikanern‹. Und dann heißt es: »Wir haben sowieso schon zu viele Juden, wir haben ja nicht einmal genügend Jobs für die Amerikaner, und wir mögen keine Ausländer, vor allem keine ausländischen Juden, die unser Wirtschafts- und Kulturleben durcheinanderbringen.« So schafft es Hitler, den latenten Antisemitismus der kapitalistischen Länder, den er mit teuflischer Bosheit erkennt, nach Belieben zu manipulieren und zu verstärken.

Nicht nur Nichtjuden bemerken diesen zunehmenden Antisemitismus und spiegeln ihn, ganz wie Hitler dies wünscht, in ihrem politischen und ökonomischen Handeln wider, sondern, was noch tragischer ist, auch die Juden anderer Länder. Im großen und ganzen gibt es zwei Reaktionen, die für das jüdische Volk gleichermaßen verheerend sind: Manche Juden werden verbittert und rachsüchtig, streben nach mehr Macht und versuchen, durch die klugen, intelligenten Methoden ihrer Klasse zu nehmen, was sie kriegen. Andere sind vor Angst und Verzweiflung wie gelähmt. Sie isolieren sich und kehren sich in jeder Hinsicht von der Außenwelt ab. Eingeschüchtert, mit einem tiefen Bewußtsein für ihr Volk und für die Demütigung, die es erfährt, vermögen sie nicht, gegen ihre eigene Vernichtung anzukämpfen.

Für die Juden, egal welcher Schicht sie angehören mögen, gibt es nur eine einzige Rettung. Wieviel Mut und Selbstlosigkeit es auch immer kosten mag – sie dürfen niemals resignieren. Alle jüdischen Gruppen müssen sich zusammenschließen und mit kämpferischen, starken nichtjüdischen Gruppen vereinen, die vor den rassischen und ökonomischen Problemen nicht die Augen verschließen. Auf keinen Fall dürfen sich die Juden isolieren. Vielmehr müssen sie sich mit der Nation und der Bevölkerung identifizieren, der sie angehören, und mit allen denkbaren antifaschistischen Organisationen Seite an Seite kämpfen.

In dieser schrecklichen dunklen Zeit, in der es scheint, als terrorisiere Hitler die ganze Welt, muß man sich vor Augen führen, daß fünf oder zehn Jahre in der Menschheitsgeschichte eine kurze Zeitspanne sind, und daß auf lange Sicht starke ökonomische Kräfte einer demokratischen und fortschrittlichen Gesellschaft in die Hände arbeiten. Meiner Überzeugung nach wird es niemals eine Weltherrschaft des Faschismus geben. Das sollten die Juden und alle anderen gesellschaftlichen Gruppen wissen. Auch wenn Hitler die Juden in Deutschland, Österreich und der Tschechoslowakei verfolgt, inzwischen noch brutaler und skrupelloser als zu Beginn seiner Herrschaft, auch wenn sich vor unseren Augen eines der gräßlichsten, unmenschlichsten Schauspiele der Geschichte ereignet – unterstützt durch internationale Verräter wie Daladier und Chamberlain –, hat der Faschismus aufgrund seiner tiefen ökonomischen Widersprüche keine Zukunft. Doch jetzt müssen die Juden unbedingt erkennen, daß der Faschismus in all seinen Facetten auf die Vernichtung ihres Volkes abzielt. Reiche und arme Juden müssen sich zusammenschließen, mit aller Kraft gegen den existierenden Faschismus kämpfen und seinen Siegeszug verhindern.

## XII

# Das Diplomatische Korps in Berlin

Unter unserem eigenen Botschaftspersonal gab es Männer und Frauen, die loyal der amerikanischen Regierung dienten und weder intellektuell noch emotional vor Hitler und seinem System kapitulierten. Andere waren demokratischen Idealen weniger gewissenhaft verpflichtet – Karrieristen, die aus ihrer Abneigung gegen Präsident Roosevelt keinen Hehl machten und eindeutig mit Hitlers Versuch sympathisierten, den Kapitalismus durch eine nationalsozialistische Wirtschaftsform zu ersetzen. So wie der diplomatische Dienst heutzutage organisiert ist, kann sich kein amerikanischer Präsident auf die Loyalität der Karrieristen verlassen. Diese Männer werden oft aufgrund von Herkunft, Reichtum und Beziehungen ausgewählt und unter allen möglichen politischen und sonstigen Umständen so lange in den verschiedensten Ländern ausgebildet, bis sie gelernt haben, vollkommen objektiv und unvoreingenommen zu denken. Präsidenten mögen kommen und gehen, die Karrieristen bleiben. Viele haben in Harvard oder an englischen Universitäten studiert und identifizieren sich – stets auf ihren Vorteil bedacht und von maßlosem Ehrgeiz getrieben – aufgrund ihres familiären Hintergrunds mit den privilegiertesten Gruppen der Gesellschaft. Sie eignen sich höfliche Umgangsformen an und sind wahre Meister der langweiligen Konversation. In welchem Land auch immer sie eingesetzt werden, stets schließen sie sich jenen konservativen und reaktionären Kreisen, jener reichen Oberschicht-Clique an, zu der sie selbst gehören.

In den meisten Fällen versuchen sie Einfluß auf die Botschafter zu erlangen, die in der Regel der jeweils neue Präsident ernennt, oft als Belohnung für ihre politische oder finanzielle Unterstützung der Regierungspartei. Und in den meisten Fällen haben die Karrierristen tatsächlich Erfolg, denn die Botschafter sind in den Sitten und Gebräuchen der Diplomatie, in diplomatischen Floskeln nicht bewandert. Heute ist der Standpunkt amerikanischer Berufsdiplomaten wohl so klar umrissen wie noch nie zuvor in der jüngeren Geschichte Amerikas. Zum erstenmal seit einer Generation haben wir einen Präsidenten, der eine entschieden liberale und konstruktive Politik verfolgt. Jene Männer haben eindeutig Stellung bezogen. Und da sie sich daheim und im Ausland eindeutig auf seiten der Interessengrupen befinden, beziehen sie erbittert Stellung gegen Roosevelt.

Der Leser wird sagen, hier gehe es doch um rein persönliche Angelegenheiten und Überzeugungen der Diplomaten. Doch leider läßt sich die persönliche Haltung eines Menschen nicht von seinem Handeln und seinen politischen Neigungen trennen. Die innere Haltung eines Menschen prägt seine ganze Persönlichkeit, seine Sicht der Gesellschaft, seine berufliche Identität. Daraus ergibt sich die höchst schockierende – und da es sich um die diplomatischen Vertreter einer demokratischen Macht handelt unentschuldbare – Tatsache, daß viele Diplomaten offen oder verdeckt gegen Roosevelt opponieren und mit dem System der Diktatur und den verschiedenen Erscheinungsformen des Faschismus sympathisieren. Abhilfe könnte in dieser Situation nur eine Untersuchung des Außenministeriums schaffen, bei der Protokolle, Ordern, Briefe und offizielle Dokumente öffentlich vorgelegt würden; vielleicht könnte man so jene hohen Funktionäre im amerikanischen Außenministerium herausfiltern, die mit fremden politischen Systemen sympathisieren und befreundete, verwandte oder untergebene Diplomaten bei ihrer politischen Arbeit im Ausland entsprechend unterstützen. Es gibt sehr viele dieser Männer. Das amerikanische Volk erkennt zunehmend, daß der Fehler in Amerika liegt, und zwar sowohl was die Auswahl der Diplomaten betrifft, als auch bezüglich der allseits bekannten und beargwöhnten politischen Haltung vieler Mitarbeiter des Außenministeriums.

Es ist zum Beispiel sehr aufschlußreich, daß ein gewisser Herr im Außenministerium privat und öffentlich die Meinung geäußert hat, das Münchner Vier-Mächte-Abkommen markiere international eine neue Ära der Gerechtigkeit, der Ordnung und des Friedens. Diese Äußerung durch einen hohen Beamten der neutralen US-Regierung kommt der Billigung und Ermutigung faschistischer Systeme gleich. Ein anderer hoher Beamter und seine Familie verkündeten öffentlich, die Loyalisten in Spanien seien Rote, und die heroischen Rebellen hätten einen überragenden Sieg verdient; mit dieser Äußerung haben die Betreffenden einer der schamlosesten Invasionen der Geschichte eigenmächtig Amerikas moralischen Segen erteilt. Ein Privatmann kann solche Dinge ja vielleicht öffentlich äußern, wenn dies ein Regierungsbeamter tut, sieht die Sache ganz anders aus – vor allem dann, wenn dieser Beamte an der Gestaltung der amerikanischen Außenpolitik mitwirkt und in einem Ministerium arbeitet, das viele vertrauliche Telegramme, Berichte und allgemeine Informationen aus dem Ausland erhält.

Zweifellos hat diese Haltung starken Einfluß auf Botschafter und andere Diplomaten, die es als ihre Pflicht empfinden, ausländische Mächte nicht nur über die Politik der amerikanischen Regierung zu informieren, sondern auch den Diplomaten anderer Länder ungefragt Ratschläge zu erteilen. Ein amerikanischer Diplomat verkündete zum Beispiel, daß er den französisch-sowjetischen Beistandspakt für gefährlich halte, und riet dem französischen Botschafter, seinen Einfluß geltend zu machen, um den Pakt zu beenden. Ein anderer äußerte in privaten Gesprächen, seiner Meinung nach müsse die französische Regierung unbedingt eine deutsch-französische Allianz erwirken sowie einen Vier-Mächte-Pakt, mit England und Italien als weitere Unterzeichnerstaaten. Ein solches Verhalten ist natürlich unverzeihlich, es sei denn, die betreffenden Diplomaten hätten spezielle Anweisungen gehabt. Falls es solche Anweisungen tatsächlich gab, wäre Amerikas Neutralität nur eine Fassade, hinter der sich – signalisiert durch gewisse Gruppen innerhalb des Außenministeriums – eindeutige Sympathie für faschistische Mächte verbirgt. Ganz sicher ist es nicht Roosevelts Idee, Hitler und Mussolini in ihrem Expansionsdrang und ihren Grausamkeiten zu bestärken – wenn, dann wäre dies wohl auf das Betreiben verantwortungsloser Kreise innerhalb des State Department hin geschehen.

Nach vielen Wechseln beim amerikanischen Botschaftspersonal hatte die amerikanische Botschaft in Berlin jetzt endlich, nach mehreren Jahren, einen kompetenten und intelligenten Mitarbeiterstab. Besonders effizient waren der Handels- sowie der Finanz- und der Landwirtschafts-Attaché – ersterer zählte zu den gewissenhaftesten, korrektesten und objektivsten Männern in Berlin überhaupt. Zum Botschaftspersonal gehörten einige kluge, integre Männer, denen es aus irgendwelchen Gründen nie gelungen war, sich einen Oxford-Akzent zuzulegen, oder ein Stöckchen, oder ein seit Urzeiten in ihrer rechten Hand festgefrorenes Cocktailglas. Sie arbeiteten hart, schauten nicht nur kurz zwischen Golfpartien, Lunch-Terminen und Teegesellschaften mal im Büro vorbei, sondern hielten sich dort auf, um zu schreiben, sich zu informieren und Konferenzen abzuhalten. Die andere Diplomatenschule – die sich, zur Selbstverteidigung, ›*School of Thoughts*‹ nannte – argumentierte, daß man nur dann allumfassend informiert sei, wenn man soviel Zeit wie möglich außerhalb des Büros verbringe, auf Cocktailpartys, beim Lunch, beim Dinner, bei karitativen Empfängen. Für sie konnte es keine goldene Mitte geben. Am Schluß stellte sich dann heraus, daß die erste Gruppe mehr gehört, gesehen und erfahren hatte als jene Männer, die ›aus beruflichen Gründen‹ kaum im Büro gewesen waren.

Nie werde ich die amüsierte Geringschätzung vergessen, mit der sich einmal ein Franzose über die Gewohnheiten amerikanischer Diplomaten äußerte. Er sagte, in seiner Botschaft in Berlin müsse das gesamte Personal spätestens um neun Uhr morgens im Büro erscheinen, sich einen kompletten Überblick über die Morgenzeitungen verschaffen und um halb zehn an einer Konferenz mit dem Botschafter teilnehmen, der seinerseits ebenfalls um neun Uhr eintreffe. Mein Vater, an regelmäßige Bürozeiten und sorgfältiges Arbeiten gewöhnt, erschien anfangs auch jeden Morgen um neun Uhr. Doch nach ein bis zwei Monaten gab er es auf, weil er mutterseelenallein in der Botschaft saß. Er protestierte beim Außenministerium gegen diese lasche Arbeitsmoral, und kurz darauf gab Washington an alle amerikanischen Botschaften in Europa die Order aus, das Personal habe um neun Uhr dreißig am Schreibtisch zu sitzen. Meinem Vater war diese Vorschrift heilig. Doch stellte er eher die Ausnahme als die Regel dar und erntete immer wieder spöttische Reaktionen einiger Mitarbeiter, die es bis zum letzten Tag unseres Aufenthalts in Berlin nicht schafften, ihre müden Knochen und informationsüberladenen Gehirne vor dem Lunch ins Büro zu schleppen.

Wer meint, dies höre sich nach kleinlicher Nörgelei an, der sollte sich vor Augen halten, daß die Diplomatie ein ernster Beruf ist, vermutlich einer der wichtigsten Dienste, die ein Mensch seiner Regierung erweisen kann. Deutschland ist kein riesiger Country Club, in dem sich amerikanische Diplomaten amüsieren sollen, sondern ein Land, in dem sich Entwicklungen abspielen, die Europa und die ganze Welt bedrohen und sich konkret auf die Interessen und die Zukunft auch der Vereinigten Staaten auswirken. Dies sollte eigentlich genügen, um den Karrieristen endgültig die Illusion zu rauben, die Diplomatie sei eine Art besserer Kriegsmarine und statt Arbeit gebe es Frauen, Wein und Müßiggang.

## 2

Im Diplomatischen Korps in Berlin gab es zwei Männer, für die mein Vater Freundschaft und ernsthaften Respekt empfand. Der eine war der spanische Botschafter Zuleta, aus dem ehemals republikanischen Spanien, der schon ein Jahr nach unserer Ankunft wieder abreiste. Er war ein großer, hagerer, humorvoller, geistreicher Mann, ein drahtiger, vitaler El-Greco-Typ, der einem demokratischen Intellektuellenmilieu entstammte. Es war immer ein Vergnügen, ihn einzuladen oder seine Empfänge zu besuchen, und eine Freude, die beiden Männer zusammen zu erleben. Zuleta sprach fast so gebrochen Deutsch wie mein Vater Französisch gesprochen hätte. Und doch unterhielten sie sich auf deutsch und verständigten sich mit Hilfe von Gesten und Blicken, Gelächter und Intuition. Obwohl Zuleta also, wie gesagt, kaum deutsch sprach, verstand er jedes Wort. Er war von ungezwungener, schlichter Liebenswürdigkeit, als Gastgeber ein wenig unbeholfen, aber mit seinem fröhlichen Esprit, seinem Ernst und seiner Kompetenz einfach ein wunderbarer Mensch. Er war der einzige Kollege, dem mein Vater in jenen Jahren mit echter Wärme begegnete, und als Zuleta abberufen und später seine Regierung gestürzt wurde, merkte man meinem Vater an, wie tief ihn dies betrübte. Als in Spanien dann doch wieder der republikanische Geist triumphierte, die kriminellen Bankiers und kirchlichen Würdenträger stürzte und sofort von faschistischen Kräften von außen und innen angefeindet wurde, begriff mein Vater vermutlich mehr von den tragischen Ereignissen in Spanien als all seine Diplomatenkollegen und nahm sie sich auch sehr zu Herzen.

Zuletas Nachfolger wurde vom größten Teil des Diplomatischen Korps freundlicher aufgenommen als zuvor Zuleta selbst. Es war ein dicker kleiner Mann, ein glühender Monarchist, als es in Spanien keine Monarchie mehr gab, und ebenso heftig profaschistisch, als Robles und Co. sein Land regierten. Mehr als alle anderen Botschaftsangehörigen (bis auf die Italiener) haben er und seine Ehefrau den deutschen Adel hofiert und symbolisch auch die deutschen Nazis.

Als der Spanische Bürgerkrieg ausbrach, wurde das Ehepaar vorübergehend in den oberen Stockwerken der Botschaft festgehalten, während der neue Botschafter des loyalistischen Spanien im Erdgeschoß wohnte. Das waren schwere, chaotische Zeiten –

die Hälfte des spanischen Botschaftspersonals war auf seiten der Loyalisten und kehrte in ihr Land zurück – doch die meisten standen zu den verbrecherischen Faschisten in Spanien und dem Rest der Welt, blieben in Berlin und ließen sich nicht mehr blicken, als der neue Botschafter eintraf. Zuletas Nachfolger wurde vom Diplomatischen Korps konsequent geächtet, von den Nazis nicht zur Kenntnis genommen und blieb während seines kurzen Aufenthalts praktisch isoliert. Kein Diplomat wagte es, ihn öffentlich oder privat zu empfangen. Viele Deutsche und zahlreiche Mitglieder des Diplomatischen Korps statteten dem entthronten royalistischen Repräsentanten, der gelassen im oberen Stockwerk residierte, heimliche Besuche ab, um ihm ihr Mitgefühl und ihre Sympathie zu bezeigen.

Als Deutschland schließlich den spanischen Marionettenstaat anerkannte, wurde ein neuer Botschafter nach Berlin entsandt, der für die Herrschaft der Aufständischen ebenso typisch war wie Franco selbst. Er war ein älterer Mann – ich würde sagen um die Siebzig, obwohl er so wirkte und agierte, als sei er über Achtzig – hinter dessen Rücken Hitler und Mussolini sich die Hände reichten, um gemeinsam die Fäden zu ziehen. Dieser Botschafter war alles andere als lebhaft und hüllte sich meist in Schweigen. Begleitet wurde er stets, wie Faust von Mephisto, von einem jungen Sekretär der spanischen Botschaft. Letzterer hatte bis zum Bürgerkrieg das Leben eines Müßiggängers geführt, sich Geliebte und edle Weine geleistet, mit seinen erotischen Eroberungen geprahlt, von seinem Vermögen, seinem illustren Namen und von den sanften Schönheiten und der Trägheit seines Heimatlands gelebt. Als diesem dunkelhaarigen, attraktiven Mann, bevor Deutschland Franco anerkannte, plötzlich klar wurde, daß er sein Vermögen, seinen Ruf und seine Stellung verloren hatte, fuhr er verzweifelt durch die Straßen von Berlin und drapierte sein Auto jedes Mal mit schwarzem Stoff, wenn die Loyalisten einen Sieg errungen hatten. Ich kann mir gut vorstellen, welche Panik ihn bei dem Gedanken ergriff, einmal richtig arbeiten zu müssen. Jedenfalls war er der ständige Begleiter des neuen Botschafters, soufflierte ihm, was er zu sagen hatte, und ließ ihn keinen Schritt allein machen. Wir haben nie erfahren, ob der altersschwache, aristokratische General überhaupt sprechen konnte, weil wir ihn immer nur aus der Ferne sahen und natürlich nicht zu uns einluden, selbst wenn das möglich gewesen wäre.

## 3

Einer der beiden Männer, die mein Vater besonders schätzte, war also der bedauernswerte Zuleta. Der andere war der holländische Gesandte Graf Limburg-Stirum – ein Name, der auf seinen vornehmen aristokratischen Hintergrund hinweist. Graf Limburg-Stirum war ein würdevoller Gentleman der alten Schule. Mein Vater bewunderte seine Zuverlässigkeit und seine unerschütterliche Integrität. Was die beiden Männer zueinander hinzog, waren nicht ihre ökonomischen und sozialen Auffassungen, sondern ihre Einschätzung der Nazitragödie. Man hätte Limburg-Stirum nicht als radikalen, ja nicht einmal als fortschrittlichen Demokraten bezeichnen können, aber er war ein intelligenter, mutiger und eigensinniger Mann, der klar erkannte, was der Faschismus bedeutete – nicht nur für das kleine Holland, sondern für ganz Europa. Obwohl er und seine Frau einer strengen gesellschaftlichen Etikette folgten und keinen Millimeter vom verbindlichen Protokoll abwichen – fast erschütternd förmlich und steif –, erwarben sie sich doch allgemeinen Respekt. Limburg-Stirum war ein erfahrener Diplomat und sehr bewandert auf geschichtlichem Gebiet. Er besaß ein freundliches Wesen und einen Verstand, der über den sprichwörtlichen Tellerrand hinausblickte. Limburg-Stirum war ein kultivierter, reizender Herr, der sich wohltuend von seinen arrivierten, politisch kompromißlerischen Kollegen abhob, ein Mann der hart arbeitete, einen aufrichtigen Charakter und kämpferischen Geist besaß. Er und mein Vater kamen überein, niemals einen der Nürnberger Parteitage zu besuchen. Und daran hielten sie sich auch, obwohl ihre Weigerung bei einigen Kollegen Mißbilligung hervorrief. Limburg-Stirum wurde nach London versetzt, mein Vater abberufen, und keiner hatte sein Wort gebrochen.

## 4

Der dunkelhaarige stattliche André François-Poncet war der Doyen des Diplomatischen Korps und bereits 1931 nach Berlin gekommen. Er hatte einen ungewöhnlich stechenden Blick, eine hohe Stirn, einen schwarzen, gewichsten Schnurrbart mit kunstvoll gezwirbelten Enden und trug ein Monokel. Sicherlich war er einer der klügsten Köpfe in der europäischen Diplomatie. Er entstammte einer reichen, vornehmen Familie, verfügte über langjährige Verbindungen zur mächtigen französischen Rüstungsindustrie und hatte eine Frau geheiratet, deren Familie große Anteile der Eisenerzminen in Elsaß-Lothringen besaß. Im öffentlichen Leben Deutschlands gab es nur einen einzigen Mann, der ähnlich geistreich war wie François-Poncet, und das war Dr. Schacht. Poncet mit seiner meisterhaften diplomatischen Diktion, seinen Epigrammen, seinen feinen Anspielungen, seinen scharfen knappen Bemerkungen, seinem wunderbar regen Geist war allen anderen Mitgliedern des Diplomatischen Korps weit überlegen. Er benutzte die Sprache eher dazu, die Bedeutung des Gesagten zu verschleiern, als sie zu enthüllen. Eine fünfzehn Minuten während Unterhaltung mit Poncet bedeutete eine intellektuelle Herausforderung – er war so lebhaft, energisch und faszinierend, daß die meisten Menschen sich nach einer Weile erschöpft geschlagen gaben. Er selbst jedoch blieb ruhig und heiter, zwirbelte seinen Schnurrbart und rückte sein Monokel zurecht, jederzeit bereit, es mit dem nächsten Gesprächspartner aufzunehmen, zur Fortsetzung dieses fesselnden Zeitvertreibs.

Er hatte vollendete, etwas herablassende Manieren – nie habe ich erlebt, daß er etwas Unpassendes oder Taktloses tat (es sei denn, es war ausdrücklich so geplant). Aber ich hatte immer das Gefühl, daß er eine tyrannische Persönlichkeit war und jedem, der ihm in die Quere kam, eine bittere Lehre erteilt hätte. Gegen Ende der Berliner Zeit schien François-Poncet ein interessierter, ja vertrauter Freund meines Vaters zu sein. Sie hielten nicht nur ernste Konferenzen ab – bei Empfängen sah man sie auch häufig miteinander scherzen oder zanken. Mein Vater vertraute Poncet zwar nicht, so wie er im Diplomatischen Korps niemandem vertraute – mit Ausnahme von Zuleta und Limburg-Stirum –, aber er freute sich über jede Begegnung mit ihm und genoß die abwechslungsreichen Gespräche. Ich bin sicher, daß Poncet seinerseits meinem Vater vertraute (so wie dies jedem geht, der mit ihm zu tun hat); doch nicht nur aufgrund der persönlichen Integrität meines Vaters, sondern auch, weil Poncet wußte, daß Amerika nicht sein eigenes Süppchen kochte und keinem anderen Land und dessen Repräsentanten in den Rücken fallen würde. Diese Tatsache machte ihre Verbindung natürlich erfreulicher und entspannter, als dies Poncet von anderen Kontakten her gewohnt war. Möglicherweise war Poncet des öfteren verärgert – vor allem dann, wenn mein Vater ihm Vorträge über die französische Politik hielt und ihn auf vergangene und gegenwärtige Fehler hinwies –, aber er ließ sich nie etwas anmerken. Als mein Vater, anderthalb Jahre nach seiner Ankunft in Berlin, zu Poncet sagte, Italien wolle das Mittelmeer, Spanien und die nordafrikanischen Kolonien unter seine Kontrolle bringen, und Deutschland steuere auf die politische und ökonomische Herrschaft in Südosteuropa zu, soll Poncet ironisch erwidert haben: »Diese Amerikaner haben keinen direkten, realistischen Blick auf europäische Angelegenheiten – aufgrund ihrer geographischen und potentiell auch wirtschaftlichen Isolation sehen sie alles aus zu großer Entfernung, und Historiker sehen sowieso oft vor lauter Bäumen den Wald nicht.« Offenbar sah er keinen Grund, seine Regierung vor der Wiederaufrüstung Deutschlands zu warnen oder zu Beginn von Hitlers Regierungszeit auf eine Rüstungskonferenz mit Deutschland zu drängen, er sah keinen Grund, zur Situation in Äthiopien, zur Wiederbesetzung des Rheinlands oder zur Situation in Spanien und Österreich klar Stellung zu beziehen. Obwohl die Aussagen meines Vaters damals sicherlich etwas zu allgemein gehalten waren, denkt Poncet heute sicher manchmal an die sarkastischen, weitsichtigen Prophezeihungen des ›Historikers‹ zurück. Tatsächlich hätte jedermann die Entwicklungen der letzten Jahre voraussehen können – wenn er nur das Buch ernstgenommen hätte, das Hitler geschrieben hat und dem er seither fast bis ins Detail gefolgt ist. Jeder europäische Staatsmann und Funktionär konnte wissen, was Hitler plante. Daß bisher nichts unternommen wurde, daß Hitler keinerlei Hindernisse in den Weg gelegt werden, daß kein Mensch jemals ernsthaft den Versuch unternommen hat, ihm Einhalt zu gebieten, dies alles weist klar darauf hin, daß Hitler nicht nur auf die Kriegsangst des entsetzten Europas baut, sondern auch im geheimen Einverständnis mit gewissen Interessengruppen und Kreisen handelt.

Poncet gehört der Radikalsozialistischen Partei Frankreichs an – einer Partei, die sich mit den konservativen Demokraten Amerikas vergleichen läßt. Als in Frankreich Léon Blum ins Amt kam, prophezeite Poncet monatelang regelmäßig, der sozialistische Premier werde keinen weiteren Monat überstehen, obgleich er ihn, soweit bekannt, während seiner Amtszeit loyal unterstützte. Poncet mißbilligte den Spanischen Bürgerkrieg ausdrücklich und hatte fürchterliche Angst vor den Loyalisten; doch konnte er sich zu den Aufständischen nicht offen bekennen, solange Frankreich sich offiziell neutral verhielt oder zu den Loyalisten tendierte.

Man hat Poncet oft als Faschisten bezeichnet. Der Meinung bin ich nicht. Obwohl er Franzose und glühender Patriot ist, obwohl er Söhne hat, die irgendwann einmal eingezogen werden, obwohl er als Mensch geistreich und charmant sein mag, darf man doch keinen Moment vergessen, daß Eisenerzminen, Rüstungsinteressen, Reichtum, Familie und politische Einstellung seine Persönlichkeit stark beeinflussen. Ich glaube, daß er den deutschen Faschismus verabscheut, obgleich es so scheint, als habe er ihn immer unterstützt. Neulich war er Mitglied eines aus Deutschen und Franzosen zusammengesetzten Komitees, das die Grenzen der Tschechoslowakei neu bestimmen sollte. Ich bin mir nicht sicher, ob es nicht vielleicht eine Form des Faschismus gäbe, die ihm weniger mißfiele; etwa ein Faschismus, der Frankreich nicht unmittelbar bedrohen würde, ein Faschismus französischer Prägung, der ›Aufsässige‹ zur Räson bringen und in Finanzwesen und Industrie ›Ordnung‹ schaffen würde. In einiger Zeit wird die Geschichte der Diplomatie gewiß enthüllen, welche Rolle François-Poncet, einer der wichtigsten und mächtigsten Diplomaten Europas, in den vergangenen fünf Jahren des deutschen Faschismus gespielt hat.

Madame Poncet war eine der liebenswürdigsten Frauen Berlins. Sie war groß, gertenschlank, hatte üppiges rotblondes Haar und den Esprit und die Schönheit der typischen Französin. Sie hatte fünf oder sechs Kinder und verband mit unendlichem Zartgefühl und großer Intelligenz die Pflichten der Ehefrau und Mutter mit denen der perfekten Gastgeberin. Obwohl sie in der prächtigsten Botschaft Berlins wohnte, kleidete sie sich bescheiden, war im Gegensatz zu ihrem Mann tief religiös und von sanftem Charakter. Wenn es um die Zukunft ihrer Söhne ging, war sie leidenschaftlich engagiert und parteiisch. Ihre Empfänge waren luxuriös – in ihrem Haus gab es die edelsten Speisen, die beste Musik, den teuersten Champagner, die perfektesten Butler. Von zutiefst bescheidenem, ja sogar schüchternem Wesen, besaß sie einen feinen Geschmack, einen wachen, fast intellektuellen Verstand und vollendete Manieren. Sie war in Berlin für ihre Wohltätigkeit berühmt, ihre Güte galt als legendär. Doch obwohl ihr nicht nur die Rolle der Mutter, der bescheidenen, ungezwungenen Gastgeberin, sondern auch die Rolle der Ehefrau eines der berühmtesten

Diplomaten Europas oblag, wurde sie all ihren Aufgaben mühelos, charmant und würdevoll gerecht.

5

Der Repräsentant Großbritanniens war Sir Eric Phipps, der ungefähr zur selben Zeit nach Berlin kam wie mein Vater und Deutschland ein Jahr vor uns wieder verließ, um in das Land zu ziehen, das er nach seinem eigenen am meisten liebte: Frankreich. Ich nehme an, er gehörte im britischen Außenministerium zur Anti-Hitler-Fraktion. Sein Schwager war Sir Robert Vansittart.

Sir Eric Phipps war ein kleiner Mann mit klugem Blick, beginnender Glatze und Monokel. Er trat als Diplomat weniger lebhaft auf als François-Poncet – aber ebenso höflich.

Man sah seiner Miene nicht an, was er dachte und empfand. Wenn man plötzlich zu ihm gesagt hätte: »Ihre Großmutter wurde soeben ermordet«, wäre sein Gesicht völlig reglos geblieben; als seien die Worte gar nicht an sein Ohr gedrungen, hätte er mit der etwas abgehackten, leisen Stimme des feinen Engländers (als hätte er eine Kartoffel im Mund) erwidert: »Ach nein, was Sie nicht sagen, ja, wirklich, hochinteressant.« Er lächelte fast nie und machte kaum je eine witzige Bemerkung. Eigentlich hörte er immer nur zu, mit eulenhaftem Ernst und höchster Konzentration, egal was man ihm erzählte. Es war schrecklich peinlich, sich mit ihm unterhalten zu müssen – man wußte ja, er würde einem mit so überwältigender Höflichkeit lauschen, daß man ins Stottern geriet. Man wußte auch, daß er allem, was man sagte, äußerst beflissen zustimmen würde. Mit anderen Worten, es war eigentlich gar nicht möglich, sich mit ihm zu unterhalten.

Seine liebenswürdige Höflichkeit war noch viel ausgeprägter als die Poncets, denn letzterer machte sich gelegentlich im leidenschaftlichen, brillanten Wortspiel Luft. Andererseits war Phipps ein aufrichtiger, hartnäckiger Nazigegner. Wenn es stimmt, daß

Ribbentrop mithalf, Phipps aus Deutschland hinauszudrängen, dann hat er Hitler damit einen großen Dienst erwiesen. Phipps haßte Hitler und den Nazismus aus ganzem Herzen; seine Liebe zu Frankreich führte dazu, daß er an einer Festigung der französisch-britischen Beziehungen mitwirkte, um ein entschiedeneres Vorgehen gegen Deutschland zu ermöglichen. Wenn man beobachtete, wie er sich mit den Nazis unterhielt, mit Männern, die er bekanntermaßen verachtete, bekam man eine Lektion in Diplomatie erteilt. Er ging mit diesen Leuten ebenso lakonisch, ebenso ernst, ebenso liebenswürdig um wie mit seinen Freunden. Doch hinter dem großartigen bühnenreifen Auftritt verbarg sich brennender Haß und tiefe Verachtung für die Nazis und ihre Handlanger, wer immer sie waren und egal welch hohe Position sie innehatten. Er durchschaute die Nazifunktionäre und ihre Absichten viel gründlicher als manch anderer ausländischer Diplomat. Obwohl Phipps ein wohlhabender Adliger war und seine Frau ebensolchen Verhältnissen entstammte, wußte er, England würde sich ans Hakenkreuz der Nazis nageln lassen. Soweit man dies aus seiner Politik und der Wahl seiner Freunde schließen kann, blieb er bis zum Schluß integer und bemühte sich mit allen Kräften, die demütigende Tragödie zu verhindern, die später folgen sollte. Vielleicht wurde er aufgrund seiner Bemühungen versetzt, vielleicht bestand er aber auch selbst auf der Versetzung – jedenfalls hat er sich in Frankreich bestimmt bis vor kurzem einigermaßen glücklich gefühlt.

Hinter seinem Pokerface verbarg sich ein disziplinierter, scharfer Verstand. Phipps setzte sich für das ein, was ihm für England das Beste erschien, und hinter seinem Auftreten, das oft unaufrichtig wirkte, verbarg sich ein lauterer Mensch. Mein Vater hatte ihn gern, besprach sich oft mit ihm und verließ sich bis zu einem gewissen Grad auf sein Urteil – obwohl manche Amerikaner der englischen Oberschicht ja von vornherein mißtrauen. Phipps wiederum äußerte oft seine Bewunderung dafür, daß mein Vater so unverrückbar zu demokratischen Idealen stand und an der britisch-amerikanischen Freundschaft auf demokratischer Basis festhielt, statt sich den Schikanen der Faschisten zu beugen.

Doch Phipps war nicht nur Antifaschist, nicht nur ein ausgezeichneter Diplomat, sondern auch Familienvater. Heiß und innig liebte er seine junge Frau und seine fünf oder sechs Kinder und war am glücklichsten, wenn er mit ihnen zusammensein konnte. Phipps und seine Gattin waren ruhige, bescheidene, in Gesellschaft fast schüchtern wirkende Menschen – wobei Lady Phipps ein offenes Wesen hatte, das entwaffnend wirkte. Wenn Sir Eric einen offiziellen Empfang gab, war er furchtbar nervös, hüpfte mit seinem schiefen Gang – durch eine hochgezogene Schulter wirkte eins seiner Beine kürzer – aufgeregt herum, eilte mit schräggeneigtem Kopf von einer Gästegruppe zur nächsten und murmelte die ganze Zeit fast unhörbar: »Ja, ja, sehr interessant.« Lady Phipps hingegen stand ruhig abseits und überließ das gesellschaftliche Zeremoniell ihrem Mann. Sie war heiter, schweigsam, etwas kühl, scheu und sehr liebenswürdig. Alle anderen bezeichneten sie als farblos und gleichzeitig launenhaft. Sie gab sich keine Mühe, ihre Abneigung gegen diplomatische Empfänge zu verbergen, die sie haßte. Meiner Mutter erzählte sie einmal, sie gebe so wenig Gesellschaften wie möglich und versuche ihre Verpflichtungen mit möglichst großen Empfängen zu erfüllen, bei denen es nicht auffiel, wenn sie sich etwas abseits hielt. Kleinere Gesellschaften blieben Menschen vorbehalten, die sie gern hatte und in deren Gegenwart sie sich ganz natürlich geben konnte.

Sie war eine kleine, schlanke Frau, die sich nie schminkte. Sie hatte das schöne, milde Gesicht einer Madonna und war zum Katholizismus konvertiert, dem sie nun leidenschaftlich anhing. Ihrem geliebten Mann – die Ehe der beiden schien in Berlin die einzige zu sein, die auf wahrer Liebe beruhte – hatte sie fünf oder sechs Kinder geboren. Einige Schwangerschaften fielen in die Berliner Zeit. Lady Phipps liebte Kinder von ganzem Herzen.

Ich habe selten jemanden erlebt, bei dem Frömmigkeit und Klugheit eine so merkwürdige Verbindung eingegangen wären wie bei Lady Phipps. Sie besaß einen messerscharfen Verstand und machte oft genauso bissige, geistreiche Bemerkungen wie Poncet. Ihre Gedanken und Äußerungen waren ungewöhnlich aufrichtig, ihre scharfsichtigen Bemerkungen über das Diplomatische Korps, Empfänge und Persönlichkeiten oft sehr amüsant. Natürlich hatte sie unter den versnobten, affektierten Frauen Berlins viele Feindinnen. Doch meine Mutter und ich mochten sie von allen Frauen, denen wir in diesen Kreisen begegneten, am liebsten. Wir vertrauten ihr, wir hatten keine Angst vor ihrer scharfen Zunge, denn wir wußten, daß ihr maliziöses Urteil böswilligen Menschen vorbehalten war.

Wenn Lady Phipps sich über Heuchelei oder über die Nazis erregte – die sie haßten, so wie sie auch ihre Kirche haßten –, war sie von großer Bitterkeit erfüllt. Ansonsten hatte sie ein sanftes, liebenswürdiges Wesen. Sie konnte ebenso großherzig sein wie streng, ebenso freundlich wie hart, ebenso sanft wie schneidend. Zum Katholizismus konvertiert war sie einige Jahre bevor sie nach Berlin kam, und er war ihr zur zweiten Natur geworden.

Immer wenn meine Mutter Lady Phipps auf einem Empfang begegnet war, sagte sie bei ihrer Rückkehr: »Nachdem ich vorhin diese reizende Frau getroffen habe, geht es mir gleich viel besser. Der Tag kommt mir viel heiterer und hoffnungsvoller vor!« Die beiden Frauen fühlten sich wohl vor allem deshalb zueinander hingezogen, weil sie sich in vielem so ähnlich waren, trotz eines Altersunterschieds von etwa zwanzig Jahren. Beide waren klein, vornehm, hatten ein ruhiges Wesen und ein Gesicht von klassischer Schönheit. Obwohl meine Mutter nie besonders religiös gewesen war, ging sie mit netten, aufrichtigen Menschen ebenso sanft und gütig um wie Lady Phipps und empfand die gleiche leidenschaftliche Empörung, wenn es um Brutalität und Ungerechtigkeit ging.

Viele Menschen, allen voran meine Mutter, waren untröstlich, als die Phipps nach Paris entsandt wurden. Die beiden konnten auf ebensoviel Loyalität zählen wie Norman Ebbutt. Etliche Diplomaten jedoch frohlockten. Und die Nazis atmeten bestimmt erleichtert auf.

6

Auf Sir Eric Phipps folgte Sir Neville Henderson. Seine Erscheinung erinnerte eher an die drollige Parodie eines würdevollen Diplomaten. Er sah aus wie eine jüngere Ausgabe Mr. Neville Chamberlains, dessen Politik er auch stark unterstützte. Es hieß, Henderson sei eigens nach Berlin entsandt worden, um die Wut der Nazis über Phipps' Amtszeit zu besänftigen. Henderson jedenfalls sympathisierte offen mit den Nazis. Das gesamte Diplomatische Korps wunderte sich darüber, wie selbstverständlich und ohne den leisesten Protest sich Henderson von den Nazis vereinnahmen ließ. Er machte aus seiner Sympathie für sie keinen Hehl – im Gespräch mit anderen Diplomaten lobte er sogar ihre Realpolitik, ihren, wie er fand, überzeugenden Umgang mit der Situation in Europa. Während eines Empfangs verstieg er sich zu der Ansicht, daß Österreich von Deutschland annektiert werden sollte – lange bevor dies tatsächlich geplant war. Der österreichische Gesandte berichtete empört seiner Regierung davon. Daraufhin sandte der österreichische Kanzler eine Protestnote an die britische Regierung und Sir Neville wurde zurückbeordert. Bevor man ihn wieder nach Berlin sandte, erteilte man ihm für seinen Fauxpas einen strengen Verweis. Aber Sir Nevilles Verhalten änderte sich trotzdem nicht; und es sollte sich auch gar nicht ändern. Selbst Leute, die offen mit den Nazis sympathisierten, schockierte dieses Verhalten eines Mannes, der immerhin Großbritannien repräsentierte – sogar seine eigenen Mitarbeiter kritisierten ihn scharf. Doch Sir Neville machte gelassen weiter wie bisher, zweifellos auf persönliche Anweisung Chamberlains; als Nachfolger von Phipps bereitete er den Weg für den widerwärtigen, feigen Verrat, den Chamberlain an der westlichen Welt beging.

Dieser dreiste, abstoßende Schwenk der britischen Politik ließ die Nazis auf bessere Zeiten hoffen. Er deutete darauf hin, daß sich die Briten nicht mehr in der Gewalt hatten – allein schon was ihre Umgangsformen betraf, von ihren Zielen ganz zu schweigen. Die späteren Ereignisse sollten zeigen, daß die Nazis mit ihrer Vermutung völlig richtig lagen.

Sir Neville Henderson war schätzungsweise fünfundvierzig Jahre alt. Er hatte Erfahrung als Diplomat in Südamerika gesammelt, kannte sich aber nicht mit dem modernen Europa aus. An Bord des Schiffs aus Südamerika waren auch einige hochgestellte Persönlichkeiten aus Deutschland gewesen, ein oder zwei davon mit sehr hohen Positionen – alles fanatische Hitler-Anhänger. Es war wohl purer Zufall, daß diese Männer sich an Bord befanden, dessenungeachtet schlossen sie mit dem neuen Botschafter jedoch rasch Freundschaft.

Bereits wenige Tage nach seiner Ankunft wurde er von hochrangigen deutschen Funktionären in großem Stil bewirtet und revanchierte sich entsprechend – mit kindlicher Begeisterung und nach amerikanischen Kriterien beinahe plump-vertraulich. Im September 1937 fuhr er zum Parteitag, fast außer sich vor freudiger Erwartung. Daß seine Haltung von Anfang an so naiv war, ist ihm vielleicht nicht vorzuwerfen; daß er mit dieser Naivität jedoch – damals wie heute – Großbritannien repräsentieren darf, spricht Bände.

Groß, schlank, dunkelhaarig, mit hagerem Gesicht, pomadisiertem Haar und kleinem pechschwarzem Schnurrbart war er der Beau Brummel des Korps, sehr gesellig, stets bester Laune, begeisterungsfähig, scheinbar absolut aufrichtig. Man hätte sich kaum einen krasseren Gegensatz zum würdevollen, ruhigen, beherrschten Phipps denken können. Unter anderem war er bald schon dick mit Göring befreundet und lobte bei jeder Gelegenheit die Verdienste der Nazis sowie ihre politische Klugheit, auch

Männern wie meinem Vater gegenüber (dessen antifaschistsiche Haltung damals schon allgemein bekannt war).

Mein Vater beobachtete dieses hektische Getue, machte sich in aller Ruhe ein Bild von Henderson, äußerte sich kritisch über ihn und erstattete sicherlich auch Bericht. Er wußte nur allzugut, daß England hier, vor den verblüfften Augen ganz Berlins, einen ziemlich würdelosen Umschwung vollzog. Falls dies Ribbentrops Wahl war, war es eine gute Wahl. Zwangloses Benehmen ist eine Sache, zwangloses Benehmen, das benutzt wird, um den Verfall Großbritanniens zu verhüllen, ist etwas ganz anderes – so wurde dies vom Diplomatischen Korps und den Nazimachthabern gesehen.

## 7

Die Cerrutis waren die Vertreter Italiens. Sie verließen Deutschland erst kurz bevor die beiden Diktatoren, oder vielmehr Hitler, die Achse Rom – Berlin schufen. Madame Cerruti war vor ihrer Heirat mit dem Diplomaten eine ungarische Opernsängerin gewesen, Jüdin und ganz *grande dame*. Mit ihrem stattlichen Wuchs und ihrem dunklen Haar wirkte sie einfach hinreißend. Als leidenschaftliche Musikerin initiierte sie jene Konzerte, die dann regelmäßig in der italienischen Botschaft stattfanden und das Diplomatische Korps zu Tode langweilten. Sie nahm diese Sache sehr ernst – es sollte der Versuch sein, auf deutschen und ausländischen Empfängen in Berlin alte und neue italienische Musik zu präsentieren. Die ein- bis zweistündigen Konzerte fanden nachmittags und abends statt, danach gab es Tee oder ein kaltes Buffet. Etliche Deutsche und Diplomaten machten sich diesen Zeitplan zunutze und trafen immer gerade rechtzeitig ein, um noch das letzte Stück zu hören und sich dann den Bauch vollzuschlagen!

Madame Cerruti machte kein Hehl aus ihrem ungarischen Nationalismus und sandte meinem Vater gleich nach seiner

Ankunft einen ganzen Packen revisionistischer Propagandaschriften. Ebenso leidenschaftlich wie ihr Nationalismus war ihr Haß auf die Nazis. Als ihr Gatte nach Frankreich versetzt wurde, schien sie ganz froh zu sein und verließ Deutschland ohne Bedauern. Cerruti wurde später wieder zurückbeordert, als Frankreich sich weigerte, der Eroberung Äthiopiens zuzustimmen und deswegen einen Diplomaten nach Rom entsandte. Obwohl Frankreich der Linie des reaktionären England, oder besser, der Linie der reaktionären englischen Führung, gefolgt ist, hat sich seine Politik gegenüber Italien jetzt umgekehrt. Mittlerweile hat in Italien eine antisemitische Hetzjagd begonnen, fast ebenso brutal wie in Deutschland, und Cerrutis Karriere ist – aufgrund seiner Ehe mit einer Jüdin – gewiß beendet.

Cerruti selbst war ein großer, dickbäuchiger, wichtig aussehender Herr, der von seiner ganzen Erscheinung her an Neurath erinnerte. Man fühlte sich nie freundschaftlich zu ihm hingezogen, obwohl er tadellose Umgangsformen besaß. Ihn zu necken oder mit ihm zu scherzen wäre etwa so gewesen, als ziehe man einen Elefanten zum Spaß am Schwanz. Es hieß, das Familienleben der Cerrutis sei äußerst dramatisch. Offenbar war Madame Cerruti tatsächlich so temperamentvoll wie man es von einem Opernstar der alten Schule erwartet.

Eine ihrer meistdiskutierten Vorlieben war ihre Gewohnheit, die Aschenbecher zu reinigen. Obwohl sie in einer Botschaft wohnte, die an Luxus nur noch von der französischen übertroffen wurde, obwohl sie von vielen Bediensteten umgeben war, hatte Madame Cerruti folgende Angewohnheit: Wenn große Empfänge stattfanden und die Aschenbecher überquollen, ging sie durch die verschiedenen Räume, nahm immer zwei, drei Aschenbecher auf einmal und kippte deren Inhalt in den nächstgelegenen Papierkorb.

Meiner Meinung nach waren die Cerrutis viel netter als ihre Nachfolger, denn trotz ihrer Kälte und ihrer seltsam gestelzten Art waren sie doch beide ehrliche, überzeugte Nazigegner.

# 8

Die Attolicos kamen nach Berlin, nachdem Mussolini und Hitler für die beiden faschistischen Länder gemeinsame politische Ziele beschlossen hatten. Italien sollte vorübergehend die Beziehungen zu England und Frankreich abbrechen und sein Verhalten künftig Deutschlands Wünschen anpassen. In den folgenden Jahren schien es, als habe Italien den Part des kleinen Hündchens übernommen, das ängstlich einem großen, tyrannischen Polizeihund hinterherläuft, der sich jeden Moment umdrehen und das kleine Hündchen wütend anknurren könnte. Man denke nur an den gewaltsamen Einmarsch in Österreich und an Deutschlands wirtschaftliche Monopolstellung gegenüber Spanien, obwohl dort vor allem italienische Einheiten gekämpft haben, dann sieht man, wie sehr dieser Vergleich zutrifft.

Um die Attolicos rankten sich bei ihrer Ankunft in Berlin glamouröse Legenden. Sie kamen direkt aus Moskau, wo sie mehrere Jahre verbracht hatten. Madame Attolico entstammte einer reichen römisch-katholischen Adelsfamilie, war mit eigener Kapelle und eigenem Priester ins gottlose Rußland gereist und hatte dort angeblich mit vielen der ranghöchsten politischen Funktionäre auf vertrautem Fuß gestanden.

Ganz sicher war sie die strahlendste Schönheit des ganzen Diplomatischen Korps. Ihr Gatte war mittelgroß und untersetzt, hatte einen Bauch und ging gebeugt. Er hatte ein häßliches Gesicht und trug immer eine unfrohe, ja mürrische Miene zur Schau. Sein Haar war stahlgrau, sein Stoppelschnitt erinnerte an die Biertrinker der deutschen Mittelschicht. Er trug eine Brille, die die Augen vergrößerte und ihnen einen seltsam starren, ausdruckslosen Blick verlieh, wie es bei solchen Brillengläsern ja oft der Fall ist. Er tat sich keinen Zwang an und benahm sich so mürrisch, wie es seinem Wesen entsprach. Falls es in seiner Persönlichkeit freundliche Seiten gab, verbarg er diese jedenfalls nach Kräften. Und obwohl einem dieser einsame, schroffe Mann leid tun konnte, reichte dieses Mitgefühl nicht aus, echte Sympathie für ihn zu wecken.

Dies also war der Mann der legendären, schönen Eleonora. Wer sie sah – schlank, elegant, mit Bewegungen von natürlicher Anmut –, wäre nie auf den Gedanken gekommen, daß sie vier oder fünf Kinder geboren hatte. Eines davon war ebenso schön wie sie selbst, und es bereitete ihr endloses Vergnügen, das Kleine überall herumzuzeigen. Ihr cremefarbener Teint war makellos, ihr weiches schwarzes Haar umrahmte wunderschön geflochten ihren kleinen, fein geformten Kopf. Sie hatte eine feingemeißelte Nase, dunkle, lebhafte Augen, eine hohe Stirn und volle, rote Lippen. Ihr Gesicht war atemberaubend, vollendet schön – und ungeachtet dessen, was ich von ihrem Charakter hielt, kam es mir jedesmal so vor, als betrachte ich ein herrliches Gemälde oder als lausche ich einer betörenden Melodie.

Zu jener Zeit schienen die diplomatischen Umgangsformen so durch und durch in Konvention und Formalismus erstarrt, daß Madame Attolicos Ankunft wie ein frischer, belebender Wind durch die Stadt wehte. Ihr schlichtes, vollkommen natürliches Benehmen zog jeden in Bann – bis auf die eifersüchtigen Ehefrauen anderer Diplomaten. Ungezwungen plauderte Madame Attolico über die Kosten für die Bediensteten oder die teuren Dinners, über ihre ungezogenen Kinder und die albernen, öden diplomatischen Empfänge. Manche Frauen umarmte und küßte sie öffentlich oder verblüffte sie mit einer Bemerkung zu ihrer Aufmachung, ihrem Kleid; Männer nahm sie manchmal bei der Hand oder tätschelte ihnen die Wange; manchmal bückte sie sich völlig ungezwungen, um ihren Schuh zu binden, oder sie plauderte mit den Bediensteten; manchmal begleitete sie persönlich einen Gast zur Tür oder sie trug ihre Einkäufe aus der Stadt selbst nach Hause – für das Diplomatische Korps so unerhörte Dinge, daß man sie kaum fassen konnte und ungeheuer aufregend fand.

Madame Attolico war die geborene Diplomatin. Binnen weniger Wochen galt sie als die beliebteste Frau Berlins, und die Nazis schienen geradezu vernarrt in sie zu sein. Sie war so bezaubernd unkonventionell und so schön, daß ihr kaum jemand widerstehen konnte. Einige Frauen des Korps, die aufgrund ihrer Schönheit und Liebenswürdigkeit bisher eine wichtige Rolle gespielt hatten, waren neidisch auf die schöne Eleonora und behaupteten, sie sei eine affektierte Heuchlerin. Später, als ich Madame Attolico besser kennenlernte, neigte ich zwar ebenfalls zu dieser Ansicht; dennoch bewunderte ich weiterhin ihr taktisches Geschick. Angeblich war sie eng mit Litwinow befreundet gewesen, von anderen sowjetischen Funktionären ganz zu schweigen; und jetzt auf einmal schien sie eng mit Hitler, Goebbels und Göring befreundet zu sein, von anderen Nazifunktionären ganz zu schweigen! Wahrlich ein bemerkenswerter Umschwung, doch von einer so raffinierten Frau wie Madame Attolico durchaus zu erwarten. Außerdem sind die Russen genauso gewieft, wie Eleonora es war.

Ihr intuitiver, wenn auch ungeschulter Verstand erfaßte sofort, welchen Eindruck sie auf die Nazis machte. Nur einmal geriet sie durch ihr zwangloses Verhalten in eine mißliche Lage. Sie hatte eine imposante Anzahl von Gästen zum Lunch geladen, darunter einige Botschafter und Nazifunktionäre. Auch Hanfstaengl stand auf der Liste. Sie wartete zehn Minuten, fünfzehn Minuten auf ihn, doch wer nicht kam war Putzi. Humorvoll sagte Madame Attolico zu ihren Gästen, es sei wirklich nicht nett von ihm, sie warten zu lassen, aber da sie nun schon so lange gewartet hätte, komme es auf ein paar Minuten auch nicht mehr an – er müsse ja jeden Moment eintreffen. Putzi kam eine halbe Stunde zu spät. Er überhäufte die Gastgeberin mit Entschuldigungen, Verbeugungen, Handküssen und Komplimenten, und wir setzten uns zu Tisch. Madame Attolico beherrschte sich so gut es ging, doch die leichte Röte, die ihr Gesicht überzog, und eine gewisse Gereiztheit verrieten, daß ihr die Situation dieses eine Mal entglitten war.

Selbst nach so langer Zeit erinnere ich mich genau an diese liebreizende Erscheinung – wie sie in ihrem weißen Kleid, das in weichen Falten um den schlanken Körper floß, mit ihrem dunklen

Haar, das helle, duftende Blumen schmückten, in einer Gruppe uniformierter Nazis stand, angeregt plauderte, lachte und ihren Gästen Schmeicheleien sagte. Ob sie nun eine Heuchlerin war oder nicht, ob sie ein verlogenes, affektiertes, durchtriebenes Wesen hatte – fest steht, daß sie eine hinreißende, souveräne Erscheinung war, verliebt in den Erfolg – eine perfekte Diplomatin, die gewiß Mussolinis Vorstellungen entsprach.

9

Der österreichische Gesandte, Mr. Tauschitz, war ein reizender dicker, hochgewachsener Mann, ein großes Kind. Vom Äußeren her hätte man ihm seine Klugheit und seinen Humor gar nicht unbedingt zugetraut. Wenn mein Vater ihn mit der Frage neckte, wann sein kleines Land denn nun annektiert würde, antwortete er immer sehr knapp, manchmal scherzhaft, manchmal ernst. Er war sehr gefühlvoll und tanzte gern Walzer, übrigens trotz seines Gewichts sehr gut. Er soll mit dem kleinen Dollfuß befreundet gewesen sein, entstammte bäuerlichen Verhältnissen und war ein schlichter, ehrlicher Mensch, dessen rauhe, fröhliche, kindliche Art Sympathie erweckte. Es heißt, durch seine Taktik habe er die Annexion Österreichs verschuldet. Mag sein, man weiß ja nie, was sich hinter den Kulissen der Diplomatie ereignet. Aber ich glaube, daß seine Regierung mindestens ebensoviel Schuld trifft und daß er genauso machtlos war wie jeder andere Diplomat, der offizielle Anweisungen befolgen muß.

10

Der polnische Gesandte, Josef Lipski, ebenfalls Junggeselle, war ein bleicher Mann mittleren Alters, dessen vorquellende helle Augen ebenso falsch wirkten wie sein ganzes Verhalten. Er trug stets ein gefrorenes Lächeln zur Schau, noch gefrorener als das seiner Kollegen, die ja alle Meister darin waren. Eine deutsche Zeitschrift hatte einmal eine Geschichte von mir gedruckt, in der ich die einschläfernde Atmosphäre gewisser Cocktailpartys schildere. Wenn ich diesem lächelnden, unerträglich höflichen Gentleman nun irgendwo über den Weg lief, hielt er meine Hand fest, kam ganz nah heran und sagte: »Ich weiß genau, was Sie jetzt denken – diese Diplomaten mit ihren albernen Empfängen!« Es sollte lustig sein, gehörte aber zu jenen abgestandenen Witzen, die ihn bestimmt ebenso langweilten wie mich. Höchstwahrscheinlich teilte er im Grunde meine Ansicht und ärgerte sich über sein eigenes Gehabe. Wie auch immer, er war damals einer der durchtriebensten, intelligentesten Männer Berlins. Da er großen Einfluß auf die deutsch-polnischen Beziehungen besitzt und vielleicht noch eine Rolle im politischen Leben Polens spielen wird, muß man ihn im Auge behalten.

Die sowjetischen Botschafter – Mr. Tschintschuk und Mr. Suritz, die inzwischen in Paris sind – hatten sich die europäischen und diplomatischen Sitten meisterhaft angeeignet und betrachteten diese ganze Komödie augenzwinkernd und mit sarkastischem Humor. Während der ersten zwei Jahre waren die Russen zu fast allen deutschen und diplomatischen Empfängen geladen – bis auf die Botschaften und Gesandtschaften jener Länder, die der Sowjetunion die Anerkennung verweigerten. Später jedoch, als die Beleidigungen durch die Nazis immer persönlicher und dreister wurden, kühlten die diplomatischen Beziehungen merklich ab. Man begegnete den Russen zwar noch hin und wieder, aber die meisten Deutschen wichen ihnen aus. Früher, als die russischen Botschaftsempfänge zu den beliebtesten gesellschaftlichen Ereignissen Berlins zählten, traf man dort die ranghöchsten Nazifunktionäre. Jetzt gingen die Deutschen sogar so weit, Einladungen in die russische Botschaft abzulehnen; und bei sonstigen diplomatischen Empfängen standen der russische Botschafter, seine Mitarbeiter und deren Ehefrauen isoliert abseits. Das lag natürlich nicht an ihnen, sondern an der nazifizierten Stimmung in Berlin. Insgesamt kann man sagen, daß die Russen in der Berliner Botschaft reizende Menschen waren – ungezwungen, lebhaft und gescheit.

## 11

Einige der interessantesten, ungewöhnlichsten Figuren im Berliner Gesellschaftsleben gehörten den Gesandtschaften an, die kleinere Länder repräsentierten. Die skandinavischen Diplomaten verhielten sich sehr reserviert und hielten ängstlich Abstand zur nationalsozialistischen Ideologie. Sie wußten nur zu gut, was ihnen blühte (und sicher blühen wird), wenn Hitler von niemandem in die Schranken gewiesen wird. Dann wäre Skandinavien nämlich ebenso bedroht wie die Balkanländer.

Als eines der amüsantesten Ehepaare Berlins galten der litauische Gesandte und seine Frau. Mr. Saulys war ein schweigsamer Hüne mit scharfen Gesichtszügen und frischem Teint. Sein Haar hatte einen leuchtenden Farbton, der seltsamerweise zwischen Rosa und Orange changierte. Mr. Saulys war zwar sehr nett, wirkte jedoch stets bedrückt und hat vermutlich während seiner langen Berliner Zeit nur ein- oder zweimal den Mund aufgemacht. Seine Gattin, eine dunkelhaarige, korpulente Frau, früher Opernsängerin, verfügte über eine weiche, honigsüße Bühnenstimme und hatte eine extravagante, überschwengliche Art. Dieses gegensätzliche Paar, die redselige dunkelhaarige Frau und ihr stummer Partner, war wirklich sehenswert.

Bei den südamerikanischen Diplomaten handelte es sich um faszinierende Männer mit lebhaftem Temperament und wachem Verstand, die sich meist völlig natürlich benahmen. Ihre Gattinnen waren oft genauso klug wie sie, und selbst in der fanatisierten, angespannten Atmosphäre im Berlin der Nazis entfalteten diese Menschen ihren südländischen Charme. Sie begegneten uns mit großer Freundlichkeit und schienen zu überlegen, ob sie sich künftig zu den Vereinigten Staaten hin orientieren sollten oder lieber zu Europa. Ich glaube, ihre Unschlüssigkeit spiegelte exakt die gegenwärtige Politik ihrer Heimatländer wieder. Viele der südamerikanischen Republiken stehen aus wirtschaftlichen Gründen bis heute zu Deutschland – ja, sie haben sogar gewisse Formen der politischen Diktatur akzeptiert, obwohl ihnen Amerika politische und wirtschaftliche Anreize geboten hat. Mittlerweile spielen diese Diplomaten Deutschland und Amerika mit unglaublichem Geschick gegeneinander aus. Die Zukunft des amerikanischen Kontinents wird nicht nur von den Entwicklungen in Europa abhängen, sondern auch davon, ob in jenem anderen Teil der Welt der Faschismus oder die Demokratie siegt.

Auch die diplomatischen Vertreter der Balkanländer waren meist sehr kluge Männer. Der rumänische Gesandte, Mr. Comnène, inzwischen Außenminister seines Landes, war sehr freundlich, wenn er sich auch etwas wichtig machte – eine große, dunkelhaarige, imposante Erscheinung, wahrscheinlich antifaschistisch eingestellt. Seine Gattin, eine schöne Frau mit blondiertem Haar, bemühte sich verzweifelt, für immer jung zu bleiben.

Der tschechoslowakische Gesandte und seine Gattin waren ziemlich nervöse Menschen, vibrierend vor Vitalität; sie haßten Hitler ebensosehr wie sie ihn fürchteten.

Ungarn wurde von einem mürrischen, unsympathischen, dicklichen Mann repräsentiert, der sehr arm und sehr blasiert war. Seine Frau war eine strahlende Schönheit mit imposanten, leidenschaftlichen Gesichtszügen, einem hübsch geformten Kopf und dichtem kupferrotem Haar. Die Tochter der beiden gehörte zu den hübschesten Mädchen Berlins. Sie alle waren oft Gegenstand von Klatsch und Tratsch, blieben jedoch bei ihrer stolzen, distanzierten und profaschistischen Haltung.

Der türkische Botschafter sprudelte über von Energie, Vitalität und guter Laune. Er war ein reizender, natürlicher, intelligenter Mann, der mit viel Fingerspitzengefühl der Politik Mustafa

Kemals folgte. Seine Frau, eine orientalisch wirkende Erscheinung, hatte hingegen ein Gesicht, das ebenso undurchdringlich wirkte wie das *Great Stone Face*. Mit keiner anderen Frau in Berlin war so schwer Konversation zu machen, und wir neckten meinen Vater jedesmal, wenn wir wußten, daß sie abends zum Dinner kommen würde – was ziemlich oft der Fall war. Wenn mein Vater also neben ihr saß, versuchte er halbherzig ein paar Minuten lang, sie aus der Reserve zu locken. Nachdem dieser Versuch gescheitert war (wozu es übrigens immer kam, ganz egal, wer ihr Gesprächspartner war), hing sie ihren eigenen Gedanken nach und saß reglos wie ein mächtiger Steingötze neben meinem stummen Vater. Irgendwann jedoch begann er, sich auf die Abende mit ihr zu freuen, denn er hatte sonst ja kaum Gelegenheit, sich völlig zu entspannen, ohne sich dabei unhöflich vorzukommen.

Der ägyptische Gesandte war einer der lustigsten Junggesellen des ganzen Korps, bis er heiratete und dann Chamberlains Marionette eintraf. Hassan Nachat Pascha war ein massiger, dunkler und sinnlicher Mann, anziehend und abstoßend zugleich. Er liebte rauschende Feste, rote Rosen, weiße Orchideen und edle Weine. Insgesamt war er ein netter Kerl, wenn auch recht eitel und unglaublich verwöhnt. Doch besaß er letztlich mehr Realitätssinn und Intelligenz, als man vermutet hätte.

Die meisten Kinder dieser Diplomaten waren arme, unglückliche Geschöpfe. Von Geburt an gezwungen, ständig von einem Land ins nächste zu ziehen, hatten sie nur wenige langjährige Freunde und kaum Kontakt zur Realität. Die Töchter galten zwar überall als gute Partie, blieben aber meist nicht lang genug an einem Ort, um einen Mann zu finden. So vertrödeln sie ihre Zeit mit harmlosen Beschäftigungen. Die eine war Amateurschauspielerin ohne besonderes Talent, die andere absolvierte eine Ausbildung in Massage und Körperkultur, die dritte engagierte sich sozial, die vierte studierte Bildhauerei. Ihre Tage und Abende waren ausgefüllt mit der endlosen, öden Routine alberner Empfänge und uninteressanter gesellschaftlicher Verpflichtungen. Ich erinnere mich an eine pflichtbewußte Tochter, die ihrer trägen, egoistischen Mutter als Privatsekretärin und Kammerzofe diente. Den Jungen ging es etwas besser, weil sie ins Internat geschickt wurden, wo sie mit neuen Ansichten in Berührung kamen und eine eigene Perspektive entwickelten. Insgesamt aber kannten diese Kinder kein anderes Leben und besaßen keinen individuellen und schöpferischen Geist, auch wenn sie noch so geschliffene Umgangsformen hatten. Mir taten sowohl die jungen als auch die älteren Mädchen leid. Sie waren Opfer der Lebensform, die ihre Eltern sich ausgesucht hatten. Und da Frauen in Europa ökonomisch, sozial und emotional insgesamt wenig Unabhängigkeit genießen, sahen sie keine Alternative als die, bei ihren Eltern zu bleiben.

Das also waren die Menschen, denen ich in Berlin praktisch täglich begegnete, manchmal sogar zwei- oder dreimal am Tag. Manche waren wunderbare, gute Menschen, andere niederträchtig, doch insgesamt stellten sie alle typische Vertreter ihrer Klasse und ihres Berufs dar. Die Empfänge, die sie gaben und die einem strengen Kodex von Verhaltensregeln folgten, glichen sich fast aufs Haar. Die meisten dieser Menschen waren mit dem künstlichen Leben, das sie führten, recht zufrieden, da sie nie etwas anderes kennengelernt hatten – manche aber waren unglückliche, heimatlose Wanderer und wußten, daß diese Lebensweise eine Art seelischen und geistigen Tod bedeutete. Die einzige Möglichkeit, ein solches Leben heil zu überstehen, bestand darin, sich einen kleinen Kreis von Freunden aufzubauen, die man so oft wie möglich traf. Andernfalls hätte einen diese gräßliche Tretmühle aus Empfängen, Cocktailpartys, Lunches, Dinners und Banketten, mit ihren strikt auf Themen wie Reisen, Gesundheit, gesellschaftliche Veranstaltungen und dummen Klatsch beschränkten Unterhaltungen verzweifeln lassen und unerträglich einsam gemacht.

XIII

# Was der Faschismus uns angetan hat

Unser letztes Jahr in Berlin war sehr unangenehm. Inzwischen wußten die Nazis genau, was mein Vater vom Faschismus und dem deutschem Führer hielt.

Zu Beginn der Zeit in Deutschland glaubte mein Vater, er könne den Interessen seines Landes dienen, die Handelsbeziehungen zu Deutschland verbessern und vielleicht sogar dazu beitragen, den Fanatismus der Nazis zu mäßigen. Er verschrieb sich dieser Aufgabe mit Leib und Seele. Er liebte Deutschland und die Deutschen und hielt sie für das gebildetste, potentiell demokratischste und kultivierteste Volk Europas.

Anfangs waren seine Kontakte zu den Nazifunktionären und -Politikern erfreulich, wenn auch nicht ergiebig. Die Nazis mochten den unprätentiösen gelehrten Mann sogar – solange sie glaubten, er unterstütze ihre Interessen. Hanfstaengl erzählte mir sogar einmal, Hitler persönlich bringe meinem Vater große Sympathie entgegen! Offenbar hatte der Führer zu Putzi gesagt, er halte meinen Vater für einen absolut integeren, bescheidenen Menschen. Die Nazis kannten seine Prinzipien als Historiker, wußten, daß er mit der Politik Woodrow Wilsons bestens vertraut und mit ihm selbst befreundet gewesen war. Andererseits glaubten sie, aufgrund seiner Bescheidenheit, er fürchte ihre Macht und Grausamkeit so sehr, daß er sich schweigend fügen oder gegebenenfalls zurücktreten werde.

Doch schon wenige Monate nach seiner Ankunft hielt mein Vater einen Vortrag, der den Nazis gewiß zu denken gab. Er verglich das Regime Hitlers indirekt und unter Hinweis auf ›historische Parallelen‹, wie die Presse es nannte, mit dem der grausamen Cäsaren. Doch selbst dies raubte den Nazis noch nicht alle Hoffnung. Da mein Vater bessere Handelsbeziehungen zu Deutschland anstrebte, auf ausdrückliche Anweisung des State Department, glaubten sie, er werde ihren Plänen zustimmen. Während seines ganzen Aufenthalts in Berlin folgte er der Strategie, die ihm seine Regierung vorschrieb. Doch er hatte keinen Erfolg, trotz des listigen Dr. Schacht, der bis zum Ende vorgab, an engeren Handelsbeziehungen interessiert zu sein – zu seinen eigenen Bedingungen selbstverständlich. Mit der gleichen Selbstverständlichkeit hielt mein Vater an seinen Bedingungen fest. Und so kam es nie zu einem Resultat – und dabei wird es auch bleiben, es sei denn, das State Department ändert seine bisherige Politik, mit oder ohne Einfluß des jetzigen Botschafters, und beschließt, Handelsabkommen zu unterzeichnen, die Amerikas Wirtschaft schaden. Mein Vater beschwerte sich regelmäßig bei einzelnen Nazifunktionären und beim Außenministerium über die Vorzugsbehandlung, die Deutschland anderen Staaten zugestand.

Im ersten Jahr wurde mein Vater in bezug auf die Deutschen, die öffentliche Ämter bekleideten, schlimmer desillusioniert, als selbst er es für möglich gehalten hätte. Obwohl er schon lange vor seinem Amtsantritt gewußt hatte, daß es sich bei Hitler und Goebbels um teuflische Irre handelte, konnte er es kaum fassen, daß die Männer in ihrer Umgebung ebenso unfähig und gefährlich waren. Eine Zeit hielt er zum Beispiel von Neurath zwar für einen Wichtigtuer, aber doch für einen Konservativen mit scharfem Verstand und gewissen Prinzipien. Aber als er dann von ihm und Hans Dieckhoff in immer vertrauteren Gesprächen erfuhr, daß Deutschland die gesamte Donauregion erobern wollte, weil diese Region rechtmäßig zu Deutschland gehöre, begriff er, daß die beiden perfekte Werkzeuge für Hitlers brutale Expansionspolitik darstellten. Es überraschte ihn darum keineswegs, als von Neurath seine Reisen nach Südeuropa und seine Besuche bei Mussolini unternahm. Von Neurath versuchte alles zu rechtfertigen – Mussolinis Eroberung Äthiopiens und seine Pläne für

Ägypten, Mussolinis Intervention in Spanien sowie Deutschlands Pläne für Österreich, die Tschechoslowakei und die Balkanländer. Mag sein, daß von Neurath nicht immer die Methoden billigte, mit denen Hitler seine Ziele erreichte, mag sein, daß er sogar zu einer abwartenden Haltung riet, aber im großen und ganzen vertrat auch er die Ansicht, die germanische Rasse müsse die Weltherrschaft erringen. Im Lauf der Zeit mußte mein Vater erkennen, daß selbst die konservativsten und intelligentesten Deutschen Hitlers Überredungskünsten erlegen waren.

Über die exponierten Nazipolitiker mit ihrem dreisten Gebaren jedoch gaben wir uns schon in den ersten Monaten keinerlei Illusionen mehr hin. Der wenigen anständigen Männer, die noch in Deutschland geblieben waren und in irgendeiner Weise mit Hitlers Regierung zusammenhingen, entledigte man sich rasch. Wofür die Männer standen, die übrigblieben, ließ sich unschwer an ihren Gesichtern und Handlungen ablesen. Ein Amerikaner und Demokrat, ein Mann von aufrichtigem Charakter konnte nur *eine* Meinung über sie haben. Mit vielen dieser Männer mußte sich mein Vater regelmäßig zu Beratungen treffen, doch sein Abscheu war so heftig, daß seine Nerven und seine Gesundheit darunter litten.

Wir hatten den Verdacht, die Nazis seien über die Haltung meines Vaters bestens unterrichtet – und zwar nicht nur durch seine öffentlichen Vorträge, deren Inhalte er sorgfältig verschleierte und irgendwo in der historischen Vergangenheit ansiedelte, sondern auch durch den Spionagedienst, der nicht nur die telephonische und telegraphische Kommunikation überwachte, sondern auch alle anderen Aspekte unseres Alltags. Möglicherweise hatten wir einige deutsche Bedienstete, die Informationen an das Hitler-Regime weitergaben. Und natürlich gab es auch unter unseren Gästen viele Männer und Frauen, denen wir zutiefst mißtrauten.

Mein Vater reiste regelmäßig in die Vereinigten Staaten. Nach seiner Rückkehr nach Deutschland geschah es rein zufällig einige Male, daß in Amerika irgend jemand (zum Beispiel ein Kabinettsmitglied, der Außenminister, der Präsident oder irgendein anderer Politiker) eine Rede hielt, in der Kritik an Deutschland geübt oder sogar mit Gegenmaßnahmen gedroht wurde. Vermutlich argwöhnten die Nazis, hier habe mein Vater die Hand mit im Spiel gehabt. Wenn er sich in Amerika aufhielt, dem Präsidenten Bericht erstattete, mit Ausschüssen konferierte und sich mit dem Außenminister beriet, zeigte die deutsche Botschaft in Washington jedesmal größtes Interesse. Ganz sicher überwachten die Deutschen sowie andere Sympathisanten des Naziregimes jeden seiner Schritte ganz genau. Seltsamerweise wurden mehrere vertrauliche Mitteilungen und Briefe im State Department von jemandem gelesen oder sogar kopiert, und der Inhalt dann nach außen getragen. Denn es passierte oft, daß ein Gesprächspartner meinem Vater gegenüber Informationen erwähnte, die dieser streng vertraulich dem State Department übermittelt hatte. Dies legte den Schluß nahe, daß irgendwo in den oberen oder unteren Rängen des State Department Männer sitzen, die den Faschisten nahestehen; oder daß manche Amerikaner stark mit dem System der Diktatur sympathisieren und auf diese Weise versuchen, einen Botschafter zu diskreditieren, der Nazideutschland feindlich gegenübersteht – seiner eigenen Regierung jedoch als leidenschaftlicher Demokrat stets loyal ergeben war.

Durch diese Kombination von Quellen (das State Department, die deutsche Botschaft in Washington, das Nazispionagesystem in Berlin und die öffentlichen Vorträge meines Vaters, in denen er sich generell gegen Diktaturen aussprach, ob zu Cäsars Zeiten oder in der Gegenwart) wurden Hitler und seine Mittäter zu bitteren Feinden des amerikanischen Botschafters.

Während seiner Amtszeit in Deutschland bot mein Vater mehrfach seinen Rücktritt an, wurde von amerikanischen Regierungsbeamten jedoch immer wieder zum Bleiben gedrängt. Im zweiten und dritten Jahr in Berlin erhielt er Tausende und Abertausende von Briefen, Telegrammen und Appellen aus Amerika und aller Welt, in denen man ihn zu seiner antifaschistischen Haltung beglückwünschte und dringend bat, in Berlin zu bleiben. Hunderte, wenn nicht Tausende von Deutschen kamen regelmäßig in sein Büro und dankten ihm, daß er sich für die Sache der Demokratie einsetzte. Die meisten streitbaren Antifaschisten, auch in amerikanischen Regierungskreisen, fanden es wichtig, daß er in Deutschland blieb – einfach deshalb, weil er durch seine moralische und intellektuelle Haltung verhinderte, daß Hitler das Diplomatische Korps vereinnahmte. Solange mein Vater da war – als erklärter Feind des Faschismus und als Repräsentant des mächtigsten Landes der Welt –, konnte sich Hitler nicht hundertprozentig sicher sein, welchen Standpunkt Amerika einnahm und was Roosevelt plante. Hätte dieses Amt jemand innegehabt, der in irgendeiner Weise mit dem Regime sympathisierte, dann hätten die Nazis sehr an Prestige gewonnen. Viele Hitler-Gegner in den Vereinigten Staaten und in Deutschland fanden, daß mein Vater, mit seiner ehrlichen und klaren Einschätzung der Situation, in Konferenzen, Telegrammen und geheimen Berichten ein viel kritischeres und entschiedeneres Bild von Deutschland entwarf als vielleicht ein anderer Mann, der die Zusammenhänge nicht so genau durchschaut und mangels historischen Wissens kein so klares Urteil gehabt hätte. Man war der Ansicht, daß seine Einschätzung der Situation mit dazu beitragen könnte, Amerika außenpolitisch eine entschiedenere Linie verfolgen zu lassen.

Und so blieb er in Berlin – beobachtete, analysierte und erstattete Bericht; tat sein Bestes, um möglichst vielen Deutschen auf jede erdenkliche Weise zu helfen, natürlich ohne internationales Recht zu verletzen; er berichtete hochrangigen Persönlichkeiten in Amerika von den Verhältnissen und drängte in bestimmten Situationen zu Gegenmaßnahmen. Er schloß keinerlei Kompromisse und ließ sich nicht auf die üblichen diplomatischen Intrigen ein; er spielte nicht den finanziellen und industriellen Interessen seines oder irgendeines anderen Landes in die Hände.

Obwohl ihn die meisten Diplomaten respektierten, hielten ihn doch viele für einen idealistischen Theoretiker. Anders als Poncet hatte er keine Beziehungen zu mächtigen amerikanischen Firmen, die mit ähnlich marktbeherrschenden deutschen Unternehmen Geschäfte machten; anders als Phipps legte er nicht die Heuchelei des Diplomaten an den Tag, um dann zu kapitulieren, sobald seine gesellschaftliche Position auf dem Spiel stand. Mein Vater war ein typischer Amerikaner, mit ungewöhnlich guter Bildung und herausragenden Fähigkeiten, ohne politische, soziale oder familiäre Bindungen, die seine Objektivität beeinflußt hätten. Er war unter allen amerikanischen und sonstigen Karrierediplomaten das *enfant terrible.*

Von Anfang an versuchten Männer aus unserer Botschaft ihn zu kontrollieren, seine politische Haltung und seine Verlautbarungen zu steuern, Einfluß zu nehmen auf seine Telegramme und Berichte. Mein Vater jedoch beachtete konservative Diplomaten, die mit Nazideutschland sympathisierten, überhaupt nicht, und noch weniger beachtete er jene verantwortungslosen Kräfte, die zu Hause in Amerika am Werk waren. Viereinhalb Jahre lang hielt er vollkommen loyal zu Roosevelt und zu den Idealen von Außenminister Hull. Mit anderen Mitgliedern des State Department stand er immer auf Kriegsfuß und kämpfte mutig und unerschütterlich gegen Nepotismus und Privilegienwirtschaft an.

Demzufolge machten die Nazis in unserem letzten Berliner Jahr gesellschaftlich und offiziell einen großen Bogen um uns. Bei mehreren Gelegenheiten, wo mein Vater Nazifunktionäre aufsuchte, um gegen irgend etwas zu protestieren oder irgend etwas zu besprechen, ließ man ihn stundenlang warten. Jedesmal, wenn sich in Amerika neuer Unmut gegen die Nazis regte, schienen diese meinen Vater dafür verantwortlich zu machen. Und die Quarantäne-Rede des Präsidenten in Chicago löste in Deutschland unglaublich heftige antiamerikanische Emotionen aus. Tatsächlich hielt mein Vater es in unserem letzten Berliner Jahr mehrmals für ratsam, vor der Botschaft Wachen zu postieren. Einmal besaß Streicher die Dreistigkeit, im Rahmen einer offiziellen Rede, die er in Berlin hielt, indirekt meine Mutter anzugreifen. Er beschrieb den Vorfall, dessen Zeugin ich – nicht meine Mutter – damals in Nürnberg geworden war, und mißbilligte das humanitäre Interesse, das die Gattin eines bekannten Diplomaten bezüglich seines Umgangs mit dem Judenproblem zeigte.

Die meisten hochrangigen Nazis, mit Ausnahme der ›Großen Drei‹, die mein Vater niemals einlud, weigerten sich, zu unseren offiziellen Empfängen zu erscheinen. Nachdem sie uns mehrfach brüskiert hatten, strichen wir sie natürlich von unserer Gästeliste. Im Gegenzug blieben wir Veranstaltungen, die diese Leute gaben, ebenfalls oft fern, wobei wir uns aber so streng wie möglich an die Regeln der Höflichkeit und diplomatischen Etikette hielten. Ein, zwei enge Freunde von mir, die zum engsten Kreis um Göring und den Führer gehörten, berichteten mir, daß es Nazifunktionären verboten worden sei, Empfänge der amerikanischen Botschaft zu besuchen, und ich erinnere mich, daß ein- oder zweimal ein mutiger Freund zu einem Bankett erschien, obwohl ihm dies eigentlich untersagt war. Er empfand echte Sympathie für meine Eltern, mochte ihre freundliche Art und respektierte ihre politische Haltung, obwohl er damit weisungswidrig handelte. Wir machten uns einen Spaß daraus, zu überlegen, welche Familien wohl erscheinen würden und welche nicht. Wir gaben sogar konkrete Tips ab, welche Ausreden sie erfinden würden.

Als Hitler 1937, in einer Person Reichskanzler und Reichspräsident, seinen offiziellen Neujahrsempfang für das Diplomatische Korps gab, wurden sämtliche Mitglieder des Korps eingeladen, auch unsere Familie. Laut Protokoll mußte meine Mutter links von Hitler sitzen. Humorvoll probte sie mit mir, was sie ihm sagen würde. Sie besaß die irritierende Angewohnheit, anzügliche Fragen zu stellen, die ganz harmlos wirkten. Wenn sie deutsch sprach, konnten ihre Zuhörer nie sicher sein, ob ihre beißenden Bemerkungen wirklich so gemeint waren oder ob es nur an ihrem etwas holprigen Deutsch lag. Als zu Tisch gebeten wurde, führte meiner Erinnerung nach Blomberg meine Mutter zu ihrem Platz – aber nicht etwa neben Hitler, sondern ihm gegenüber! Links von

Hitler saß Emmy Göring, rechts von ihm, natürlich, Madame Poncet. Diese offizielle gesellschaftliche Brüskierung war unentschuldbar. Als mein Vater später Protest einlegte, hieß es, Emmy Görings Gatte sei gerade befördert worden und der Führer habe befürchtet, den Nazi Nr. 2 zu brüskieren, wenn er dessen Ehefrau auf einen weniger ehrenvollen Platz gesetzt hätte. Es war eine fadenscheinige, gewundene Ausrede, die sich wer weiß wieviel Experten unter wer weiß welchen Qualen abgerungen hatten. Nun wußten wir endgültig, daß die Nazis meinen Vater politisch nicht nur verabscheuten, sondern auch die Absicht hatten, dies bei jeder Gelegenheit zu demonstrieren, sogar vor den versammelten Diplomaten und Nazibeamten.

Im gleichen Jahr wurde der Brief veröffentlicht, den mein Vater bezüglich des Widerstands gegen Roosevelts Justizreform an einige Senatoren geschrieben hatte. Es war eine sorgfältig durchdachte historische Analyse und Zusammenfassung, eine vernichtende Kritik, die den faktischen Beweis dafür erbrachte, daß reaktionäre, charakterlose Elemente Amerikas Fortschritt behinderten. Doch der letzte Absatz des Briefs – auf den sich die Presse natürlich sofort stürzte – bezog sich auf die Bereitschaft eines gewissen amerikanischen Beinahe-Milliardärs (in dem Sinne, daß er durch Firmenbeteiligungen und Monopole über fast eine Milliarde Dollar verfügte), einen amerikanischen Diktator zu finanzieren. Obwohl die Nazis sich nicht öffentlich dazu äußerten, betrachteten sie dies als klare Kritik an der Art ihrer Machtergreifung. Das machte die Situation für die Familie in Berlin nicht eben leichter. Die Wahrheit schmerzt immer.

Mein Vater kehrte im Sommer 1937 für einige Monate nach Amerika zurück, um sich zu erholen. Bevor er ging, war für den konservativen Berater, den wir ein bis zwei Jahre in der Botschaft gehabt hatten, ein Nachfolger ernannt worden. Es handelte sich um Prentiss Gilbert, der über fünf Jahre in Genf gewesen war – ein polternder, charmanter, zynischer Karrierediplomat. Er sagte uns, Sumner Welles habe auf seine Versetzung nach Berlin gedrängt. Gilbert wollte die Nazis unbedingt verstehen lernen und aus der Nähe studieren, und er glaubte an *Realpolitik* – Machtpolitik – in Europa. Er war gleichzeitig raffiniert und naiv, empfänglich für Aufmerksamkeit und Schmeicheleien. Er mißbilligte die faschistische Ideologie, und ich bin sicher, daß er die Nazis nicht mochte. Er führte ein einfaches Leben und hatte, bis auf seine Geltungssucht, eine ungezwungene, lockere Art.

Seine Ernennung trat erst in Kraft, als mein Vater nach Amerika zurückgekehrt war. Dieser hatte jedoch verfügt, daß der Chargé d'Affaires keinesfalls den Naziparteitag in Nürnberg besuchen solle. Er selbst wäre, wenn er noch in Berlin gewesen wäre, auch nicht hingegangen. Er hatte ja drei Jahre lang, gemeinsam mit dem britischen und dem französischen Botschafter, diese verabscheuenswürdige Festveranstaltung boykottiert. Denn die drei Männer wußten genau, was sie erwartet hätte: Sie hätten tagelang dreisten Angriffen auf die Demokratie lauschen, bombastische Propaganda ertragen und kaum verhüllte Schilderungen all jener Grausamkeiten erdulden müssen, die die Nazis noch für ihr eigenes Volk, für die Juden und für Europa insgesamt bereithalten. Durch die Weigerung, am Parteitag teilzunehmen, konnte man Hitler zeigen, daß die demokratischen Mächte zumindest in dieser Hinsicht noch am selben Strang zogen.

Solange mein Vater in Berlin weilte, konnten auch Poncet und Phipps bei dieser Haltung bleiben, doch nach der Abreise meines Vater wäre es sehr auffällig und vielleicht sogar wirkungslos gewesen, wenn nur zwei der großen Demokratien protestiert hätten. Phipps war abberufen und nach Paris versetzt worden, und an seiner Stelle kam der bereits erwähnte Repräsentant Mr. Chamberlains, der dem Beau Brummel ähnelte. Als mein Vater nach Amerika zurückkehrte, trat also vorübergehend ein Mann an seine Stelle, der sich mit den Nazis arrangierte, und sei es nur, wie er es darstellte, um sie zu entwaffnen. Somit war Poncet nun isoliert.

Unser Chargé beriet sich mit dem hitlerfreundlichen Sir Neville, der ihm mitteilte, er werde nach Nürnberg fahren.

François-Poncet erklärte Gilbert, daß er gleichfalls nach Nürnberg müsse, wenn dort Großbritannien und Amerika repräsentiert seien. Gilbert wußte, daß das State Department solche Entscheidungen stets in das Ermessen meines Vaters gestellt hatte. Und so handelte der Chargé ›nach eigenem Ermessen‹ und nahm die Einladung der Nazis an.

Inzwischen hatte mein Vater von Gilberts Entscheidung erfahren und zeigte sich empört. Er sprach mit dem amerikanischen Außenminister. Dieser sagte, wenn er erkannt hätte, welches Gewicht ein Wechsel in dieser drei Jahre lang verfolgten Strategie haben würde, hätte er Gilbert angewiesen, nicht zum Parteitag zu gehen. Aber es war zu spät, und Gilbert brach mit der amerikanischen Tradition.

Nun schrieb mein Vater einen vertraulichen Brief an das State Department und legte die Gründe dar, warum er keinen einzigen dieser Parteitage besucht hatte. Er erwähnte andere Beispiele aus der amerikanischen Geschichte, bei denen Diplomaten sich geweigert hatten, Parteitage oder Empfänge zu besuchen; er wies darauf hin, daß es auf diesen Naziparteitagen hauptsächlich um Angriffe auf die Freiheit gehe, um die Herabsetzung aller politischen und moralischen Ideale, um übelste Drohungen gegen das Territorium freier Staaten. Mein Vater war der Ansicht, daß kein demokratischer Repräsentant diese schändliche Veranstaltung durch seine Anwesenheit aufwerten solle. All dies äußerte er in einem vertraulichen Brief. Irgendwie gelangte dieser Brief jedoch an die Öffentlichkeit, erschien in sämtlichen Zeitungen und wurde umfassend kommentiert. Natürlich war die Sensation perfekt. Meinen Vater erreichten Aberhunderte von Briefen und Telegrammen aus allen Teilen der Bevölkerung; die meisten Menschen waren mit seiner Haltung einverstanden und gratulierten ihm zu seinem Mut. Aber der Schaden war nun einmal angerichtet.

Im Sommer vor dem ›schicksalhaften September‹ hatte mein Vater zum wiederholten Mal seinen Rücktritt mit der Begründung angeboten, daß es ihm bisher nicht gelungen sei, Handelsbeziehungen zu Deutschland zu knüpfen, und daß zudem die ständige Anspannung seine Gesundheit angreife. Doch man drängte ihn zu bleiben.

Ungefähr ein bis zwei Jahre lang übte das deutsche Außenministerium über seine Botschaft in Washington Druck auf das State Department und den Präsidenten aus, man solle meinen Vater abberufen. Nach seinen zahlreichen Vorträgen, seinem Brief zur geplanten finanziellen Unterstützung eines amerikanischen Diktators sowie einer harmlosen Presseerklärung im Frühsommer anläßlich seiner Rückkehr nach Amerika – dabei handelte es sich um eine sehr gemäßigte Erklärung, die er auf dem Schiff sorgfältig ausgearbeitet hatte: er verlieh darin seiner Überzeugung Ausdruck, daß es keinen Krieg geben werde, und bekräftigte noch einmal, daß er demokratischen Prinzipien verpflichtet sei – wurde der Druck aus Deutschland noch verstärkt. Mr. Dieckhoff protestierte gegen diese vorbereitete Erklärung und sagte, er betrachte sie als Beleidigung für sein Land!

Als jedoch der Brief zum Nürnberger Ereignis seinen Weg in die Presse gefunden hatte, liefen die Deutschen Sturm. Wieder bot mein Vater seinen Rücktritt an, aber es schien nicht ratsam, zurückzutreten, wenn man so in der Schußlinie stand. Immerhin wurde meinem Vater mitgeteilt, daß im März, jedenfalls zu Beginn des Frühjahrs, ein neuer Botschafter nach Deutschland entsandt werde. Als mein Vater den Namen des Betreffenden erfuhr, riet er besorgt von seiner Ernennung ab. Dieser Mann hätte für beinahe jedes andere Land getaugt, doch als Botschafter in Nazideutschland wäre er eine Katastrophe gewesen. Offenbar wurde der Rat meines Vaters befolgt und die Sache als erledigt betrachtet. Mein Vater sollte bis März bleiben – einerseits um die Zeit zu überbrücken, bis ein passender Repräsentant für Deutschland gefunden war, andererseits, um durch seine Rückkehr nach Deutschland zu beweisen, daß Roosevelt nicht vor den Faschisten kapitulierte und seinen Botschafter nicht abberief, wenn diese es verlangten.

Bis zur Rückkehr meines Vaters befand sich Prentiss Gilbert in einer unangenehmen Lage. Als Mussolini nach Berlin kam, tauchte das protokollarische Problem des Hissens der Fahne auf. Da es diesen Fall noch nie gegeben hatte, wandte Gilbert sich an den französischen Botschafter, der das Diplomatische Korps leitete, und fragte, wie dieser sich verhalten werde. Poncet erwiderte, seine Botschaft werde die Fahne nicht hissen, doch sollten andere Botschaften selbst entscheiden. Unser Chargé verstand fälschlicherweise, er solle im Laufe des Tages die amerikanische Fahne hissen. Und so war von den großen nichtfaschistischen Botschaften Berlins unsere Botschaft die einzige, die bei diesem festlichen Anlaß die Fahne hißte. Das war eine Sensation und verursachte viel verächtlichen Klatsch in der Stadt. Noch lächerlicher wurde die ganze Sache durch den Umstand, daß das Diplomatische Korps zu keinem einzigen Empfang, keiner einzigen Veranstaltung geladen war, auf der die beiden Diktatoren zusammentrafen. Die Nazis freuten sich natürlich über alle Maßen, und bald wurde überall von der profaschistischen Haltung des neuen amerikanischen Beraters gesprochen.

Einen weiteren unwürdigen Vorfall gab es, als Gilbert beschloß, gegen die deutsche Spionagetätigkeit in Amerika zu protestieren. Er suchte Göring persönlich auf, was ohne Beispiel ist, da solche Dinge normalerweise vom Auswärtigen Amt erledigt werden. Göring gab sich angesichts der Berichte schockiert und tat so, als wolle er sofort gegen diesen Mißstand vorgehen, aber natürlich freute es ihn, daß der amerikanische Vertreter zu ihm kam. Mein Vater hatte dies während seiner vierjährigen Amtszeit nicht einmal in Erwägung gezogen. Aus Erfahrung wußte er nur zu gut, daß solche Gesten sinnlos und letztlich demütigend waren. Jetzt sieht man ja, welche Wirkung dieser Besuch hatte! Ich denke, Gilbert wollte unbedingt Verbindungen zu den Nazis knüpfen und sich mit jedem von ihnen zu Gesprächen treffen. Vielleicht glaubte er, er könne sein Ziel erreichen, wenn er Göring aufsuchte. Aber im Grunde bezweifle ich, daß Gilbert so naiv gewesen sein kann.

Meinen Vater betrübte es natürlich sehr, wie sich die Dinge in Berlin während seiner Abwesenheit entwickelten. Als er zurückkam, schien er sich von der Anspannung und dem Dauerstreß erholt zu haben, obwohl ihn die Sensationsberichte in der Presse geärgert hatten. Da er laut Roosevelt bis März bleiben sollte, hatten meine Mutter und ich unter großen Mühen und Kosten das Haus mit neuen Möbeln ausgestattet.

Doch schon wenige Wochen nach seiner Rückkehr forderte ihn das State Department kategorisch auf, sofort zurückzukommen, und zwar mit einem Schiff, das schon zwei Wochen später abfahren sollte. Später wiesen mehrere Leute darauf hin, Außenminister Hull habe das mit seinem Namen gezeichnete Telegramm gar nicht gesehen. Auf unsere hartnäckigen Bitten hin gewährte man uns Aufschub, damit wir packen und Anordnungen bezüglich unseres Hauses treffen konnten. Offenbar drohte das deutsche Außenministerium mit dem Abbruch der diplomatischen Beziehungen zu Amerika, falls mein Vater noch länger blieb, und im State Department gab es zweifellos einige Leute, die meinen Vater ebenso dringend loswerden wollten wie die Nazis.

Nach einer gewissen Verzögerung bot man den Posten schließlich Hugh Wilson an, der im State Department arbeitete und früher Gesandter in Genf gewesen war. Mr. Wilson, Autor des harmlosen Berichts *Education of a Diplomat* über die Erfahrungen von Diplomaten, war den Nazis hochwillkommen. Laut Berichten aus Genf hatte er schon seit drei bis vier Jahren geplant, nach Berlin zu kommen – fast seit der Ernennung meines Vaters! Und er machte keinerlei Hehl daraus, daß er die konservativen Regierungen und den ›Status quo‹ in Europa favorisierte. Es heißt, er habe vor seiner Abberufung im November 1938 die Administration in große Verlegenheit gebracht, weil er den Botschafter der spanischen Putschisten zu einem Empfang für Colonel Lindbergh und General Göring einlud. Es ist allgemein bekannt, daß Amerika das Spanien der Putschisten nicht anerkannt hat – darum ist es von großer Tragweite, wenn ein Diplomat im Alleingang beschließt, im Rahmen eines so wichtigen, aufsehenerregenden Empfangs eben diese Regierung anzuerkennen. Man wird bald sehen, welche Haltung Mr. Wilson zum Faschismus hat und welchen Anweisungen er folgt. Jedenfalls ist er ein erfahrener Karrierediplomat aus gutem Hause, dem es vielleicht gelingen wird, das heikle Problem der deutsch-amerikanischen Freundschaft zu lösen, oder auch nicht.

Laut Drew Pearson und Bob Allen (Herausgeber der beißenden politischen Kolumne *Merry-Go-Round*) repräsentiert Mr. Wilson eine profaschistische Clique im State Department und strebt eine Kooperation mit Hitler an. Es ist erwähnenswert, daß Unterstaatssekretär Sumner Welles im Dezember 1938 in einer Presseerklärung die Überlegung äußerte, der abberufene Wilson werde nach einiger Zeit wieder nach Berlin zurückkehren. Wir wollen hoffen, daß Welles und Präsident Roosevelt nicht die gleichen außenpolitischen Ziele verfolgen.

Es ist tragisch, daß Amerika in Europa von so wenigen Männern mit Charakter, Mut und hohen Zielen repräsentiert wird. Viele unserer Vertreter im Ausland, von den durchschnittlichen Karrierediplomaten ganz zu schweigen, sind nur eine gefährliche Parodie der demokratischen Prinzipien Amerikas – Männer, die leicht dem Einfluß fremder politischer Systeme erliegen und zu vergessen scheinen, daß sie Amerikaner sind. Die auffälligste, rühmlichste Ausnahme ist der scharfsichtige Claude Bowers, der jetzt Botschafter in Spanien ist. Er hat sich in den vergangenen fünf Jahren tadellos verhalten, ohne arrogant zu sein, ohne zu kapitulieren oder auch nur ins Wanken zu geraten. Er ist ein Kämpfer, ein Symbol der besten amerikanischen Eigenschaften, nämlich Unabhängigkeit und Ehrlichkeit. Daß er unser Land in Europa vertritt, ist ein wahrer Glücksfall. Wenn mehr Männer wie Claude Bowers über die Ereignisse in Europa berichten und den Präsidenten beraten würden, hätten wir eine positivere, konstruktivere Außenpolitik und wären für die tückische faschistische Propaganda im Ausland weniger empfänglich.

Mein Vater zog es vor, Deutschland in aller Stille zu verlassen. Er hatte seine eigene Meinung über die Nazibonzen und die gegen ihn gerichteten Umtriebe des Außenministeriums und war nie ein Heuchler gewesen. Er teilte den Nazis mit, sein Abreisetermin stehe noch nicht genau fest und er ziehe es vor, auf Abschiedszeremonien zu verzichten. Er selbst dachte natürlich nicht im Traum daran, einem Mann, der in seinen Augen etwas noch Schlimmeres war als ein Verbrecher, einen Abschiedsbesuch abzustatten.

Meinem Vater war es immer noch möglich, einiges zu tun. In Europa konnte er versuchen, die Demokratien zusammenzuhalten, indem er persönlich auf ihre Repräsentanten Einfluß nahm. Dies mag anmaßend klingen, läßt sich aber an einem so simplen Beispiel wie dem Spektakel des Nürnberger Parteitags noch einmal verdeutlichen – indem mein Vater mit anderen Diplomaten an einem Strang zog, zwang er die Nazis, wenn auch im kleinen Rahmen, zu der Erkenntnis, daß es einen gewissen Widerstand gab. Die fieberhaften Versuche der Deutschen, ihn loszuwerden, deuten darauf hin, daß sie fürchteten, er werde ihnen nicht nur in Amerika, sondern auch in Berlin erheblichen Schaden zufügen. Bei seinem Abschied kannten ihn sehr viele Deutsche als unerbittlichen Gegner von Hitlers grausamer Ideologie. Für die stummen Opfer des faschistischen Terrors war diese Haltung, wenn sie auch zwangsläufig passiv bleiben mußte, eine Ermutigung. Mein Vater machte sich auch dadurch sehr verdient, daß er dem State Department Berichte und Telegramme mit exakten Schilderungen schickte und so bis zu einem gewissen Grad die amerikanische Außenpolitik beeinflußte. Der unbeständige Botschafter, den wir bis vor kurzem hatten, ist nicht mehr da. Auf eine unglaubliche Provokation hin, bei der Hitler die ganze Menschheit herausgefordert hat, war das State Department, oder vielmehr Präsident Roosevelt persönlich, gezwungen, den amerikanischen Botschafter im November 1938 abzuberufen.

Mein Vater strebte auch Reformen im diplomatischen Dienst an. Er fand, daß Konsulate und Botschaften enger zusammenarbeiten müßten, und daß ein Diplomat Erfahrung in beiden Bereichen des Dienstes sammeln sollte. Er mißbilligte den aberwitzigen Kostenaufwand vieler Botschaften und den trägen, extravaganten Lebensstil vieler Diplomaten, der vom amerikanischen Steuerzahler finanziert werden muß. Er war der Ansicht, daß die diplomatische Tätigkeit oftmals nur aus Wiederholungen bestand. Er glaubte, daß Karrierediplomaten nur dann etwas taugten, wenn man sie objektiv und nicht aufgrund ihrer Herkunft, ihres Reichtums oder irgendwelcher ›Beziehungen‹ auswähle, und nur dann, wenn sie sich strikt an demokratische Prinzipien hielten. Sein Ideal der Schlichtheit und Integrität stand im Einklang mit den Wünschen und Hoffnungen der ganz normalen Bürger und mit der alten Tradition Jeffersonscher Demokratie.

In den ersten Jahren versuchte er zwischen den beiden Ländern normale, florierende Handelsbeziehungen aufzubauen. Als er sah, daß dies nicht funktionierte, begann er gegen die ausbeuterischen Methoden und höchst einträglichen Machenschaften gewisser amerikanischer Geschäftsleute anzukämpfen, die im State Department offenbar etwas zu sagen haben.

Sein Widerstand gegen Nazideutschland hatte sicherlich großen Einfluß auf das amerikanische Volk. Seine regelmäßigen Proteste, der Umstand, daß er amerikanische Bürger schützte, sein humanitäres Interesse an der bedauernswerten deutschen Bevölkerung – Juden, Intellektuelle, Arbeiter und Katholiken inbegriffen –, sein wiederholt bekräftigter Glaube an die Demokratie und schließlich seine Weigerung, nach Nürnberg zu gehen: all dies machte Eindruck auf die Amerikaner, denn er wagte es als erster Diplomat, seine direkten Informationen über ein Volk, dessen Führer er als Gefahr für die ganze Welt betrachtete, öffentlich zu machen.

Und so schuf sich mein Vater vielleicht mehr Feinde und gleichzeitig mehr Freunde als irgendwer sonst in der Geschichte der Diplomatie. Letztendlich konnte man seine Aktivitäten eigentlich nur positiv sehen. Gehaßt wurde er von den fanatischen Nazis, von den Kapitalisten, deren schändliche Methoden er öffentlich mißbilligte, von bestimmten Mitgliedern seiner eigenen Botschaft, sowie von einigen anderen Personen aus diplomatischen Kreisen. Geliebt aber wurde er von den meisten Antifaschisten in Amerika und Europa. Einen Botschafter von solcher Offenheit – egal, was für Irrtümer und Schnitzer es, wie schon ausgeführt, gegeben haben mag – hatte man jahrelang nicht erlebt, wenn überhaupt jemals in einer solchen Situation.

Bis zum Ende konnte er sich des Respekts und der Unterstützung von Außenminister Hull und Präsident Roosevelt sicher sein.

Die offenen und versteckten Konflikte und Kontroversen, denen er ausgesetzt war, die Verehrung, der Neid, die Antipathie und Zuneigung, die ihm entgegenschlugen, blieben nicht ohne gesundheitliche Folgen. Als mein Vater Deutschland verließ, litt er an rasenden Kopfschmerzen, und einige Male drohte ihm aufgrund seiner fragilen Gesundheit der totale körperliche Zusammenbruch. Die angespannte Situation in Deutschland und der Umstand, daß er seine heftige Aversion natürlich nicht offen zeigen durfte, ließen sich schwer ertragen. Da er aber sich und anderen strengste Disziplin abverlangte, überstand er ein Martyrium, an dem die meisten anderen Menschen mit seiner Einstellung gewiß zerbrochen wären. Trost boten ihm in diesen viereinhalb Jahren nur das Buch, das er schrieb, und sein Glaube an das Prinzip der Freiheit, der bei seinem alljährlichen Aufenthalt in Amerika immer wieder Erneuerung fand. Trotz des fast unerträglichen Drucks, dem er in Berlin von allen Seiten ausgesetzt war, ungeachtet seiner zahllosen Aufgaben, seines täglichen Arbeitspensums und all der erdrückenden gesellschaftlichen Verpflichtungen – noch dazu in einer Umgebung, die er aus tiefstem Herzen verachtete – brachte er soviel Disziplin und Zeit auf, daß es ihm gelang, die ersten vier Bände seiner *History of the Old South* zu schreiben.

## 2

Ohne meine Mutter, die eine so wichtige Rolle in seinem Leben spielte, wäre die Karriere meines Vaters als Diplomat und Historiker sicher nicht ganz so erfolgreich verlaufen. Sie war eine schöne Frau aus den Südstaaten und intellektuell gebildet. Als Gattin eines Professors übernahm sie die Rolle der Gefährtin, Mutter und Gastgeberin mit schlichtem Charme. Sie stand treu zu ihrer Familie, die fest zusammenhielt, und es war ihr größter Ehrgeiz, daß jeder von uns all seine Möglichkeiten und Begabungen voll ausschöpfen konnte. Darum drängte sie meinen Vater, den Posten des Botschafters anzunehmen, wenn er der Meinung sei, daß diese Aufgabe nicht mit seinem Lebenswerk in Konflikt geriet. Außerdem erschien ihr dies als angemessene Krönung seines selbstlos dienenden Lebens als Gelehrter. Dabei ahnte sie bereits, wenn auch nicht in vollem Umfang, welche Bürde diese Ernennung für sie selbst bedeuten würde.

Aus einem ruhigen, bescheidenen, intellektuellen Umfeld wurde sie in eine gesellschaftliche Sphäre geworfen, die von Intrigen, Lügen, Haß und Snobismus nur so brodelte. In Chicago, in New York, während der Schiffsreise und bei einem Gespräch mit dem Berater, mit dem wir uns trafen, hatte sie wüste Geschichten über das extravagante öffentliche Leben gehört, das sie in ihrer neuen Position erwartete. Ich erinnere mich noch, wie bang ihr ums Herz war, als wir mit dem Zug von Hamburg nach Berlin fuhren.

Dennoch war ihr schon wenige Wochen nach der Ankunft in Berlin vollkommen klar, welche Verpflichtungen auf sie zukommen würden. Sie wußte, daß sie ohne jedes weitere Einkommen von außen mit einem beinahe geringfügigen Budget haushalten mußte – geringfügig zumindest im Vergleich mit den Budgets anderer Diplomaten.

Sie fand ein Haus für uns, das sich hervorragend als Botschaftsgebäude eignete – eine schöne Villa, intim und behaglich genug für ein Privathaus, luxuriös und groß genug, um den enormen gesellschaftlichen Ansprüchen gerecht zu werden. Meine Mutter hatte sieben bis acht Bedienstete, halb soviel wie die meisten anderen Botschaften, und zahlte ihnen den Lohn, der in den Haushalten von Diplomaten üblich war. Schon bald galten die Feste und Empfänge meiner Mutter als die reizendesten und interessantesten in ganz Berlin. Sie stellte ihre Gästelisten selbst zusammen und schuf jedesmal eine anregende, unterhaltsame Atmosphäre – was in diplomatischen Kreisen nur selten vorkommt.

Jeder, der von ihrem schmalen Budget wußte, bewunderte ihren Erfolg, und wer nichts davon ahnte, hätte diese finanziellen Beschränkungen nie für möglich gehalten. Es gab zwei Gründe, warum sie diesen ihr völlig neuen Lebensstil so bravourös meisterte. Erstens hatte sie durch ihr bisheriges bescheidenes Leben einen Bezug zu ökonomischen Gegebenheiten und war deshalb nicht auf die Hilfe zahlloser Ratgeberinnen, Privatsekretärinnen und Haushälterinnen angewiesen. Sie sparte in Bereichen, die anderen Leuten nicht einmal in den Sinn gekommen wären. Der zweite Grund waren ihr Charme, ihr Humor und ihre Intelligenz. Ihre Intuition machte sie bald zur erfahrenen Gastgeberin, ihr Humor erhellte auch die trübseligsten deutschen Gesellschaften, ihre Intelligenz befähigte sie, eine erstaunliche Auswahl an interessanten, gegensätzlichen Gästen zusammenzustellen, ihr reizvolles Äußeres, ihre schlichte Freundlichkeit entwaffneten jedermann – selbst die Feinde meines Vaters – und schufen eine zwanglose, behagliche Atmosphäre.

Meine Mutter und mein Vater erreichten, daß sich Gäste bei uns wie als Menschen fühlten, unbefangener als sonst irgendwo in Berlin, es sei denn im engsten Freundes- und Familienkreis. Viele Leute haben mir gesagt, sie führten die entspannte Atmosphäre in unserem Haus darauf zurück, daß wir Amerikaner seien. Das spielt natürlich auch eine Rolle – aber ich brauche wohl nicht zu erwähnen, daß es viele Amerikaner gibt, die sehr schnell von der lähmenden Steifheit europäischer Gesellschaftssitten befallen werden. Ihr sogenanntes Amerikanertum verflüchtigt sich im Nu, und das merkt man dann auch an ihren diplomatischen Empfängen. Die zarte, taktvolle, verständnisvolle Art meiner Mutter war die eigentliche Ursache dafür, daß auf ihren glanzvollen Gesellschaften doch eine ganz ungezwungene Atmosphäre herrschte.

Meine Mutter war eine zierliche Frau, einsfünfzig groß, mit kleinen Händen und Füßen, schlanker Figur und zartem Knochenbau. Ihr Gesicht war gleichzeitig lebhaft und sanft. Aus ihrem frischen, natürlich geröteten Teint leuchteten hellbraune Augen. Sie hatte eine makellos geformte Nase und weiches, schlohweißes Haar. Ihre Jugendlichkeit, ihr scharfer, realistischer Verstand und ihr mitfühlendes Wesen waren Eigenschaften, die mich mein ganzes Leben lang fasziniert und für sie eingenommen haben. Zynismus oder Desillusionierung waren ihr fremd, wenngleich sie sich gegen die Skrupellosigkeit der Nazis innerlich mit Härte wappnen mußte. Sie besaß eine frischere, neugierigere Einstellung zum Leben als alle anderen Familienmitglieder.

Meinem Vater war sie eine unschätzbare Hilfe. Sie hatte sich schon immer für Politik interessiert und fand dieses Gebiet viel lebendiger als trockene Gelehrsamkeit. Ihre Menschenkenntnis kam einem manchmal fast unheimlich vor. In vielen Fällen analysierte sie eine Persönlichkeit rascher und genauer als mein Vater. Sie wußte, welch verheerende Auswirkungen Ehrgeiz und Intrigen auf das Leben und den Charakter eines Menschen haben können und spürte unfehlbar, ob diese Triebkräfte bei jemandem am Werk waren oder nicht – egal ob es sich um Männer oder Frauen handelte.

Schon bevor sie nach Deutschland kam, interessierte sich meine Mutter für alles, was in der Welt passierte. Sie hatte eine kritische, scharfsinnige Meinung, ohne jedoch umfassend informiert zu sein. In Berlin aber las sie jeden Tag sorgfältig die deutschen, amerikanischen und englischen Zeitungen, verfolgte aufmerksam die Neuerscheinungen von Büchern und Zeitschriften, in denen es um politische und ökonomische Entwicklungen in Deutschland und Europa ging. Offenbar spornte das Leben in Nazideutschland ihre intellektuelle Neugier an.

Sie spürte, wie wir alle, daß die Deutschen eigentlich ehrliche, offenherzige Menschen sind. Bekümmert und empört beobachtete sie, wie dieser menschliche Anstand mit eiserner Faust zermalmt wurde. Deutsche Frauen klagten meiner Mutter oft ihr Leid, und so wußte sie von vielen Menschen, die in Furcht und Elend lebten. Diese Schicksale griffen ihr ans Herz, und sie versuchte den Betreffenden auf jede erdenkliche Art und Weise zu helfen. Als sich das Grauen im Lauf der Zeit immer mehr steigerte, wurde es für meine Mutter zu einer schier unerträglichen Belastung, den Nazifunktionären weiterhin höflich begegnen, sie freundlich bewirten oder neben ihnen sitzen zu müssen. Ihr inneres Gleichgewicht und ihren Optimismus bewahrte sie sich nur dank ihres Humors. Durch scharfe Bemerkungen, die aber gleichzeitig durch ihren Witz entwaffneten, verschaffte sie ihrem empörten Kummer Luft. Doch als eine Frau mit sanftem, weichem Wesen, als ein fröhlicher Mensch, der das Leben liebte und nie die Hoffnung verlor, litt sie von uns allen sicherlich am meisten.

Trotz ihrer Sorge um das Wohl und die Zukunft ihrer Familie, auf die sie stolz war und zu der sie immer treu gehalten hat, trotz der Qual, die ihr das Schicksal des deutschen Volks bereitete, bewältigte sie die unglaubliche Aufgabe, in dieser immer düsterer werdenden Atmosphäre, unter Menschen, die am Ende sogar ihr feindselig begegneten, eine stets höfliche, aufmerksame Gastgeberin zu sein.

Da sie sich über alles gründlich informierte und sich immer weiterbildete, wußte sie besser als die anderen Diplomatengattinnen über die Entwicklung des Faschismus Bescheid. Mein Vater zog sie immer ins Vertrauen und verließ sich stets auf ihr Urteil. Meine Mutter schuf ihm nicht nur ein behagliches Heim, war seinen Kindern nicht nur eine unendlich verständnisvolle Mutter, brillierte nicht nur als ungewöhnlich taktvolle und schöne Gastgeberin, sondern war ihm auch eine kluge, scharfsinnige Freundin.

## 3

Der einzige in der Familie, der das Naziumfeld im Lauf der Jahre nicht mehr ertrug, war mein Bruder. Als er mit uns nach Berlin kam, war er ein junger, talentierter Geschichtslehrer und nun wieder Student. Keine Sekunde verlor er die wahren Dimensionen der Nazitragödie aus dem Blick. In dieser Hinsicht glich er meinem Vater. Mein Bruder hatte durch sein Studium den ungewöhnlichen Vorteil, die Auswirkungen des Faschismus aus nächster Nähe an der Universität beobachten zu können. Er war jung, vital und tapfer. Er glaubte nicht, daß es Hitler gelingen werde, die Freiheit des Menschen dauerhaft zu schänden.

Nachdem er seine Promotion erworben hatte, lag es für ihn nahe, nach Amerika zurückzukehren und sich nach einer Stelle umzusehen. Er wäre aber in jedem Fall zurückgegangen, weil er seinen impulsiven, haßerfüllten Antifaschismus nicht zu zügeln vermochte. Während seines Aufenthalts wurden – vielleicht weil die Nazis seine ehrliche, unbefangene Art kannten – Männer und Frauen auf ihn ›angesetzt‹, um herauszufinden, welche Einstellung er hatte und welche vertraulichen Informationen er vielleicht besaß. Ich vermute, daß er ihnen ganz offen sagte, was er von der ganzen Sache hielt!

Doch mein Bruder war jung und optimistisch genug, um auch schlimmste Erfahrungen zu überstehen; als er Deutschland verließ, war er recht erleichtert, die ganze Sache hinter sich zu haben, und gleichzeitig entschlossen, etwas dagegen zu unternehmen. Ein Jahr lang lehrte er Geschichte an einer amerikanischen Universität. Doch dann glaubte er auch in Amerika faschistische Tendenzen auszumachen und fand, er sei im Hörsaal nicht am rechten Platz. Er trat der *International Peace Campaign* bei und lebte ein Jahr im Ausland. Er reiste nach China, Polen und in andere europäische Länder und versuchte die Jugend zum Aufstand gegen den Faschismus zu bewegen. Später arbeitete er dann für eine antifaschistische Organisation in Amerika, bis er zu dem Schluß kam, daß konkretes politisches Handeln die einzige Lösung darstellte.

Mein Bruder verachtete das Diplomatenleben, war intoleranter gegen diese ganze Tragikomödie als irgend jemand sonst, aber ihre Heimtücke erschütterte ihn nicht im mindesten. Doch in Deutschland wurde Bill dann ›erwachsen‹. Obwohl er schon sieben- oder achtundzwanzig war, als er dort eintraf, war er seelisch so unreif wie fast alle amerikanischen Männer in diesem Alter. Jetzt wurde er jedoch vernünftig. Was er beobachtete und hörte, erfüllte ihn mit Entsetzen und Empörung. Es hielt ihn nur mit Mühe so lange in Deutschland, bis er seinen Doktor in Philosophie gemacht hatte. Er war ungeduldig, begeisterungsfähig und leidenschaftlich. Die Erfahrungen in Deutschland vertieften und festigten seinen Idealismus und seine Pläne gewannen klarere Konturen. Ebenso unversöhnlich, mutig und integer wie sein Vater, kehrte er zwei Jahre vor uns nach Amerika zurück, gewappnet mit seiner Überzeugung und seinem Wissen.

## 4

Im Winter 1937 kamen wir nach Hause, als Familie, die intakt geblieben war trotz dieser schrecklichen Erfahrung, die Nerven und Verstand, Herz und Gesundheit mehr belastet hatten als alles bis dahin Erlebte. Binnen vier Monaten starb meine Mutter, kehrte mein Vater auf seine Farm nach Virginia zurück, ging mein Bruder in die Politik – und ich faßte den Entschluß, in einem Buch über dieses Fegefeuer auf Erden zu berichten.

Das anstrengende, grauenvolle Leben in Berlin hatte die Gesundheit meiner Mutter so sehr angegriffen, daß sie sich nicht mehr erholte. Binnen weniger Wochen geschah das Unvermeidliche und ihr Herz versagte. Sie konnte die plötzliche Entspannung, die Befreiung von dem widernatürlichen Leben, das sie geführt hatte, nicht verkraften. Die Jahre im Ausland hatten sie soviel Nerven und Energie gekostet, daß sie keinerlei Widerstandskräfte mehr besaß. Sie litt unter den Umständen der Abberufung meines Vaters, sie war wütend über den Lauf der Welt und sie fühlte sich hilflos, weil sie nichts dagegen tun konnte. Empört, einsam und voller Zorn, muß es für sie sehr quälend gewesen sein, daß sie ohnmächtig war und nichts gegen die Freveltaten unternehmen konnte, die sie aus nächster Nähe miterlebt hatte. Noch immer jugendlich und voller Elan und Neugier, erlag sie im Frühling 1938 ganz plötzlich einem Herzstillstand.

Glücklicherweise erlebte sie noch, daß sich mein Bruder in Virginia aktiv am Wahlkampf beteiligte, daß mein Vater seinen Einfluß nutzte, um Amerika über den Faschismus aufzuklären, und daß ich mit der Arbeit an dem Buch begann. Nach ihrem Tod trennte sich die Familie, jeder von uns ging seinen eigenen Weg, innerlich fest entschlossen, alles in seiner Macht Stehende zu tun, um den Faschismus in Europa zu bekämpfen und sein Aufkeimen in Amerika zu verhindern. Nach fünf Jahren Diktatur in Deutschland schien uns die Situation in Amerika wahrhaft rosig und verheißungsvoll. Wir konnten es kaum fassen, daß wir jetzt reden, denken und schreiben durften, wie es uns beliebte. Und natürlich machten wir uns das sofort zunutze.

Inzwischen haben wir jedoch Gelegenheit gehabt, die Situation in Amerika nüchterner zu betrachten und sie mit dem Gefängnis zu vergleichen, dem wir entronnen sind. Wir haben mit Männern und Frauen aus der wohlhabenden Oberschicht gesprochen, die Hitler und seine Methoden unverhohlen gutheißen. Wir hörten Bemerkungen des Inhalts, Amerika brauche einen starken Mann, der das Kapital schütze und den Arbeitern Einhalt gebiete. Wir erlebten Universitätsprofessoren, die ihren Beruf dazu mißbrauchten, um für Hitler Propaganda zu machen. Wir haben Bücher, Artikel und Kolumnen von Autoren gelesen, die den Faschismus zwar verabscheuen, hier in Amerika aber trotzdem all jenen Gruppen in die Hände spielen, die sich gegen die Interessen der Arbeiter stellen und für die Gründung von Bürgerwehren einsetzen. Wir haben mit reichen Juden gesprochen, die reaktionäre Republikaner wählen – jene Republikaner, die es zwar noch nicht wagen, offen antisemitisch zu sein, deren Programm aber schon all die demagogischen, seichten, verlogenen Versprechungen des frühen Hitler enthält. Wir haben Arbeiter erlebt, die gegen den Beitritt zur Gewerkschaft und gegen die Unterstützung der Arbeiterbewegung waren. Verwundert haben wir den Befürwortern der amerikanischen Isolation gelauscht, die doch direkt vor Augen haben, wie unmittelbar der Faschismus in wirtschaftlicher Hinsicht die wachsenden reaktionären Bewegungen in Amerika, Kanada, Südamerika und überhaupt weltweit beeinflußt. Wir haben die dreiste Annexion Österreichs erlebt, die Zerstückelung der Tschechoslowakei, die massenhafte, beispiellose Ermordung der Juden, die bösartige, destruktive Gemeinschaftsaktion gewissenloser Verräter wie Chamberlain und Daladier. Wir haben gesehen, daß selbst Amerika ungewollt vor Hitler und seinen Kriegshetzern kapituliert.

Zwei große Katastrophen könnten Amerika ereilen. Amerika könnte weiterhin auf jede Außenpolitik verzichten, und unser Land könnte dem Faschismus erliegen. Wenn wir Roosevelt und seine Regierung nicht unterstützen, solange er noch Oberhaupt unseres Staates ist; wenn wir nicht darauf drängen, daß auf ihn erneut ein demokratischer, fortschrittlicher Präsident folgt, wann immer das sein wird; wenn wir nicht überall die Arbeiterbewegung und liberale Gruppierungen unterstützen; wenn wir nicht gegen jede Form von Unterdrückung und Verfolgung kämpfen, gegen jedes Anzeichen von Antisemitismus und Kommunistenhetze, dann fördern wir politische und wirtschaftliche Gefahren, die uns so sehr schwächen könnten, daß womöglich auch wir Hitlers Weltherrschaftsplänen zum Opfer fallen.

Wenn wir nicht endlich herausfinden, wer im State Department fortschrittliche, kämpferische Maßnahmen verhindert; wenn wir nicht international all jene Länder unterstützen, in denen noch Frieden und Demokratie herrschen; wenn wir nicht erkennen, daß eine Kooperation mit England und Frankreich nur dann möglich ist, wenn Daladier, Chamberlain und ihresgleichen ihre Politik ändern oder ihr Amt niederlegen müssen; wenn wir nicht sehen, daß die führenden französischen und englischen Politiker große Probleme mit ihrer eigenen Bevölkerung bekommen haben, weil sie ihre Nationen vor, in und nach München verraten haben – wenn all dies nicht geschieht, werden wir nicht begreifen, daß diese Kräfte überall und besonders in unserer eigenen starken Demokratie nach Unterstützung streben, und werden nicht erkennen, welch potentiell schädlichen Einfluß unsere Haltung auf die Umgestaltung der europäischen Angelegenheiten hat. Wenn wir nicht ein für allemal als amerikanische Nation beschließen, daß es so etwas wie Isolation nicht geben darf und kann, wo die Nationen der Welt doch direkt vor unserer Tür stehen – dann werden wir zu spät erkennen, daß wir unseren Kampf gegen den zerstörerischen Geist des internationalen Faschismus fast allein führen, sicher nur unterstützt von Rußland.

Für diese Menschen, für dieses entschiedene, unverzügliche Handeln und für die unschätzbar wichtige Öffentlichkeit, auf deren Stimme man in Amerika hört, habe ich dieses Buch geschrieben, voller Leidenschaft und voller Hoffnung.

Arvid Harnack mit seiner Frau Mildred (l.) und Martha Dodd

Umwege

# Martha Dodd in Nazideutschland

Nachwort
von Oliver Lubrich

## Prolog

30. Oktober 1941, im Führerhauptquartier ›Wolfsschanze‹ in Ostpreußen. Adolf Hitler ereifert sich: »Wir halten uns einen großen Nachrichten-Apparat, genannt Auswärtiges Amt, und man erfährt nichts!« Gegenüber dem Vertreter des Außenministeriums, Walther Hewel (1904–1945), redet er sich in Rage: »So eine Gesandtschaft müßte vor allem ein halbes Dutzend junger Attachés haben, die sich sofort an einflußreiche Weiber heranmachen. Das ist der einzige Weg, etwas zu erfahren.« Das Gespräch wird immer merkwürdiger. Hitler: »Es hat doch niemand fertiggebracht von diesem Auswärtigen Amt, die wirklich zugängliche Tochter des früheren amerikanischen Botschafters Dodd so richtig in Beschlag zu nehmen. Die vom Auswärtigen Amt sind doch dazu da! Das wäre das richtige gewesen! Dieses Mädel, die mußte nach kurzer Zeit vollständig eingesponnen sein! Sie ist auch eingesponnen worden, aber leider von lauter anderen. Nun wundert's mich nicht! Die Senilität war zu groß, um auf dem Gebiet noch auftreten zu können! Wenn wir so allmählich Industrielle gekriegt haben, dann nur über die Töchter oder die Söhne. Den alten Dodd, der ja ein Trottel war, den hätten wir über die Tochter kriegen können. Aber unsere Geheimen Vortragenden Räte, Wirklichen und nicht Wirklichen Legationsräte, die wir da drin gehabt haben!« Wilhelm Keitel (1882–1946), Generalfeldmarschall und Chef des Oberkommandos der Wehrmacht: »War sie denn wenigstens hübsch?« Karl Jesko von Puttkamer (1900–1981), Vertreter

der Kriegsmarine: »Widerwärtig!« Hitler: »Ja, das muß man überwinden, lieber Freund, da muß man schon so was in Kauf nehmen, für was werden die Leute bezahlt! Wäre es anders, so ist das ja kein Dienst mehr, sondern Wollust und damit zu verurteilen!«

## Die Tochter des Botschafters

Wer ist diese Frau, die das sonderbare Interesse Adolf Hitlers und seiner Helfershelfer auf sich gezogen hatte? 1908 in Virginia geboren, hatte Martha Dodd an der angesehenen *University of Chicago* studiert (unter anderem Literatur, ohne einen Abschluß zu machen). Sie hatte als Roman-Kritikerin für die *Chicago Tribune* zu arbeiten begonnen. Und sie hatte ein erstes Mal heimlich geheiratet (und sich wieder getrennt). Da wurde ihr Vater, der Historiker William Edward Dodd (1869–1940), von Präsident Roosevelt überraschend mit der schwierigen Aufgabe betraut, die Vereinigten Staaten als Botschafter in Berlin zu vertreten. Er besaß keine diplomatische Erfahrung, galt aber als Kenner Deutschlands, wo er vor dem Ersten Weltkrieg studiert hatte. Martha Dodd entschloß sich, ihn bei diesem Abenteuer zu begleiten. Als sie im Sommer 1933 zusammen mit ihren Eltern und ihrem Bruder auf dem Schiff in Hamburg einlief und mit dem Zug nach Berlin weiterreiste, war sie 24 Jahre alt. Mehr als vier Jahre sollte sie in Deutschland verbringen – von Juli 1933 bis Dezember 1937.

Von dieser Zeit handelt ihr erstes Buch, das Martha Dodd noch vor Beginn des Zweiten Weltkrieges veröffentlichte. Nach der Rückkehr der Botschafterfamilie in die USA erschien es dort unter dem Titel *Through Embassy Eyes* und gleichzeitig in England als *My Years in Germany* (im Frühjahr 1939). Die US-amerikanische Ausgabe wurde bei Harcourt, Brace & Company in New York aufgelegt, die britische beim Verlag Victor Gollancz in London, der unter anderem auf Werke über Deutschland spezialisiert war. Der Titel wurde sofort ein Bestseller. Noch im selben Jahr erlebte er mehrere Auflagen. 1943 erwarb *Twentieth Century Fox* die Filmrechte und engagierte Dodd als Mit-Autorin für eine Produktion, die auf ihren Erinnerungen und auf den Tagebüchern ihres Vaters beruhen sollte und mit dem Titel *Through Embassy Eyes* unter der Regie von Otto Preminger (1905–1986) in die Kinos kommen sollte. Für die Rolle ihres Bruders hatte Martha Dodd einen jungen Schauspieler vorgesehen, der später anderweitig Berühmtheit erlangte: Ronald Reagan. Uneinigkeit über die Art und Weise, wie ihre eigene Figur als Anhängerin der Nazis dargestellt werden sollte, sowie andere Meinungsverschiedenheiten ließen das Projekt jedoch scheitern.

Nur wenige Wochen vor der deutschen Besetzung Frankreichs erschien eine französische Ausgabe unter dem Titel *L'ambassade regarde* (gedruckt im Januar 1940). Die Warnung, als die das Werk zu verstehen ist, kam hier zu spät. Eine vollständige deutsche Übersetzung lag bislang erstaunlicherweise nicht vor. Es gab lediglich eine knappe Auswahl. Sie wurde unmittelbar nach dem Krieg im Verlag der Sowjetischen Militärverwaltung in Ostdeutschland als antifaschistisches Lehrbuch veröffentlicht, das die anfänglichen Sympathien der Autorin für die Nationalsozialisten und vieles mehr ausblendet (1946). Im Nachwort zur wiederum ostdeutschen Ausgabe ihres Romans *Die den Wind säen* beklagte Martha Dodd (1958), die USA hätten das Erscheinen ihrer Bücher in Westdeutschland verhindert. (Was es damit auf sich hat, davon wird noch zu sprechen sein.)

Martha Dodds *My Years in Germany* ist in mehrfacher Hinsicht aufschlußreich: als zeitgenössische Innenansicht des Dritten Reiches, die eine Besucherin aus Übersee mit ›fremdem Blick‹ wahrgenommen hat; als Protokoll eines Selbstversuches mit dem Nationalsozialismus, das bemerkenswert selbstkritisch aufgezeichnet ist; als psychologisches und physiognomisches Panorama zahlreicher Akteure, denen die Autorin begegnete; als geschichtswissenschaftliche Studie über das Deutschland der dreißiger Jahre; als Beitrag zur Diskussion über die richtige Politik gegenüber dem Faschismus; und als faszinierende literarische Darstellung einer komplexen Erfahrung.

Martha Dodds Aufzeichnungen gewinnen Bedeutung im Kontext verschiedener politischer Debatten: Sie lieferten Material für die innenpolitische Auseinandersetzung zwischen Isolationisten und Interventionisten in den USA. Als deutliche Warnung vor einer planmäßigen Vernichtung der Juden erhält das Buch eine gewisse Brisanz im Hinblick auf die Einwanderungspolitik gegenüber jüdischen Flüchtlingen. Schließlich bietet der ›Fall‹ Martha Dodd ein Beispiel für die Einschätzung der Kommunistenjagd in der McCarthy-Zeit und die Definition von Bürgerrechten gegenüber staatlichen Organen.

Im einzelnen enthält *Meine Jahre in Deutschland* bemerkenswerte Beobachtungen aus erster Hand. Wir erfahren, wie eine junge Ausländerin das Dritte Reich erlebte. Wir lesen, was sie daran – zunächst – begeisterte. Martha Dodd bekennt, worin sie sich irrte; und sie erklärt, wie sie das System des Terrors durchschaute und weitsichtig erkannte, welche kaum glaublichen Verbrechen sich in Planung befanden. Die Autorin beschreibt ihre Begegnungen mit Adolf Hitler und anderen hohen Nazis. Hinter einer vorsichtigen Verschlüsselung sind ihre Kontakte zu Kreisen des Widerstands und zum sowjetischen Geheimdienst zu erahnen.

## Die Reise nach Nazideutschland

Bei den Reichstagswahlen vom 31. Juli 1932 hatte die NSDAP einen Stimmenanteil von 37 Prozent erhalten und war zur stärksten Partei und größten Fraktion im Reichstag geworden. Obwohl ihr Anteil bei den folgenden Wahlen vom 6. November 1932 auf gut 33 Prozent zurückging, berief Reichspräsident Paul von Hindenburg (1847–1934) Adolf Hitler am 30. Januar 1933 als Chef einer Koalitionsregierung zum Reichskanzler. In den letzten noch einigermaßen demokratischen Wahlen vom 5. März 1933 erhielt die NSDAP knapp 44 Prozent der Stimmen. Den Reichstagsbrand am 27. Februar 1933 benutzten die Nationalsozialisten, um die bürgerlichen Rechte mit Notstandsverordnungen außer Kraft zu setzen. Das ›Ermächtigungsgesetz‹ vom 24. März 1933 erlaubte es der Regierung, eigenständig Gesetze zu erlassen. Gewerkschaften und Parteien wurden aufgelöst. Als Martha Dodd am 13. Juli 1933 dort eintraf, hatte sich das Land bereits weitgehend in eine totalitäre Diktatur verwandelt.

Die Verfolgung der Juden wurde Zug um Zug verschärft. Bereits am 1. April 1933 hatten die Nazis einen landesweiten Boykott jüdischer Geschäfte organisiert. Am 15. September 1935 wurden die sogenannten ›Nürnberger Gesetze‹ verkündet (das ›Reichsbürgergesetz‹ und das ›Gesetz zum Schutze des deutschen Blutes und der deutschen Ehre‹). Ein Ereignis, das die Tochter des Botschafters vor Ort erlebte, war die ›Nacht der Langen Messer‹ vom 30. Juni 1934, in der sich Hitler der SA-Führung und seines ›alten Kämpfers‹ und Duzfreundes Ernst Röhm (1887–1934) entledigte. Nach Hindenburgs Tod am 2. August 1934 übernahm der Reichskanzler zugleich auch die Befugnisse des Reichspräsidenten. Die Reichswehr wurde auf ihn persönlich vereidigt.

Außenpolitisch erfolgte die schrittweise Revision des Versailler Vertrages und die Vorbereitung des Landes auf den Krieg: In der Volksabstimmung im Saarland vom 13. Januar 1935 stimmten 91 Prozent für die Wiedereingliederung in das Deutsche Reich. Am 16. März 1935 wurde die allgemeine Wehrpflicht wiedereingeführt. Am 7. März 1936 zog die Wehrmacht in das entmilitarisierte Rheinland ein. Im Sommer 1936 begann mit Francisco Francos Revolte der Spanische Bürgerkrieg, in dessen Verlauf die deutsche ›Legion Condor‹ auf Seiten der Falangisten eingriff.

Von dieser Zeit zu berichten, ist keine einfache Aufgabe. Zumal aus der Perspektive alltäglicher Erfahrung; und erst recht ohne zeitlichen Abstand. Erst nachdem Martha Dodd Ende 1937

Deutschland verlassen hatte, kam es zu den spektakulärsten außenpolitischen Erfolgen, mit denen Hitler seine Machtbasis ausbauen konnte: zum ›Anschluß‹ Österreichs (13. März 1938), zur ›Münchener Konferenz‹ (29. September 1938), zum Einmarsch in das ›Sudentenland‹ (1. Oktober 1938) und zur Besetzung der ›Rest-Tschechei‹ (15./16. März 1939). Nachdem das Buch bereits erschienen war, schloß das Deutsche Reich (am 23. August 1939) einen Nichtangriffspakt mit der Sowjetunion. Am 1. September 1939 überfielen die deutschen Truppen Polen. Martha Dodd verfaßte ihr Werk über das Deutschland der Vorkriegszeit ohne das nachträgliche Wissen des historischen Rückblicks. Wie sollte sie ihre bewegenden Erfahrungen in eine sprachliche Form bringen?

## Die Zeitzeugin als Schriftstellerin

An *Meine Jahre in Deutschland* läßt sich eine Frage stellen, die im Hinblick auf historische Quellen, Berichte von Beobachtern, Aussagen von Zeitzeugen und Literaturen der Erinnerung von grundsätzlicher Bedeutung ist: Welche Rolle spielt die sprachliche Gestalt bei der Repräsentation geschichtlicher Gegenstände? Um das, was sie erlebt hatte, verstehen und vermitteln zu können, greift Martha Dodd auf mehrere literarische Formate zurück, die sie neben- und nacheinander als Muster der Wahrnehmung, als Modelle der Analyse und als Medien der Darstellung einsetzt.

Martha Dodds Buch – hierin liegt eine seiner Qualitäten – ist auf den ersten Blick leicht verständlich; dabei erweist es sich, genau besehen, formal wie inhaltlich als raffiniert und mehrdimensional. Um ihre komplexe (und zutiefst irritierende) Erfahrung zu verarbeiten und lesbar zu machen, läßt die Schriftstellerin ihren Text nacheinander fünf Genres durchlaufen, die jeweils epistemische, ästhetische und politische Funktionen haben: *Meine Jahre in Deutschland* beginnt wie ein klassischer *Reisebe-*

*richt*, in dem Erwartungen benannt, Eindrücke vermerkt und Exotismen bedient werden; dieser entwickelt sich zu einem *Bildungsroman*, der den Wandel in der Einstellung seiner Hauptfigur nacherzählt; dessen Modell wiederum kontrastiert die Autorin mit einer Reihe von *Porträts* von Politikern, Journalisten und Diplomaten, um schließlich die nationalsozialistische Herrschaft und deren Ziele mit der Systematik eines *Sachbuches* zu analysieren, das seinerseits am Ende in eine politische Agenda mündet: in den *Appell* an die westlichen Demokratien, Hitler rechtzeitig mit entschlossenem Widerstand zu begegnen.

Erstes Modell, Reiseliteratur: In den einführenden Kapiteln überwiegen die typischen Elemente und konventionellen Motive eines Reiseberichts. Am Beginn steht eine idyllische Skizze der Heimat. Ein jugendliches Fernweh richtet sich auf ein konkretes Ziel (Deutschland), es wird durch einschlägige Lektüren genährt (Friedrich Nietzsche), und es entstehen vage Vorstellungen davon, was in der Fremde zu erwarten ist. Als die Reise begonnen hat, empfindet die Heldin sie als ein »Abenteuer«. Es hält magische Momente bereit (den ersten Anblick Europas in Gestalt der irischen Küste), die sich als Rituale erleben lassen (die erste Berührung mit europäischem Boden bei der Landung in Frankreich). Die ersten Eindrücke vor Ort nimmt die Reisende impressionistisch auf, aus der Touristenperspektive (sie spricht von »sights«): das Hotel, den Reichstag und die Siegesallee mit ihren seltsamen Denkmälern.

Das fremde Land stellt die junge Frau aus Übersee vor eine hermeneutische Herausforderung. Ihr unbestimmtes Interesse am Neuartigen verdichtet sich zu einem ethnographischen Projekt. Die Reiseschriftstellerin bemerkt die Eigenart der unvertrauten Speisen und Getränke und das Verhalten der einheimischen Bediensteten. Wie ein europäischer Weltreisender des 18. Jahrhunderts im Angesicht südseeischer Ureinwohner registriert sie als ›teilnehmende Beobachterin‹ zunächst rein empirisch die Aussprache, die Gestik und die Tänze der Eingeborenen, die ihr primitiv und »kindlich« vorkommen. Ihre Wahrnehmung ist sinnlich, emotional, empathisch. Martha Dodd romantisiert. Die unbekannte Metropole erscheint ihr auf unheimliche Weise vertraut: »wie eine amerikanische Kleinstadt in der Nacht«. Instinktiv empfindet sie eine Zuneigung für Land und Leute. Ihre positiven Vorurteile, die sie aus der Entfernung gehegt hatte, findet sie bestätigt. Sie hat einen prodeutschen Standpunkt eingenommen.

Die Botschaftertochter unternimmt Ausflüge, die sie an historisch und kulturell bedeutsame Orte führen: nach Eisenach, zur Wartburg, nach Wittenberg (Luther, Hamlet), nach Weimar und Leipzig (Goethe und Schiller, Faust und Mephisto), nach Bayreuth (Wagner), an den Rhein (Lorelei, Burgruinen) und in den Harz (den Dodd mit den Gebrüdern Grimm in Verbindung bringt). Die Assoziationen, die ihr in den Sinn kommen, sind durchweg auf Geschichtliches gerichtet: Der Harz hält Märchen bereit. Das Rheinland mit seinen Ruinen ist »dunkel und geheimnisvoll«. Uralte bayerische Dörfer erscheinen schön und – nach einem ersten beunruhigenden Erlebnis – gespenstisch. Martha Dodd ruft zahlreiche Motive auf, die eine Vergangenheit beschwören, und zwar in leicht doppelsinniger Weise: begeisternd und zugleich ein wenig schauerlich. Wie zahlreiche Reiseschriftsteller gestaltet auch sie ihre Auffassung des Landes, das sie erkundet, in symbolischen Räumen. In Form eines Netzwerkes von Erinnerungsorten macht sie die deutsche Geschichte als Bezugsfeld gegenwärtig.

In Nürnberg unterbricht ein gewalttätiger Zwischenfall die germanophilen Phantasien. Und auch in Berlin macht die junge US-Amerikanerin schließlich Erfahrungen, die ihre positiven Vorurteile in Frage stellen. Diesen Widerspruch scheint sie dadurch zu lösen, daß sie ihn verräumlicht: Das politische Verbrechen verortet sie in der Großstadt, während die ländlichen Regionen, die Orte der Vergangenheit, die ihr malerisch vorgekommen waren, von ihm unberührt bleiben. Vor den Schichten des Mittelalters, der Klassik und der Romantik erscheint der Nationalsozialismus nicht als Ergebnis einer Entwicklung, sondern unvermittelt – als Fremdkörper. Indem er in der Metropole stattfindet, wird der Terror nicht aus der Geschichte abgeleitet, sondern zum Phänomen der Moderne erklärt. Daß sich dieser Gegensatz eines städtischen (faschistischen) und eines provinziellen (traditionellen) Deutschland, den Martha Dodd inszeniert, nicht nur im Widerspruch zur antiurbanistischen NS-Ideologie befand, sondern auch zur historischen Realität, scheint ihr nicht in den Sinn zu kommen. Der Anteil der Wählerstimmen für die NSDAP bei den Reichstagswahlen vom 5. März 1933 (deutschlandweit 43,9 %) lag deutlich unter dem Durchschnitt in Berlin, Köln, Düsseldorf, Potsdam und Hamburg. Während die NSDAP in weiten Teilen des Landes bereits stärkste Partei war, konnte die KPD noch bei den letzten Wahlen vor der Machtübernahme eine relative Mehrheit in der Hauptstadt erringen.

## Verwandlungen

Das reiseliterarische Genre bietet die Möglichkeit, das ›Eigene‹ und das ›Fremde‹ einander gegenüberzustellen, Erwartungen und Vorurteile zu dokumentieren, Riten des Übergangs in Szene zu setzen, die eigene Wahrnehmung zu thematisieren, das Land als semiotische Herausforderung zu begreifen, ein völkerkundliches Projekt durchzuführen, einen touristischen Impressionismus und romantische Träumereien in Szene zu setzen und all dies innerhalb einer symbolischen Topographie, in einer bedeutsamen Räumlichkeit einzurichten. Es stößt jedoch an seine Grenzen, sobald sich die Reisende mit Ereignissen konfrontiert sieht, die nicht allein das bereiste Land, sondern sie selbst in Frage stellen. Eine solche Komplikation verlangt nach einer anderen Form.

Zweites Modell, Bildungsroman: Die reiseliterarische Darstellung wird überlagert von der Frage, wie sich die Reisende zur politischen Problematik des Landes verhält. Der Akzent verschiebt sich von der Beschreibung der Fremde auf die Selbstreflexion der Erzählerin, auf die Darstellung ihres politischen Reifeprozesses. *Meine Jahre in Deutschland* entwickelt sich zu einem Bildungsroman. In ungewöhnlicher Differenziertheit lotet Martha Dodd ihre Haltung gegenüber dem Nationalsozialismus aus. Sie bekennt, wie sie sich auf vielerlei Umwegen und keineswegs in gradliniger Selbstaufklärung von einer Parteigängerin zur hellsichtigen Kritikerin und entschiedenen Gegnerin des Regimes entwickelte.

Martha Dodds politischer Bildungsroman hat mehrere Phasen, er nimmt zahlreiche Wendungen und durchläuft verschiedene Umwege: Zuerst beschreibt die Tochter des Gesandten die Voraussetzungen vor dem Antritt ihrer Reise, zu denen sie einen (mindestens latenten) Antisemitismus rechnet sowie die Germanophilie ihres Vaters, der in Leipzig promoviert hatte. Vor Ort wird sie mit Informationen und Geschehnissen konfrontiert, die ihre Voreingenommenheit herausfordern. Den ›ersten Kontakt‹ mit der Realität der Diktatur bildet ein Gespräch mit einem Mitarbeiter der Botschaft, der ihr davon abrät, freimütig ihre Meinung zu äußern. Die Familie wird gewarnt, die deutschen Angestellten seien Spione. Eine Journalistin versucht, die junge Frau über die Brutalität der Geheimpolizei aufzuklären. Sie begegnet marschierenden SA-Leuten. Überall sieht sie Hakenkreuz-Fahnen – und Spruchbänder, auf denen sie das Wort »Jude« erkennt. Wie reagiert Martha Dodd? Sie leugnet die Informationen. Sie verdrängt die Warnungen. Sie sieht Vorurteile am Werk, die den Deutschen unrecht tun. Die allgemeine »Erregung« hatte auf sie eine »ansteckende« Wirkung.

Ein erstes ernsthaftes Problem entsteht in Nürnberg, im Gau des *Stürmer*-Herausgebers Julius Streicher (1885–1946), wo eine junge Frau von einem Mob angegriffen wird, weil sie ein Verhältnis mit einem Juden gehabt haben soll. Hier ist die Sympathisantin zum ersten Mal irritiert. Der Zauber der Reise ist vorübergehend verflogen. Aber es gelingt ihr, die Verunsicherung zu bewältigen. Erst mittelfristig wird das Erlebnis seine Folgen haben. In Österreich findet sie zunächst ersatzweise eine Projektionsfläche. Hier scheint ihre Vorliebe für alles Deutsche bedient werden zu können, ohne unmittelbar mit dem Nationalsozialismus in Verbindung zu stehen. Die Begeisterung für *austro*deutsche Kultur erfährt nach jener ersten Krise sogar eine Steigerung. Die Attribute, die Dodd in dieser Phase gebraucht, stehen fast durchweg im Superlativ: alles ist hier »most beautiful«, »most perfect«.

Im Kontrast zwischen Österreich und Deutschland nimmt Martha Dodd den Faschismus immerhin als etwas wahr, das zur deutschen Kultur nicht unbedingt dazugehört – und das durchaus eine negative Auswirkung haben kann. Im Rheinland wird deutlich, wie er das Land und seine Menschen verändert. Nach ihrer Rückkehr nach Berlin erfährt die Ausflüglerin, daß viele Juden gezwungen sind, ihre Häuser zu vermieten, ohne daß sie bereits die Planmäßigkeit der ›Arisierungs‹-Politik durchschauen würde. Der Vater muß immer wieder gegen die Behandlung von Landsleuten protestieren, die unter seinem Schutz stehen. Ein Journalist hat so schwere Probleme mit den Nazis, daß ihm der Botschafter zur Ausreise rät. Der Terror der SA ist nicht mehr zu leugnen. Martha Dodd hat erfahren: »Es gab schreckliche mörderische Zwischenfälle, bei denen Juden – sowohl ausländische als auch deutsche – zusammengeschlagen wurden, weil sie die Fahne nicht gegrüßt hatten oder einfach nur deshalb, weil sie jüdisch aussahen.« Eine Strategie, mit solchen Tatsachen umzugehen, ohne politische Konsequenzen aus ihnen zu ziehen, ist der Sarkasmus: Die Ausländerin fängt an, sich über die Deutschen lustig zu machen, zum Beispiel über deren antiquierte Wohnungseinrichtungen oder über ihren kauzigen Sprachlehrer.

Der Erkenntnisprozeß ist nicht linear. Nach jenen ersten Irritationen findet die Protagonistin durchaus nicht geradewegs zu immer größerer Einsicht. Im Gegenteil: Aus Trotz verbohrt sie sich gegenüber ihrem Vater, der sie spöttisch einen »jungen Nazi«

nennt. Oder gegenüber einer Bekannten, mit der sie ein Arbeitslager besucht, das einen »netten und ordentlichen Eindruck« auf sie macht. »... ich [war] auf dem Höhepunkt meiner Pro-Nazi-Phase.« Die Konzentrationslager sowie die allgegenwärtigen Zeichen des Militarismus und der Aufrüstung bereiten ihr aber schließlich doch Sorgen: »Ich fing langsam, aber sicher an, meinen Verstand zu benützen.« Die Indoktrination jedoch erweist sich zu diesem Zeitpunkt noch als mächtig. Gegenüber Berichten aus einem KZ verhält sich Martha Dodd ambivalent: Sie war »schockiert«, zugleich aber durch die Propaganda »gelähmt«.

Martha Dodd hat Kontakt mit verschiedenen Gästen in der Botschaft: mit Geschäftsleuten, Aristokraten, Offizieren und Intellektuellen. Sympathie und Antipathie gegenüber den Nazis halten sich eine Zeitlang die Waage. Auf der einen Seite ist eine erotische Attraktion wirksam. Andererseits wird diese mitunter durch Zeichen von ideologischem Fanatismus getrübt. Eine ihrer ersten Enttäuschungen auf persönlicher Ebene erfährt Martha Dodd von einem SS-Mann, den sie zunächst anziehend fand, dann jedoch, »auf den zweiten Blick«, abstoßend. Auch die primitive Verbohrtheit eines SA-Jungen, mit dem sie immerhin einige Male ausgegangen ist, wirkt abschreckend. Besonders deutlich wird der Zwiespalt zwischen Hingabe und Abkehr bei Figuren wie dem Begründer der Gestapo, Rudolf Diels (1900–1957), der ihr Einblicke in das terroristische System gewährt. Dodd beschreibt ihn als »Monster« von »gebrochener Schönheit«. Sie scheint hin- und hergerissen zu sein zwischen physischer Verlockung und moralischer Abscheu.

Warum läßt sie sich mit solchen Leuten ein? Worin besteht ihre Faszination? Wie intim, wie sexuell waren diese Beziehungen? Obgleich Dodd betont, sie sei nicht auf der Suche nach Liebesabenteuern gewesen, und obwohl sie an keiner Stelle eine physische Beziehung ausdrücklich bestätigt, durchzieht ein starker erotischer Subtext das gesamte Buch. Die ›Attraktivität‹ ist stets eines der ersten Merkmale, das die junge Frau an den zahlreichen Personen, denen sie begegnet, feststellt. Wenn sie eigens in einer Fußnote anmerken zu müssen glaubt, SS-Männer seien allgemein als »gutaussehend« bekannt gewesen, ohne sich dabei vom rassistischen Kult um deren vermeintliche ›Auslese‹ zu distanzieren, verleiht sie dieser Beobachtung einen objektiven Rang. Von einer abgründigen erotischen Faszination des Faschismus zeugen die Texte zahlreicher zeitgenössischer Beobachter, weiblicher wie männlicher, homo- wie heterosexueller. Ein berühmtes Beispiel ist der französische Schriftsteller Jean Genet (1910–1986), der etwa in seinem *Tagebuch eines Diebes* ausgiebig mit der Gestapo kokettiert. Über Martha Dodds promiskuitive Sexualität machte sich später sogar der sowjetische Geheimdienst Gedanken. Ein Agent berichtete 1941 aus den USA: »Sie schlief mit einem richtigen Faschisten – General Ernst Udet, Nummer zwei (nach Göring) im Kommando der Luftwaffe; mit Louis Ferdinand, dem Enkel des Kaisers; und mit einem Typ von der französischen Botschaft in Berlin. (Eine wahrhafte Internationalistin!)«

Zu einer Affäre mit Hitler scheint es dagegen nicht gekommen zu sein – obwohl dessen Auslandspressechef Ernst »Putzi« Hanfstaengl (1887–1975), der viele Jahre in den USA gelebt hatte, ein Treffen mit den Worten eingefädelt hatte: »Hitler needs a woman.« Martha Dodd beschreibt Adolf Hitler als durchaus »nicht unattraktiven Mann« mit »weichem Gesicht«. Wie viele andere auch bemerkt sie das Hypnotische seiner Augen. Sie findet den Diktator charmant. Was sie als Schüchternheit versteht, wirkt anziehend auf sie. Später erst wird ihr das Gefährliche des Mannes bewußt; sie bemerkt einen angeblichen physiognomischen und habituellen Wandel, der mit der Verfestigung seiner Macht einhergegangen sei, und entwickelt eine psychoanalytische Interpretation seines Charakters.

Als sie nach Berlin kam, sprach Martha Dodd so gut wie kein Deutsch. Mit dem ›Führer‹ konnte sie sich kaum verständigen. Ihr Gewinn an Einsicht in die verbrecherische Natur der Naziherrschaft geht einher mit einer allmählichen Verbesserung ihrer Sprachkenntnisse.

Auf einer Party kommt es schließlich zu einer Szene, die Martha Dodd als den »unbewußten Wendepunkt« ihrer Einstellung bezeichnet. Als sie das *Horst-Wessel-Lied* auflegt (»ganz gute Marschmusik«!), bekommt ein Fanatiker, von dem sie bis dahin ebenfalls beeindruckt war, einen Wutanfall, weil sie dieses sakrale Stück, das den Nazis als inoffizielle Hymne diente, entweiht habe. Von nun an tut selbst die Propaganda, die zuvor so wirkungsvoll gewesen ist, ein übriges: Die antikommunistische Agitation erscheint jetzt dermaßen »lächerlich«, daß sie – wie der Fanatismus einzelner – einen kontraproduktiven Effekt auslöst. Sie wird geradezu zu einem Testfall der zivilisierten Persönlichkeit: Wer im Selbstversuch mehr als eine Woche lang ein Abonnement des *Stürmers* ertragen könne, notiert Dodd, gehöre nicht mehr »der zivilisierten Menschheit an«. Ein weiteres Element, das sie zum Umdenken bewegt, ist die Atmosphäre der Angst, die sogar von der Botschaftertochter Besitz ergreift. Sie wird nervös, paranoid und beinahe hysterisch. Was ihr der Polizeichef von seiner Arbeit erzählt, ist erschreckend. Martha Dodd beginnt, das System der NS-Herrschaft zu durchschauen – und am eigenen Leib zu spüren.

Einen Faktor, der zu ihrer Desillusionierung beigetragen hat, verbirgt Martha Dodd hinter knappen Andeutungen: Sie machte die Bekanntschaft »einer jungen Amerikanerin«, die sie bei der Besichtigung des Arbeitslagers begleitete und die sie auf dem Rückweg bereits als »meine Freundin« bezeichnet. Hinter der anonymen Unbekannten läßt sich Mildred Fish (1902–1943) identifizieren, die zusammen mit ihrem deutschen Ehemann Arvid Harnack (1901–1942) im Untergrund arbeitete, die Widerstandsgruppe ›Rote Kapelle‹ mitbegründete und schließlich von den Nazis hingerichtet wurde. Um sie nicht zu gefährden, hat Martha Dodd jedes Indiz, das einen Rückschluß auf die Harnacks erlaubt hätte, in ihrem Buch vermieden.

Nach einem knappen Jahr ist der schwierige Prozeß an sein Ziel gelangt. Martha Dodd datiert den Zeitpunkt auf das Frühjahr 1934. In einem Tagebucheintrag vom 18. Juni 1935, in dem er sich auf mehrere Begegnungen bezieht, charakterisiert sie der Korrespondent William Shirer (1904–1993) bereits als »leidenschaftliche Diskutantin«, die regelmäßig am Stammtisch der politischen Berichterstatter teilnahm. Martha Dodds politischer Reifeprozeß war ein allmählicher, ein umwegiger Vorgang, keine plötzliche Einsicht. Die einzelnen Phasen ihrer inneren Entwicklung waren: positive Vorurteile – naive Parteinahme – erste Irritationen – Verdrängung – Romantisierung – erste Krise – Sarkasmus – trotzige Radikalisierung – weitere Informationen – Ambivalenz – fortschreitende Desillusionierung – Fortdauer erotischer Anziehung – konsequente Ablehnung – politisches Handeln.

### Begegnungen

Als Martha Dodd ihre Haltung gefunden hat, ist der Bildungsroman abgeschlossen. Die Möglichkeiten, die er bot, sind ausgereizt. Nun wendet sie sich anderen Personen zu, an denen sie alternative Möglichkeiten des Verhaltens studieren kann.

Drittes Modell, Porträts: Zahlreiche Miniaturen, die über mehrere Kapitel verteilt sind, charakterisieren Persönlichkeiten, denen Dodd in Deutschland begegnete: die Hohenzollern, insbesondere Prinz Louis Ferdinand (1907–1994), die literarische Szene, den »tragischen« Ernst Rowohlt (1887–1960), den »abstoßenden« Hanns Heinz Ewers (1871–1943), den zurückgezogenen Hans Fallada (Rudolf Ditzen, 1893–1947) und den gefeierten Thomas Wolfe (1900–1938). Vor allem die ausländischen Diplomaten und ihre Frauen verkörpern verschiedene politische Haltungen, und auch die Korrespondenten bilden ein Spektrum von Verhaltensweisen, in denen Dodd ihre eigene Komplexität spiegeln kann: von Parteinahme über Indifferenz und andeutungsreiche Berichterstattung bis zu kompromißloser Gegnerschaft – sowie all dies in verschiedenen Verbindungen und Positionswechseln. (Es überrascht die Offenheit, mit der Dodd die Personen bisweilen charakterisiert. Nicht in allen Fällen scheint sie – wie bei Mildred Harnack – Vorsicht zu üben, um die Menschen, die noch in Deutschland leben, nicht in Gefahr zu bringen.)

In einer Art *Who is Who* des Dritten Reiches beschreibt Martha Dodd – zumeist aus eigener Anschauung – das führende Personal des Regimes: Adolf Hitler (1889–1945), Joseph Goebbels (1897–1945), Hermann Göring (1893–1946), Alfred Rosenberg (1893–1946), Joachim von Ribbentrop (1893–1946), Hjalmar Schacht (1877–1970), Konstantin von Neurath (1873–1956) und viele andere; außerdem die Protokollchefs, junge deutsche Diplomaten, Hitlers Sekretäre und seine Berater. Ausgerechnet bei hochgestellten Nazis ist immer wieder von physischer Attraktivität und von persönlichem Charme die Rede: Goebbels ist für Dodd »die charmanteste unter den Nazigrößen«, »der attraktivste von allen Männern in Hitlers Umgebung«. Ribbentrop beschreibt sie als »blond und in gewisser Weise attraktiv«. Und sogar im fetten Göring kann sie noch den »schlanken, blonden, attraktiven, tapferen« Kampfflieger von einst sehen. Neben Louis Ferdinand und Rudolf Diels entwickelt sie eine intime Beziehung zu dem Fliegerhelden, Testpiloten, Konstrukteur und Luftwaffenoffizier Ernst Udet (1896–1941).

Die Personenbeschreibungen folgen einem Muster. Nacheinander interessiert sich Martha Dodd für folgende Aspekte: Physiognomie, Attraktivität, Ehefrauen, Psychologie, Charakter, Einstellung. Sie illustriert ihre Betrachtungen, indem sie von Begegnungen berichtet. Ihre Figuren-Skizzen sind im bildlichen Sinne Porträts, da sie vorrangig optisch entworfen werden. Nur selten gibt Dodd Dialoge wieder. Die Vorstellung, daß sich der Charakter im Äußeren spiegele, widerspricht ihren eigenen komplizierten Verwandlungen, die ja kaum mit entsprechenden physischen Veränderungen einhergegangen sein können. Regelmäßig tauchen tierische Attribute auf. Franz von Papens Sohn erinnert an einen »blonden Fuchs«. Der Schriftsteller Ewers hat die »Haut einer Kröte«, er gleicht einem »Reptil«; und der Propagandaminister hat das Gesicht (und dem entsprechend das Hirn) einer »Ratte«. In solchen Porträts macht sich die Antifaschistin Verfahren zu eigen, wie sie die Nationalsozialisten in ihren Karikaturen verwendeten.

## Politik

Vor dem Hintergrund von Martha Dodds eigenem Bildungsroman haben die Porträts anderer Ausländer, denen sie in Deutschland begegnet, die Funktion, vergleichbare Entwicklungen und Verhaltensweisen einzuführen beziehungsweise einzelne Phänomene oder Phasen an anderen Personen zu spiegeln. Die Nazis, die sie porträtiert, dienen ihr dazu, ihre anfängliche Verführbarkeit plausibel zu machen und ihre allmähliche Abstoßung zu erklären. Gleichzeitig führen die Reihen von Personenstudien, zu denen sich *My Years in Germany* in seinem Mittelteil entwickelt, weg von der subjektiven Selbstbeschreibung der Autorin und hin zu einer zeitgeschichtlichen Analyse des nationalsozialistischen Systems: über die Porträtserie zum historiographischen Sachtext.

Viertes Modell, Sachbuch: Nachdem sie selbst eine kritische Haltung eingenommen und zahlreiche Personen vorgeführt hat, analysiert Martha Dodd die NS-Herrschaft systematisch: die faschistische Ökonomie, die Politik gegenüber den Kirchen, die Rolle der Frau in der Diktatur. Den totalitären Charakter der Naziherrschaft hat sie durchschaut: »Sie erfaßt fast alle Bereiche menschlicher Aktivität.« Dodd beschreibt die Mechanismen der Gleichschaltung, Indoktrination und Denunziation, ›Kraft durch Freude‹ und Gestapo, die psychologischen Effekte der Bespitzelung und die Arbeit von Widerstandsgruppen. Während der ›Röhm-Morde‹ von 1934 wird die Atmosphäre der Angst konkret greifbar: der Ausnahmezustand, das plötzliche Verschwinden der Braunhemden, Gerüchte von zahlreichen Morden, die Agitation im Radio, alltägliche Zynismen (»Lebst du noch?«) und Schüsse in der Nacht. Eindringlich stellt die Beobachterin die Methoden der Folter dar, über die sie aus verschiedenen Quellen informiert gewesen sein muß. Aus heutiger Sicht scheint Dodd den Anteil, den der Terror an der Gefügigkeit der Deutschen hatte, zu überschätzen. Die Nazis bezeichnet sie als »Wölfe«, die über ein Volk hergefallen seien, das demnach als unschuldig anzusehen wäre. Die breite Bereitschaft zu opportunistischem Mitläufertum und zu aktiver Beteiligung benennt sie erst am Ende des Buches.

Fünftes Modell, Manifest: In Anbetracht ihrer Analyse der nationalsozialistischen Herrschaft kann es Martha Dodd nicht bei einer bloßen Beschreibung bewenden belassen. Ihr Ton wird deutlich alarmierender, immer polemischer. Ihr Text durchläuft folgerichtig seine letzte Verwandlung: Das Sachbuch entwickelt sich zum Pamphlet, zum Manifest.

Das erklärte Anliegen ist, die *Appeasement*-Politik der westlichen Regierungen zu bekämpfen (Chamberlain und Daladier nennt Dodd »Verräter«), gegen Sympathisanten im eigenen Land (wie etwa Charles Lindbergh, 1902–1974) vor der Gefährlichkeit des internationalen Faschismus zu warnen und zu entschlossenem Handeln aufzurufen – »bevor es zu spät ist«. Dodds Ablehnung des Nationalsozialismus ist dabei rein politisch motiviert. Sie geht nicht einher mit einer Verachtung für die Deutschen selbst.

Sobald *My Years in Germany* in einem politischen Programm seinen Höhepunkt erreicht hat, führt Martha Dodd die Gattungen, die sie dorthin geleitet haben, die verschiedenen Bücher, die sich in ihrem Werk überlagern, ihrer jeweiligen Vollendung zu: Die Reise findet klassisch ihren Endpunkt in der Heimkehr nach Amerika; der Bildungsroman bekommt dadurch seinen Abschluß, daß die Protagonisten als gereifte Frau einen Beruf ergreift und als Buchautorin an die Öffentlichkeit tritt; die Reihe der Porträts wird gekrönt durch liebevolle Darstellungen der Familienmitglieder; das Sachbuch über das Dritte Reich endet mit einem Abschnitt über die diplomatischen Beziehungen zwischen Washington und Berlin, die zur Abberufung des Botschafters führten, der durch Hugh Robert Wilson (1885–1946) ersetzt wurde; und das politische Manifest wird noch einmal verstärkt durch den Appell an alle US-Amerikaner, den Faschismus im eigenen Land zu bekämpfen, und an alle Demokratien, Hitlers aggressiver Politik entgegenzutreten.

Martha Dodd scheint ihre Erfahrungen absichtsvoll komponiert und anspruchsvoll gestaltet zu haben, um das Potential verschiedener Schreibformen nutzen zu können. Als Literaturstudentin, Buchkritikerin und Verfasserin belletristischer Arbeiten verfügte sie über ein ausgeprägtes literarisches Formbewußtsein, über eine bemerkenswerte sprachliche Begabung und über Erfahrungen mit zahlreichen Textsorten. Sie verwendete die diversen Gattungen indes nicht unbedingt bewußt. Weder reflektiert sie ausdrücklich den Einsatz der einzelnen Formate noch den Wechsel von einem zum anderen. Die Übergänge sind nicht markiert, sie sind zum Teil nicht eindeutig zu verorten, und sie entsprechen keiner formalen Einteilung des Buches in Abschnitte oder Kapitel. Die verschiedenen Formen werden nicht schlicht und einfach im Sinne einer konventionellen Gattungspoetik vorgeführt. Martha Dodd fügt die verschiedenen Schreibweisen vielmehr originell zu einem Hybrid ineinander. Ihre Technik ist so subtil, daß sie sich dem Leser keineswegs auf den ersten Blick erschließt.

Bezeichnend ist nicht nur, in welchen Schreibweisen und Erzählmodellen eine historische Erfahrung zur Sprache findet, sondern dabei auch umgekehrt, welche naheliegenden Modi ausgespart werden. So publiziert Martha Dodd nicht etwa Briefe oder ein Tagebuch, obwohl dies sich angeboten hätte: es war als reiseliterarische Form seit Jahrhunderten eingeführt; sie hatte wohl tatsächlich ein solches geführt; seine offene, ›einfache‹ Gattung wäre flexibel zu handhaben gewesen; und in der Literaturgeschichte wurde es am ehesten als ›weibliche‹ Gattung angesehen.

Die Genres, die Dodd einsetzt, sind traditionell in besonderer Weise sowohl als ›europäische‹ wie auch als ›patriarchale‹ Formate zu verstehen: vor allem die Reiseliteratur als koloniale Schreibform (von Kolumbus bis James Cook) und der Entwicklungsroman als Programm der Identitätsbildung (etwa bei Christoph Martin Wieland, *Agathon*, oder Johann Wolfgang von Goethe, *Wilhelm Meister*, Henry Fielding, *Tom Jones*, oder Charles Dickens, *David Copperfield*), aber auch das Manifest als Ausdrucksform politischer Kritik (am prominentesten bei Karl Marx und Friedrich Engels) sowie als Positionsbestimmung der Avantgarden (etwa bei Wyndham Lewis oder André Breton). Auch im politischen Sachbuch begibt sie sich in eine Domäne überwiegend männlicher Experten. Die visuelle Charakterisierung der Personen entspricht ironischerweise den Konventionen der Frauendarstellungen in der realistischen Romanliteratur des 19. Jahrhunderts (etwa bei Balzac oder Flaubert). Deren ›männlichen Blick‹ wendet Martha Dodd als aktive Betrachterin auf die Männer, die sie porträtiert (und zuweilen begehrt), zurück.

Ein letztes Genre deutet sich ganz am Schluß an. *Meine Jahre in Deutschland* endet als Familiendrama. Martha Dodd beschreibt die traurigen Auswirkungen, die der Faschismus auf ihre Verwandten hatte: Ihr Bruder hat es schon früh nicht mehr ausgehalten und Deutschland wieder verlassen; ihr Vater muß seinen Posten aufgeben; und ihre Mutter wird krank und stirbt, so ihre Erklärung, an den Folgen des Aufenthaltes im Dritten Reich.

## Diagnose

Noch vor Kriegsbeginn veröffentlicht, ist *Meine Jahre in Deutschland* ein wichtiges Zeitdokument. Es gibt Aufschluß über die Frage: Was konnte man damals wissen? Welche Einsichten,

Erkenntnisse und Prognosen waren aufgrund welcher Beobachtungen seinerzeit in Deutschland möglich?

Nachdem sie ihre eigenen Irr- und Umwege analysiert hat, entwickelt Martha Dodd luzide Erkenntnisse: Erstens, daß Hitlers Politik auf eine weiträumige Expansion zielte und notwendig zum Krieg führen würde, zumal die faschistische Ökonomie konsequent in eine aggressive Außenpolitik umschlagen mußte: »Deutschland ist fest entschlossen zu einer weltweiten Expansion.« Und zweitens, daß der Nationalsozialismus die »Vernichtung« der Juden betrieb. Martha Dodds Aussagen könnten deutlicher nicht sein: »All diese Jahre hindurch hat Hitler zielbewußt die Vernichtung des deutschen Judentums betrieben.« »Der Faschismus zielt [...] auf die Vernichtung ihres Volkes ab.«

Im Hinblick auf die ideologisch-politischen Hauptziele des Nationalsozialismus, die Expansion im Osten zur Gewinnung von ›Lebensraum‹ (»die Eroberung des Ostens«) und die ›Endlösung‹ der ›Judenfrage‹ (»die zielbewußte Vernichtung des jüdischen Volkes«), die der Historiker Eberhard Jäckel als die beiden Grundelemente von *Hitlers Weltanschauung* herausgearbeitet hat und die spätestens mit dem Überfall auf die Sowjetunion (1941) und der ›Wannsee-Konferenz‹ (1942) in die Tat umgesetzt wurden, nimmt Martha Dodd Adolf Hitlers *Mein Kampf* (1925/26) als programmatische Schrift ernst. Überhaupt scheint sie nicht nur durch eigene Beobachtungen, sondern auch durch Lektüren und durch Gespräche über die Politik der Nationalsozialisten gut informiert zu sein. Die ›Reichskristallnacht‹ vom 9. zum 10. November 1938, in der Deutsche im ganzen Land Menschen angriffen, Synagogen zerstörten, Häuser verwüsteten und Geschäfte plünderten, hatte sie nicht mehr miterlebt.

Martha Dodd scheint bereits vor Kriegsbeginn das Nichtdagewesene dessen verstanden zu haben, was sich in Deutschland ereignete: »Hitlers inhumane Freveltaten werden alle Grenzen überschreiten und ein Ausmaß annehmen, das in den Annalen beispiellos sein wird.«

In gewisser Weise, dies muß berücksichtigt werden, hatte Martha Dodd eine privilegierte Stellung. Als Botschaftertochter verfügte sie über Zugang zu vertraulichen Informationen und politischen Kontakten. Als Ausländerin nahm sie die Situation in Deutschland unter anderen Voraussetzungen wahr und mit größerer Kontrastschärfe als viele Menschen, die in Deutschland aufgewachsen waren. Und dennoch spricht sie aus, was alle wissen konnten: daß die Juden brutal verfolgt wurden und daß Hitlers aggressive Politik auf einen Krieg zusteuerte. Was sie über die Verbrechen der Nazis schreibt, konnte jeder zur Kenntnis nehmen: auf der Straße und in Begegnungen, in der Zeitung und in Hitlers eigenen Worten. Viele deutsche Zeitzeugen hatten nach dem Krieg Schwierigkeiten, dies einzugestehen. Wie selbst eine anfänglich naive Beobachterin zu weitsichtigen Erkenntnissen gelangen konnte, läßt sich in Martha Dodds Aufzeichnungen eindrucksvoll nachvollziehen.

## Ausländer in Nazideutschland

Martha Dodd ist nicht die einzige Ausländerin, die zwischen 1933 und 1945 Deutschland bereist und ihre Erfahrungen dargestellt hat. Ihr Buch läßt sich einer Gruppe von Texten zurechnen, die in ihrem thematischen Zusammenhang erst zu konstituieren ist: der *Reiseliteratur über Nazideutschland.** In dieses *corpus* gehören so unterschiedliche Arbeiten wie der bekannte dokumentarische Roman *Goodbye to Berlin* von Christopher Isherwood (1904–1986), der 1929 nach Berlin gezogen war und die Stadt nach Hitlers Ernennung zum Reichskanzler wieder verließ; oder die Erinnerungen des schwedischen Weltreisenden Sven Hedin (1865–1952), der zwischen 1935 und 1943 immer wieder mit

* Eine Auswahl erschien im Eichborn Verlag unter dem Titel *Reisen ins Reich*, herausgegeben von Oliver Lubrich, als Band 240 der Anderen Bibliothek im Dezember 2004.

den Repräsentanten des Regimes zusammentraf, *Ohne Auftrag in Berlin.*

Viele Ausländer haben, wie Martha Dodd, scharfsichtig beobachtet. Die Schweizer Reiseschriftstellerin Annemarie Schwarzenbach (1908–1942) etwa oder der schwedische Lyriker Gunnar Ekelöf (1907–1968), die sich beide 1933 im Land aufhielten, erfaßten die Zäsur, die Hitlers Machtübernahme bedeutete, bei ihren Besuchen sehr rasch und sehr deutlich. Schwarzenbach fand im April 1933 in Berlin »die Zustände in jeder Hinsicht erschreckend«. Ekelöf schrieb zu Weihnachten: »Deutschland ist eine moralische Hölle.« Und in einem anderen Brief: »Deutschland ist innerlich krank, ein unbefriedigter, zerbrochener Sadist, der um sich schlägt und die Zweifel mit Selbstverherrlichung betäubt.«

Mehrere US-amerikanische Landsleute haben ihre Beobachtungen in Deutschland aufgezeichnet. Martha Dodds Erzählung entspricht in vieler Hinsicht der Entwicklung, welche die Haltung des Schriftstellers Thomas Wolfe während seiner Deutschlandreisen 1935 und 1936 durchlaufen hat und die Dodd als Bildungsroman *en miniature* zusammenfaßt. Indem sie sich ausführlich auf Wolfe bezieht, dem sie mehrfach begegnete, aktiviert sie zugleich einen für das Verständnis ihrer Erzählung bedeutsamen Intertext: Thomas Wolfe veröffentlichte 1937 eine dreiteilige Novelle, in der er seinen Abschied von Deutschland in Szene gesetzt hat, »I Have a Thing to Tell You«, die in ihrer Ausarbeitung als Kapitel in den posthum herausgegebenen Roman *You Can't Go Home Again* eingegangen ist. Indem er die Abreise seines Protagonisten mit dem Zug beschreibt, wobei er einem jüdischen Flüchtling begegnet, bekennt Thomas Wolfe, wie er von Begeisterung, die mit Verklärung, Verdrängung, Trotz und Erotik einherging, allmählich zu einer Erkenntnis gefunden hat, die letztlich in politisches Handeln mündet.

Vor allem professionelle Berichterstatter aus den USA, die bis zum Kriegseintritt ihres Landes in Berlin tätig sein konnten, veröffentlichten ihre Werke noch vor 1945: zum Beispiel Howard

Smith (1914–2002), *Last Train from Berlin,* Harry Flannery (1900–1975), *Assignment to Berlin,* Louis Lochner (1887–1975), *Germany Will Try It Again,* oder Sigrid Schultz (1893–1980), *What About Germany?*. Einige von ihnen sind Martha Dodd sogar begegnet. Daß Sigrid Schultz sie gleich nach ihrer Ankunft in Berlin zu warnen versuchte, notiert Dodd in *Meine Jahre in Deutschland.* Der Korrespondent William Shirer erwähnt sie verschiedentlich in seinem *Berliner Tagebuch.*

Zu den Frauen, die Deutschland besuchten und von ihren Erfahrungen berichteten, zählen die englische Schriftstellerin Virginia Woolf (1882–1941), die entsprechende Eintragungen in ihrem Tagebuch vornahm (1935), in denen sie ähnlich wie Martha Dodd die Wirkung protokolliert, die der Faschismus auf sie selbst hatte (»wir wurden unterwürfig«); oder die dänische Autorin Karen Blixen (1885–1962), die einen längeren Essay, *Briefe aus einem Land im Krieg* verfaßte (1940), in dem sie den Nationalsozialismus vor dem Hintergrund ihrer Erfahrungen in Afrika deutet: »Das Wort Islam bedeutet *Hingabe,* es ist wohl dasselbe wie das, was das Dritte Reich mit seinem Handaufheben zum Ausdruck bringt: Dein im Leben und im Tod.« Die Costaricanerin Virginia Grütter (1929–2000) wurde als Stieftochter eines Deutschen über einen Zivilgefangenenaustausch mitten im Krieg aus ihrer lateinamerikanischen Heimat nach Bayern verschlagen. In ihrem poetischen Roman *Die Freunde und der Wind* schildert sie die Jahre 1944 und 1945, die zauberhafte Fremdheit des winterlichen Deutschland, das Erwachsenwerden zwischen den Bombenangriffen und die erste große Liebe.

Mit Martha Dodds Buch sind insbesondere die Zeugnisse von Frauen vergleichbar, die wie sie längere Zeit in Deutschland lebten, so wie bis 1938 die jüdische Gesellschaftskolumnistin Bella Fromm (1900–1972) (*Blood & Banquets*). (Der US-amerikanische Historiker Philip Metcalfe beleuchtet den Beginn der nationalsozialistischen Herrschaft in seinem historischen Roman *1933* anhand der Lebenswege von fünf Personen: Martha und William

Edward Dodd, Ernst Hanfstaengl und Rudolf Diels – sowie Bella Fromm.) Einzelne Zeuginnen hatten wie Martha Dodd Kontakte zum Widerstand, so die mit einem Deutschen verheiratete und bis 1945 im Land lebende Engländerin Christabel Bielenberg (1909–2003) (*The Past is Myself*) oder die weißrussische Adelige Marie Wassiltschikow (1917–1978), die sich von 1940 bis 1945 dort aufhielt und ebenfalls in englischer Sprache Zeugnis ablegte (*Berlin Diaries*).

Was *Meine Jahre in Deutschland* über die Komplexität seiner Erzählung, die Vielseitigkeit seiner literarischen Gestaltung und die politische Klarsicht auf die Verhältnisse in Deutschland hinaus als Zeitdokument vor vergleichbaren Arbeiten auszeichnet, ist der Umstand, daß es in der ersten Hälfte der Naziherrschaft entstand, vor Beginn des Zweiten Weltkrieges fertiggestellt und publiziert und seinerzeit von einer großen Öffentlichkeit aufgenommen wurde.

## Liebesgrüße nach Moskau

Nach dem Tod ihres Vaters gab Martha Dodd dessen Tagebuch gemeinsam mit ihrem Bruder, William Edward Dodd jr. (1905–1952) heraus, *Ambassador Dodd's Diary* (1941). In ihrer Einleitung entwirft sie für die Entwicklung ihres Vaters während der Jahre in Deutschland ein Erzählmuster, das anders verläuft als jenes, das sie für ihre eigenen Veränderungen gezeichnet hatte: Auch der Botschafter habe, schreibt sie, »eine große Wandlung durchgemacht«, allerdings eine progressive, gradlinige, indem er »allmählich von heftigem Zorn erfaßt« und dabei physisch derart »erschüttert« wurde, daß er an den gesundheitlichen Folgen starb. Den Tod ihrer Mutter hatte Martha Dodd bereits in *My Years in Germany* in ähnlicher Weise erklärt. Den Verlust ihrer beiden Eltern führt sie mithin auf die schlimmen Erlebnisse in Nazideutschland zurück.

Neben ihrem politischen Hauptwerk, *Meine Jahre in Deutschland*, verfaßte Martha Dodd diverse literarische Texte, die ebenfalls autobiographisch geprägt sind, insbesondere einen Schlüsselroman über ihre Zeit im ›Dritten Reich‹, in dem insbesondere Ernst Udet, Rudolf Diels und Mildred Harnack wiederzuerkennen sind, *Die den Wind sähen* (1945), und einen Roman über einen Hochschullehrer in den USA, der sich der Zumutung widersetzt, beeiden zu sollen, daß er kein Kommunist sei, *Der Eid des John Minot* (1955), der auf die kalifornische ›loyalty oath‹-Kontroverse von 1949/51 zurückgeht und wiederum die Familie Dodd erkennbar zum Vorbild hat. Darüber hinaus verfaßte sie Kurzgeschichten, Literaturkritiken und Reiseschilderungen – unter anderem die Erzählung *Tod in Tiflis*, die 1939 bei Penguin in einer Anthologie veröffentlicht wurde, und einen Bericht aus dem nachrevolutionären Kuba, *A Yankee in Cuba*.

Was führte Martha Dodd nach Georgien und nach Havanna? Im Sommer 1934 unternahm die Tochter des Gesandten der USA von Hitlers Berlin aus einen einmonatigen Ausflug in die Sowjetunion (6. Juli bis 7. August 1934). Von Leningrad, so berichtet sie, reiste sie über Moskau und Gorki, auf der Wolga, über Kasan, Samara, Saratow und Stalingrad zum Don, über Rostow in den Kaukasus und schließlich ans Schwarze Meer, bevor sie zu guter Letzt über Kiew nach Berlin zurückkehrte.

Die Diktatur Josef Stalins (1879–1953) war zum gegebenen Zeitpunkt bereits weitgehend errichtet und das totalitäre System in rücksichtsloser Durchsetzung begriffen: nach der Verbannung Leo Trotzkis (1879–1940), der ›Reinigung‹ der Partei und der Zwangskollektivierung der Landwirtschaft (der ›Liquidierung des Kulakentums‹), die große Opfer mit sich brachte. Millionen Menschen wurden deportiert. Das Regime betrieb eine massive militärische Aufrüstung. Nach Martha Dodds Reise folgten die berüchtigten ›Schauprozesse‹ (1936–1938) und die ›Säuberungen‹ des Offizierskorps (1937). Linke Schriftsteller kehrten – wie André Gide (1869–1951) im Jahr 1936 – von ihren Reisen in die

Sowjetunion desillusioniert zurück. Andererseits lag es aus der Perspektive der Gegnerschaft zum nationalsozialistischen Deutschland durchaus nahe, auf Stalins Reich als dessen Gegengewicht zu setzen. Und als die Sowjetunion wenig später in der Anti-Hitler-Koalition vorübergehend zum wichtigen Partner der USA wurde, fanden sich keineswegs nur kommunistische Beobachter dazu veranlaßt, ihre Hoffnungen auf Moskau zu richten. So revidierte der Korrespondent und spätere Fernsehjournalist Howard Smith, der 1940/41 in Berlin tätig war, seine Fehleinschätzung der Sowjetunion und seine Hoffnung auf eine dauerhafte Zusammenarbeit mit ihr Anfang der achtziger Jahre als seinen eigenen wichtigsten Irrtum.

Ihre Reise diente ihr, schreibt Martha Dodd, dazu, die antikommunistische Propaganda der Nazis wie auch die westliche Totalitarismustheorie, die den Faschismus mit dem Kommunismus gleichsetzt, durch eigene Erfahrungen einer Prüfung zu unterziehen. Obwohl sie die UdSSR als Gegenmodell zum nationalsozialistischen Staat begreift und ihren Bericht aus politischen Gründen im Kontrast zu Deutschland konzipiert, ist der Parallelismus beider Reisedarstellungen auf der literarischen Ebene offenkundig: Martha Dodd beschreibt zunächst die Vorurteile ihrer Mutter. Ihre ersten Eindrücke sind fremdartig und exotisch (»orientalisch«), die Männer anziehend. Sie hat eine durch und durch positive Einstellung zu den Russen und zur Sowjetunion. Wie anfangs in Deutschland, identifiziert sie sich mit den Menschen, dem Land und dem System. Die Einfachheit der Einheimischen, die ihr auch an den Deutschen so gut gefallen hatte, projiziert sie nun in ähnlich romantischer Manier auf die Russen. Wiederholt verweist sie auf die ›Fortschritte‹ des Kommunismus: Fabriken, Krankenhäuser, Kindergärten, öffentliche Küchen, Erholungsheime und kulturelle Einrichtungen. Einen Militarismus kann sie nicht feststellen.

In ihrem Reisebericht über die Sowjetunion, der dem Buch über Deutschland als ›Reise in der Reise‹ eingelagert ist, inszeniert

Martha Dodd eine idyllische Utopie, die literarisch codiert ist: mit Referenzen auf Märchen, den Orient, Literatur und Malerei. Sie scheint nicht auf den Gedanken zu kommen, daß sie genau wie in ihrem Verhältnis zu Deutschland, dessen Beschreibung ganz genau so begonnen hatte, bei eingehender Kenntnis einen kritischeren Blickwinkel hätte einnehmen können; daß ihr Reisebericht in andere Formen übergehen und damit ein anderes Reflexionsniveau hätte erreichen können. Während die fünf Kalenderjahre, die Martha Dodd in Deutschland erlebte – ihre *Years in Germany* 1933, 1934, 1935, 1936 und 1937 –, jeweils in etwa einem Modus des Durchdenkens und Darstellens entsprachen, hielt sie sich in der Sowjetunion lediglich vier Wochen lang auf und gelangt über die erste Stufe, eine konventionelle Reisebeschreibung, nicht hinaus. Ist sie schlicht und einfach zu früh nach Berlin zurückgekehrt? Welchen Bericht hätte sie verfaßt, wenn sie auch Deutschland nach einem Monat wieder verlassen hätte?

Das positive Gegenbild, das die Reise in der Reise entwerfen soll, wird durch deren strukturelle Analogie zum ersten Teil des Buches, das Martha Dodd so kunstvoll und selbstkritisch gestaltet hat, in Frage gestellt. Eine mögliche Desillusionierung können wir als Leser von *My Years in Germany* virtuell fortsetzen, wenn wir das komplexe Modell, das Martha Dodd an Deutschland entwickelt hat, auf ihre Erfahrung in der Sowjetunion übertragen und diese zweite Reise entsprechend weiterdenken. Da sie schon nach vier Wochen wieder nach Deutschland zurückkehrte, wurde ihre Enttäuschung aufgeschoben – bis sie sich nach dem Krieg erneut im Machtbereich der UdSSR aufhalten sollte.

Daß sie für die Sowjetunion geheimdienstlich tätig werden und in der McCarthy-Zeit ihr Heimatland verlassen mußte, ist Martha Dodds Buch nicht abzulesen – und für ihre Darstellung des Deutschlands der Jahre 1933 bis 1937 nicht weiter von Gewicht. Aber allem Anschein nach war Martha Dodd nicht nur Tochter und Geliebte, Reisende und Schriftstellerin, Journalistin und Politikerin, sondern auch ›Spionin‹. Während sie in Berlin nicht nur Affären mit

Nazis, sondern auch eine Liebesbeziehung zu einem russischen Diplomaten unterhielt, begann die junge Frau, sich politisch zu betätigen und Informationen an die Sowjetunion weiterzugeben. Im Buch ist verschlüsselt von dem Angehörigen »einer anderen« Botschaft die Rede, wohinter sich Boris Winogradow verbirgt (1895–1939), der offenbar auf sie angesetzt worden war. Zumindest geht aus Akten des sowjetischen Geheimdienstes hervor, daß sie ihre private Informantentätigkeit (Codename: ›Lisa‹, später auch: ›Julia 2‹) über mehrere Jahre fortsetzte und sich auch nach dem Krieg – gemeinsam mit ihrem Ehemann, dem wohlhabenden Bürgerrechtler Alfred Stern (1897–1986) – in den USA in Zusammenarbeit mit Kommunisten und anderen Linken engagierte und dabei zeitweise Kontakt zu sowjetischen Agenten hatte.

Allen Weinstein und Alexander Vassiliev haben Martha Dodds Zusammenarbeit mit dem sowjetischen Geheimdienst aus Teilen ihres umfangreichen Dossiers, das in dessen Archiven erhalten ist, rekonstruiert. Die Zuverlässigkeit der sowjetischen Akten und der veröffentlichten Auszüge ist indes noch nicht zweifelsfrei zu beurteilen. Der Historiker des FBI, John Fox, hat weiteres umfangreiches Archivmaterial ausgewertet, insbesondere Überwachungsprotokolle seiner Behörde und Martha Dodds Nachlaß in der Library of Congress. Während des ›Kalten Krieges‹ wurde Martha Dodd aus konservativer Perspektive sogar in der Bundesrepublik als »Verräterin« angegriffen.

Auch geheimdienstliche Unterlagen sind Texte, die nicht einfach eine historische ›Wahrheit‹ abbilden. Bei Martha Dodds Erinnerungen handelt es sich selbstverständlich ebensowenig wie bei allen anderen um eine authentische Dokumentation, sondern um eine Konstruktion – die als solche aber nicht weniger aufschlußreich ist. Daß die Schriftstellerin manches pointiert und insbesondere den Prozeß ihrer Verwandlungen verdeutlicht haben mag, ist nicht auszuschließen. Viele Auslassungen und Variationen lassen sich dadurch erklären, daß Martha Dodd es den deutschen Behörden nicht gestatten wollte, aus ihrem Buch

Rückschlüsse auf bestimmte Kontakte zu ziehen. So nennt sie vor allem in der Beschreibung der Rußland-Reise keine Namen; sie versteckt die Harnacks und Winogradow hinter Andeutungen. Und auch Martha Dodds Bruder Bill, mit dem sie ihr politisches Engagement teilte, spielt im Buch eine auffallend kleine Rolle. Ihr Freund von der französischen Botschaft, Armand Bérard (1904–1989), war ein enger Mitarbeiter André François-Poncets (1887–1978) – er wurde nach dem Krieg stellvertretender Hoher Kommissar in Deutschland und Vertreter seines Landes bei der UNO.

Schon während des Krieges, im Jahr 1941, wurden Martha Dodd und ihr Bruder sowie ihr Mann Alfred Stern Gegenstand bundespolizeilicher Untersuchungen. Als die Sterns 1947 der Spionage für die Sowjetunion bezichtigt wurden, setzte das FBI eine aufwendige Untersuchung in Gang, in deren Verlauf zahlreiche Agenten und alle möglichen Abhörtechniken zum Einsatz kamen und die Tausende von Photos und unzählige Seiten Material hervorbrachte. Der Untersuchungsausschuß gegen ›unamerikanische Umtriebe‹ – unter Joseph Raymond McCarthy (1909–1957) – interessierte sich für ihren Fall. Schließlich wurden die Sterns in New York gerichtlich unter Anklage gestellt. Zusammen mit ihrem Mann übersiedelte Martha Dodd 1953 nach Mexiko. Als die US-Behörden um ihre Auslieferung ersuchten, flohen die beiden 1957 nach Prag. Sein Vermögen hatte Stern in die Schweiz transferiert. Von Prag aus bereisten die prominenten Flüchtlinge Länder des Ostblocks. Durch einen Besuch der DDR kam Martha Dodd 1959 nach mehr als 20 Jahren wieder nach Berlin. 1962 gingen Martha Dodd und Alfred Stern nach Havanna. 1968 kehrten sie in die Tschechoslowakei zurück, wo sie das Ende des ›Prager Frühlings‹ und den Aufmarsch sowjetischer Panzer erlebten. Die Anklage in den USA hatten die Sterns als politische Verfolgung zurückgewiesen. Das Verfahren gegen sie wurde unter der Präsidentschaft Jimmy Carters eingestellt. Martha Dodd starb 1990 in Prag.

## Epilog

Den Vorwurf der Spionage hatte der Hollywood-Produzent und Komponist Boris Morros (1895–1963) erhoben, den Martha Dodd während der abgebrochenen Filmproduktion zu *Through Embassy Eyes* kennengelernt hatte. Morros war Agent des NKWD (KGB), den das FBI als Doppelagenten umdrehte. Morros' Erinnerungen *My Ten Years as a Counterspy* (1959) wurden unter dem Titel *Man on a String* mit Ernest Borgnine in der Hauptrolle verfilmt (1960).

Morros hatte zusammen mit Martha Dodds Ehemann Alfred Stern seinen Musikverlag, die Boris Morros Music Company, ausgebaut – auf Vermittlung des sowjetischen Geheimdienstes angeblich als Tarn-Unternehmen für Spionage-Aktivitäten. Die Partner zerstritten sich jedoch, wie Morros erklärte, unter anderem über den Song *Chattanooga Choo Choo* (1941), den Alfred Stern vulgär fand.

Erneut war es eine Reise, die Martha Dodds Leben eine Wendung gab, und zwar auf kuriose Art, wobei sich die wesentlichen Stationen ihrer politischen Biographie assoziativ miteinander verbanden: die Vereinigten Staaten, Deutschland und die Sowjetunion. Der Zug nach Chattanooga im US-amerikanischen Süden, wo sie geboren worden war, wurde in Udo Lindenbergs deutscher Version zu einem *Sonderzug nach Pankow* (1983), der aus dem (westdeutschen) Nachfolgestaat des Dritten Reiches in den (ostdeutschen) Satellitenstaat der UdSSR fahren sollte, die sich beide in dem Jahr miteinander vereinigten, in dem Martha Dodd verstarb.

## Ausgewählte Quellen

### Martha Dodd

*My Years in Germany*, London: Victor Gollancz 1939.
*Through Embassy Eyes*, New York: Harcourt, Brace and Company 1939.
*L'ambassade regarde*, Paris: Aubier 1940.
*Aus dem Fenster der Botschaft* [Auswahl], herausgegeben von T. Rokotow, Berlin: Verlag der Sowjetischen Militärverwaltung in Deutschland 1946.
*Sowing the wind*, New York: Harcourt, Brace & Company 1945.
*Sowing the wind*, Berlin (DDR): Seven Seas Publishers 1960.
*Die den Wind säen*, übersetzt von H. Hubalek, Berlin: Volk und Welt 1947.
*The searching light*, New York: Citadel Press 1955.
*Der Eid des John Minot*, übersetzt von Olga und Erich Fetter, Berlin: Verlag der Nation 1964.
»Death in Tiflis«, in: *Penguin Parade. New Stories, Poems, etc., by Contemporary Writers* 6, herausgegeben von Denys Kilham Roberts, Harmondsworth: Penguin 1939, S. 196–211.
»A Yankee in Cuba«, in: *Mainstream* [New York] 16:3 (März 1963), S. 10–15.
»Denen, die im Schatten sind ...«, übersetzt von Lieselotte Kolanoske, in: *Sinn und Form* [Berlin, DDR] 12:2 (1960), S. 316–319.
»Porträt meines Vaters« [1961], in: William Edward Dodd, *Diplomat auf heißem Boden. Tagebuch des USA-Botschafters William E. Dodd in Berlin 1933–1938*, herausgegeben von William E. Dodd jr. und Martha Dodd mit einer Einführung von Charles A. Beard, übersetzt von G. F. Alexan, Berlin (DDR): Verlag der Nation [1964] (dritte, überarbeitete Auflage), S. 15–25.
*Martha Dodd Papers*, Library of Congress, Washington D.C.

## Weitere Primärquellen

Armand Bérard, *Un ambassadeur se souvient*, 1: *Au temps du danger allemand*, Paris: Plon 1976.

Christabel Bielenberg, *The Past is Myself. An Englishwoman's life in Berlin under the Nazis*, London: Chatto & Windus 1968.

Karen Blixen, »Briefe aus einem Land im Krieg«, übersetzt von Hans Christian Hjort, in: dies., *Mottos meines Lebens. Betrachtungen aus drei Jahrzehnten*, Reinbek: Rowohlt 1993, S. 105–148.

William Edward Dodd, *Ambassador Dodd's Diary, 1933–1938*, herausgegeben von William E. Dodd Jr. und Martha Dodd, London: Victor Gollancz 1941.

– ders., *Diplomat auf heißem Boden. Tagebuch des USA-Botschafters William E. Dodd in Berlin 1933–1938*, herausgegeben von William E. Dodd jr. und Martha Dodd mit einer Einführung von Charles A. Beard, übersetzt von G. F. Alexan, Berlin (DDR): Verlag der Nation [1964] (dritte, überarbeitete Auflage).

Gunnar Ekelöf, *Der ketzerische Orpheus. Essays, Skizzen, Briefe. Zur Autobiographie und Poetologie*, herausgegeben und übersetzt von Klaus-Jürgen Liedtke, Münster: Kleinheinrich 1999, S. 207–208 (Brief an Agnes von Krusenstjerna vom 16. Dezember 1933), S. 208–210 (Brief an Elmer Diktonius von Weihnachten 1933).

Harry W. Flannery, *Assignment to Berlin*, London: Michael Joseph Ltd. 1942.

Jane Foster, *An Unamerican Lady*, London: Sidgwick and Jackson 1980.

Bella Fromm, *Blood & Banquets. A Berlin Social Diary*, New York: Kensington 2002, S. 121 u. a.

Jean Genet, *Journal du voleur*, Paris 1949.

Virginia Grütter Jiménez, *Die Freunde und der Wind*, übersetzt von Oliver Lubrich, Erdmannhausen: Ludwig Stark Verlag 1995.

Sven Hedin, *Ohne Auftrag in Berlin*, übersetzt von Jürgen Schröder, Buenos Aires: Dürer 1949.

Adolf Hitler, *Monologe im Führerhauptquartier 1941–1944*. Die Aufzeichnungen von Heinrich Heims, herausgegeben von Werner Jochmann, München: Wilhelm Heyne 1982, S. 117–118 (Gespräch vom 30. Oktober 1941, abends).

Christopher Isherwood, *Goodbye to Berlin*, London: Hogarth Press 1939.

Heinrich Maria Ledig-Rowohlt, »Statt eines Vorworts. Thomas Wolfe in Berlin«, in: *Große Erzähler des 20. Jahrhunderts*, herausgegeben von Heinrich Maria Ledig-Rowohlt, Reinbek: Rowohlt 1983, S. 7–28.

Louis P. Lochner, *What About Germany?*, New York: Dodd, Mead & Company 1942.

Philip Metcalfe, *1933*, Sag Harbor (USA): Permanent Press 1988.

Boris Morros, *My Ten Years As a Counterspy*, New York: Dell 1959, S. 57ff.

Robert Morss Lovett, *All Our Years*, New York: Viking Press 1948, S. 205–206.

*Reisen ins Reich 1933 bis 1945. Ausländische Autoren berichten aus Deutschland*, zusammengestellt und eingeführt von Oliver Lubrich, Frankfurt am Main: Eichborn Verlag/*Die Andere Bibliothek* 2004.

Sigrid Schultz, *Germany Will Try It Again*, New York: Reynal & Hitchcock 1944.

Annemarie Schwarzenbach, *»Wir werden es schon zuwege bringen, das Leben«. Annemarie Schwarzenbach an Erika und Klaus Mann, Briefe 1930–1942*, herausgegeben von Uta Fleischmann, Herbolzheim: Centaurus 2001, S. 83–84 (Brief an Erika Mann vom 19. Januar 1933), S. 85 (Brief an Erika Mann vom 3. Februar 1933), S. 101–103 (Brief an Klaus Mann vom 8. April 1933).

William L. Shirer, *Berlin Diary. The Journal of a Foreign Correspondent, 1934–1941*, New York: Alfred A. Knopf 1941, S. 42, 66–67, 540.

Howard K. Smith, *Last Train From Berlin*, New York: Alfred A. Knopf 1942.
– ders., »Nachwort des Autors« (zur deutschen Ausgabe, 1982), in: ders., *Feind schreibt mit. Ein amerikanischer Korrespondent erlebt Nazi-Deutschland*, übersetzt von Niels Kadritzke, Berlin: Rotbuch 1982, S. 304–306.
Marie Vassiltchikov, *Berlin Diaries, 1940–1945*, herausgegeben von George Vassiltchikov, New York: Vintage 1988.
Thomas Wolfe, *The Letters of Thomas Wolfe*, herausgegeben von Elizabeth Nowell, New York: Charles Scribner's Sons 1956, S. 477–479 (Brief an Martha Dodd aus New York vom 10. Juli 1935).
Virginia Woolf, *The Diary of Virginia Woolf. Volume Four: 1931–1935*, herausgegeben von Anne Olivier Bell mit Andrew Mc Neillie, San Diego/New York/London: Harcourt Brace & Company 1982, S. 310–312 (Einträge vom 9. und 12. Mai 1935).

**Sekundär- und Forschungsliteratur**

Fred Arthur Bailey, *William Edward Dodd. The South's Yeoman Scholar*, Charlottesville: University of Virginia Press 1997.
Charles A. Beard, »Introduction. Retrospect and Recollection«, in: William Edward Dodd, *Ambassador Dodd's Diary, 1933–1938*, herausgegeben von William E. Dodd Jr. und Martha Dodd, London: Victor Gollancz 1941, S. 7–16.
Shareen Blair Brysac, *Resisting Hitler. Mildred Harnack and the Red Orchestra. The Life and Death of an American Woman in Nazi Germany*, Oxford: Oxford University Press 2000, hier insbesondere: Kapitel 9, »Hostess«, S. 133–165 (Endnoten: S. 412–417), 10, »Literary Figure«, S. 167–188 (Endnoten: S. 417–420), 11, »Stranger«, S. 189–220 (Endnoten: S. 420–424), und »Postcript«, S. 395–398 (Endnoten: S. 450).
Robert Dallek, *Democrat and Diplomat. The Life of William E. Dodd*, New York: Oxford University Press 1968, S. 146, 166, 195, 373–374, 391.

»Martha Dodd. 1908–1990«, *Traces*, www.traces.org/martha-dodd.html (Juni 2004).

John F. Fox jr. (FBI), Schriftliche Auskünfte, 26. Oktober 2004 ff.

– ders., *»In Passion and in Hope:« The Pilgrimage of an American Radical, Martha Dodd Stern and Family, 1933–1990*, Dissertation (unveröffentlichtes Manuskript), University of New Hampshire 2001.

Eberhard Jäckel, *Hitlers Weltanschauung. Entwurf einer Herrschaft*, Stuttgart: Deutsche Verlags-Anstalt 1983.

Wendell L. Minnick, *Spies and Provocateurs. A Worldwide Encyclopedia of Persons Conducting Espionage and Covert Action, 1946–1991*, Jefferson (USA)/London: Mc Farland 1992, S. 86, 216.

Norbert Muhlen, »Das seltsame Leben der Martha Dodd. Eine Frau im Zeitalter des Verrats«, in: *Der Monat* [Berlin, BRD] 11:121 (Oktober 1958), S. 59–66.

D. N. Pritt, »Nachwort« [1961], in: William Edward Dodd, *Diplomat auf heißem Boden. Tagebuch des USA-Botschafters William E. Dodd in Berlin 1933–1938*, herausgegeben von William E. Dodd jr. und Martha Dodd mit einer Einführung von Charles A. Beard, übersetzt von G. F. Alexan, Berlin (DDR): Verlag der Nation [1964] (dritte, überarbeitete Auflage), S. 499–505.

T. Rokotow, »Wahrheitsgetreue Schilderung eines Augenzeugen«, in: Martha Dodd, *Aus dem Fenster der Botschaft* [Auswahl], Berlin: Verlag der Sowjetischen Militärverwaltung in Deutschland 1946, S. 3–7.

Allen Weinstein und Alexander Vassiliev, *The Haunted Wood. Soviet Espionage in America – the Stalin Era*, New York: Random House 1999, »Love and Loyalties, I: The Case of Martha Dodd«, S. 50–71 (Endnoten: S. 349–350); »Double Agent/Hollywood Hustler: The Case of Boris Morros«, S. 110–139 (Endnoten: S. 354–356).

## Namensregister

(die kursiv gesetzten Zahlen/Namen beziehen sich auf das Nachwort)

# Fotonachweis

Gedenkstätte deutscher Widerstand S. 98
AP Wide World © S. 136
Deutsches Historisches Museum – Bildarchiv S. 403

Für die freundliche Abdruckgenehmigung danken wir allen Rechteinhabern. Leider konnten nicht alle ermittelt werden. Wir bitten Sie, sich gegebenenfalls beim Verlag zu melden.